U0557935

愿意我的生命因追随语言而生动,而跌宕,而寥廓!

裴 文

2020 年 9 月 29 日于金陵

裴 文 著

金陵语言学笔记

南京大学出版社

金融形上学萃语

目 次

1. 《说文解字导读》/张舜徽 ··· 1
2. "郑伯克段于鄢(隐公元年)"/《左传》 ··· 26
3. "冯谖客孟尝君(齐策)"/《战国策》 ·· 35
4. 《论语》之文选 ·· 50
5. 《训诂学要略》/周大璞 ·· 66
6. 《徐复语言文字学丛稿》/徐复 ·· 75
7. 《胡小石论文集》/胡小石 ··· 84
8. 《汉语外来语词典》/岑麒祥 ·· 90
9. 《汉语发展史略》/舒化龙 ··· 104
10. 《尔雅导读》/顾廷龙　王世伟 ··· 114
    《尔雅译注》/胡奇光　方环海 ··· 114
11. 《汉语音韵学史略》/周斌武 ··· 136
12. 《赵元任语言学论文集》/赵元任 ·· 149
13. 《中国语言学史》/王力 ·· 177
14. 《古代汉语词汇学》/赵克勤 ··· 184
15. 《汉语诗律学》/王　力 ·· 188
16. 《语言:人类最后的家园》/钱冠连 ·· 205
17. 《黄景欣语言研究论文集》/黄景欣 ··· 213
18. 《语言与文化》/罗常培 ·· 233
19. 《汉语史稿》/王　力 ·· 241

20. 《汉语与中国文化》/申小龙 ··· 265
21. 《说文五百四十部首正解》/徐 复 宋文民 ······················· 295
22. 《古代汉语》/张世禄 ·· 296
23. 《中国传统文化和语言》/沈锡伦 ······································· 299
24. 《中国音韵学研究》/高本汉 ··· 308
25. 《汉语现象论丛》/启 功 ·· 312
26. 《比较文字学初探》/周有光 ··· 315
27. 《俗语佛源》/中国佛教文化研究所 ···································· 324
28. 《中国历代语言文字学文选》/洪 诚 ································ 336
29. 《十驾斋养新录》/钱大昕 ·· 351
30. 《尔雅音训》/黄 侃 ·· 363
31. 《训诂学》/洪 诚 ··· 376
32. 《诗集传》/苏 辙 ··· 385
33. 《楚辞补注》/洪兴祖 ··· 398
34. 《中国句型文化》/申小龙 ·· 406
35. 《宋词举》/陈匪石 编著 ·· 420

后记 ·· 440

1 《说文解字导读》
/ 张舜徽

张舜徽,《说文解字导读》,成都:巴蜀书社,1990年版。

一、简介

《说文解字导读》的封底勒口有如下内容简介:

  本书以《说文解字》全书为主线,勾勒了汉字发展的简史,着重介绍了"六书"中象形、指事、会意、形声等四种造字方法,详细阐释了怎样以双声为线索去研读9353文。书后附研读《说文》的重要参考书目,充分体现了"导读"的特点,同时又不失《说文》原书面目。作者在行文上深入浅出,使使人望而生畏的古文字研究变得平和起来,特别是绘古篆字,描象形图,不仅使本书图文并茂,而且帮助读者形象地理解古字古义。娓娓道来,徐徐善引,读后不禁"奇文共欣赏,疑义相与析"。

《说文解字导读》包括五个部分的内容:
第一,首先要弄清楚的几个问题;
第二,全面了解《说文》的具体内容;
第三,用分类的方法去研究《说文》;
第四,循双声的原理去贯穿《说文》;

第五，研究《说文解字》的重要书籍。

《说文解字导读》是《中华文化要籍导读丛书》中的一个分册。这部丛书由蔡尚思主编，编委包括陈子展、谭其骧、顾廷龙、胡道静。

二、追问"雠"字

大体翻看《说文解字导读》，便遭遇诸多陌生的文、陌生的字。比如，在这本书的封面勒口上印有张舜徽先生的简介。其中，"校雠学"便让我云里雾里了。知道"校"(/jiào/)包含两种意义：其一，"查对"；其二，"订正"。例如："校对""校正""校本""校勘""校注"等。却卡在了"雠"字上了。颇费了一番周折才查到"雠"字的读音为/chóu/，与"愁""仇"同音。

在《现代汉语词典》中，"雠"有两个条目：一为"校对文字"，如"校雠"；又同"售"。另一个则同"仇"(/chóu/)。本体字为"雠"。① 那么，为什么用"雠"字表达"校对文字"呢？它为什么又等同于"售"字呢？它如何又等同于"仇"字的呢？接着，我便在《辞海》(语词分册)中查到了"雠"字。在这里，找到了更为具体的解释。有四个意义条目：②

❶应答。《诗·大雅·抑》："无言不雠。"引申为应验。《史记·封禅书》："其方尽多不雠。"

❷同等。《汉书·霍光传》："皆雠有功。"颜师古注："言其功相等类也。"

❸售；给价。《史记·高祖本纪》："高祖每酤，留饮酒，雠数倍。"

❹校对。见"雠定"。

［雠定］校对并加以考正。

"雠定"条目中的"考正"让我联想到了"考证"。我们通常用"考证"，它是指"考据"，即根据事实的考核和例证的归纳，提供一定的材料，并做出相应的结论。如汉语的语言考据主要包括：训诂、校勘、数据收集等方法。而"考正"则有"稽考并修正"之意。如此差异显在，却在阅读各样书籍的过程中发现两个词之间的不时混用。这倒提醒我了，应该对文字始终抱有一份敬畏之感，平日里写写说说的，可不能信手拈来，口无遮拦。再怎么慎重选字都不为过的！

---

① 中国社会科学院语言研究所词典编辑室编：《现代汉语词典》(2002年增补本·大字本)，北京：商务印书馆，2003年版，第179页。

② 《辞海·词语分册》(修订稿)，上海：上海人民出版社，1977年版(内部发行)，第2208页。

不过,"雔"字的如此条目似乎仍然不够清晰,也不够充分。至少,我仍有困惑。也就是说,我之前提出的问题并没有得到充分的解决。这便想着应该对"雔"字进行拆解、分析。

在《说文解字注》中,查到"隹"(/zhuī/):

隹,鸟之短尾总名也。别于长尾名鸟。①

所以,"隹"即"短尾鸟"。"鸟"即"长尾鸟"。其实,在早期的甲骨文中,"鸟"与"隹"是同字异体。

在《说文解字注》中,查到"雠"字:

犹譍也。心部曰"應當也"。雠者,以言对之。②

注意到"雠"字的流变:雠 ← 讎 ← 雦

"讠"来自"言";"言"来自"舌"。"言"即"言词"或"言说"。它可以指称存在的事物,也可以表示一种行为。汉语中的"舌"既可以指称人们口腔中的器官"舌头",又可以表示话语、话语方式。如"舌战""舌锋""舌耕""毒舌""舌剑唇枪""舌敝唇焦""长舌妇"等等。再如,"惜乎!夫子之说君子也,驷不及舌!"(《论语·颜渊》)③之中的"舌"指的是言说出来的话语。此外,它还可以指称舌状物,如"火舌""帽舌""鞋舌""木舌"等。有趣的是,英语中的名词 tongue(舌头、话语方式、语言、舌状物)与汉语的"舌"近乎完美地重合了所有的意义指向。例如:

(1) Watch your tongue!
   "说话要留神!"
(2) Put out your tongue, please!
   "请把舌头伸出来!"
(3) He has a rough tongue while his wife has a bitter tongue.
   "他说话粗鲁而他太太说话刻薄。"

---

① [汉]许慎撰,[清]段玉裁注:《说文解字注》,上海:上海古籍出版社,1981年版,第141页。
② [汉]许慎撰,[清]段玉裁注:《说文解字注》,上海:上海古籍出版社,1981年版,第90页。
③ 李泽厚:《论语今读》,北京:生活·读书·新知三联书店,2004年版,第328页。

（4）They speak a common tongue with their African natives.
　　"他们和非洲的亲戚说的是同一种语言。"
（5）The tongues of fire had eaten all the trees at the foot of the mountain.
　　"火舌吞噬了山脚下所有的树木。"

其实,世界上有不少种类的语言都将"舌"指认为"语言"。例如：
西班牙语：

    lengua 舌；语言；语言风格；舌状物
    lengua de víbora　　恶语相向之人
    lengua muerta　死亡的语言
    irse la lengua　说漏嘴
    malas lenguas　　好说长道短的

意大利语：

    lìngua　舌；语言；口条；舌状物
    lìngua madre　母语
    lìngua cinese　汉语
    insegnante di lìngue　外教
    lìngua come una spada e labbra come una lancia　　唇枪舌剑

法语：

    langue　舌头；话语；语言；用语；语言规则；舌状物
    coup de langue　恶毒诽谤
    langue pauvre　词汇贫乏的语言
    la langue musicale　音乐的语言
    avoir la langue bien pendue　话多,喋喋不休

回到"雠"字,已经有了一个初步的字形判断：即两只短尾鸟之间的对话或话语行为,或者说,是两只短尾鸟之间你一呼我一答的样子。用到版本,便是在一个版本与另一个版本之间进行校对并加以考正。这下可不,"雠"之灵动跃然纸上了！

由此,再看鸟类百科,但凡含有"隹"部的字恍然间变得妙趣横生,气韵飞动。这便开始查阅词典。例如：

隼(/sǔn/)：①

一类颇为凶猛的鸟。鸟喙宽而短,翅膀尖而窄,进攻性极强。形态颇似离弓之箭。如"小隼""游隼""燕隼""红脚隼"等。

隽(/juàn/)：②

鸟肉肥美。引申为滋味深长,如"隽永"。

《广韵二十八狝》："隽,鸟肥也。"

又通"俊",读作/jùn/,意为"俊秀",如"隽拔"。

雀(/hè/)：③

鸟往高处飞,引申为穷高极远之意。

雏(/chú/)：④

小鸡,亦泛指幼禽。本体字为"鶵"。

雉(/zhì/)：⑤

野鸡。"矢"为"箭"。即能够像箭一般飞起飞落的短尾鸟。

霍(/huò/)：⑥

小鸟在不期而遇的雨中疾飞所发出的声音。引申为迅速之貌。本体字为"靃"和"雤"。

集(/jí/)：⑦

本体字为"雧"。"集聚"之意。

群鸟栖止在树上。《诗·周南·葛覃》："黄鸟于飞,集于灌木。"引申为"聚集""汇合"。

我因此便轻易地想到：将"土"集中在一处的"堆"字；将水集中在一处的"淮"字；将"纟"(细线)集中在一处的"维"字,等等。当然,喜欢聚合在一起的小鸟便是"雀"了。"雀"字颇有趣味：本体字是"隹"字的上面有三个小点,表示"又多又小"。

---

① 《辞海·词语分册》(修订稿),上海：上海人民出版社,1977年版(内部发行),第2203页。参见中国社会科学院语言研究所词典编辑室编：《现代汉语词典》(2002年增补本·大字本),北京：商务印书馆,2003年版,第1211页。

② 《辞海·词语分册》(修订稿),上海：上海人民出版社,1977年版(内部发行),第2204页。

③ 《辞海·词语分册》(修订稿),上海：上海人民出版社,1977年版(内部发行),第2204页。

④ 《辞海·词语分册》(修订稿),上海：上海人民出版社,1977年版(内部发行),第2206页。

⑤ 《辞海·词语分册》(修订稿),上海：上海人民出版社,1977年版(内部发行),第1857页。

⑥ 《辞海·词语分册》(修订稿),上海：上海人民出版社,1977年版(内部发行),第2190页。

⑦ 《辞海·词语分册》(修订稿),上海：上海人民出版社,1977年版(内部发行),第2204页。

"焦"(/jiāo/):①

本体字为"雥",即火烤着若干短尾鸟。引申为火烤;东西经过火烤后变成黄色或者变为炭灰。也用来泛指"干枯"或"干燥"之义。

瞬间便觉得"焦灼""焦虑""焦头烂额"来得无比形象。原本抽象的心理状态或者感觉因此而变得具象又易于引发共鸣。另一字为"雙"。

经过这么一番追寻,回想起古乐府《木兰诗》中的"磨刀霍霍向猪羊"、刘子翚《谕俗》诗中的"晚电明霍霍"、司马相如《大人赋》中的"焕然雾除,霍然云霄",便颇觉生动、形象、强烈。

我们的汉字还真是有趣!往后,再用带有"隹"部的字,一定会觉得更为有趣且踏实。

三、思辨

《说文解字》是怎样的一部书呢?

张舜徽先生开篇便有如下言说:

> 东汉许慎的《说文解字》,是一部介绍、说明中国古代文字的基础书籍,在中国学术史上,有着极其重要的地位,值得那些有志研究中国古代历史、文学、哲学的同志们好好地阅读它,并进行深入的探讨。②

张舜徽先生是不是将许慎的《说文解字》看作是一部最为完备的字书呢?

他指出:

> 过去有不少学者认为《尔雅》是我国最早的字书,其实这部书包罗极广,是古代传注的总汇;是由汉以前的学者综合经生们说经的许多解释,排比类编而成。它是专为研究经学服务的,不能算是字书。③
>
> 至于收罗古今文字、按照字形的结构,重新加以部勒区分,将偏旁相同的

---

① 《辞海·词语分册》(修订稿),上海:上海人民出版社,1977年版(内部发行),第2205页。
② 张舜徽:《说文解字导读》,成都:巴蜀书社,1990年版,第1页。
③ 张舜徽:《说文解字导读》,成都:巴蜀书社,1990年版,第10页。

字聚在一起,列为一部;部与部之间,也根据字形相近与否来编排先后的次序,若网在纲,有条不紊,使成千上万的字都编排在一部书内,这一直到东汉许慎作《说文解字》,才在中国文字学史上第一次出现这种新的编述形式。这是许慎的伟大创举,对当时和后世学术界的贡献极其巨大,而影响至为深远。距离今天,虽有一千八百多年了,但许书始终为研究中国文史的人所重视,是一部不朽的名著!①

他的著作,还有《五经异义》和《淮南子注》(均已散佚,有清人辑本)。而他一生精力,更是集中在《说文解字》一书的撰述。书中不独保存了汉代和汉以前的文字,更重要的是他发明并阐述了文字构造的原意。用了几十年的功夫,创造性地编出一部有系统、有条理的字书。既说明独体的"文",也解释合体的"字",所以名其书为《说文解字》,后人多简称为《说文》。②

自从有了这部书,古代汉字,才有系统、条例可寻,给后世研究文史的人,带来了莫大的启示与方便。③

《说文解字》一共设有十五篇。前十四篇为正文,最后一篇是《序目》。全书分为五百四十部。叙篇称,共收入九千三百五十三文,重文一千一百六十三,解说的字数为十三万三千四百四十一字。

在《说文解字》中,许慎是如何给文字提供功能性界定的呢?

许慎在《说文解字·叙》中指出:"文字者,经艺之本,王政之始;前人所以垂后,后人所以识古。"④

先人对汉字的形体结构有传统理论,即"六书"。许慎给"六书"下了定义,并在《说文解字·叙》做出如下相应举证:

一曰指事。指事者,视而可识,察而见意,上下是也。
二曰象形。象形者,画成其物,随体诘诎,日月是也。
三曰形声。形声者,以事为名,取譬相成,江河是也。

---

① 张舜徽:《说文解字导读》,成都:巴蜀书社,1990年版,第11页。
② 张舜徽:《说文解字导读》,成都:巴蜀书社,1990年版,第11页。
③ 张舜徽:《说文解字导读》,成都:巴蜀书社,1990年版,第12页。
④ 张舜徽:《说文解字导读》,成都:巴蜀书社,1990年版,第25页。

四曰会意。会意者，比类合谊，以见指㧑，武信是也。
五曰转注。转注者，建类一首，同意相受，考老是也。
六月假借。假借者，本无其字，依声托事，令长是也。①

我以为，这是许慎对先民已经造就的文字所进行的滞后的总结。是否可以将其看作是先民汉字形体结构的基础，则有待进一步谨慎考证。

汉字分为两大基本类别：文与字。文即原始、独体的符号，它具有基本的意义和发音。它参与构成字，即合体、衍生的符号。例如，就"雠"字而言，它是由独体符号"隹"和"言"参与构成的字，它是合体、衍生的结果。因此，"隹"和"言"是文，而"雠"则是字。

就我现在的认识和理解能力，"文"在参与构建"字"的过程中，似乎出现了五种状态：

1. 保持它原有的意义，而这一原有的意义基本上构成"字"的核心意义。
例如：
林：聚集在一起的树木；
森：聚集在一起的大量的树木；
品：聚在一起的多个人口；
晶：聚在一起的多个太阳；
淼：聚集在一起的水，水大而遥远。
尛(/mò/)：小之又小；
夵(/gá/)：两头尖、小，中间粗、大的小儿玩具。

2. 保持它原有的意义，而"字"的整体意义可以是构成成分的意义叠加，也可以超越构成成分意义的简单叠加。
例如：
八 + 厶 = 公：背私为公；
日 + 月 = 明：日月为明；
人 + 言 = 信：人言为信；

---

① 张舜徽：《说文解字导读》，成都：巴蜀书社，1990年版，第19—20页。

禾 ＋ 禾 ＝ 秝(/lì/):禾苗行列稀疏匀整；

入 ＋ 水 ＝ 氽(/cuān/):入水为氽；

水 ＋ 包 ＝ 泡:水包为泡。

水 ＋ 人 ＝ 氼(/nì/):人在水下为氼,沉溺水下。

3. 它原有的意义体现为范畴上的意义归类,而丧失它原有的发音。

例如：

氵(水):汗、江、河、溪、湖、海、淌、流、涝、涌、涧、油、涸、淡、深；

鸟(鳥):鸠(鳩)、鸥(鷗)、鸽(鴿)、鹅(鵝)、鹤(鶴)、鹑(鶉)、鹄(鵠)；

艹(甲骨文写作屮或艸):芹、艺、芋、芎、芽、苗、茎、苞、苴、蒴、墓；

火、灬:焚、烧、焰、炎、灯、烛、炊、炀、灶、爆、炸、煦、热、烈、烹、熬；

亻(人):仆、代、仙、体、佣、信、伯、伟、佞、伉、俪、佬、伴、佃、俘；

讠(言):计、讥、讽、语、讪、训、话、讷、访、诈、诏、诙、谐、诩、读；

冫:冯、冲、冰、次、冻、冽、凌、凉、习、冶、凛、凑、凋、凄、减、净、凝；

4. 它原有的意义构成"字"整体意义中最为稳定的部分,同时保持它原有的发音。以"青"为例。在甲骨文中，𩇭,它的上部为"小草"的形象,下部为"一方水井"的形象。下部在小篆中误作"丹",楷书又将"丹"误作"月",这便有了现在的"青"。它原本指称:水源充足的小草,其色泽青翠而鲜明。其本义为:清新明艳。

例如：

日＋青＝晴:日无障蔽；

目＋青＝睛:目无障蔽；

氵＋青＝清:水无浑浊；

忄＋青＝情:心之清明；

讠＋青＝请:言之明示；

亻＋青＝倩:人之亮丽；

青＋见＝靓:光亮脂粉妆饰。

5. "文"以"字"的上部、下部、左部、右部、中部、内部、外部等要素而出现。以"文"构成的"字"继而也能够以同样的方式再次参与"字"的构建。

例如：

日：旧、杳、杲、旭、旮、兒、曾、晶、间、暖、冥、暝、耆、暾、暗、曙、旬、替；

文：刘、闵、旻、悯、忞、玟、齐、吝、孪、纹、雯、蚊、炆、斑、虔、妏、芠、紊；

火：灭、灿、痰、谈、炭、灵、熭、剡、烫、灯、燥、熨、揪、炎、灸、焱、燊、燊；

白：百、皂、绵、柏、帛、丽、皋、皞、皇、皈、皎、皙、晶、的、皖、皆、皓、泉；

虫：虹、虾、闽、虽、蛋、蚁、萤、蛋、蚕、鱼、盅、蚴、蛐、蠠、蛊、蠹、蠃、蠱；

贝：贞、锁、贩、贬、贯、贰、赎、赛、财、赐、贤、赞、赖、赏、赑、赞、婴、赋；

介：芥、扴、界、妎、价、尬、疥、堺、斺、玠、阶、蚧、衸、斺、哜、盼、矿、鹘；

行：街、衡、荇、衏、洐、桁、纫、垳、筕、裄、珩、悻、眐、衍、蒳、衟、衠、蒶；

再回过头来看"隹"（/zhuī/）这一独体符号。它在参与构成合体符号的时候，可以有如上五种表象形态。它原本的声音却并不总是能够以一种固定的形式表现出来，或者说，随着时间和空间的流变，独体符号的声音没有得到规律性的强化。

这里还有一个问题值得注意，即从字形上来看，参与构成合体字的独体文可以是同形而不同义的汇通或转注，也可以是同声而不同义的借代或假借。例如，保留/zhuī/音的合体字：椎、雅、锥、酺、魋、雖。而没有保留/zhuī/音的合体字则为数颇多。

在合体符号的声音与合体符号的意义之间似乎没有对独体符号声音全面或部分的坚持。换句话来说，合体字在不同的程度上汲取了独体文的意义，却基本上抛开了独体文的声音。

例如：

/chú/ — 雏　　　/jī/ — 雞、雛　　　/guàn/ — 灌、鹳、鱹

/cí/ — 雌　　　/jìn/ — 進、璡　　　/xióng/ — 雄

/duī/ — 堆　　　/jiāo/ — 焦、鷦　　/wéi/ — 潍、雉、琟

/fèn/ — 畬　　　/yàn/ — 雁、赝　　/yīng/ — 鹰、膺、應、應

/gòu/ — 雊　　　/jí/ — 雧、雦　　　/jiù/ — 舊

/juàn/ — 隽　　　/zhì/ — 雉、稚　　/què/ — 雀

/zhī/ — 隻　　　/jū/ — 雎　　　　　/shuāng/ — 欆、艭、雙、孇

而我们还必须考虑历经千年的文和字的发音有可能发生的各样的流变。是什么因素决定了合体字的发音呢？可以将其归结为任意性吗？其中是否存在任何可以考证的因素或发音现象呢？在我们所能回溯的时间推展过程中，语音流变的因素及现象应该是认识和理解这些语言现象的关键所在。

单就这一点来看，汉语文字与梵语文字、英语文字、法语文字、德语文字、意大

利语文字有着深刻的差异。倘若我们将独体文看作是相当于其他文字的词基、词根或单词，将合体字看作是相当于其他文字的衍生词、复合词，倒是可以做一番颇为有趣的比较。因为"隹"，便想到了尝试以各样语言中表示"鸟"概念的语言要素为例。

例如：

梵　　语：	paksih	鸟
	paksi-mriga-tā	鸟兽的条件或性质
	paksi-śāvaka	幼禽
英　　语：	birdbrain	笨蛋；思想不集中的人；轻率浮躁的人
	birdfarm	航空母舰
	bird's-eye	开鲜艳小圆花的植物（如报春花等）；鸟眼花纹
法　　语：	oiseau-lyre	琴鸟
	oiseau-mouche	蜂鸟
	oisellerie	养鸡场；鸟店；养鸟术
德　　语：	Vogel-StrauB-Politik	鸵鸟政策
	Vogelperspektive	鸟瞰
	Raubvogel	猛禽
意大利语：	uccellàio	卖鸟的人
	gabbia per uccelli	鸟笼
	a volo d'uccello	鸟瞰
西班牙语：	mirar a vista de pájaro	鸟瞰
	pájaro de cuenta	值得注意的人
	matar dos pájaros de un tiro	一箭双雕

在此，我们可以看到，以上文字中所有参与构建衍生词的成分都获得了较为充分的语音表现和语义表达能力。没有出现诸如汉字的"表面上写的是这个字，实际上得声义于另一个字"的现象。以上所列的语言属于表音文字体系，而汉字则通常被看作是表意的文字系统。[①]

[①] 参阅：索绪尔：《普通语言学教程》，裴文译，南京：江苏教育出版社，2002年版，第28—29页。

从我们当下的角度和立场来看,在创制、使用汉文字之时,我们的先人似乎经历了非常精密而复杂的思索过程。有些是声中兼义,有些则是声可见义的,但为数甚少;有些是借他声而取此义,有些是借此声而取他义;有些同声反义,有些同义反声。有些同从一声,声可见义;有些同从一声,而后旁衍,构成另一声系。从宏观而言,似乎是偶然性与任意性兼而有之,偏还就给我们这些后人留下系统而严谨的音韵学、训诂学。"右文"或"声训"变化多端,实在是不易追溯。不过,它为语言符号提供了一个最可宝贵的结论:语言的第一性终究是语音。文字必须表达语言的语音部分和语义部分,它对语言具有根本上的附庸性。正如索绪尔所言:"符号施指和符号受指之间的联系是任意的,也就是说,我们用符号是想指认从符号施指到符号受指的联合所产生的整体,所以,我们可以说得更简单一些,语言符号是任意的。"①

以"丕"(pī)为例。

其本义为"大"。例如:"丕业""丕变""丕绩"。《书·大禹谟》:"嘉乃丕绩。"但凡从"丕"声的字,基本上都含有"大"的意义。例如:伾(pī)。"伾伾"即"有力气的样子"。然而,"丕"声与"不"声相通,但凡从"不"声,"丕"则有"小"与"未成"之义。例如:"胚"(初期发育的生物体)、"坯"(半成品)。《书·金滕》:"若尔三王是有丕子之责于天。"郑玄注:"丕读曰不。"

它们的意义何至于如此地不相融合又如此地相互排斥呢?

此时,我们似乎需要从古汉语中跳脱出来,从普通语言学的角度指认并明确语言与文字的关系。

"语言和文字是两个不同的符号系统;后者存在的惟一的理由是它表现前者;语言学的对象不是由书写的词语和口说的词语的结合来规定的;它仅仅是由后者构成的。但是,书写的词语与它所代表的口说的词语非常紧密地交融在一起,结果它终于侵占了主要的角色;人们把声音符号的表现看得和符号本身同样重要,甚至更加重要。这就好像人们相信,要认识一个人,与其看他的面容不如看他的照片一样。"②

四、解释与描写

在没有录音技术的时代,语音是难以捕捉也是难以回溯的。面对音韵学、训诂学,有的时候,还真是疑惑:转注或假借究竟是对造字的解释呢,抑或是对文字运用

---

① 索绪尔:《普通语言学教程》,裴文译,南京:江苏教育出版社,2002年版,第76页。
② 索绪尔:《普通语言学教程》,裴文译,南京:江苏教育出版社,2002年版,第26—27页。

及流变过程的状态描写呢？倘若是后者,我们是不是可以假设：转注或者假借只是人们无意识的或者自然生成的文字结果状态。当然,这里所谓的"无意识"和"自然生成"至少需要获得两个方面的解释：

第一,心理研究的结果表明：重复会导致联想的自动化反应,但同时削弱与之相联系的印象。那么,就存在这么一种可能性,即在文字的使用过程中,作为文字符号生成手段的转注和假借逐渐地、部分地转化为自动呈现的状态,并没有分析和理性的参与,或者说,分析与理性在文字流变的某一阶段或可失语。

第二,转注和假借产生必然有其特定的语境,即其背后所存在的社会心理、公共领域以及社会政体所支撑的社会构想。那么,从根本上来说,"无意识"和"自然生成"便有了它们无可避免的社会构想根源。久而久之,这一根源融入了转注、假借,进而成为一种潜在的影响因素。

应当说,在心理与语境的协同作用之下,字的生命在于民族心理、社会构想、精神诉求以及生理感觉,而所有这些都构成了文、字的基本支撑,并潜存于文、字的表面之下。在具体的语言资料之中,我们可以追索它们各自的内在差异,抽绎汉文字中所体现的民族精神。字与字之间的语义联系和语音联系似同类却对立,似对立却一致,这注定会彰显一个开阔的精神世界。而这一精神世界必将展示语言的一般趋势,包括文字的结构、语义的构建、语音的选择。

无论是作为解释还是作为描写,至少从表面上来看,转注和假借这两种现象增强了语言的语音表达,推进了文字符号的互换能力,并促进文字的功能表达、意义细化以及生命活力。由于这两种现象具有广阔的存在空间,人们可以更为精微地区分邻近概念的逻辑以及个性化的思想、情感表达。恰恰是这种自然的转注和假借,我们的汉语获得了自我丰富、自我完善、自我更新的机制。

五、时间与空间的观点

相信无意识的转注和自然生成的假借应该是两个非常有趣的研究课题。无意识的转注是怎样开始的呢？自然生成的假借是怎样运作的呢？它们是在抛开文字的模糊表达呢,抑或是在遮蔽文字的联想价值呢？

似乎很难想象这两类文字现象是在理性的、系统的、恒定的规则宰制之下而实现的文字手段。顺着这样的思路,我们且应该去回溯发生转注和假借等文字现象时可能呈现的无意识和自然生成,而不是去做理论分析、系统解析、范畴界定等等。我其实是想说,历经有案可考的六千年的文字流变未见得必须以当下人的意志为转移。

转注和假借的自然性或偶然性值得深入、细致地探讨。先前的文、字，即便是在文、字非常简少的时代，自成一体，成为相互交织、相互联系、相互参照的网络，且若网在纲。而这个网络是纲目性的，或者说，它具有足够的开放性，期待缜密的完善。同时，它遵从规范，但对自然或者偶然形成的文字结构具有足够的包容性，它是在流变的过程中逐步形成历史性的平衡与规范。就转注和假借的具体文、字现象，可以想象它们在文字运用和流变的过程中不断地开启了各样的情形：刺激、不协调、紊乱、反差、边缘化、基础化、联想、细致、平衡、规约等等。民族精神指认这些感觉与理解，它们与文字的选择和表达融合为一体，共同形成一种深植于汉民族精神之中的品质。

那么，为什么会出现转注和假借的现象呢？它们存在的依据是什么呢？它们又是如何发生的呢？

与一位中文系出身的学者聊起这个话题，他不假思索地说："这个问题太简单了，不用问，问也白问。说得简单一点，转注就是互训，就是两个字彼此相互解释。假借其实就是错别字，错用了同音字，但是又传播开来了。就这么简单！"

我还是忍不住，继续琢磨：为什么可以彼此解释的是这样的两个字，比方，《说文解字》用"老"字解释"考"字，又用"考"字解释"老"字。为什么不是别外的字呢？为什么会选择错用这个同音字呢？比方，原本表示"小麦"的"来"借作"来往"的"来"。为什么不选择错用另外的同音字？为什么表示香气的"郁"成为表示"腐臭"的"鬱"的假借了呢？两个意义完全对立却又如何具有了完全相同的语音了呢？是什么在支配这些文字现象呢？在具有不同发音的字之间？在发音相同却语义对立的字之间？其中的偶然性是不是有着无可回避的必然性呢？抑或任意性？好像应该是很有些意思的，值得琢磨！

在我看来，无意识的转注和自然生成假借的出现完全是由文字的性质所决定的。套用哲学话语：这里存在着一定的偶然性，但偶然性中存在着一定的必然性。一个偶然的发生是由无数的必然交错而导致的。

一方面，文、字是人们通过视觉获得的语言形象，它与人们通过声音传递到耳朵里所产生的形象有着本质的区别。文字是人为化的语言表达方式。作为物质符号，它通行于接受过文、字专门培训的青少年和成年人之中，必须经过学习和思考才能够进行主动而后自然的传递。它是非全民的。它既存在于过去，又存在于现在和将来。而语言则是无意识的、直觉的言说，它普遍存在于各个社会集团和阶层的人群之中，它所提供的是听觉的、动感的、即时的形象。它是全民的。

文字不是一个自然的秩序体系。语言和文字以偶然的联系和偶然的中断为基础。语言的语音部分永远是对意义的彰显和诠释。对此,作为语言承载者的文字则是永远也无法企及的。这个承载物没有完整地或者彻底地呈现语言所具有的韵律和节奏,它是具象而平实的,缺少语言本来具有的生动与跌宕。此外,文字或是隐匿发音,或是显示发音,都直接扭曲了文字使用者对造字规则或手段的感觉,这必然导致文字使用者精神上的缺失。于是,原本存在的文字机制遭遇语言和文字使用者想象的颠覆,使用者的精神开始在文字中寻找,要找到语言的感觉。一些业已形成的文字便在符号形式不变的情况下承担新的语音表现或者语义实体以及功能表达。这似乎是一种无奈之举,而这一手段却充分表明文字本身所蕴含的规约强制力,同字异音异义、异字同声异义、异字同义异音等等现象便随即合法诞生。

1. 同字异音异义例证:

(1)

锐(鋭)[1]

锐(/ruì/):锐利。如《淮南子·时则训》:"柔而不刚,锐而不挫。"

锐(/duì/):古代兵器。矛属。如《书·顾命下》:"一人冕,执锐,立于侧阶。"

锐(/yuè/):碗。如《方言》第五:"碗谓之盂,或曰之铫锐。"

(2)

铫(銚)[2]

铫(/diào/):一种有柄有流的小烹器。如吴均《饼说》:"然以银屑,煎以金铫。"

铫(/tiáo/):古典武器。如《吕氏春秋·简选》:"锄耰白梃,可以胜人之长铫利兵。"

铫(/yáo/):古代的一种大锄。如《管子·海王》:"耕者必有一耒、一耜、一铫。"

2. 异字同声异义例证:

/lì/

历(/lì/ 歷、曆):经过。如《水经注·汶水》:"水出泰山南溪,南流历中下两庙间。"[3]

沥(/lì/ 瀝):滴、流。如《文选张衡〈思玄赋〉》:"漱飞泉之沥液兮。"李善注:"沥,流也。"[4]

---

[1] 《辞海·词语分册》(修订稿),上海:上海人民出版社,1977年版(内部发行),第1834—1835页。
[2] 《辞海·词语分册》(修订稿),上海:上海人民出版社,1977年版(内部发行),第1828页。
[3] 《辞海·词语分册》(修订稿),上海:上海人民出版社,1977年版(内部发行),第121页。
[4] 《辞海·词语分册》(修订稿),上海:上海人民出版社,1977年版(内部发行),第960页。

枥(/lì/ 櫪)：马厩。如曹操《步出夏门行》："老骥伏枥，志在千里。"①

丽(/lì/ 麗)：光彩焕发。如《楚辞·招魂》："丽而不奇些。"王逸注："丽，美好也；不奇，奇也。"②

力(/lì/)：力气。如《韩非子·八经》："力不敌众，智不尽物；与其用一人，不如用一国。"③

隶(/lì/ 隸)：附属。如《后汉书·冯异传》："乃更部分诸将，各有配隶。"④

3. 异字同义异音例证：

香：香气。

芬(/fēn/)：如潘岳《芙蓉赋》："流芬赋采，风靡云旋。"⑤

芳(/fāng/)：如《离骚》："兰芷变而不芳兮。"再如唐太宗《小池赋》："草异色而同芳。"⑥

馥(/fù/)：如谢朓《思归赋》："晨露晞而草馥，微风起而树香。"再如柳宗元《新茶》诗："呼儿爨金鼎，馀馥延幽遐。"⑦

郁(yù)：如曹植《洛神赋》："践椒涂之郁烈，步蘅薄而流芳。"⑧

王念孙在《广雅疏证·序》中指出：

> 诂训之旨，本于声音。故有声同字异声近义同，虽或类聚群分，实亦同条共贯。⑨

文字使用者的这一精神活动是潜在的。那么，一些文字便生成了原本没有的意象和概念，而其中又不无规约残存的延续。从文字的输入到文字的输出，前者必定是非自然而有知的，后者则必定是自然而无知的。无论如何，文字也只能是语言的承载，只能是语言的回音壁。

尽管文字对所有的文字使用者来说具有一种无可比拟的强制力，但是，从根本上

---

① 《辞海·词语分册》(修订稿)，上海：上海人民出版社，1977年版(内部发行)，第1352页。
② 《辞海·词语分册》(修订稿)，上海：上海人民出版社，1977年版(内部发行)，第57页。
③ 《辞海·词语分册》(修订稿)，上海：上海人民出版社，1977年版(内部发行)，第458页。
④ 《辞海·词语分册》(修订稿)，上海：上海人民出版社，1977年版(内部发行)，第2227页。
⑤ 《辞海·词语分册》(修订稿)，上海：上海人民出版社，1977年版(内部发行)，第539页。
⑥ 《辞海·词语分册》(修订稿)，上海：上海人民出版社，1977年版(内部发行)，第541页。
⑦ 《辞海·词语分册》(修订稿)，上海：上海人民出版社，1977年版(内部发行)，第2244页。
⑧ 《辞海·词语分册》(修订稿)，上海：上海人民出版社，1977年版(内部发行)，第435页。
⑨ 【清】王念孙：《广雅疏证》，南京：江苏古籍出版社，1984年版，第60页。

来看，文字必须维护语言，或者说，文字必须顺从语言。这是文字存在的惟一理由。

语言和文字以无比精微的方式在思想之中达到了基本的统一。思想借助文字内部所存在的任意、自然的联想和对立进入现实生活之中的事物、事件、行为及欲望。思想所借助的联想与对立是无意识的或者是潜意识的，它们一旦形成，便保持着基本的持久性和平衡性，并成为一种社会遗传。但这样的持久性和平衡性只是为了当下而存在，它在时间的延展中会部分或零星地遭遇被抛。

另一方面，文字一旦形成便具备了对语音、语义的工具性表现，同时也具备了它们惯于表达的功能。语言随着时间和空间的延展而发生流变，而我们的文字却有着相对保守、封闭等与生俱来的特性。那么，语言与文字之间必然发生错位、脱节、增生、分歧等等不对应现象。文字为了完成对语言现时的追随，不断诉诸各样的造字方法及转注、假借等用字手段，而由此形成的文字却又常常有可能在下一个时代遭遇被抛。我们现在可以描写的转注和假借现象，完全有可能是语言流变过程中曾经的原生态。语言流变中的回环往复并不鲜见，却让文字倍受追赶之艰辛。我们可以查阅到大量的被废弃的汉字，有些是随着语言要素的消逝而消逝，有些则是被语言任意抛弃的，是语言的流变削弱了部分文字的表现能力，让它们变得越来越模糊、越来越无足轻重。遗憾的是，弥合语言与文字之间沟壑之重任完全由文字单方面来承担。这便是文字的忧郁气质所在了。

文字的表达具有深刻的内隐性。正如我们上文所说，文字是语言的承载，而这个承载物顺应语言，试图内化由语音表现的一个概念或者一个状态。所产生的文字由此获得了具体而可感的价值、强烈而鲜明的表达力。可是，无论借助怎样的手段创制并推动文字的表达力，文字表达之时恰恰是扭曲、遮蔽语言之时。换句话说，文字是对语言的一种畸变的复制。文字对语言的复制具有先天的不足。

本来，我特别愿意说：文字是对当下语言的表现，是当下语言的回音壁，是当下语言的承载物，是当下语言的影像作品。现在看来，文字从来都表现得有些许笨拙，有些许畸变，有些许尴尬，有些许扭曲，但是，又从来都不失生动、有趣、应景。

在网络平台、微信平台，常见各样的文字现象，无论出于言说者怎样的表达目的，这些现象的出现都应该视为文字在时空流变中的一种常态。例如：

(1) 姆们马上就粗发鸟。←我们马上就出发了。

(2) 我好香菇。←我好想哭。

(3) 现在蒸得很蓝瘦。←现在真的很难受。

(4) 次饱牛！←吃饱啦！

(5) 我天天冲浪，什么不兹道！←我天天上网翻看，什么都知道！
(6) 吃亏了，千万别喝水，不然会变污滴。
(7) 都是第一次做人，我凭什么让着你！
(8) sei 不失又不想生活，又热耐生活！←谁不是又不想生活，又热爱生活！
(9) 腻害了，我的妹！←厉害了，姑娘！

没有产生歧义，且毫无理解、表达障碍。

2020年8月，汉语界因为《现代汉语词典》的新版发生了争议。它收录了大量的当下网红词。对此，有些人支持，有些人反对。各方都提出了较为充分的理由。只是，在我看来，其中的一些争论似乎有隔靴搔痒之嫌。是否应该收录，关键在于对《现代汉语词典》的性质认定。这是一个根本点。如果它是一部描写性的词典，它大可将当下流行的词语、表达、语句收入其中。如果它是一部规定性的词典，它必须经得起时间流变，那就只能对汉语语言中较为稳定的词语所进行的收录。若是作为后者，就不能够每隔三五年就来一轮淘汰，不能每隔三五年就来一轮新编。当然，我这是就词典本身而言，抛开商业运作不谈。

其实，无意识的转注和自然生成的假借，两者存在的依据是文字使用者精神中所存在的模糊的直觉。声称转注和假借是造字的方法或手段无异于是在宣布文字的缺漏与不完善。正因为如此，文字使用者的精神需要获得补偿。文字符号缺失成为无意识的转注和自然生成假借的基本动机，而且，对于文字初创而言，这种动机是与生俱来的，它必定伴随文字的成长而以各样的姿态若隐若现。但无论如何，它的基本存在方式则是隐匿性的。

文字必须根据语言不断地弥补自身的缺失。从语言流变的角度来看，转注和假借要么是文字使用过程中的两个弥补性手段，要么就是语言使用过程中两个被抛状态的残存。无论是哪一种情况，无意识的转注和自然生成的假借不过是语言流变的两种表现形态，它们体现文字从一种组织状态向另一种组织状态流变的过程。它们的存在取决于文字本身的性质，它们的命运则由语言来操纵。

应当说，文字符号的缺失恰恰体现了文字对语言的依附性。可是，转而一想，语言对文字是否也已经形成了一定程度的依赖性呢？我们是否因为文字而修改了语言的发音呢？

比方，典型的转注例证："老"与"考"。它们曾经同时并存，并不可以相互解释。

"考"是会意字。甲骨文的"考"字"⚹"呈现老年男人的形象:长发稀疏,拄着拐杖。字的下部则是一个表示男性的符号"t"(即古文"方"形符号),会意"年老的男性"。如《诗·大雅·棫朴》:"周王寿考,遐不作人。"即周王年岁大了,没有时间造就人才。再如《新唐书·郭子仪传》:"富贵寿考。"而甲骨文中的"老"字"⚹"呈现一个老年妇人的形象:弯腰驼背、长发茂密、拄着拐杖。金文在字的下部则添加了一个倒置的"匕",即古文中女性生殖器的符号⚹。会意"年老的女性"。如《左传·僖公二十八年》:"师直为壮,曲为老。"可是,《说文解字》用"老"字解释"考"字,又用"考"字解释"老"字。在现在可以查阅到的《辞海》中,"考"的第一解释便是"老"。是什么将这两个原本对立的字统一在同一个概念之下了呢?是什么让这两个字的互训成为可能的呢?是借助了语音手段呢,还是语义手段呢?为什么性别指示可以从中逃逸了呢?我可以隐约感觉到这一现象的形成似乎存在着潜在的规则,但它一定不是完全的自由规则。那么,我现在所看到的无意识的转注是如何发生又是如何运作的呢?是不是有一时的语言政策强加,且不得而知。例如,当下美国政界有人提出:只能用"配偶"或"伙伴",不能有"丈夫"或"妻子",以免引发不必要的性别歧视。

此时,想起了另一个原本带有性别意义的字:"倩"。

根据《辞海·词语分册》,"倩"为:①

/qiàn/

　　古时男子的美称。《汉书·朱邑传》:昔陈平虽贤,须魏倩而后进。颜师古注:"倩,士之美称。"

　　笑靥美好貌。《诗·卫风·硕人》:"巧笑倩兮。"引申为俏丽。如:倩装;倩影。

/qìng/

　　请,央求。黄庭坚《即席》诗:"不当爱一醉,倒倩路人扶。"

　　旧称女婿。《史记扁鹊仓公列传》:"黄氏诸倩,见建(宋建)家京下方石,即弄之。"裴骃集解引徐广曰:"倩者,女婿也。"

相较而言,当下现代汉语中的"倩"字仅仅保留了"请"和"央求"之意,例如:"倩人执笔",即请求别人代为执笔。更多地是走向了性别的对立面,不再用来指称"女

---

① 《辞海·词语分册》(修订稿),上海:上海人民出版社,1977年版(内部发行),第225—226页。

婿",不再用来作为"男子"的美称。倒是与女性联系得更为紧密,常常出现在女生的名字里,而"倩影"指称女性美丽的身影。与之前的"倩"字已是相去甚远。

恰恰是无意识的转注和自然生成的假借给我们带来了一个巨大而丰富的文字网络。这个文字网络形成了一个趋同而对立的整体,它预示文字潜在的结构日益简单、明晰、规则。从表面上来看,造字之初具有简洁、明了、有意识的文字意识,包括象形、指示、会意、形声。而文字形成和发展的阶段却充满了无意识和无理性,直接导致文字呈现出一定程度的溷浊。但是,事实上,从深层来看,这样的溷浊让文字更为复杂而无序,似乎有意切合了文字背后的社会语境。在文字溷浊的状态中,文字获得了更加细致的调解、置换、更替、平衡,文字的总体正是在溷浊的基础上形成了和谐的状态。无意识的溷浊竟然可以将简少的文字带入多个层面、多个向度的秩序掌握之中,并使其在顺应语言的过程中变得日益丰富而宏大。偏偏是这种溷浊令人难以置信地带来了人为化语言的意识觉醒。这是一个怎样的现实逻辑!溷浊竟然是文字的生命过程状态!竟然是文字获得滋养并更新、延续的温床!

面对文字使用过程中无意识的转注和自然生成的假借,似乎所有的理性思考和系统研究都变得羞涩而难耐。

以上是从时间的观点切入,指认文字的转注和假借现象。还应该尝试转换视角,以空间的观点为路径,我们就有必要区分两个基本概念,即语音(符号施指)、概念(符号受指),并在此基础上,进一步厘清语音、概念和文字三者之间的有趣关系。在语音与概念之间没有必然的联系,它们相对独立而存在。但是,一旦两者之间建立了物质联系,即语音表达概念,概念被语音指示,那么,这样的关系便作为一种约定俗成的规约在社会中传播并在社会中遗传。两者在语言系统内部形成统一体。而文字与语音、概念对立而存在。它独立于语言系统之外。作为一个外在的物质符号,它存在的价值即在于复制语音和概念的结合体。

假设汉语所分布的是一个狭小的区域,没有方言,那么,文字与语言的结合会变得相对单纯而规则。偏偏汉语分布广泛,同一个概念在不同的方言区域有着不同的语音表现。那么,在系统之外相对存在的文字就有可能出现两个或更多不同的对应文字,它们分别有着不同的语音表现却表达近乎相同的甚至同一个概念。换句话来说,与同一概念相对应的是两个或更多不同的文字。

例如:

聿、黑 — 筆、墨　　芬、芳 — 馨、香　　妹 — 媚时空之间,文字孳乳丰富这一事实的确应该是在情理之中的。

至此也便有了一个较为明确的认识:汉语从根本上体现了语音的第一性。即在语音的统摄之下,一个"文"或"字"可以表现为多种形态。张舜徽先生指出:

> 当我们祖先处在文字还很简少的时代里,一个字便拿来当若干字用。例如一个"辟"字,既可作"辟"字用,又可作"避"字用,还可作"譬"字用。这在《礼记·大学篇》中便已出现了,何况更早于它的经典古籍。在商周铜器刻辞中,用"取"字代替"贤"字用,用"隹"字代替"惟"字用,用"止"字代替"趾"字用的地方极多。可见古代汉字的运用,是用一字统摄若干字,是从声音出发的。①

这段言说不仅指认语言的第一性为语音,同时呈现语音与文字之间的联系具有相对的任意性。事实上,在文字简少的时代,语音与文字之间的联系是松散而任意的,只是在时间的延展过程中,随着文字的日益增多,它们之间的联系才逐步得到强化并形成规约。在当下汉字丰富的时代,便有了大量的同音异形文字。而此时的语音仍然表现为汉语文字的统摄。

就我的阅读经验,汉语的术语在行文的运用中时常显得有些许别扭。在上文引用的张舜徽先生的话语中,"用'隹'字代替'惟'字用,用'止'字代替"趾"字用的地方极多。"似乎应该将画线的两处"字"改为"文",因为它们是原生的、独体的符号,而不是合体的、衍生的符号。可是,一旦改了过来,读起来颇不上口。有鉴于此,不少的学者宁可迁就行文的顺畅,而小视了术语的严格使用。不禁联想到,语言学乃至哲学著作的汉译本,人们对译文语句别扭而不畅的抱怨至少部分地来自译者对术语严格使用的坚持。试想,我们若将此处引文翻译成土耳其语或者朝鲜语,或者任何一种外族语,我们究竟是选择"文"还是选择"字"呢?照着原文取"字",便让外族人没有了对"文"与"字"区别性概念的指认。误导必将在所难免。

六、出发点

我现在似乎是守在一个我看不见边际的巨大文字场地的入口处,不知道我进去之后会不会看得明白?是不是能够理得清楚?能不能够寻得有效的路径?而场地内流泻出来强烈跃动的生命状态已经让我流连忘返了。

---

① 张舜徽:《说文解字导读》,成都:巴蜀书社,1990年版,第51页。

蓦然间想起宋祁《玉楼春》的上阕：

东城渐觉风光好，縠绉波纹迎客棹。绿杨烟外晓寒轻，红杏枝头春意闹。

看窗外，近处香樟树梢上长出亦绿亦黄、浓密而柔软的新叶，竟在辉丽灼烁中显现出几分萧索！

对于我而言，对古文献理解的最大障碍似乎是来自汉语研究者对一种语言现象众说纷纭的解释，甚至是针锋相对的解释。十多年前，阅读梵语文献的时候就有过这样的遭遇。阅读便成为穿越丛林的艰难跋涉——文字、版本、评述、描写、解释等以各样的姿态让我茫然又茫然，让我身陷重围并时常迷路。也是坐在原始文献的面前，时常又是读着读着便油然升起一种亲近的感觉，没有时间的空洞，也没有距离的丢失，却又生怕错过数代学人的精彩诠释。无比期待站在"巨人的肩上"，获得"一览众山小"的愉悦。我就是带着这样的矛盾、这样的忧郁穿越梵语丛林的。其中历经的沮丧已经和我的血液流淌在了一起。现在，当我面对甲骨文，面对古汉语文献、面对先前学者的研究，我必须告诉自己：在穿行的过程中，我一定要学会感受这丛林里所有的生命状态，学会亲近这里的琪花瑶草，学会认识这丛林之为丛林、疏朗之为疏朗、浓密之为浓密，学会迷路、昏眩之后彻底的自我苏醒。当然，我不会放弃跌宕自喜，因为我知道，在这座丛林里，我的感受力必定是过剩的。不觉默念贾至的《长门怨》："繁华对靓妆，深情托瑶瑟。"忍不住笑了起来。怎么会有这番联想的呀？

或许正是考虑到汉字的繁复可能为后人带来各样的障碍，张舜徽先生引用了清代学者陈澧在《说文声表序》中的话语：

上古之世，未有文字。人之言语，以声达意。声者，肖乎意而出者也。文字既作，意与声皆附丽焉。象形、指事、会意之字，由意而作者也；形声之字，由声而作者也。声肖乎意，故形声之字，其意即在所谐之声。数字同谐一声，则数字同出一意。孳乳而生，至再至三，而不离其宗焉。①

---

① 张舜徽：《说文解字导读》，成都：巴蜀书社，1990年版，第57页。

张舜徽先生将其看作是"探本之论"。

在第五部分,张舜徽先生提供了研究《说文解字》的重要书籍。足见先生在文字、声韵、训诂这三个方面的深厚素养。

在第七十三至八十页,张舜徽先生提供了研究金文甲骨文的入门书,这些书是研究《说文》的基本读物。在第八十至八十五页,列出有关训诂和声韵的常见书籍,这些书是研究《说文》的辅助书籍。不过,他似乎并不赞成单独开设"文字学"学科,他认为:

> 其实,训诂声韵,都是研究《说文》的重要内容,何尝可以分开。现在将它们区别来说,使不相混,也有好处。①

张舜徽先生对做学问有一个基本的观点,值得推崇:

> ……就某一专业的深入钻研来说,固不嫌分析得很精细。但是无论研究哪一种专门学问,需要的辅助知识太多了,如果拘限于某一局部的探讨,而屏弃其他有关联的东西,茫无所知,结果连那一点狭小的研究工作,也难于取得成绩。②

我理解,其实,先生是在强调:精深须博大。研究《说文》如此,因为说文本身包括文字、声韵、训诂三者之全。研究普通语言学也应该如此。没有对全球语言的基本研究,没有对语音、结构、语义、语境的广泛涉猎,没有对世界语言深刻的认识,普通语言学的研究便有可能是没有质感的——语言事实不在场、语言描写不准确、语言解释不得体都会导致一个夸张或猥琐的虚幻归纳或演绎。

张舜徽先生提供的是一本《说文解字》的导读,我却从中读到了"宁静以致远"的表情、"循序以渐进"的郑重、"深入而浅出"的从容、"循循而善诱"的温润、"一语而道破"的精髓。真是这样的!即便是这么一本导读,先生也不忘在《说文解字》的研究版图上指出:哪里有奇景、哪里有陷阱;哪里人迹罕至却值得一去、哪里人多嘈杂

---

① 张舜徽:《说文解字导读》,成都:巴蜀书社,1990年版,第85—86页。
② 张舜徽:《说文解字导读》,成都:巴蜀书社,1990年版,第73页。

却要谨慎甄别。薄薄的八十六页文字，对我而言，着实是沉甸甸的。可以从浅浅的一本书中读出山高水长，可以从厚厚的一本书中读出只言片语。喜欢这样的阅读历程。

在我阅读甲骨文、金文、古汉语以及其他所有文献的过程中，张舜徽先生的话语相随相伴：

> 清代学者从顾炎武以下的十几位音韵学家，都是考古的功为多，审音的功为少。他们研究的对象在收音而不在发音，重视叠韵而忽略了双声。其间虽也有人注意审音以阐明双声之用，但没有集中精力，以推类至尽。①
>
> 古声虽宽，不像后世这样密；但是我们今天为了要探索语言文字的本源，把语根找出来，初学下手，宁肯失之密，不可失之宽。因为求之于密而有所得，这"密"自然包括在那"宽"之中。如果一开始便求之于宽，容易流于漫无边际，很难得出精确的结论，这是我们必须首先注意的问题。我过去撰述《说文解字约注》时，曾注意到循双声的原理去贯穿九千余文，力图通过双声去找语根，再联系到若干字。有时豁然通悟，颇有自得之乐。②
>
> 双声相转的道理，至为奥妙而又易懂。如果掌握了这一钥匙，便可打开很多的锁。现在进一步就《说文》中所载的字，将那些由一根发展为若干字的实例，提出几条说明如下：
>
> 初民看到天空有水点下落在地的现象，便形成了一个"下落"的概念，而名之为"雨"。这雨即成为后来发展语言文字的一个根。声转为"霣"，雨也；为"磒"，落也；为"隕"，从高下也；为"顈"，面色顈顈也（指其色颜丧，面有忧色发黄貌）；为"扤"，有所失也（指手中之物失落在地）。可以肯定霣、磒、隕、顈、扤诸字的声义，都是从雨字来的。这一字群的声，同在喉音喻纽。③
>
> ……开始应从严密入手，把范围缩小一些。等到这方面的素养较深，掌握了许多规律，再从宽处推求，自然左右逢源，融汇会贯通了。④

研究《说文解字》有一个基本出发点的问题，或者是基本研究路径的问题。出发点不同，自然导致研究方法的差异。比如，人们通常将《说文解字》看作是一部字

---

① 张舜徽：《说文解字导读》，成都：巴蜀书社，1990年版，第59页。
② 张舜徽：《说文解字导读》，成都：巴蜀书社，1990年版，第64页。
③ 张舜徽：《说文解字导读》，成都：巴蜀书社，1990年版，第65—67页。
④ 张舜徽：《说文解字导读》，成都：巴蜀书社，1990年版，第67页。

书,而胡小石先生(1888—1962)则将它看作是一部声书,他强调文字与声音的统一,他的研究方法因此而形成"以声求义"。当然,"以声求义"并非胡小石先生的独创,可以追溯到戴东原《转语二十章序》中所提出的:"疑于义者,以声求之;疑于声者,以义正之"这一辩证方法。但是,视《说文解字》为声书,则是胡小石先生独到的见地。[1] 他透过文字,从根本上指认语言的本质在于声。的确,不同的研究视角会给我们带来研究对象的不同方面或层面,也因此决定了不同的研究路径和方法。

我是英语专业出身,而后进入普通语言学的研究领域,在广泛涉猎世界各种现存的和曾在的语言过程中,我时时要回望汉语。她是我的母语,而我对她还没有做过任何系统而彻底的研究。原先对汉语的关照,多半也是为了完成古汉语博士课程论文而进行的功利性的检索与阅读。而平日里的汉语阅读也只能算是信手拈来,没有章法。前些日子写就了一篇近两万字的随笔《我们的汉语能走多远?》,这应该算是我对汉语的最初礼拜。我愿意在以后的日子里,更多地与汉语相伴,期待走入汉语灵魂的最深处。

七、小记

张舜徽先生(1911—1992)是一代国学大师。一生治学教宽,对文史哲,尤其是古代史学、经学、目录学、版本学、校雠学、文字学、训诂学都有颇深造诣。他的主要著作有《积石丛稿》《中国古代史籍举要》《顾亭林学记》《广校雠略》《广文字蒙求》《中国文献学》《说文解字约注》《郑学丛著》等等。他对历史文献学理论的探索是从推究"校雠"本义开始的。他重视目录、版本、校勘之间的相互联系。他以"辨章学术,考镜源流"为标准,论述古代典籍产生于流传过程中的基本问题和渊源流别,并在晚年构建历史文献学的学科体系。

这本书是北京大学中文系徐通锵先生(1931.11.—2006.11.)于2003年夏季送给我的。

---

[1] 参见胡小石:《胡小石论文集》,上海:上海古籍出版社,1982年版,第147页。

2 "郑伯克段于鄢(隐公元年)"/《左传》

一、困境

我对古代汉语原本只有一个大体宽泛的概念,现在细读起来,才认识到古汉语其实包含了两个区分性的领域:一个是以先秦口语为基础而形成的上古汉语书面语言以及后来历代作家仿古作品中的语言,即人们通常所谓的文言;另一个则是唐宋以来以北方话为基础而形成的古白话。认真而系统地阅读古文献是我研究文字、音韵、训诂、结构的感性基础,也应该成为我闲来文学创作的基本精神、思想的积累。

我的古汉语阅读有三大障碍。其一,遭遇大量的繁体字。我生来就处于简体文字的语境中,因为繁体字,我的古汉语阅读过程必定是艰难的。之前看过一些唐诗宋词的古旧版本,只闲来一读,走马观花,并无深究。一旦认真起来,可谓满目的似是而非、似熟而生、刁钻古怪。我且得把繁体字翻译成现代简体字。如鄭→郑;驚→惊;巖→岩;義→义;衆→众;熗→炝;舊→旧;後→后;還→还;等等。之后,才能够确认它们的读音和意义。颇有本末倒置之嫌。其二,遭遇大量陌生的字和词。有些字和词表面看来与现代汉语一样,经过核查,才发现其意义却相去甚远。这样一来,我便不敢有丝毫的望文生义。每读一句,都如履薄冰。有时,为了一些僻字僻义,我寻遍各样的字典、词典。例如,"该"在上古和中古意为"完备",而中古之后则有"应当"之意。两者之间似乎没有可以追溯的明显语义连贯线索。其三,遭遇诸多截然不同的诠释。对同一文本,注释家们的解释且有着不尽相同甚至是相反的版本。有些解释杂然纷陈,歧义颇多,难以追寻基本的或我以为的可靠的意义。对有些文本及其出处,专家们则一直都没有形成看似合理的定论。下文将列出相关具体的案例。

无论如何,我必须阅读古汉语。惟其如此,才能够具备对古汉语语言学追问的基础。索性找出各样旧版的唐诗宋词,作为熟悉旧体字的入门。阅读过程中,竟然不断地与儿子的铅笔标注相遇。上小学三年级的时候,儿子就已经开始阅读由程千帆、钱仲联、吴熊和等名家编选的十本一套的古典文学名篇《文苑丛书》。① 至今还记得他背靠门框坐在地板上诵读的样子!说来惭愧,对这套书的完整阅读,我比他晚了整整十三年。我落后了!而他并没有选择语言或文学作为自己的专业。想起了孔子的言说:知之者不如好之者,好之者不如乐之者。儿子高中阶段就开始阅读《资治通鉴》,而到目前为止,他书橱里的这套书还没有进入我近期的阅读计划之中。以他当下超卓的言说能力、思辨能力以及创新能力,我断断是不得望其项背了!

说起旧体字,结识吴新江先生,着实有幸!他是我认识的惟一一位将繁体字当作日常的学者。他作旧体诗,精通格律、骈文。才情了得!时常能够从微信里读到他的话语、他的新作。2020 年 5 月 1 日下午,收到他发给我的微信:

太阳颂

2020 04 28

日用何如事不窮,
無言有數自當中。
開明實解桃源密,
廣運真窺海底空。
萬里春風吹麥熟,
一篇秋水貫神通。

---

① 《文苑丛书·名家精选古典文学名篇》,南京:江苏古籍出版社,1992 年版。

除非造化谁能爾，

信仰太陽知德红。

《書·大禹謨》:「帝德廣運，乃聖乃神，乃武乃文。」孔傳:「廣謂所覆者大，運謂所及者遠。」王維《送秘書晁監還日本國》诗序:"乾元廣運，涵育無垠。"曹植《陳審舉表》:「昔伊尹之為媵臣，至賤也;呂尚之處屠釣，至陋也;及其見舉於湯武、周文，誠道合志同，玄謨神通。」

他的微信，便是我的小课堂，颇为珍贵。

二、走进《左传》

《左传》是儒家经典之一，是一部完整而翔实的历史著作。又称《春秋左氏传》或者《左氏春秋》。它记录春秋时代各国的政治、经济、军事和文化等方面的事件，以优美的文字再现当时的社会面貌。有关它的作者和完成年代，历来都有颇多争议。一种说法认为:它出自春秋时鲁国史官左丘明之手。另一种说法则认为:它是战国初年人根据各国史料编辑而成的。就目前的考古资料，专家们似乎还不能够给出一个明确的断论。估计它成书于公元前四五三年。隐公元年即公元前七二二年。期待考古新发现可以在不久的将来给出定论。

"郑伯克段于鄢(隐公元年)"这篇文字儒雅凝练得让我嫉妒。文笔轻松、随意，我却从中非常细微地看到郑庄公内心深处的一种状态:虚伪、有毒、黑暗。近在咫尺，真真切切! 对姜氏情感着墨甚少，却让我非常清晰地看到她的情感、行为过程:种植仇恨，滋生贪婪，显露愉悦，囤积绝望。这种表现之文笔与文笔之表现，两者之间的巨大反差促使我想要去捕捉一些东西，有形的或者无形的。可是，要为我所获得的阅读印象写点什么，都太像是煞有介事!

三、追究文字

似乎还是文字本身更好玩一些。文与文之间，字与字之间，才有宏大的叙事与精微的构拟。

1. 文字之间的假借关系

庄公寤生，惊姜氏，故名曰"寤生"，遂恶之。[1]

---

[1] 王力主编:《古代汉语》(校订重排版·第一册)，北京:中华书局，第8页。

此处,"寤"(/wù/)通"牾",意为"逆"或"倒"。"寤生"指胎儿脚先出来,即指难产。朱骏声《说文通训定声·豫部》:"寤假借为牾,足先见,逆生也。"

"寤"本义是"睡醒"。如《史记·赵世家》:"七日而寤。"先后假借为"悟"和"牾"。

"悟"(/wù/)本义为"了解"或"觉悟"。如陶潜《归去来辞》:"悟已往之不谏,知来者之可追。"

"牾"(/wǔ/)本义为"逆;不顺"。如《汉书·王莽传上》:"财饶势足,亡所牾意。"同"忤"(/wǔ/)。"忤"本义为"违逆;抵触"。如《新唐书·李义府传》:"凡忤意者,皆中伤之。"

假借在"寤"与"悟""牾"和"忤"之间似乎更多的是存在单向的关联,没有双向或交互的关系。

$$\text{寤} \swarrow \downarrow \searrow$$
$$\text{悟} \quad \text{牾} \leftrightarrow \text{忤}$$

↙↘箭头方向表示"假借为";↓表示"不可假借为";↔表示异体字。它们之间似乎并不存在常识性的代数式关系,即假如:a⇒b;b=c;那么,a⇒c。

2. 单向关联

为什么会存在这样的单向假借关联呢?为什么不是有来有往的相互假借呢?

公曰:"制,巖邑也,虢叔死焉,佗邑唯命。"①

"制"的别称为"虎牢",在今河南巩义市东,原本是东虢国的领地,被郑征服,因而成为郑的领地。

"巖"指"险要",是"岩"的异体字。

根据孙诒让说,此处的"邑"表示人们所聚居的地方,大小无定。②其实,"邑"还有一个常见的意义,即"国"。如《左传·桓公十一年》:"君次于郊郢,以御四邑。"它同时又泛指一般城市,大曰都,小曰邑。如《荀子·富国》:"入其境,其田畴秽,都邑露,是贪主已。"再如《宋书·周朗传》:"办骑卒四十万而国中不扰,取谷支二十岁而

---

① 王力主编:《古代汉语》(校订重排版·第一册),北京:中华书局,1999年版,第8页。
② 见《周礼·正义》"里宰"疏。王力引用此注。

远邑不惊。"

前些日子,读到《楚辞·九叹·远游》:"风邑邑而蔽之。"这个"邑邑"指微弱貌,似乎可以与"邑"相对于"都"所具有的"弱小"之义有一点微弱的意义牵连。然而,它是"悒"的异体字,表示忧郁不乐的样子。如《汉书·杜邺传》:"忿邑非之。"偏偏"神采奕奕"中的"奕奕"(/yì/)与"邑邑"(/yì/)完全同音,意义却是对立的,前者指盛大、精神焕发貌;后者则指微弱、精神不振貌。不会是同一块硬币的两面吧?

"虢"(/guó/)即古国名。公元前十一世纪周分封的诸侯国。有东虢、西虢之分。东虢在今河南荥阳。公元前七六七年为郑所灭。西虢在今陕西宝鸡,于公元前六五五年为晋所灭。此处,"虢叔"指东虢的国君。

这里最有意思的是"佗"字。它有两种发音,一为佗(/tuō/);另一则为佗(/tuó/)。前者同"他",如《后汉书·王景传》:"县官恒兴佗役,不先民急。"此文中的"佗"取此义。后者则同"驮",如《汉书·赵充国传》:"以一马自佗负三十日食。"《现代汉语词典》将其解释为书面语的"负荷"。①现在,仍然可以听到南京城南的老人用佗(/tuō/)音指"他"。佗(/tuō/)在汉语的流变中是如何衰落乃至在书面语中消失殆尽的呢?

3. 关于"叁"

先王之制,大都不过参国之一,中五之一,小九之一。②

《辞海·语词分册》将"参"解释为"叁"的异体字。③其实,它还有一个异体字,即"弎"。所谓异体字即完全同音、同义却形体不同的字。这样的异体字大量存在。比方,"攷"是"考"的异体字;"隄"是"堤"的异体字;"巗"是"岩"的异体字。那么,异体字是如何形成的呢?恐怕不仅仅是俗体、古体、或体、贴体之类可以完全解释的。且把这个问题放一下,看文中的"参国之一"。

"参"为"三";"国"为"国都"。王力先生的《古代汉语》将其解释为"国都的三分之一"④。注释应该是没有错的,语义上下文也都很通顺。只是,不知道此处的"参"在结构上具有何种功能?很容易把它看作是表示数目的字,直接修饰"国"字,便成

---

① 中国社会科学院语言研究所词典编辑室编:《现代汉语词典》(2002年增补本,大字本),北京:商务印书馆,2003年版,第1288页。
② 王力主编:《古代汉语》(校订重排版·第一册),北京:中华书局,1999年版,第9页。
③ 《辞海·词语分册》(修订稿),上海:上海人民出版社,1977年版(内部发行),第472页。
④ 王力主编:《古代汉语》(校订重排版·第一册),北京:中华书局,1999年版,第9页。

为"三国,即三个国都"。这样的理解显然不能顺从原文的意义。如果把它看作是表示动作的字,"国"成为它的动作对象,那么,"三国"便成为"使国都分为三个部分"。对这样的文字顺序,一时间还查不到针对性的注释。该怎样理解"参国之一"这一文字结构顺序呢?就这个问题,向几位古汉语学者请教,似乎都是按照王力先生的解释。显然,这已经是权威的版本了。有关文字顺序,得通过尽可能多的阅读,期待遇见更多的同构词序。

王力先生的《古代汉语》在常用词(二)部分专门解释了"三":

> 数目字。战国策齐策四:"狡兔有三窟。"又泛指多次。战国策赵策三:"鲁仲连辞让者三,终不肯受。"泛指多次的"三"字,旧读去声(sàn)。①

旧读"三"与当下的"散"同音?

通常认为,数生于手。古汉字表示数目的字,即一、二、三、四、五、六、七、八、九十都是象形字。"三"来源于三个手指伸出,以手掌面对言听者。金文、小篆、楷书都是从甲骨文一脉相承而来。这些数目字简洁、形象,但是易于被更改。从西汉便开始流行借用其他字来替代数目字,唐代武则天时,官方便规范了统一的数目字,即壹、贰、叁、肆、伍、陆、柒、捌、玖、拾。"叁"即把"参"字下部的三撇改为三横,是再造的孳乳字。

---

① 王力主编:《古代汉语》(校订重排版·第一册),北京:中华书局,1999年版,第155页。

为什么以"参"字的原形来派生"叁"字呢？其中必然存在着一定的关联。

"参"(/shēn/)是一个会意字。在金文中，"参"的上部是三颗彼此相连的星星，下部则是"㐾"。在甲骨文中，"㐾"表现鸟儿直立、振翅的状态。它的本义为：鸟儿从一种运动状态到另一种运动状态的转换。《玉篇·日部》注释："㐾，转也，变也。"那么，"参"便表示"星星的移动"。它因此成为星宿名，指"参宿"。"参宿"中有三颗亮星一字排开，"参"便引申为配合成三的事物。可见，以"参"字派生"叁"字是非常顺便的事情。

有趣的是，看懂了"参"字的本义，"参"字所有的延伸意义都显得生动而明晰，如"参差""参寥""参互""参天"等等。

　　不如早为之所，无使滋蔓，蔓难图也；①

若将此句解释为现代汉语，文字要长出许多：不如尽早给他安排个处所，不要让他滋长蔓延，一旦蔓延则不容易设法对付了。

4. 单音字与叠音字

古文献行文简洁的一个表面化特征在于大量的单音字，如文中的"早""所""无""滋""蔓""难""图"等。相应的，我们现在则倾向于分别用"早点""早些"或"尽早"；"处所"或"地方"；"不要"或"没有"；"滋生"或"蔓延"；"难以"或"不容易"；"图谋"或"设法对付"。

其实，也很难因此断言复合音是语言流变的结果，因为古文献记录毕竟是书写的语言，而书写的语言与口说的语言从来都很难实现完全的一致性。换句话来说，当时的文献所记录的文本与当时口说语言的文本未见得都是一一对应的关系，文字记录的手段与方式便是其中的一大障碍。想起认识的一些老学究，他们说起话来之乎者也的，恐怕是错将书面语搬作口说语，颇具文学形象塑造之能，不显得滑稽才怪呢！

无论是甲骨文字还是彝铭文字，都是一字一音。如若把两个字合写为一个字，仍然只有一个音。例如："二十"合写为"廿"或者"卄"，发音为/niàn/；"三十"合写为"卅"，发音为/sà/；"四十"合写为"卌"，发音为/xì/；"二百"合写为"皕"，发音为/bì/。其实，还有更多，例如：

---

① 王力主编：《古代汉语》(校订重排版·第一册)，北京：中华书局，1999年版，第9页。

只＋要　＝ 嫑(/jiào/)
不＋用　＝ 甭(/béng/)
不＋可　＝ 叵(/pǒ)
要＋勿　＝ 覅(/fiáo/)
勿＋曾　＝ 朆/䏾（/fēn/）
葫＋芦　＝ 壶(/hú/)
那＋一＋边 ＝ 那(/nèi/)
哪＋一　＝ 那(/něi/)
奈＋何　＝ 那(/nuò/)
这＋一　＝ 这(/zhèi/)

这些都是较为典型的汉语合音词，又称急声，即二音急读成一音。

在由单音字为主的古代文献中，则难得出现单音字的重复。例如：

　　　公入而赋："大隧之中，其乐也融融。"姜出而赋："大隧之外，其乐也泄泄。"①

"融融"和"泄泄"的出现让这篇文字突然显得灵动起来，我终于可以从满纸争夺、倾轧的情境中逃逸出来了，长长地透了一口气。

《左传》不同的版本分别选择了"泄泄"或者"泄泄"。前者是后者的异体字。我更喜欢"泄泄"，它呈现一种好玩、稚拙的动感。

所谓叠字，即单音字重复不仅仅是对单音字本身意义的延伸与超越，它所凸显的则是气韵的沦猗、笔墨的清修、文势的窈眇与流宕。在小令、词、赋之中似乎出现得比较多一些：

　　　照野弥弥浅浪，横空隐隐层霄。（苏轼，《西江月》）
　　　平林漠漠烟如织，寒山一代伤心碧。（李白，《菩萨蛮》）
　　　雾柳暗时云度月，露荷翻处水流萤，萧萧散发到天明。（张元幹，《浣溪沙》）

---

① 王力主编：《古代汉语》(校订重排版·第一册)，北京：中华书局，1999年版，第12页。

独恨长沙谪去,江潭春草<u>萋萋</u>。(刘长卿,《谪仙怨》)
　　思<u>悠悠</u>,恨<u>悠悠</u>,恨到归时方始休,月明人倚楼。(白居易,《长相思》)
　　<u>渺渺</u>扁舟天一瞬,极目空清,只觉云根近。(王夫之,《蝶恋花》)

颇有令人舒适的节奏感!

四、小记

　　因为叠字,不停地翻看各样的语言工具书,如《词源》《康熙字典》《说文解字注》《古文字类编》《王力古汉语字典》等等。现在桂馥(1736—1805)所撰的《说文解字义证》①和王念孙(1744—1832)所撰的《广雅疏证》②已经成为我的手边书,期待在其中能有一个悠游、遂心而自在的旅行。

---

① [清]桂馥撰:《说文解字义证》,济南:齐鲁书社,1987年版。
② [清]王念孙撰:《广雅疏证》,南京:江苏古籍出版社,1984年版。

3 "冯谖客孟尝君（齐策）"
/《战国策》

一、简介

《战国策》汇编了战国时期游说之士的策谋和言论。原本包括《国策》《事语》《短长》《长书》《修书》等名称和版本。流传到现在的版本则是由西汉刘向整理编撰的，分为东周、西周、秦、齐、楚、赵、魏、韩、燕、宋、卫、中山十二国，共计三十三篇，并冠以《战国策》之名。

《战国策》呈现了战国时期二百三四十年间各国在政治、军事、外交等方面的情境。各样的政治主张和斗争策略彰显了当时复杂的矛盾和激烈的冲突 —— 国与国之间、社会集团之间以及人与人之间。对于它的语言，学者们业已形成基本一致的看法：

> 《战国策》的语言，流畅犀利，是论辩文的典型。每论述一个问题，都能反复纵横，曲尽其意。对人物性格的刻画，深刻而具体；又善于运用寓言故事来说明抽象的道理，所以它对后世的文学语言有很大的影响。[①]

二、单音字及其在语句中的顺序

从普通语言学的层面而言，字、词、词语一旦进入语句，便称其为语词。一个字、词在语句中的位置及相关顺序或可发生语音及语义的变化。

1. 单音字

作为论辩文的典型，它似乎并不排斥富艳精工的语言，也常常出现错彩镂金之

---

① 王力主编：《古代汉语》（校订重排版·第一册），北京：中华书局，1999年版，第100页。

笔。我却更喜欢它通篇单音字独有的老妙。

例如：①

左右以君贱之也，食以草具。
为之驾，比门下之车客。
孟尝君客我！
左右皆恶之，以为贪而不知足。
文倦于事，愦于忧，而性懧愚，沉于国家之事，开罪于先生。
责毕收，以何市而反。
驱而之薛，使吏召诸民当偿者，悉来合券。
孟尝君就国於薛。
于是梁王虚上位，以故相为上将军。
寡人不足为也；愿君顾先王之宗庙，姑反统万人乎！
三窟已就，君姑高枕为乐矣！

整个论辩的力量似乎都来自单音字自由的选择与极端的运用。单音字成为论辩文最为灵动的精神承载、最为深重的思辨情节。由此可以窥见当时的思维定式和文化心理。

2. 字、词在语句中的顺序

以"客"为例。文中有"孟尝君客我！"而编者添加的标题则是"冯谖客孟尝君"。施事者与受事者的位置互换，"客"却没有发生任何语音或形态上的改变。是什么确保这两个语词顺序不同的语句具有同一的语义价值而不发生任何歧解的呢？

就世界上大部分的语言而言，如若允许语词顺序在一定的程度上可以任意排列，那么，每一个语词都有一个显示其语句功能意义的标签，否则，语词顺序是不能够任意排列的。或者说，如果任意排列语词顺序，就有可能导致歧义，语义价值有可能发生变化，甚至产生在通常情况下不可接受的语句。

可总结出如下五种语言现象：

第一，语词顺序变化导致语义价值发生部分的改变。例如：

---

① 王力主编：《古代汉语》（校订重排版·第一册），北京：中华书局，1999年版，第101—107页。

(1)

汉　语：a. 与她儿子的分别

　　　　　（[他/她₁/她₂]与她₁/她₂/她₃的分别）

　　　　b. 她与儿子的分别

英　语：a. the　　separation　　from　　her　　son

　　　　　（定冠词）（分别-名词）（从-介词）（她的-代词-所有格）（儿子-名词）

　　　　　"与她儿子的分别"

　　　　b. her　　separation　　from　　the　　son

　　　　　（她的-代词-所有格）（分别-名词）（从-介词）（定冠词）（儿子-名词）

　　　　　"她与儿子的分别"

波兰语：a. oddzielenie　　od　　jej　　syna

　　　　　（分别-名词）（从-介词）（她的-代词-所有格）（儿子-名词）

　　　　　"与她儿子的分别"

　　　　b. jej　　oddzielenie　　od　　syna

　　　　　（她的-代词-宾格）（分别-名词）　（从-介词）（儿子-名词）

　　　　　"她与儿子的分别"

在三种语言的例句中，a 例表示施事者可能是"她"，也可能是其他人；而 b 例则表示施事者只能是"她"。两种语词顺序导致语义价值显在的差异。

再比较相应的不同语义价值在德语中的不同表现：

(2)

德　语：a. die　　Trennugn　　ihres　　Sohnes

　　　　　（定冠词）（分别-名词）（她的-代词-所有格）（儿子-名词）

　　　　　"与她儿子的分别"

　　　　b. die　　Trennugn　　von　　ihrem　　Sohne

　　　　　（定冠词）（分别-名词）（从-介词）（她的-代词-所有格）（儿子-名词）

　　　　　"她与儿子的分别"

第二，时常可见语词顺序变化而语义价值不变的现象，且不论哪一种语序更为常用，但可见语义重心发生迁移。例如：

(3)

汉　语：a. 她还没有吃过饭。

　　　　b. 她饭还没有吃过。

英　语：a. She　　　looks up　　　　the　word　koto.
　　　　（她-主格）(查寻-动词短语-第三人称单数)(定冠词)(词-名词)(古琴)
　　　　"她查寻古琴这个词。"

　　　　b. She　　　looks　　　the　word　koto　up.
　　　　（她-主格）(查-动词-第三人称单数)(定冠词)(词-名词)(古琴)(表示彻底-副词)
　　　　"她查寻古琴这个词。"

日　语：a. Taroo-wa　　biru-o　　nomimasu.
　　　　（太郎-主格）(啤酒-宾格)(喝-动词)
　　　　"太郎喝啤酒。"

　　　　b. Biru-o　　Taroo-wa　　nomimasu.
　　　　（啤酒-宾格）(太郎-主格)(喝-动词)
　　　　"太郎喝啤酒。"

法　语：a. Comment　pouvons-nous　le　contacter?
　　　　（怎样）(能够-情态词-我们-主格)(他-宾格)(联系-动词)
　　　　"我们怎样才能联系上他呢？"

　　　　b. Nous　　pouvons　　le　　contacter comment?
　　　　（我们-主格）(能够-情态词)(他-宾格)(联系-动词)(怎样)
　　　　"我们怎样才能联系上他呢？"

第三，语词顺序变化导致不可接受的语句(加＊号标示)。例如：

(4)

汉　语：a. 他们时常看电影。

　　　　＊b. 他们看时常电影。

达伽尔语①：a. à　　　gánè　　　é　　　lá
　　　　（定冠词）(书-名词-单数)(是-系动词)(功能词-表示意义核心)

---

① 尼日尔-刚果语系古尔语支中的一种语言，通行于西非，现在有大约两百万人在使用这种语言。

　　　　　　béróńg.
　　　　　（厚的-形容词）
　　　　　"这本书很厚。"
　　　　＊b. lá　　　　béróńg　　à　　gánè
　　　　（功能词-表示意义核心）（厚的-形容词）（定冠词）（书-名词-单数）
　　　　　　é.
　　　　　（是-系动词）
　　　　＊"厚的这本书是。"
意大利语：a. Maria　　li　　ha　　volute　　prendre.
　　　　（马丽雅）（它们）（助动词）（想-过去分词）（取走）
　　　　"马丽雅想把它们取走。"
　　　＊b. Maria　prendre　li　　ha　volute.
　　　　　（马丽雅）（取走）（它们）（助动词）（想-过去分词）
　　　＊"马丽雅取走它们想。"
法　语：a. Cette　muraille　empêche　souvent　la　vue.
　　　（这-形容词）（墙-名词）（挡住-动词）（经常-副词）（定冠词）（视线-名词）
　　　"这堵墙常常挡住视线。"
　　　＊b. Cette　muraille　souvent　empêche　la　vue.
　　　（这-形容词）（墙-名词）（经常-副词）（挡住-动词）（定冠词）（视线-名词）
　　　＊"这堵墙常常挡住视线。"

第四，任一顺序都能够保持语义价值不变，且并没有发生显在的语义重心迁移。例如：

（5）
a. 日语：Watashi-wa Taroo-ga　mame-o　ryōri　shita
　　　（我-主格）（太郎-从句主格）（豆子-宾格）（煮-名词）（做-动词-过去式）
　　　　too　mou.
　　　（关系代词）（想）
　　　"我想让太郎煮豆子了。"

可以有如下不同的语词顺序：

a. Taroo-ga mame-o ryōri shita to Watashi-wa omou.
b. Mame-o ryōri shita no wa Taroo da to watashi-wa omou.
c. Watashi-wa mame-o ryōri shita no wa Taroo da to omou.
d. Mame-o Taroo-ga ryōri shita to watashi-wa omou.
e. Watashi-wa mame-o Taroo-ga ryōri shita to omou.

b. 朝鲜语：ku　　　se-kwon-uy　caemiissnum　　　chaek
　　　　　（那-形容词）（三本）　　（有趣的）　（书-单数形式复数意义）
　　　　　"那三本有趣的书"

可以有如下不同的语词顺序：
a. ku caemiissnum se-kwon-uy chaek
b. se-kwon-uy ku caemiissnum chaek
c. caemiissnum ku se-kwon-uy chaek
d. caemiissnum se-kwon-uy ku chaek
e. se-kwon-uy caemiissnum ku chaek

c. 土耳其语：Oya　Kaya-yla　evlen-di.
　　　　　（奥亚）（卡娅-宾格）（结婚-过去式标记）
　　　　　"奥亚娶了卡娅。"

可以有如下不同的语词顺序：

a. Oya evlen-di Kaya-yla.
b. Kaya-yla evlen-di Oya.
c. Evlen-di Oya Kaya-yla.
d. Evlen-di Kaya-yla Oya.
e. Kaya-yla Oya evlen-di.

从日语的例证中可以看到，语句中无论语词如何多样地排序，动词永远在固定的位置上，即语句的末位，并保持不变。从朝鲜语的例证中可以看到，短语中无论语词的位置发生怎样的变化，被修饰的中心语词永远在修饰语之后，并保持不变。

土耳其语则彰显了任何语词顺序的安全性。值得一提的是,土耳其语的语词顺序具有相对较大的自由度,但也有偶见例外。

例如:

(6)
 d. 土耳其语:Bahçe-de KIM bir köpek gör-dü?
    (花园-方位标记)(谁)(一个)(狗)(看见-过去时标示)
    "谁在花园看见一只狗了?"

这个语句只有这一种可能的语词顺序。
在这样的一些语言中,语义的价值常常取决于语词的性质而不是语词的顺序。

第五,不同的语词顺序通常能够导致不同的语义价值。较为典型的是汉语和英语。
在"冯谖客孟尝君(齐策)"这一篇中便有多个例证:

(7)

  左右以君贱之也,食以草具。①

此处的"之"用在"贱"之后,指冯谖。"左右以君贱之也"解释为:周围的人都认为孟尝君看不起他。

(8)

  驱而之薛,使吏召诸民当偿者,悉来合券。②

此处,"之"为"往",表示动作,它之后的"薛"为"薛城",即当今山东滕州市东南部。"驱而之薛"用现代汉语来表达,便是:驱车前往薛城。

---

① 王力主编:《古代汉语》(校订重排版·第一册),北京:中华书局,1999年版,第101页。
② 王力主编:《古代汉语》(校订重排版·第一册),北京:中华书局,1999年版,第103页。

究竟是语词的顺序决定了语词的意义呢,还是某一语词的意义要求一定的语词顺序呢?抑或是两者共时的相互作用呢?两者之间应该存在一定的辩证关系。语词意义规定了自己在语句中的位置,而语句中的位置又反过来强化它的语词性质和意义。

不妨观察英语语词顺序对词义的约束力:

(9)

英　语:a. They　　want　　to　　increase　　productivity.
（他们-代词）（想要）（动词不定式符号）（增强-动词）（生产力-名词）
"他们想要增强生产力。"

b. They　　want　　an　　increase　　in
（他们-代词）（想要）（一个-不定冠词）（增强-动词）（在-介词）
productivity.
（生产力-名词）
"他们想要生产力的增强。"

在例 a 句中,increase 排在 productivity 之前,排在动词不定式符号之后,这样的位置决定了它的语词性质,从而限定了它的意义。在例 b 句中,increase 排在不定冠词之后,排在介词之前,它的语词性质和意义便是一目了然的了。

有一个问题值得注意,英语语词通常还用不同的语音表现来区分同形的词。例 a 句中的 increase 语词重音在第二个音节,而例 b 句中的 increase 语词重音则在第一个音节。或者说,语词轻重音的改变区分语词的语义价值,界定语词在语句中的位置及顺序。那么,汉语不改变语音、不改变形态却能够改变语词顺序,在这种情况下,汉语是如何实现对一个字进行功能指认的呢?汉语似乎更为纯粹地依赖语词在语句中的顺序。

现在看来,就语词的顺序而言,世界上的语言大体可以分为两类:一类是在语词的层面体现语词在语句中可能的结构功能,这一种类的语言在语词顺序上表现出较大程度的任意性。在不同语词顺序的语句之间不存在语义价值的差异,只存在哪一种语词顺序更为通用、哪一种语词顺序具有更为强烈的语义重心偏向的问题。梵语、日语、朝鲜语、土耳其语便是如此。

另一类则是在语句的层面体现语词的确定语句结构功能。在语句的层面,语词表现出较低程度的词序任意性。不同的语词顺序通常能够导致不同的语义价值。汉语、英语则是比较典型的这一种类的语言。语句的语义价值在很大的程度上取决于语词的顺序。

三、追问"客"字

就语词顺序而言,汉语中最为典型的例证莫过于作为标题的"冯谖客孟尝君"和行文中的"孟尝君客我!"[①]孟尝君姓田,名文,是齐国的贵族,战国四公子之一,门下有门客数千。当然,这是基本的语境。这两个"客"的意义取决于语句中其他语词的顺序,它确保我们指认"客"的两个意义。在"冯谖客孟尝君"中,"客"用来表示"做门客于";在"孟尝君客我!"中,"客"则表示"收为门客"。

1. "客"字的拆解

"客"字本身非常有意思。它的上部是表示屋室之形的"宀",下部则是"各"。

(1) 甲骨文中的"各"

"各"在甲骨文中由两个部分组成,"𠮛"上部是脚趾朝下的形象,表示从远方走来;下部则是"口",表示邑落、村邑驻地。两形会意,表示"从外面走来"及"来到""到达"等意。甲骨卜辞中便有"各云自北"。

(2) "各"字的衍生意义

遗憾的是,生动如"各",它的本意在汉语普通话中却已经消失殆尽,而同时又被赋予各种貌合神离的意义,表示"每个""各自"之意,即两个或更多人;事物中的一个或每一个。源自人或事物的到来总有先后之分。以后又延伸出对类别意义的指认。如《汉书·东方朔传》中的"元元之民,各得其所"。

(3) "客"字的会意与形声

经过拆分,可见"客"是一个会意、形声兼有的字,表示"到"或"至"或"到来"或"奔走"。如青铜器铭文《利鼎》:"王客于般宫。"而从远方来到家中的人便也是"客"了。现在似乎还可以找到"客"的残存意义,例如:"客人",即远道而来的人;"说客",即为传达他人言论而到处奔走的人;"门客",即到他人门下寄居的人;"食客",即到他人门下寄食并为他人服务的人;"掮客",即为他人介绍买卖而到处奔走的人。

"客"在当下也是一个非常活跃的字,比方"客户"和"顾客"。

---

① 王力主编:《古代汉语》(校订重排版·第一册),北京:中华书局,1999年版,第101页。

常常看见各样的商场、超市、百货店都有"客户就是上帝"或者"顾客至上"的横幅或者电子滚动屏。看到如此的横幅或滚动屏,咱们可不能轻易喜上眉梢。咱们得看仔细了!看清楚商场里营销员们的一张张充满笑容的脸其实并没有任何关于对上帝信仰的记录,而操纵他们表情的老板们大多也都是些无神论者。他们的眼睛从来就扩散出对人民币的渴望,也可见贪婪、觊觎、掠夺的神情。可以断言,在他们的眼里大多也只有生意,客户或顾客一定不是上帝。那么,什么是"客户"呢?

《辞海·语词分册》有如下解释:

❶由外地逃亡或迁徙来的人户,同"主户"相对称。❷汉魏以来,在封建剥削和土地兼并下,广大农民流亡各地,成为"流民"。"流民"为官僚地主门阀豪族荫占后,被称为佃客、浮客、荫户、苞荫户。唐宋时户籍中并有主户、客户区别。客户大抵为无地佃农。宋元之际,"客户"名称完全消失。❸旧时商行或经纪人对往来主顾的称呼;多指赊货记账、定期结清的往来户。①

那么,"顾客"呢?"顾"即"看"。"顾客"即"前来的看客"。《现代汉语词典》解释如下:

商店或服务行业称来买东西或要求服务的人:顾客至上。②

"客"字的本义在当下也没有能够脱离它初始的意义。

四、词、字、文字的界定与流变

1. 词、字、文字

这里出现一个不容忽视的问题,即"词""字"和"文字"的语言学概念定义。

"词"是指能够独立运用且具有声音、概念和结构功能的语句组织中的基本单位。出现在语句中的便是"语词",即处于某一语境中的"词"。"词语"则是指词或短语。这一语言学概念定义来自印欧语系语言研究,而在汉语中,"词"在《辞海·语词分册》解释如下:

---

① 《辞海·语词分册》(修订稿),上海:上海人民出版社,1977年版(内部发行),第1075页。
② 中国社会科学院语言研究所词典编辑室编:《现代汉语词典》(2002年增补本·大字本),北京:商务印书馆,2002年版,第455页。

❶本谓虚词。《说文·白部》:"者,别事词也。"又《矢部》:"矣,语已词也。"传注多作"辞"。今指语言组织中的基本单位,能独立运用,具有声音、意义和语法功能。❷通"辞"。如:致词;歌词;欢迎词;发刊词。❸文体名,韵文的一种。古代的词,都是按谱填词,和乐歌唱,故唐、五代时也称为曲、杂曲或曲子词。词体萌芽于南朝,形成于唐代,盛行于宋代。句子长短不一,故又称长短句。另有诗余、乐府、琴趣、乐章等别称。①

"字"是具有声音、概念和结构功能的词和语句组织中的最小、最活跃的单位,是相对独立的声音和意义的结合体。"字"可以是"词"本身,也可以是词的构成单位。"字正腔圆"中的"字"便是对这一概念的典型指认。

"文字"即记录语言的符号,如汉字、拉丁字母等。依据《说文解字·叙》:"盖依类象形,故谓之文,其后形声相益,即谓之字;字者,言孳乳而浸多也。"文字表现语言的声音、概念和结构功能。

提及"文字",总是会想到徐通锵先生。曾经一直与他保持着联系。我在剑桥的时候,他说好的,等我回国,要好好地跟我聊聊"字本位"的问题。他曾经告诉我,他差不多每天都散步,很是注意身体的。可等我回国不久,他便生病了。他的逝去让我永远地失去了一位忘年交、一位学术指导者、一位学术挚友。他知道我基本不参加国内的会议,他如果参加了什么学术会议,都不会忘记告诉我会议的主题,也会告诉我他在会上遇见了什么人,聊了些什么。如若去外地,他会告诉我他要去哪里,为什么课题而要去那里,会在那里逗留几天。他发给我的最后一封邮件是:

……假如我有三五天没有回你的邮件,那一定是我没有收到……

想念他的时候,眼前总会出现他站在北大住宅区大门口迎候我的样子,总会出现他坐在家中书房的书桌后面与我说笑的样子,总会出现他站在大门口挥挥手看着我的车离开的样子……

徐通锵先生认为,汉字是汉语社团中具有心理现实性的基本结构单位,汉语的基本结构格局隐含在传统所谓的"字"中。"字"所代表的语言现象是汉语的语音、

---

① 《辞海·语词分册》(修订稿),上海:上海人民出版社,1977年版(内部发行),第375页。

词汇、语义、语法的交汇点，隐含一个音节、一个概念、一个词的结构关联。他为此发表了一系列的论文，深入研究汉语语言理论。在汉语学界，无论是对"字本位"理论的支持，还是批判，都促使研究者更为深入地思考语言本身的问题，尝试厘清不同民族语言研究所带来的不同的语言学术语系统之间的差异与共性，尝试认识"词本位"与"字本位"之间的区分并非流于"生于淮南则为橘，生于淮北则为枳"之类感性的辨识，尝试不以"词本位"攻打"字本位"，也不以"字本位"颠覆"词本位"，因为它们是两个分别充满民族心理的理论指认。这两种理论的指认具有深刻的理性背景支持——包括自然观、民族观、社会观和心理观。它们从根本上呈现不同的民族语言类型和不同的研究路径。

  有的时候想想，真是有些许悲哀："全球一体化"似乎已经成为我们这个时代的惟一标签。

  在"全球一体化"的震荡之下，各路文人、学者，各路商人、官员似乎都在热血沸腾、慷慨激昂地奔向"一体"。"国际惯例""与国际接轨""人性化"等话语在日常生活中不绝于耳。它给我们的语言学研究领域也带来了"一体"的冲动，殚精竭虑挖掘语言深层的"统一"结构已经成为不可逆转的激情，要让汉语语言研究与印欧语言研究成果接轨几乎已经成为至少三代学者共同而热切的期待。就我们的语言学研究领域，"全球一体化"已经流淌于其中的动脉与静脉！我分明已经看到它所彰显的，它所遮蔽的，随之而来的，随之消逝的，谁是言说者，谁是言听者，谁是苟且者，谁是附和者，谁是勇者，谁是智者……

  然而，我无奈！

  有些字、字组还真的就是在"全球一体化"的宏大叙事能力之下表现出旧貌换新颜的样态。例如："公共汽车"改称"大巴（bus）"；"酒店"改称"酒吧（bar）"；"聚会"改称"派对（party）"等等。更有抛开汉字直接与国际接轨的例证：BBS（网上论坛）；down（下载）；cool（酷）；in（时髦）；out（老土）；ok（好）；pk（对决）；fans（粉丝）等等。

  一些字、字组，要么成为汉语民族集体失语的对象，要么成为汉语民族集体追捧的对象。我们不再像上个世纪那样说："拜堂""大总统""罗曼""贞操""女德""移风易俗""妻管严""泡""煲电话粥"等等，而是满口的"骨灰级""轰趴""包二奶""小三""隔壁老王""主打""个唱""准""准新区""准夫人""粉丝""吸粉""吃货""追星族""持卡一族""打卡地""网红"等等。

  众口一字一词一语的现象时有发生。例如：当下的"炒"字终因众口铄金而从它原本所施指的"烹调方法"意义延伸出"倒买倒卖""解雇"等意义，例如："炒股票""炒房产""炒新闻""炒明星""炒地皮""炒外汇""炒鱿鱼""炒作"等等。更有相当一部分词语无处不在,例如:搬砖、复盘、抓手、内卷、闭环、布局、打卡地、颗粒度、引爆点、去中心化、抽离透传等等,似乎只有这些新词语才能精准表达意义。

所有这些在"全球一体化"语境中形成的字、词,自有它们存在的基础及逻辑。

2. "炒"字的绝对流变

其实,汉字的流变自古以来从未停息过。在时间和空间的延展中,我们的汉字也表现出音与义结合的不确定性。只是,根据现有的文献记载,似乎从来没有像当下这般变化得如此迅猛,且以外来语的侵入为主流。宋元时代的语言是近代汉语承古启今的重要环节,它与先前的唐代语言和以后的明代直至现代的语言之间存在着非常微妙的联系。宋元时代的汉字凸现变化。在此,仍以"炒"为例:①

  炒 同"吵"。争吵,吵闹。《王直方诗话》:"潘邠老诗:邠老作诗,多犯老杜,为之不已,老杜亦难为存活。使老杜复生,则须共潘十厮～。"

  炒刺 喧闹,吵闹。《酷寒亭》二折:"则问你赛娘僧住为何的,他可也有甚么闲～。"亦作"炒戚""炒炒七七"。

  炒炒 人多喧闹。《渑池会》四折:"则听的～的人喧闹,我又悠悠的魂魄消。"

  炒咬 叫嚷。《东京梦华录》卷五:"娶妇":"至迎娶日,儿家以车子,……作乐催妆上车,檐从人未肯起,～利市。谓之起檐子。"

  炒聒 嘈吵,吵扰。《两世姻缘》二折:"娘呵!不要～我,省些话儿罢,我盹睡咱。"

那个时候,尽管"炒"字与"喧闹"之义紧密相连,可是,它的热闹劲儿还真是不如当下的"炒"字。

3. "就"字的相对稳定

字义相对稳定的字也有不少,例如:"就"字。

  孟尝君<u>就</u>国于薛。②
  三窟已<u>就</u>,君姑高枕为乐矣!③

---

① 龙潜庵编著:《宋元语言词典》,上海:上海辞书出版社,1985年版,第567页。
② 王力主编:《古代汉语》(校订重排版·第一册),北京:中华书局,1999年版,第105页。
③ 王力主编:《古代汉语》(校订重排版·第一册),北京:中华书局,1999年版,第107页。

两句中都出现了"就"字。前者为"前往";后者为"完成"。"就"这个字出现的频率颇高,即便是在现代汉语中,它仍然以单音字的形象游戏于各样的语境之中,颇有其精妙之处。而它的语义线索似乎也相对明晰,至少有如下五个语义层面:

(1)"就"表达"成""达到目的"之义。
《史记·礼书》中便有:"招致儒术之士,令其定仪,十余年不就。"
在现代汉语中,出现更多的是双音字,如"成就""造就""急就"。

(2)"就"表达"接近""走近""靠近"之义。
《国语·齐语》中有:"处工就官府,处商就市井,处农就田野。"再如《荀子·劝学》:"故木受绳则直,金就砺则利。"
王力先生在《古代汉语》中给出多个例证:①

　　孟子梁惠王上:"望之不似人君,就之不见所畏焉"(就:走近)
　　荀子劝学:"金就砺则利。"(就:接近)
　　　　"故君子居必择乡,游必就士。"(就:亲近)
　　"施薪若易,火就燥也;平地若一,水就湿也。"(就:趋向)
　　战国策赵策三:"曷为与人俱称帝王,卒就脯醢之地也?"(就:走上)

现代汉语中的"就学""就业""各就各位"都来自"就"的"趋、归、从"等意义。

(3)"就"表达转折的意义,表示"即便""即使"。
如《三国志·魏志·荀彧传》:"就能破之,尚不可有也。"

(4)万变不离其宗。
在现代汉语中,"就"衍生出多种意义,而所有的意义似乎都可以追溯到"趋近"及"归入"等本义。正所谓万变却不离其宗。例如:

a. 他们应该就事论事。
b. 在那种情况下,他们只能就地取材。

————————————
① 王力主编:《古代汉语》(校订重排版·第一册),北京:中华书局,1999年版,第140页。

c. 他们还没有学会避难就易。

d. 这孩子一学就会。

e. 你稍等，我就到了。

f. 他们从来都是就菜吃饭。

g. 你将就着住一天吧。

h. 就这一回，下次再也不要这么干了！

i. 我就说了，你也未必明白。

j. 你不同意我去，我还就是要去看个究竟。

五、小记

我以为，《战国策》之"冯谖客孟尝君(齐策)"的精髓在于冯谖所言：

> 狡兔有三窟，仅得免其死耳；今君有一窟，未得高枕而卧也。请为君复凿二窟！[1]

数目字"三"通常用来指"多"及"反复"等概念。比方，《论语·公冶长》中的"季文子三思而后行"。再如，《论语·先进》中的"南容三复白圭"。这其中特别的来源颇值得玩味。

---

[1] 王力主编：《古代汉语》(校订重排版·第一册)，北京：中华书局，1999年版，第105页。

4 《论语》之文选

一、简介

《论语》是儒家经典之一,记录了孔子、孔子弟子及再传弟子的言行。西汉时有《古论》《鲁论》和《齐论》三种版本。《古论》出自山东曲阜孔子故宅壁中,用古文字写就。《齐论》在齐人之中流传。《鲁论》则为鲁人所传。我们现在所能读到的《论语》最早的注本则是出自魏时何晏之手的《论语集解》。南宋淳熙间(1174—1189),朱熹将《论语》《大学》《中庸》《孟子》合为"四书"。

孔子(公元前551—前479)是中国历史上了不起的人物。春秋鲁国人。他生活在春秋末期,恰逢贵族制度开始走向瓦解,知识分子群体开始分化:一部分人受雇于他人,凭借自己的知识,专门从事丧葬典礼;另一部分人以对礼乐制度知识的精通而进入政治活动;还有一部分人专门从事古代礼乐制度的研究与整理。在这样一个过渡时期,孔子整理并删修了殷周以来的古代典籍,使"六经"(即"六艺")以更为理性、更为完善的系统传扬开去。与此同时,他开办了私人讲课堂。是他首先将属于官方的古代文献和传统的学术思想传播到民众之中。他对现实、道德、理性、人文表现出深刻的关怀,智慧地引导学习者疏远鬼神。他因此成为一代学问家、教育家、思想家、理论政治家。

《论语》设有二十篇,内容涉及政治主张、教育原则、伦理观念、品德修养、社会生活等等方面。

二、似曾相识

之前没有系统地读过《论语》,现在读来,竟然篇篇似曾相识,脱口说上片言只语,倒也顺畅。生长在中华大地,不被《论语》所浸染,那肯定是纯属意外!

在我的生命中,从来就没有错过来自家人和朋友的教导与疏通。总记得母亲说"温故而知新",总记得父亲说"学而不厌"。我十九岁那一年,庞定亚先生为我刻了一枚名印,满工,一边款为"文质彬彬"。他现在可是教育界了不起的人物,国家督学。

现在看来,人们的"常言道"最是《论语》中的言说:

礼之用,和为贵,先王之道斯为美,小大由之。
《诗》三百,一言以蔽之,曰思无邪。
温故而知新,可以为师矣。
人而无信,不知其可也。①

——取自"为政"

里仁为美,择不处仁,焉得知?
仁者安仁,智者利仁。
朝闻道,夕死可矣。
君子怀德,小人怀土;君子怀刑,小人怀惠。
不患无位,患所以立。不患莫己知,求为可知也。②

——取自"里仁"

知之者,不如好之者;好之者,不如乐之者。
知者乐,水;仁者乐,山。知者动;仁者静。知者乐;仁者寿。
能近取譬,可谓仁之方也已。
质胜文则野,文胜质则史。文质彬彬,然后君子。③

——取自"雍也"

直白而老健,明净而芳润,古朴而雄浑!或许是因为《论语》格言式的话语方式以及直白的口说语言特征,我对古汉语蓦然间亲近了许多,原先的恐惧与焦虑已是荡然无存了。

只是,那么直白的话语,怎么会引得无数学者前赴后继地钻研其中,并做出深透得无以复加、浩繁得无以复加的文章来呢?

---

① 参见王力主编:《古代汉语》(校订重排版·第一册),北京:中华书局,1999年版,第181页。
② 参见王力主编:《古代汉语》(校订重排版·第一册),北京:中华书局,1999年版,第181—182页。
③ 参见王力主编:《古代汉语》(校订重排版·第一册),北京:中华书局,1999年版,第184页。

三、追究文字符号

在我看来,《论语》文字符号本身特别有趣,值得追究。

1. 文字零符号或者文字符号缺失。

从理论上来分析,缺失的符号注定会在一定的程度上导致语义发生畸变。而在现实的语境中,无论是表达的路径还是理解的过程,似乎都不至于发生意外的歧义或歧解。在形式与内容之间,存在错位,存在距离,存在反差。然而,这些不仅没有带来丝毫的语义残缺,它们若隐若现的,似在非在的,反而彰显语句的机智与纯粹。真的是妙不可言!

学而时习之,不亦说乎?
人不知而不愠,不亦君子乎?
敏于事而慎于言,就有道而正焉,可谓好学也已。[1]
——取自"学而"

格言式的语句往往出现文字符号省略的情况。倘若出现文字零符号,通常可以根据整个结构,找寻到零符号一致的语义指向。这些零符号要么一致性地占据主格,成为被省略的施事者;要么一致性地占据宾格,成为被省略的受事者。这是一个基本的规律化的现象。这样的语言现象比较普遍。例如:

温故而知新,可以为师矣。
学而不思则罔,思而不学则殆。[2]
——取自"为政"

愿车马衣轻裘,与朋友共,敝之而无憾。[3]
—— 取自"公冶长"

默而识之,学而不厌,诲人不倦,何有于我哉?
择其善者而从之,其不善者而改之。[4]
—— 取自"述而"

---

[1] 王力主编:《古代汉语》(校订重排版·第一册),北京:中华书局,1999年版,第180页。
[2] 王力主编:《古代汉语》(校订重排版·第一册),北京:中华书局,1999年版,第181页。
[3] 王力主编:《古代汉语》(校订重排版·第一册),北京:中华书局,1999年版,第182页。
[4] 王力主编:《古代汉语》(校订重排版·第一册),北京:中华书局,1999年版,第185—186页。

凤兮！凤兮！何德之衰？往者不可谏，来者犹可追。①

——取自"微子"

君子尊贤而容众，嘉善而矜不能。②

——取自"子张"

然而，就"人不知而不愠，不亦君子乎？"这个语句，似乎需要特别调动一下我们的语言直觉和语义理性。尝试补入缺失的文字符号，我们看到：人不知我$_1$而我$_2$不愠，我$_3$不亦君子乎？

"我$_1$"占据宾格的位置，"我$_2$"和"我$_3$"则分别占据主格的位置。

如此的省略，却没有带来任何理解上的困惑。

2. 语词顺序变异规则。

汉语研究界公认的汉语常见的语词顺序是：主语 + 谓语 + 宾语。然而，在《论语》中，可以读到不同的语词顺序，偏偏这些不同于一般的语词顺序丝毫没有影响语义的准确表达和理解。它们的错位在很深的程度上预设：言听者或阅读者强势的语言逻辑能力、强势的理性思辨能力、强势的直觉感知能力。这些特殊的语词顺序需要言说者与言听者之间、写作者与阅读者之间在共同的、交互的、对立的、互补的知性活动中完成自我形式与自我意义的全部构建。语词顺序未必合理却又近乎规律的改变，显然是为语句形式注入了热烈而明快的节奏、意外而腾挪的气息，颇堪玩味。例如：

(1) 士不可以不弘毅，任重而道远：仁以为己任，不亦重乎？死而后已，不亦远乎？③

——取自"泰伯"

此处"仁以为己任"的常规语词顺序是：以仁为己任。

(2) 惜乎！夫子之说君子也，驷不及舌！④

——取自"颜渊"

---

① 王力主编：《古代汉语》（校订重排版·第一册），北京：中华书局，1999年版，第202页。
② 王力主编：《古代汉语》（校订重排版·第一册），北京：中华书局，1999年版，第205页。
③ 王力主编：《古代汉语》（校订重排版·第一册），北京：中华书局，1999年版，第186页。
④ 王力主编：《古代汉语》（校订重排版·第一册），北京：中华书局，1999年版，第192页。

此处"夫子之说君子也"作为"惜乎"的施事者。

(3) 有是哉,子之迂也!①

——取自"子路"

此处,"子之迂也"是"有是哉"的施事者。

(4) 不患人之不己知,患其不能也。②

——取自"宪问"

"己知"的常见语词顺序是:知己,即知道自己。"己"为宾格。传统的语法研究总结出否定句的特定结构:在否定句中,当宾语是代词,须前置,即放在动词之前。而当宾语不是代词的时候,就不得前置。此处所引"宪问"中的言说恰恰集中地反映了这两条规则。

(5) 日月逝矣,岁不我与。③

——取自"阳货"

此处所引的"阳货"中,"我"作为受事者而前置于表示动作的谓语"与",这也是符合了否定语句中代词前置的规律。

为什么否定结构有如此特别的一致性改变呢?

3. 字、字组、句式的"国际化"

一些有趣的字、字组、句式等等让我联想到它们与外族的字或词何等的一致!是它们带有拂不去的外族语言的印记吗?抑或是它们已经播散并注入到外族语言之中而成为外显性的标记了?抑或世界的语言现象从来就是彼此相似的?抑或是人类的精神世界、语言逻辑从来都是彼此相通的,只是用了不同的物质符号而已?

第一种语言现象:与其他语言中的词语意义有内涵及外延的重叠。

对同一符号受指或客体,不同的语言民族往往会用不同的施指符号。在不同

---

① 王力主编:《古代汉语》(校订重排版·第一册),北京:中华书局,1999年版,第194页。
② 王力主编:《古代汉语》(校订重排版·第一册),北京:中华书局,1999年版,第197页。
③ 王力主编:《古代汉语》(校订重排版·第一册),北京:中华书局,1999年版,第201页。

的符号施指系统中,或可以找到一一对应的符号受指或客体,但词语意义核心、内涵及外延都存在一定程度上或一定面上的差异。也就是说,在指认同一受指或客体之时,不同语言民族或可指认同一受指的同一或不同的方面,也或可形成不同的外延及语义联想。结果便是:概念的适用范围不能够完全重叠。例如:

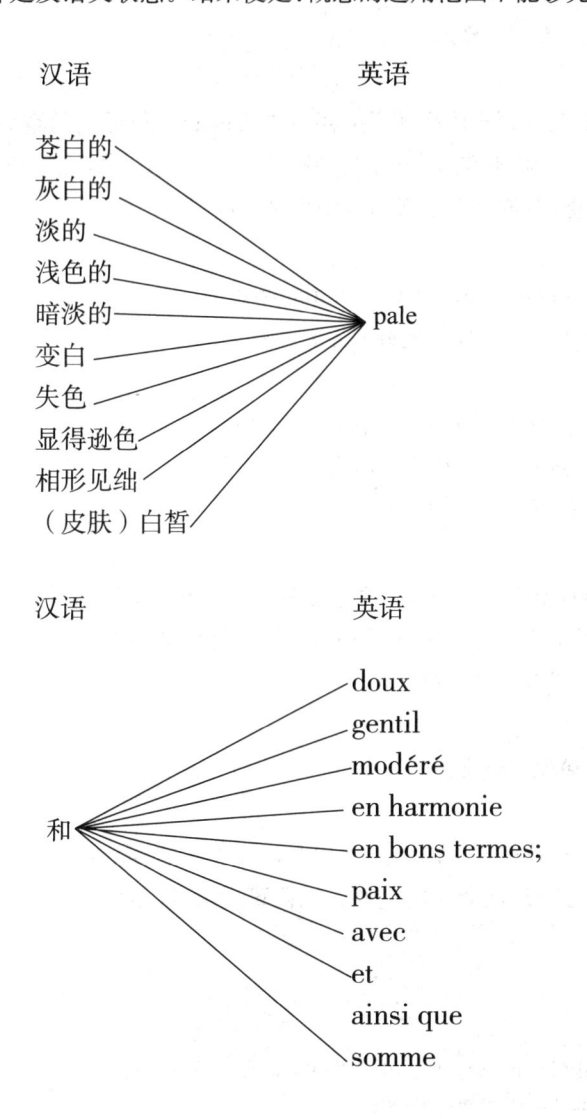

汉语　　　　　　英语

苍白的
灰白的
淡的
浅色的
暗淡的
变白　　　　　　　pale
失色
显得逊色
相形见绌
(皮肤)白皙

汉语　　　　　　英语

　　　doux
　　　gentil
　　　modéré
　　　en harmonie
和　　en bons termes;
　　　paix
　　　avec
　　　et
　　　ainsi que
　　　somme

然而,在此时的阅读中,可以看到一些颇为"国际化"的字、词。它们与其他民族语言中的一些词、词语形成了语义内涵与外延的重叠。

(6) 孔子时其亡也而往拜之。①

———— 取自"阳货"

此处"亡"即"不在"。而"亡"字在古代汉语中有如下意义：②

❶逃亡。❷灭亡；不存在。❸死。❹无。

古英语中的 depart 一词与古汉语中的"亡"字存在语义内涵与外延上的重叠。它具有两种基本的意义指向：一为"不在"；"离开"。另一种则是"离去"；"死亡"。③
表达"不在"及"离开"之意，在英语谚语或格言中可见。例如：

(7) If　　you came unbidden, you depart unthanked.
　　(假如)(你)(来)(未受邀请)(你)(离开)(不被感谢)
　　"不速之客，不送。"

(8) Misfortunes come on wings　and　depart　on foot.
　　(不幸)　　(来)(飞快地)　(和)　(离开)　(步行)
　　"不幸总是来得快去得慢。"

在现代汉语中，"亡"字的"不在"及"离开"之意已经基本消逝。而当下仍然在使用的"逃亡"一词中，"亡"字往往带有贬义，已经失去了古汉语中"不在"及"离开"的中性意义。现代汉语中，"亡"包含如下意义：④

❶逃跑。❷失去；丢失。❸死。❹死去的。❺灭亡。

而从如下西班牙语语句中，我们又可以看到现代西班牙语中的 morir(死)与现代汉语"死"在基本概念表达方面几近全面的重叠。以西班牙语、汉语作比对，以英语作为参照：

---

① 王力主编：《古代汉语》(校订重排版·第一册)，北京：中华书局，1999 年版，第 140 页。
② 王力主编：《王力古汉语字典》，北京：中华书局，2000 年版，第 12 页。
③ 参见 T. F. Hoad(ed.), *Oxford Concise Dictionary of English Etymology*, Oxford: Oxford University Press, 1996, P119.
④ 中国社会科学院语言研究所词典编辑室编：《现代汉语词典》(2002 年增补本·大字本)，北京：商务印书馆，2003 年版，第 1301 页。

(9) 西班牙语：Me muero de ganas de ir nadar.
　　英　　语：I am dying to go for a swim.
　　汉　　语：我想死游泳了。
(10) 西班牙语：Me muero de vergüenza.
　　英　　语：I am so embarrassed.
　　汉　　语：我尴尬死了。
(11) 西班牙语：¡Me muero de hambre!
　　英　　语：I am starving!
　　汉　　语：我饿死啦！
(12) 西班牙语：¿Cuándo murió?
　　英　　语：When did he die?
　　汉　　语：他什么时候死的？

就全球范围而言，各种不同的语言都在时间和空间过程中发生流变，汉语词语的概念与其他语言词语概念往往可见发生基本的重叠。为数不多，但也不可小觑。

第二种语言现象：主谓颠倒结构的重叠。

所谓主谓结构颠倒的结构，即原本应该是"主语 ＋ 谓语"的结构，结果变为"谓语 ＋ 主语"。这样的陈述似乎不够严谨。似乎应该这样来表述：汉语中常见的结构是"主语 ＋ 谓语"，但"谓语 ＋ 主语"的结构似乎也很常见。这一结构未见得是对"主语 ＋ 谓语"结构的颠倒，而是根据言说者的表达需求以及话语习惯所形成的一种表达顺序，有其存在的空间和价值，未见得必须依附于"主语 ＋ 谓语"的结构。

(13) 惜乎！夫子之说君子也，驷不及舌！[①]
　　　　　　　　　　　　　　——取自"颜渊"

此处"惜乎！夫子之说君子也"是一个"谓语 ＋ 主语"的结构。较为常见的语词顺序似乎应该是：夫子之说君子惜乎！意为："夫子如此阐释君子，真是可惜呀！"

[①] 王力主编：《古代汉语》(校订重排版·第一册)，北京：中华书局，1999年版，第192页。

不过，这样的结构显然不能够彰显言说者的表达需求。与此同时，主语部分相对较长，谓语部分相对较短，整个语句有失衡之嫌。瞬间想到了一个典型的英语句式：

(14) Pity　you　missed　the　　　train!
　　（可惜）（你）（错过）（定冠词）（火车）
　　"你没赶上火车，真是可惜！"
　　"可惜你没赶上火车！"

(15) Pity　a　woman　weeps　as　a　goose　goes　barefoot.
　　（可惜）（一个）（女人）（哭泣）（如同）（一只）（鹅）（走路）（光脚）
　　"女人流泪就像鹅光脚一样寻常，真够遗憾的！"
　　"遗憾！女人流泪就像鹅光脚一样寻常！"

应当说，在语句结构平衡方面，不仅仅是表现在"谓语 ＋ 主语"的结构，各种语言都表现出了在规则性基础之上的相对灵活性。

(16) 西班牙语:¡Parece mentira que sa haya arruinado tan pronto!
　　　　"真令人难以置信！他这么快就破产了！"
　　　　"他这么快就破产了！真令人难以置信！"

(17) 德　　语:Es hat mich erstaunt, dass am Feiertag so wenig Leute im Museum waren!
　　　　"太奇怪了！公共假期来博物馆参观的人竟然这么少！"
　　　　"公共假期来博物馆参观的人竟然这么少！太奇怪了！"

(18) 法　　语:Quelle chance! J'ai eu les deux derniers billets pour le match.
　　　　"运气太好啦！我拿到这场比赛的最后两张票！"
　　　　"我拿到这场比赛的最后两张票！运气太好啦！"

第三种语言现象:疑问语句中的"名词＋介词"结构，与其他语言中的结构重叠。

在陈述语句中的"介词＋名词/代词"结构，一旦以疑问语句呈现，便转换为"名词/代词＋介词"结构。疑问代词在这样的结构中则更为常见。

(19)"奚自?"子路曰:"自孔氏。"曰:"是知其不可而为之者与?"①

—— 取自"宪问"

此处的"奚"表示"何处";"哪里"。"自"表示"从";"自"。"奚自"用现代汉语解释便是:"来自何方?"古汉语中常见的同一结构表达颇为常见。例如:

适-奚 ←"奚适"(到哪里去)
何-以 ←"以何"(凭什么)
何-求 ←"求何"(要什么?)
置-焉 ←"焉置"(安放到哪里)
在-安 ←"安在"(在哪里)

却与英语有着完全一致的结构表达:

(20) Where   from?
　　（哪里） （从）
　　"从哪里来?"(奚自?)
(21) Where   to?
　　（哪里）（往）
　　"往哪里去?"(奚适?)
(22) What   for?
　　（什么）(为了)
　　"要什么?"
　　"为了什么?"(何求?)
(23) How   to?
　　（如何）（去）
　　"如何可以去?"(何以?)

前两天读到司马迁的《鸿门宴》,其中有一句:"亚父南向坐。""南向"应解释为现代汉语的"向南",可它却与英语中的 southward("南"-"向")在结构上不谋而合了。

---

① 王力主编:《古代汉语》(校订重排版·第一册),北京:中华书局,1999年版,第197页。

第四种语言现象:宾语前置结构重叠。

(24) 夫子焉不学,而亦何常师之有?[1]

—— 取自"子张"

在"何常师之有"中,"之"为代词,复指宾语。"有"则为后置动词,处于宾语之后。"代词/名词+动词"的结构让我想起了之前读过的如下古汉语语句:

(25) "秦人不暇自哀。"(杜牧《阿房宫赋》)
"自哀"←"哀自"(哀叹自己)
(26) "大王来何操?"(司马迁《鸿门宴》)
"何操"←"操何"(拿什么礼物)
(27) "微斯人,吾谁与归?"(范仲淹《岳阳楼记》)
"谁与归"←"与谁归"(我和谁同道)

关于宾语前置,文学院一位古汉语博士生的解释给了我特别深的印象:只有否定句,只有疑问句,只有强调词出现,只有宾语是代词,才可以宾语前置。在阅读古文献的时候,特别留意这一宾语前置结构。似乎还真如他所说。不过,也还真就读到了一些例外。要么是否定句或疑问句,代词宾语并没有前置。例如:"不知我者,谓我何求?""我"出现在否定语句中,又是代词,却没有形成"不我知者"。要么是肯定语句,宾语前置了。例如:"秋以为期"并不是否定结构,也不是疑问结构,"秋"字不是代词,此句也没有出现诸如"惟……是……"或"惟……之……"等强调表达,但是,"秋"字前置了。似乎原本应为"以秋为期"。

其实,各样的前提,各样的条件,大体都是后来学者对先前古汉语文献语言现象所做出的滞后总结,未见古文献写作之前的相关语言规约。所以,应当说,"宾语前置"现象是古汉语语言事实,这是根本。而需要特别清楚的是,"宾语前置"这一表达本身有着明确的滞后或当下的立场。

英语的宾语前置也有相关的滞后总结,似乎与汉语的归纳如出一辙,如:只出现在强调结构、疑问句、否定句中。以源远流长的英语格言、谚语、成语为例:

---

[1] 王力主编:《古代汉语》(校订重排版·第一册),北京:中华书局,1999年版,第206页。

(28) It's   the quiet one you   have to   watch.
（强调结构）(沉默者) （你）（不得不）（注意）
"唯有沉默者须加提防。"

(29) No   changeling   be!
（不）　（变节者）　（做）
"勿做变节者！"

(30) What   cannot   gold   do?
（什么）(不能)（黄金）(做)
"黄金无所不能。"

此时，突然又想起了一句古英语：

(31) Hēo   hine   lǣrde.
（她）（他）（劝告）
"她劝告他。"

是如同"秋以为期"一般的例外么？毕竟是滞后的总结，论及例外，还是需要谨慎才好。

古汉语与古英语在这一结构上往往是遥遥相对，颇显令人难以捉摸的一致性。而现代汉语和现代英语都已经基本上抛开了这样的语句结构。仅有一些残存在格言、谚语、俗语之中。例如：

(32) 机不可失
"兵贵神速，机不可失。"（《旧唐书·李靖传》）
(33) 岁不我与
"日月逝矣，岁不我与。"（《论语·阳货》）
(34) 惟利是图
"名过其实，由于夸诞。内抱贪浊，惟利是图。"（晋·葛洪《抱朴子》）
(35) It is   them   that   I   hate to see.
（强调结构)他们（强调结构）（我）（讨厌）（看见）
"我不愿意见的是他们。"（比较："惟……是……"结构）

(36) What   did   he   die   for?
　　（什么）(助动词)(他)(死)(为了)
　　"他为什么而死的？"(比较：何以？)

(37) No matter what   you   want, you must   not stop running.
　　（不管）　（什么）(你)（想要）(你)(必须)（不）（停止）（跑步）
　　"不管你想要什么，绝不能停止奔跑。"(比较：否定词"弗""不")

其实，这样的语词顺序，即"宾语（名词/代词）＋动词"，在世界上不少语言中都颇为常见。例如：

朝鲜语：
(38) Kim-eun   maek-ju-rul   ma-sin-da.
　　（金恩）　　（啤酒）　　　（喝）
　　"金恩喝啤酒。"
(39) Terry-ka   ku   yeca-lul   coahanta.
　　（特瑞） （那）（女孩） （喜欢）
　　"特瑞喜欢那女孩。"

土耳其语：
(40) Hasan   öküz-ü   al-dɯ.
　　（汉散）　（牛）　（买）
　　"汉散买牛。"
(41) Hasan şu   üç ilginç kitap al-dɯ.
　　（汉散）(那些)(三)(有趣的)（书）　（买）
　　"汉散买了三本有趣的书。"

日语：
(42) Taroo-ga   tegami-o   kaita.
　　（太郎）　　（信）　　（写）
　　"太郎写信。"
(43) Supeinjin-wa   shi-ga   sukida.
　　（西班牙人）　（诗歌）　（热爱）

"西班牙人热爱诗歌。"

法语:

(44) Je   l'acheterai.
　　（我） （它-买）
　　"我会把它买下来的。"

(45) Je   n'ai   rien   vu.
　　（我）(不-助动词)(没有东西)(看见)
　　"我什么都没有看见。"

波兰语:

(46) Nie   moge   niczego   dostać.
　　（不)（能-第一人称)(没有东西)(得到)
　　"我没有能够得到任何东西。"

(47) Nie   musi   to   zrobić.
　　（不)(应该-第三人称)(它)(做)
　　"他不应该做这事。"

在现代汉语中,尤其是书写语言,宾语前置结构并不多见,口语中倒是屡见不鲜。例如:

(48) 这都几点啦?饭还没吃呀?
(49) 饺子已经吃了不少,再来点儿饺子汤喝喝吧,原汤化原食哈!
(50) 工作永远干不完,别太累了!
(51) 你豪宅住着,豪车开着,钱大把地花着,还有什么不满意的?
(52) 你话少说点,事多做点,没坏处!
(53) 快递收到没?申请表尽快填好,尽快寄回给我公司。

所以,无论是对古代汉语还是现代汉语的研究,在论及"宾语（名词/代词）+动词"时,"例外"一词的出现与否,还是需要再三斟酌的。

上述这四种语言现象,还真是有趣。以后有机会可以考虑专门从语义、结构、语境等方面来考察语言何至于模糊得可以允许符号缺失或零符号,何至于语词颠来倒去而并不丧失语句的原本意义。就世界范围内,各样的语言都因为语词顺序的变化而有所延宕。

四、小记

孔子的说论,无论是积极的还是消极的,都已经成为中华民族生存状态中最为鲜活的部分。它们不仅融入了日常的百姓生活,而且还不断地在一代又一代人的心灵之中以各样的姿态呈展它们的气质与势力。

不过,说起来有些许遗憾。孔子是伟大的智者,可偏偏是这么一位伟大的智者,在他活着的时候频频遭遇排斥和打击。大多的史书上都记载:在秦统一中国之前,孔子及儒家思想并没有得到统治者的特别重视。汉代以后,汉武帝采用董仲舒"罢黜百家,独尊儒术"的思想文化政策,孔子在中国历史上的至尊地位由此得到确立。尽管以后也遭遇各样的批判,但是,他的地位总能够在风浪之后稳若泰山,似乎未曾被撼动,未曾被颠覆。且不说统治者是否利用他的话语来教化民众,就是自己闲来读上几篇,也是颇为爽心的,因为他的话语从来都不是凶神恶煞的,而是自然、清新的。

孔子生前与逝后的境遇如此迥异,他生前的栖栖惶惶、席不暇暖只是属于他个人,而他逝后的放怀寥廓、淡定自若却属于全世界。在现当代,二十世纪七十年代他遭遇被抛,惨淡而悲情!二十世纪九十年代却又遭遇至尊,辉煌又灿烂!这倒是让我不免感觉有些许心疼。

儒家的发生期在先秦。先秦儒家对中国传统文化品质、特点的形成起到了规定性的作用,对中华民族的性格、价值观念以及思维方式有着预设性的揭示。

"儒"是一个非常有意思的字。它与"懦"相同,意为"懦弱"。又指"柔顺"。如《素问·皮部论》:"少阴之阴,名曰枢儒。"而它最初是用来指称古代从巫、史、祝、卜中分化出来专门为奴隶主、贵族襄礼(如办丧事之类)的一些知识分子。所谓知识分子,即具有一定专业知识和技能的人士。古代的知识分子多从事宗教性、政治性和教化的职业。这些知识分子与懦弱、柔顺的品性竟然共享了同一个语言符号!我突然好奇:语言符号对人的心理是否有一定的暗示或引导作用呢?抑或是这一个语言符号本身就是对当时一个群体身份和性格的集合反映?抑或性格的意义指向是从这个群体所彰显的特征中而衍生出来的?总体看来,中国曾经的知识分子,没有惊世骇俗的言论,却有温温吞吞的循循善诱,议论着人际关系,再用阴阳五行格尽天下之物。

　　谈到语言对人的心理暗示，最为典型的当属人的名字。从父母及祖辈给子孙起名字即至少可看出三点：第一，对子孙健康的保佑；第二，对子孙事业的期待；第三，对子孙福祉的愿景。在农村贫困地区，由于生活资料的匮乏，人们对名字寄予了更多的厚望。例如，给孩子，尤其是男孩起一个贫贱的名字，这样的孩子更容易养活。这或许是受到大自然的启发：野草、野兽、牲畜、贱物的生命力更强。因此，相当多的人是伴随着"石头""毛毛""粪桶""铁蛋""狗蛋""虎子""扁担""狗剩""小花""小草""野菊"等小名或昵称长大成人。而大名则饱含了对事业的期待以及对福祉的愿景。例如："富荣""曙光""喜顺""兴国""文武""万乐""子龙""超强""隽新""艳丽""淑仪""睿睿"等。2019 年，我在文学刊物《钟山》第 4 期发表短篇小说《改名》，从语言符号对女性博士生心理的影响，探究当下年轻知识分子的精神生活状态，追问精神境界或可存在的安慰与寄托。

　　说来有趣，2020 年 7 月 25 日，南京大学自主研发的"龙虾眼 X 射线探测卫星"搭载长征四号乙运载火箭，在太原卫星发生中心成功发射入轨。本应该为咱们南京大学"龙虾眼"高兴的。偏觉着这名字奇怪。语言的本质在于语音。"龙"与"聋"同音，"虾"与"瞎"同音。这是会产生歧义的呀！况且，龙虾的眼睛呆乎乎的，还不如叫"老鼠眼"呢，贼溜溜的，灵呀！对于探测而言，其寓意也刚刚好。探测黑物质，怎么着也不能让它又是 /lóng/ 又是 /xiā/ 的吧！跟王副校长振林先生提起这事。他颇有同感，认为取名还是很重要的。他说起南京之前的一个汽车品牌"名爵"，同音"命绝"。嗨，真是不好说，也真是说不好了！好说不？

　　先人手泽如新！

5 《训诂学要略》
   / 周大璞

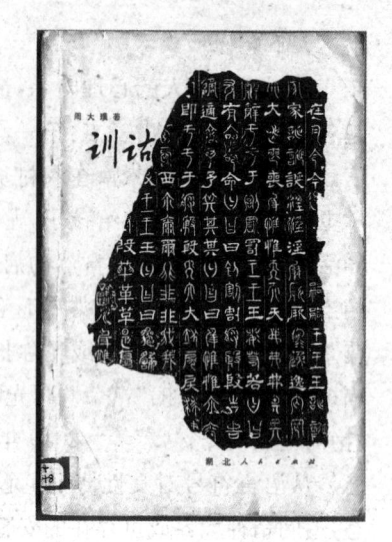

周大璞,《训诂学要略》,武汉:湖北人民出版社,1980年版。

一、闲谈因缘契机

在读博士之前,听说过训诂学,后来也结识了两位专攻训诂学的教授。总觉得这个专业古老而遥远,总觉得那两位教授的笑貌不无训诂学的熏陶而幻化为难得的脸谱。

《训诂学要略》已经在我的书橱里存放了很长一段时间了,是早些年王希杰先生送给我的。他认为我更应该多读一读中国的语言学著作,这会为我在普通语言学的思考过程中提供更多的角度和方法。毕竟是中文系毕业的博士,怎么着都不应该错过的。

计划是二〇〇七年八月一日开始阅读这本书,因为先后有三位朋友远道而来,便自然延后。

八月六日,又与来自大连的同门师姐王晓娜一起去苏州拜访汪榕培先生。在苏州观前街街边一家挺大的店里吃了碗凉面,之后,二十四小时连续呕吐不止,十多天过去了,依然觉得身体不爽。往日,每天步行,脚底生风,弹力十足。而现在,走起路来却有些拖沓,也不太愿意走动。真是病来如山倒,病去如抽丝!家人和朋友借机一致反对我不吃药。他们同时也借机一致反对我恪守素食,认为我每天根本没有摄入足够的营养。他们说我的气色不如从前了,说我不如从前漂亮了,说我会因为食素而丧失免疫力,喋喋不休。然而,他们任何过激的言辞都难以说服我,因为剑桥格兰切斯特(Granchester, Cambridge)农庄的小牛在面对屠刀时的泪如雨下,我且不能释怀!况且,有榜样的力量在侧。澳大利亚国立大学的葛瑞格·夏乐(Greg Shailer)教授从来都是素食主义者,他身材高大,且健康快乐。或许是被他洗脑了?在剑桥的时候,常常听他说起有关素食与素食者的故事。

八月十九日,到古汉语专业的路过先生家做客。他走进卧室,开锁打开五斗橱的柜门,取出一个大纸包,暗黄色的牛皮纸。拿到书房,小心翼翼地打开,一张一张地展示给我看。真的是难得的宝贝——三十三张装裱考究的十钟山房金文拓片。出自陈介祺之手!拓片精妙的凹凸感,深沉的年轮感,自然的音乐感,着实让我无比愿意亲近它们!至于文字及文字所表达的意义,全然退到了拓片的后面去了。我着迷地想:他若能发扬一点"宝剑赠英雄"的气概,送给我一张,那该多好!

我告诉他我最喜欢哪一张。他却从容地把所有的拓片一张一张地叠放起来,在书桌上包好,双手捧起,抿嘴微笑,一副"逗你玩儿"的模样。然后,转身回卧室,郑重其事地锁好。我心头猛然间一热:我不该贪婪的!这么稀有的珍宝,有谁会舍得送给别人呢!能这般让我看到清末年间的拓片,已经算是我不浅的福分了!

后来才知道,那些都是他岳父遗留下来的藏品,岳母大人尚在,他也只有看看玩玩的份了。

第二天,我突然发烧了,莫非是为陈介祺拓片而痴迷,成了他的"发烧友"?头痛无比,我便拿出《训诂学要略》,希望以此驱走我的病痛。结果,却是更加地疼痛,无论怎样的努力,都无法睁开眼睛,只好闭目,迷迷糊糊。迷糊中却又见陈介祺的拓片,环状的、盘样的、四方的、椭圆的,等等等等。"子子孙孙永保用"的字样力透纸背。

这些拓片终究是占领了我的心灵,它们的入侵驱赶了"土著"的假象和猜测。我心满意足了!这些拓片,我早上还听到它们在言说呢!

第三天,翻看《辞海》"陈介祺"这一条目:

> 清末金石学家。字寿卿,号簠斋,山东潍县(今潍坊市)人。道光进士,曾任翰林院编修。好收藏古物,又长于墨拓。著有《传谷别录》《十钟山房印举》等书。近人邓实集录其所藏彝器拓本为《簠斋吉金录》八卷。[①]

[①] 夏征农主编:《辞海》(缩印本·1989年版),上海:上海辞书出版社,1990年版,第492页。

这个条目忽然变得充满了生命的气息,因为刚刚触摸过他印章的清晰,刚刚倾听过他拍打的力度,刚刚端详过他运墨的宽舒与从容。

想着有那么一个黄昏,坐在我小院里的桂花树荫下,把玩十钟山房的拓片!读懂每一个文每一个字!如果有一天,能够完全读懂他的拓片,便是获得了一份特许,可以自由自在地进入承载民族历史、文化、精神的古老文字——这些文字必定是如海洋一般雄浑的,是如天空一般新奇的,是如兰蕙一般芳润的。

一定要好好地读一读训诂学!

二、初涉训诂学

什么是训诂学?训诂学是如何产生又是如何流变的?训诂学有些什么经典著作?训诂通行的条例是什么?训诂学有什么约定的规则?带着这些问题,我从书橱里找出了周大璞的这本《训诂学要略》。

《训诂学要略》包括六个部分:绪言、训诂源流、训诂体式上、训诂体式下、训诂条例、训诂十弊。

汉语语言学有三大分支:音韵学、训诂学、文字学。音韵学又称声韵学,研究汉语语音系统的沿革,注重辨析字音的声、韵、调,并研究其不同历史时期的分合异同。训诂学以训诂为研究对象。训诂即解释,解释先前典籍的语言。它是研究汉语词义的传统学科,偏重研究古代的词义,特别是以研究汉魏以前古书中的词义为主,同时解释方言及外族语言。文字学以文字为研究对象,研究文字的起源、发展、性质、体系,研究文字的形、音、义等相互之间的关系,同时,也研究正字法以及个别文字演变的过程及状态。三者鼎峙却又彼此支撑,是相互联系又相对独立的汉语语言文字学的三个方面。

从《辞海·语词分册》中可以看到对"训诂"的解释:

> 也叫"训故""诂训""故训"。解释古书中词句的意义。分开来讲,用通俗的话来解释词义的叫"训"。如《尔雅·释水》:"大波为澜,小波为沦。"用当代的话来解释古代词语,或用普遍通行的话来解释方言的叫"诂"。如《尔雅·释诂》:"乔、嵩、崇,高也。"《方言》第一:"党、晓、哲,知也。楚谓之党,或曰晓,齐宋之间谓之哲。"[①]

[①] 《辞海·语词分册》(修订稿),上海:上海人民出版社,1977年版(内部发行),第368页。

那么，训诂便是解释语言的语言，即元语言。我的理解：训诂学的一大任务就是通过对语义的追索，研究用语言解释语言的方法和规则，以探究语言系统的来龙去脉。

周大璞先生认为：

> 总之，训诂学的研究对象就是词义和词义系统，它的首要任务就是研究语义发展演变的规律。①

他将训诂学定位在语义研究领域。或许，我们也还可以尝试另样的路径来理解：训诂的对象是字义和词义，而训诂学的对象是训诂。之所以称其为一门学科，因为它有自己的研究对象、独立而系统的研究方法，揭示并探究训诂的规律与客观现实，从而形成一个相对独立的知识体系。

关于训诂学的价值和作用，从周大璞先生的引文之中可见：

> 陈澧在《东塾读书记》卷十一里说："诂者，古也，古今异言，通之使人知也。盖时有古今，犹地有东西，有南北。相隔远，则言语不通矣。地远则有翻译，时远则有训诂。有翻译，则使别国如乡邻；有训诂，则使古今如旦暮，所谓通之也。训诂之功大矣哉！"②

训诂的意义当然是伟大的。我以为，研究观点的定位似乎是一个非常有趣的问题。训诂学一定要追溯历史。王力先生将其定位在语史学的一个研究部门。③但同时，训诂学也需要做断代研究，没有断代研究，语史研究便无从建立。周大璞先生以蒋礼鸿先生的《敦煌变文字义通释》为例，举证断代研究的重要性。在我看来，这其实就是语言学历时研究与共时研究的辩证观点。两者在具体的语言研究中必定是相辅相成的。

关于训诂学的方法，周大璞先生指出：

---

① 周大璞：《训诂学要略》，武汉：湖北人民出版社，1980年版，第3页。
② 周大璞：《训诂学要略》，武汉：湖北人民出版社，1980年版，第4页。
③ 参见周大璞：《训诂学要略》，武汉：湖北人民出版社，1980年版，第6页、第34页。

其次,研究训诂学,还要把语义同语音、语法以及字形结合起来研究,不能孤立地研究语义。语言是用声音表示意义的,而文字则是它的书写符号。意义同语音、字形本来没有必然的联系,但在某种具体语言里,用什么声音和文字表示什么意义,一经社会中的人们"约定俗成"以后,就固定下来,不能由一个人任意改变。比如"牛"不能改呼为"马","马"也不能改呼为"牛"。于是音义之间就有了一定的关系。加以词义随着社会的发展而发展,可以引申演变,而语音往往不改。于是同一声音可以表示许多不同的意义,而音同音近的字又常常可以通假。比如"跳蚤"的"蚤"和"早晨"的"早"本是意义不同的词,但是古书里常有借"蚤"为"早"的,如《仪礼·士相见礼》:"问日之早晏,"注:"古文早作蚤。"《国语·周语》:"若皆蚤世,犹可,"注:"蚤世,即亡也。"也就是借"蚤"为"早"。又如"财"和"材""裁""纔"本来也是不同的字,但在《魏都赋》"财以工化"里,"财"借作"材";在《荀子·非十二子》"一天下,财万物"里,"财"又借作"裁";在《孙叔敖碑阴》"各遗一子,财八九岁"里,"财"又借作"纔"。碰到这种情况,训诂就必须结合语音来进行。《说文》解释形声字,有所谓"亦声"的说法,如:"礼,履也,所以事神致福也。从示从豊,豊亦声。"……这也是训诂与语音结合的一种方式。宋代人王子韶有所谓"右文说",认为"凡字,其类在左,其义在右。"字从某声,即具其义。"如:戋,小也。水之小者曰浅,金之小者曰钱,歹之小者曰残,贝之小者曰贱,如此之类皆以戋为义也。"(见沈括《梦溪笔谈》卷十四)[①]

三、理解与追问

我尝试这么来理解:如果说,训诂是对词义的研究,那么,它在口说语言和书写语言这两个层面就对语音和字形产生了深刻的依赖性。但是,就训诂本身而言,它的基本研究路径是语音,换句话来说,语音才是训诂研究的根本立足点。我这么说,并不是要排斥意义与字形的关系。但毕竟字形是第二性的,它的作用在于对语音与概念结合的有形承载。从字形出发做训诂研究也有其一定的价值,但是,不能够将语音和字形放在同一个层面来讨论。所以,问题不在于音义结合的方法本身,而在于从根本上厘清语音与语言的关系、文字与语言的关系。语音是语言的内在,而文字是语言的外在。正如周大璞先生所指出的:

---

① 周大璞:《训诂学要略》,武汉:湖北人民出版社,1980年版,第6—7页。

有两个比较严重的缺点：一是局限于字形，不懂得音近义通，不限于声符相同的字。二是说过了头，不知道音同的字意义未必皆通。①

一定要突破文字形体的局限，不要为王子韶所迷惑，再去搞什么"右文说"。②

可以这样来做一个总结：训诂有两种基本的途径，即随文释义和通释语义。前者是对具体语境中字、词意义的解释；后者则是对字、词意义的基本意义解释。周大璞先生在这本书里提供了不少相关的专门著作。其中一些著作集两种注释路径于一身，也颇见其优势。

而我更感兴趣的则是训诂的方法、训诂的规则以及训诂的元语言。

（1）关于训诂方法的追问

就训诂方法而言，大体包括声训、形训和义训。它们往往是同时并举的。形训和义训都容易理解也非常容易进入，只是声训，暂时还没有让我领悟到它的妙处来。

声训又称音训。《辞海》有如下解释：

> 取声音相同或相近的字来解释字义。有同音的，如《释名》："衣，依也"有双声的，如《说文·岂部》："恺，康也。"有叠韵的，如《说文·人部》："侨，高也。"汉刘熙《释名》是音训的专书。③

这是最为原始也是最为传统的方法。周大璞先生则提供了各样具体的方法：音同的字相训、音近的字相训、音转的字相训；用声母释声子、用声子释声母、用同声母的字相训、同字相训；通假声训，包括用本字释借字、用借字释本字、用本字的意义释借字。④

这些后人总结出来的方法并非出自最初的训诂规则。显得有些许零乱，有彼此重叠或彼此遮蔽之嫌。为什么采用了如此多的方法呢？或者说，当下还只是看见了网络却还没有抓住纲要？不禁要追问训诂的最初目的了。

按照周大璞先生所言：

---

① 周大璞：《训诂学要略》，武汉：湖北人民出版社，1980年版，第7页。
② 周大璞：《训诂学要略》，武汉：湖北人民出版社，1980年版，第8页。
③ 夏征农（主编）：《辞海》（缩印本，1989年版），上海：上海辞书出版社，1990年版，第2288页
④ 参见周大璞：《训诂学要略》，武汉：湖北人民出版社，1980年版，第110—113页。

而由于诸侯割据，国家处于四分五裂的状态，于是出现了"言语异声，文字异形"的局面。加以今语和古语的不同，人们阅读古典文献，往往不容易理解，因此需要有人来为他们解释古今的异语和各地的方言，训诂就应运而兴了。①

反复阅读，却仍然有些疑问：既然是为了理解的需要而解释古今的异语和各地的方言，训诂的语言，即元语言的标准是什么呢？有没有根据一定的标准来设定一种统一的训诂语言呢？如果各处用各处的语言来进行语言解释，如果各个时代用各个时代的某一语言来进行语言解释，由此所获得的训诂结果在功能上和理论上又具有怎样的价值和地位呢？倘若是采用通言，那么，如何处理通言本身的流变呢？采用音同的字相训、音近的字相训、音转的字相训，且不论利用声符的相训以及通假的相训，是否可以达到训诂的最初目的呢？以音同的字相训为例，如《尔雅·释言》："樊，藩也。"②这样的训诂有非常高的预设条件，即阅读者必须认识并理解"藩"字的音（声子、声母等的取舍）、调（上声、去声等的取舍）及意义（单义、双义及多义等的取舍）。如果阅读者不认识或者不完全理解这个"藩"字，这一条训诂便是无效的，甚至可能具有一定的误导性。那么，训诂者采用了哪些方法来规范训诂语言以确保训诂语言可以达到解释的切实目的呢？至少，从周大璞先生所提供的例证中，我们难以寻觅训诂者在方法论上所做出的任何努力。例如：③

《尔雅·释言》："宣，缓也。"（音近的字相训）

《尔雅·释诂》："牙，迎也。"（音转的字相训）

《尔雅·释言》："讹，化也。"（用声母释声子）

《尔雅·释言》："干，扞也。"（用声子释声母）

《尔雅·释言》："葵，揆也。"（用同声母的字相训）

---

① 周大璞：《训诂学要略》，武汉：湖北人民出版社，1980年版，第9页。
② 周大璞：《训诂学要略》，武汉：湖北人民出版社，1980年版，第110页。
③ 周大璞：《训诂学要略》，武汉：湖北人民出版社，1980年版，第111—113页。

《诗大序》:"风,风也。"(同字相训)

(2) 发现问题

训诂语言本身采用的是何方语音?被训诂的语言又是何方语音?多音字又是如何体现的呢?从整个训诂学的历史来看,似乎没有什么可靠的相关信息。

关于训诂文字,周大璞先生从语言精练、行文次序(即先解释词义,再串讲句义,然后说明章旨)、说解用韵这三个方面来举证说明。

首先,我相信,语言精练只是相对而言。它必须服从解释功能的需要。它是在解释清晰、完整的前提条件下的相对精练。而语言精练并不是训诂语言所特有的,在全民语言中,精练也是一个非常突出的特征和一个最为基本的标准。

其次,从例证来看,周大璞先生所谓的行文次序似乎是针对随文释义的。他指出:[1]

有些训诂家并不拘守这种格式。有时先串讲句意,然后解释词义。例如……

有时把串讲句意穿插在词义解释的中间,例如……

至于注解中的其他内容,措辞行文更没有固定的格式,这里就一概从略。

最后,在说解用韵这个方面,我似乎有理解上的困难。周大璞先生指出:

训诂一般都用散文,但也有用韵文的。[2]

那么,是否可以理解为:散文和韵文是常见的训诂语体?
然而,之后,周大璞先生又指出:[3]

许慎《说文》的说解很少用韵,只在开头和结尾两处特意作韵语。
总之,我国古代训诂有用韵的传统,相沿成风。但六朝以后,这种传统早

---

[1] 周大璞:《训诂学要略》,武汉:湖北人民出版社,1980年版,第120页。
[2] 周大璞:《训诂学要略》,武汉:湖北人民出版社,1980年版,第120页。
[3] 周大璞:《训诂学要略》,武汉:湖北人民出版社,1980年版,第126页。

已失传。今天的训诂不应该重走这条老路了。

通过周大璞先生的《训诂学要略》，我以为，至少有三个问题需要解决：

第一，时间和空间定位缺失。没有指认训诂对象的时间定位和空间定位。

第二，系统方法与规范缺失。没有按照字的内在结构特征指认音与义的系统结合。

第三，字、词意义流变缺失。没有指认字、词意义的流变过程。

此外，如何对待《说文解字》没有收录的文字呢？例如，"松"字、"腿"字、"脖"字等等。如何解释音近义通、音同义异等现象呢？我期待以后读到的训诂学著作能够对诸如此类的现象做出学理上的分析和解释。

四、小记

或许，我还没有读懂这本书。

我期待有整场倾盆大雨的地方，却看到有零星小雨飘飞；期待有蜿蜒小巷曲径通幽，却看见通衢大道横行。在这本书里，符号形成语言，语言形成篇章，但那似乎不是我以为我所理解的语言或篇章。这本书把我引入训诂学的原野。而我的心里曾经也有一个训诂学的原野，但是，它既没有形象也没有形态。这本书所呈展的和我在这本书里所看到的恰恰填补了我内心虚无的原野。我却蓦然腾升起了一种孤独的感觉。这本书把我抛在了这片原野里，让我不再由它引领。这种被抛给我带来了一种恐惧感：我能在这片原野里走动吗？我会在这里迷路吗？我能找到一条可能遇见智者的路径吗？我能区分狮吼与狼嚎吗？我能寻得曾经万马奔腾的遗迹吗？我能发现曾经让一匹纯血白马顿失前蹄的鼠洞吗？

这本书是周大璞先生为武汉大学研究生训诂学课程而编写的一本教材。没有当下各样教材那般的厚度，但是，着实见其功力，也着实让我触摸到训诂学的基本问题和要领。

王希杰先生常对我说：你有非常扎实的普通语言学功底，你有研究多种语言的优势，你不需要跟任何人抱团取暖花拳绣腿，也不需要参与任何门派去打群架。你好好做你的研究，你的研究必然与众不同。

每每送我书的时候，他都会这么说。有些絮叨，但我深切感受到他任重致远的期待。

这本书是王希杰先生于2004年春天送给我的。

6 《徐复语言文字学丛稿》
/徐 复

徐复，《徐复语言文字学丛稿》，南京：江苏古籍出版社，1990年版。

在我书房整面墙的书橱里，几乎每一本都有我阅读过程中留下的标记或标注。从前读书，喜欢读新书，所以，基本上是自己买书而很少去图书馆借阅。自从开始学习古汉语，便对旧书产生了一种几近偏执的喜爱，越是敝旧，越是想读。

得到《徐复语言文字学丛稿》，翻开便看到徐复先生一九三六年的论文，这便爱不释手。没有间断，就把这本论文集给读完了。

徐复先生的研究方法属于朴学，即从文字入手，注重字句和名物训诂考据。朴学是质朴之学，属汉代经学中古文经学派。这一学派是好儒信古的，一般认为其弊端在于过于琐碎。但是，读徐复先生的论文，没有丝毫烦琐之感，亦精亦简，工整且素净，很是舒服，也颇为受益。

在《守温字母与藏文字母之渊源》(1946年2月)一篇中，徐复先生阐释守温字母的沿革、守温字母与藏文字母的渊源、守温字母与藏文字母的对照，最后总结全文。言之有物，干净利落。开篇便写道：

> 唐末僧守温三十六字母，世人尽知其出于印度梵文，今考其于藏文字母为近，且亦具有渊源，考古今音者，可取资焉。①

---

① 徐复：《徐复语言文字学丛稿》，南京：江苏古籍出版社，1990年版，第35页。

的确，翻阅几乎所有关于守温字母的资料，基本的注释都是一致的，即唐末僧人守温仿照梵文创制三十字母，为宋人"三十六字母"的蓝本。

徐复先生却从另一个角度对已有定论的问题做出有益的探讨。有理有据，层层推进。

吾国语言，本为单音，故造文字者，因音以制字，皆独立而无所附丽。既无字母之质，故不立字母之名。非若复音文字，子母相生，以声母、韵母贯一切字也。汉儒辩证字音，以声近之字譬况假借，故有"读若""读如"之例，然或遇缺乏同音之字，或虽有同音之字，而隐僻难识者，则读若之法遂穷。①

汉藏语言，同为单音语系。西藏至唐时始创字母，共为三十，系增损梵文而作者。汉文字母，由反切之演进，而经归纳之法以成，虽曾参用梵文，而大半仍袭西藏字母之组织与次第，无疑也（参看附表）。②

根据比对，徐复先生认为，就四个舌头音、四个重唇音以及四个齿头音，守温字母与藏文字母发音完全相同。这些都可作为守温字母源自藏文之证。而两个字母体系不相吻合的现象也是非常明确的：

又守温字母有而藏文字母无者，为知彻澄娘，非敷奉微，邪，照穿床，禅，匣，共十四母。此十四母，亦皆古音所无，弥见钱大昕立说之不苟，而识见之精卓也。又藏文字母有而守温字母无者，则有见溪群疑细音四母，及晓匣细音二母，今国音于此即分别洪细二音，故知古今音转变之枢纽，藏文为最可据也。③

徐复先生按照发音的清、浊、发、送、收等，将守温字母与藏文字母排列出来进行对比，并在论文之后附藏文字母表。

我即刻想到，倘若徐复先生能够再附梵文字母表，三者对照，或许更为清晰。

梵语字母如下（括号内为注音）：④

---

① 徐复：《徐复语言文字学丛稿》，南京：江苏古籍出版社，1990年版，第35页。
② 徐复：《徐复语言文字学丛稿》，南京：江苏古籍出版社，1990年版，第36页。
③ 徐复：《徐复语言文字学丛稿》，南京：江苏古籍出版社，1990年版，第41页。
④ 裴文：《梵语通论》，北京：人民出版社，2007年版，第23页。

1. अ (a)	2. आ (ā)	3. इ (i)	4. ई (ī)	5. उ (u)
6. ऊ (ū)	7. ऋ (r̥)	8. ॠ (r̥̄)	9. ऌ (l̥)	10. ए (e)
11. ऐ (ē)	12. ऐ (ai)	13. ओ (o)	14. औ (au)	15. ः (ḥ)
16. ं (m̐)	17. क (k)	18. ख (kh)	19. ग (g)	20. घ (gh)
21. ङ (ṅ)	22. च (c)	23. छ (ch)	24. ज (j)	25. झ (jh)
26. ञ (ñ)	27. ट (ṭ)	28. ठ (ṭh)	29. ड (ḍ)	30. ढ (ḍh)
31. ण (ṇ)	32. त (t)	33. थ (th)	34. द (d)	35. ध (dh)
36. न (n)	37. प (p)	38. फ (ph)	39. ब (b)	40. भ (bh)
41. म (m)	42. य (y)	43. र (r)	44. ल (l)	45. व (v)
46. श (ś)	47. ष (ṣ)	48. स (s)	49. ह (h)	

梵语有四十九个字母，字典和类书通常是按照这样的字母顺序进行编排的。在这些字母中，有十四个元音，三十五个辅音。它们表示梵语中的每一个不同的音位。梵语字母经历了多次变革，中世纪盛行的是悉昙字体(Siddham)，以后则被天城字体(Deva-nāgarī)所取代。

守温字母对梵文或藏文字母的取舍或增损必然是依据汉语本身的发音。在探讨一个字母体系是否来自另一个字母体系的时候，我们显然会关注它们在发音体系上所表现出来的共性与个性，关注它们各自发音体系内部的区别性特征，包括音响特征、松紧特征、音调特征，关注它们发音过程中的声腔特征、声源特征、韵律特征等等方面所呈现的规则性的对应现象或不对称现象。同时，我们还会关注在时间流逝的过程中各个字母体系的发音是否发生规律性的或者非规律性的流变。在系统的比核之中，关注音位、音节等语音成分的实体特征。倘若源自梵文或藏文的守温字母能够描写汉语的语音系统，我们似乎更有理由对汉藏语系的语言进行广泛的比对，目的不在于寻求同源，也不在于寻求共性，而在于探得亚洲广大区域的语言存在着怎样的相互关系。

这篇论文对我有一个非常重要的启发：应该扩大我的阅读范围，开始了解和学习汉藏语系中各样语言的基本生存状态，包括彝族语、缅族语、藏族语等等。相关语言著作、论文集已经就绪，是戴庆厦先生送给我的。

徐复先生注重文字训诂、考据。对先前的注解和解释注解的文字都有非常谨慎的思量和定夺。句句在理，丝丝入扣。例如，在《〈荀子〉臆解》一篇中：

《修身篇》："狭隘褊小，则廓之以广大；卑湿重迟贪利，则抗之以高志。"王念孙《读书杂志》："卑湿，谓意志卑下也。《说文》：'堲，下入也。'湿、堲古字通。抗，举也。志意卑下，故举之以高志也。"

复按王说高志之义，似未尽核，疑高志为高急形近之误。抗之以高急，正承上文卑湿重迟四字言之，正犹上文广大对狭隘褊小言矣。史称董安于性缓，故佩弦以自急，性缓即重迟之徵，与此正合。又本节上下文皆作四字句，贪利二字亦系衍文。《韩诗外传》云："卑慑贪利。"与此无涉，而后人不知文义者，妄据此加"贪利"二字，以求合高志之义，其实大谬。①

又如，在《韩昌黎诗拾诂》一篇中有如下解释：

《双鸟诗》："周公不为公，孔丘不为丘。"程学恂《韩诗臆说》："奇幻至此篇极矣。'周公不为公'犹可解，'孔丘不为丘'，是何情理？"
复按：程自不解语妙，非可訾謷韩义也。公训公正，自属可解，而丘古亦有高大之义。《汉书·楚元王传》"丘嫂"颜师古注引张晏曰："丘，大也。"《孙子·作战》："丘牛大车。"李筌曰："丘，大也。"又《庄子·则阳》："何谓丘里之言？丘里者，合十姓百名而以为风俗也。"是亦大言之义。韩诗盖取义于此。②

还有《方言溯源》（第 214—220 页）、《敦煌变文词语研究》（第 221—235 页）、《〈老子〉"吾将以为教父"志疑》（第 260—261 页）等等，篇篇精彩，尤其是对迂远无当解释的分析与辩正，真可谓是灿烂的经典。

徐复先生秉承章太炎先生《新方言》的研究方法，从古今语转的复杂现象中，回溯演变历程，尽可能寻得语源。他不仅解释，而且引证。他不仅解释语境中的文字，而且还根据文字本身做出全面的训诂与考核，推求语源，尤其是对声音假借的考证，旁征博引，特别地谨严条达，给我带来涣然冰释之感。不愧为章太炎先生的关门弟子，淹博精深，靡所不包。对他的学养，我着实由衷地佩服。

就汉语研究本身而言，它似乎并没有形成独立而科学的研究体系，又或者说，没有建立方法论原理以及实证科学的方法论体系。但是，这并不意味着汉语研究没有自己的方法或成就。比方，东汉末年汉语的音节分析采用了二分法；六朝韵书

---

① 徐复：《徐复语言文字学丛稿》，南京：江苏古籍出版社，1990 年版，第 133 页。
② 徐复：《徐复语言文字学丛稿》，南京：江苏古籍出版社，1990 年版，第 190—191 页。

呈现当时汉语的语音系统；宋元时代出现集中体现声、韵、调相配的等韵图；诞生于公元一世纪至二世纪的扬雄《方言》、许慎《说文解字》、刘熙《释名》等等。这其实是一个非常有意思的现象。

比方，早在公元前十年左右，扬雄便完成了汉语研究史上第一部方言研究《方言》。这部著作比较全面地描写了当时的汉语方言区域分布以及方言词汇的大体特征。在《方言》中，扬雄描写了"语转"这一语言现象，包括双声、叠韵等语转现象。然而，《方言》没有我们期待的"共同语""方言""俚语"等概念的学理界定，没有我们期待的方言考源的方法以及审音的基本原则，没有我们期待的辨正形体的结构规则。也就是说，实验和观察等方法具有一定的应用价值，但具有相当大的局限性，且不能满足现代语言学研究的需要。

近代，章太炎先生撰写了《新方言》。他根据声韵转变的规律，以古语证今语，以今语通古语，解释八百余条方俗异语。但这部巨著仍然没有我们所期待的语言学概念的界定和语言学方法论的抽绎。

对于语言或者方言的研究，或可考虑创建系统的科学方法论系统，而这一系统的基础则是：其一，方法的结构和本质特征；其二，方法与方法论的发生、发展、目标；其三，方法与方法论的类型及实验；其四，哲学方法论、符号学方法论、统计学方法论。这其实离不开两种手段：描写与解释。

不知怎么的，此时，忽而想起了《易》（又称《易经》）。

根据现代考古成果，《易》起源于周代。从表面形式来看，它似乎只是占筮之书，目的在于预知社会人事的吉凶祸福变化，有其深刻的神学意义。然而，从它的内在本质来看，它却是一个哲学研究体系，它借助两个最基本的宇宙符号"- -"（阴性）和"—"（阳性）以及一整套严格的术语、概念、演绎规则，剖析客观世界，揭示人与自然的关系，解释宇宙、思维、人事、变化等等的组织结构。它富有理性思维，充满了哲学辩证的方法，它所呈现的客观世界近乎于现实客观世界的完美镜像。

《易》有三个基本概念："象""数""理"。"象"

是客观世界结构中的表象或者具象,它的基本价值和功能在于描写客观世界。"数"是客观世界结构中的中间部分,表现各种"象"之间的种种联系,它仍然是一种描写,却是用数学的模式来呈现各种"象"的规律与相互联系的。"理"则是客观世界结构中的本质和义理,是规律和原则所在。那么,《易》所描写、所展示的是一个人类心智中的客观世界,这个世界具体而抽象、纷繁而统一、稳定而变化。

《易》具有两套话语体系:对象语言和元语言。它的研究对象是变化着的客观世界,它具有一套术语体系和义例规则,具有独立的研究方法和研究成就。

论及体系、方法论、辩证等诸多问题的时候,总有人在呼吁或提醒不要套用西方话语体系。我就在想,倘若是读过《易》的学者,是否还会对西方话语体系抱有如此的排斥情绪。

那么,再回过头来看看我们的汉语研究。它有没有形成一整套缜密的术语、概念及演绎规则呢?它有没有对它所研究的对象进行理性的界定呢?有没有对它的研究对象进行结构性的描写和理性的解释呢?有没有对它的研究对象进行规律性与关系性的总结与归纳呢?在汉语研究领域是否有对象语言体系和元语言体系的相对存在呢?在汉语研究领域,《易》的方法论为什么没有被引进呢?即便"小学"或者"随文注释"或者"通释"原本只是作为"经学"附庸存在的,但这并不应该成为"小学"研究本身得以丰富和发展的障碍。就如同梵语研究。发达的梵语语言结构体系研究仍然自我标榜:只是为了经文的口耳相传更为精准确切。而事实上,它却早已成为世界语言研究的楷模。

在汉语研究领域,似乎很早就应该发生一种研究方法的革命,至少应该有震荡性的新思想注入,好让那些已经丰熟如桃的质朴研究绽放出语言概念体系。是什么没有让这一切发生呢?是什么拒绝了高屋建瓴呢?为什么在汉语研究领域没有诞生如《易》一般完美、道义、高贵的描写方式和解释逻辑呢?是"随文注释"或"通释"的惯性吗?是经学本身的威慑力吗?是因为"小学"早已是被"钦定"的了吗?"小学"或者"随文注释"或者"通释"由来已久的被动姿态从来就没有从根本上体现语言研究本身的、内在的活力。注释家们要么是以烦琐冗长筑起高高的墙壁而深深地陶醉于其中,要么以实用主义耕犁出一马平川炫耀秉承传统的权势。经学的话语权似乎剥夺了"语言"的话语权,而其实,这样的关系应该是被颠覆的,经学是被"语言"言说的。汉语语言具有无与伦比的创造性,这种创造性来自汉族人的心智,却被汉族人的心智完美而精致地剥夺了。

面对这样的汉语研究自然历史生存状态,面对它所富有的,面对它所匮乏的,我们不需要引吭高歌,也不需要俯仰随人,而且,我们还必须分享它自然生存状态中美丽的怀古幽情、可爱的实用主义成就。我们需要做的是对汉语传统研究负责任的担待和传承,这是一个基本的条件,否则,便有冲撞汉语语言研究底线的危险,便有传统研究攀落并终结于时间网线的危险。同时,我们还需要为汉语研究引入新鲜的意识和经典的思想。这样,或许我们才能在具象描写和理论解释之间游刃有余。

听好几位学者朋友说,徐复先生为人谦和,又多有书生气。与世无争,又不失热情好客。

当初,为了提升中文系的学术地位,系领导们迫切希望建立博士点。他们希望徐复先生担任博士生导师。徐复先生却生生地给拒绝了。出人意料!他认为自己尚需再学习,还没有水平做博士生导师。然而,徐复先生的不配合并不影响其他诸位教师争先恐后地成为博导。面对这种情况,他严肃而认真地说:"看来,我是老了!"以后得知,博导们分别带有十多位博士研究生,对于如此批量生产博士,他却笑了笑,说:"看来,我的确是老了!"再往后,又得知被批量生产出来的博士让著述不多不深不宽不厚的一些博导们有了非常高的被引率,他哈哈大笑,环顾左右而言他。

他笔耕不止,用数十年的时间完成了对老师章太炎先生《訄书》的疏证。

阅读是与学者的亲近,是与学者的对话。每一天都可以过得云淡风轻,只随心所欲,读书、教书、写书,心满且意足!

近年来,好些城市都在发起"读书节"。为了敦促市民读书,大量发放购书折扣券。还有好些书店的书都在论斤称着贱卖。有风雅之士开办了读书会:一人朗读,众人静听。那么,如果只是朗读,"读"书会所能涉及的书籍种类便相当地有限了,似乎也没有在"读-听"的过程中给"读"者和"听"者留下多少思考的空间,似乎也难以留出与作者、与文本的对话空间和时间呢。呵呵,这可真就成了"读-听"书了。想起了小朋友的睡前故事。

一些人、一些平台,以读书之名,邀请一些"大师"和"大家",在五星级的宾馆,一面谈论书籍,一面品尝菜肴。好大的阵仗!特别期待他们说出有品质、有见地、有个性的话语,只遗憾,珍馐美味上了桌之后,从油腻口腔里发送出来的话语却似鸡毛落了一地。不禁想起钱钟书先生关于学术活动的言说:花不明不白的钱,找不三不四的人,讲不疼不痒的话。又想起了不起的易中天先生。在我看来,他真的是一位不可多得的学者！

当下，不少电视台的诗歌朗读、美文朗读、诗词大赛栏目——粉墨登场。遗憾的是，不过是诵读而已，却无不自我冠以弘扬民族文化之名！其间是否存在名与实的巨大差异？其间是否存在追名逐利的市场？而且，什么是民族文化？有没有抽象与具象的界定？以蒙学之水准弘扬我民族文化？心头不禁涌出一阵阵的寒凉。再者，那些去参加各种诗歌、美文比赛的大中小学生们，把大量的时间用在发音、形体、走台、技能的反复训练之中，可惜了了！在他们最需要精神收纳的时候，却忙于口腔、肢体、面部表情等外在形式的输出。

转念一想，大可不必追究。在大众媒介上，但凡与"读书"或"朗诵"有关联的，就都挺好！

但是，且不论大众媒体，在教育领域，还是需要先厘清"读"字。

"读"字有两个基本的意义：其一，看着文字念出声来，如朗读；其二，阅读，看文章或书籍。"读"来自古体字"讀"。

> 讀，籀也。此浅人改也。今正。竹部曰。籀、讀書也。讀與籀、叠韵而互训。
> 庸风传曰。讀、抽也。方言曰。抽、讀也。……抽绎其義蘊至於無窮。是之谓讀。……人所誦習曰读。……讽誦亦可云讀。而讀之义不止於讽誦。讽誦止得其文辭。讀乃得其義蘊。自以誦書改籀書而讀書者尟矣。孟子云。誦其詩。讀其書。①

"读"的根本性解释在于："抽绎其義蘊至於無窮""讽誦止得其文辭。讀乃得其義蘊。""誦其詩。讀其書。"

沃伦·巴菲特（Warren E. Buffett）的合伙人查理·芒格曾这样评价巴菲特：我这辈子遇到的来自各行各业的聪明人，没有一个不是每天读书的——没有，没有一个不是。而沃伦读书之多，可能是到了令人吃惊的地步，他就是一本行走的书（walking book）。

我以为，读书是一种非常私人化的行为。一旦被热炒成集体的行为，便难免嘈杂喧嚣，难免成为消遣游戏。

---

① ［汉］许慎撰，［清］段玉裁注：《说文解字注》，上海：上海古籍出版社，1988年版，第90—91页。

徐复先生(1912—2006)在语言文字领域的贡献主要体现在训诂学、校勘学、蒙藏语文研究、词语研究、词源学研究及方言研究等领域。他是黄侃和章太炎的嫡传弟子,是国学界章黄学派的传人。

这本书是徐复先生赠送给路过先生的,扉页上写着:

路过仁弟惠览　友生　徐复 敬诒　一九九〇年国庆

路过先生在二十世纪七十年代师从徐复先生,于二〇〇七年夏季在扉页留言,又将此书转送给我。

7 《胡小石论文集》
/胡小石

胡小石,《胡小石论文集》,上海：上海古籍出版社,1982年版。

胡小石先生(1888—1962)是一位不可多得的学者,他有着开阔的研究视野,在甲骨文、钟鼎文、古文字音韵、楚辞、杜诗、书法以及文物鉴定等方面成就卓越。正如他自己所说：

> 学有造诣的人应兼具"儒林""文苑"之长,既能搞研究,也要懂创作,在知识领域中,要达到既深且广。①

在这本文集中,《古文变迁论》和《书艺略论》这两篇最为精简地呈现了中国文字的文化历史。

《古文变迁论》完成于1933年。它分为四个部分：中国古代文化分期、中国文字发生与古史年代、中国文字成熟之分期、花文与文字相应之变化。

在对古文变迁进行论述之前,胡小石先生首先提供了他对古代文化分期背景的认识与理解：②

> 近代考古家谓人类文化之转变,就其使用器具之材料而关,可分为三期：

---

① 胡小石:《胡小石论文集》,上海：上海古籍出版社,1982年版,第1页。
② 胡小石:《胡小石论文集》,上海：上海古籍出版社,1982年版,第147页。

一曰石器时期,中含旧石器、新石器二期;二曰铜器时期;三曰铁器时期。世界人类,由野蛮以至于开化,莫不同此步骤。以此例求之于中国,中国用铁器,当肇于春秋、战国之世,其遗物见于近世著录者,始于吴大澂《愙斋吉金录》之秦铁权。商、周二代,今日尚无铁器之发现,而铜器则甚多,当为铜器时期。石器时期则当远在史前。

中国典籍于使用物质之变化,亦曾言之。《越绝书·宝剑篇》是书虽未能定为出于战国人手,然至迟亦为汉人伪作。云:"风胡对楚王曰:'轩辕、神农、赫胥以石为兵,黄帝以玉为兵,禹以铜为兵,今时以铁为兵。'"此四语实与近人所谓就石器时代、新石器时代、铜器时代、铁器时代暗合。所谓玉者,疑即经过琢磨之石器。玉兵今存者甚多,知《越绝书》之言为可信。

文化是对人类社会历史实践过程中所创造的物质财富和精神财富的总称。从时间上来观察文化的状态,可以回溯不同文化特质或要素在时间流程中所凸现的链接、冲突、入侵、滞距、受化等形态。

在阅读这个部分的过程中,我其实很想知道,各个时期的文字区域分布状态。是否存在方言与文字之间的冲突与协调?是否存在文字对方言的抵触性颠覆或顺应性孳乳?换句话来说,我渴望知道文字在遭遇方言时所呈现的作为方式与不作为方式。在时间和空间坐标所框定的文字存在中,我们或许可以获得更为生动的文字变迁生态历程。

而事实上,胡小石先生就是以时间为切入路径,呈现古文字的变迁。在第二部分,即中国文字发生与古史年代,他首先断言:

中国新石器时代,尚无文字之痕迹。[1]

"文字"是记录和传达语言的书写符号。胡小石先生鉴定骨版上纵横交错的线条是否为文字,其依据是:

文字所以保留语言,语言所以表现思想。[2]

---

[1] 胡小石:《胡小石论文集》,上海:上海古籍出版社,1982年版,第149页。
[2] 胡小石:《胡小石论文集》,上海:上海古籍出版社,1982年版,第149页。

根据胡小石先生的考古研究,石器和陶器之上均为装饰或藻饰,没有记录之义,尽管有写实者,如犬形。他认为:

> 欲求古代文字,非铜器莫属。①

那么,如何判断铜器文字的起始时间呢?胡小石先生认为:

> 自宋以来,定铜器之时代,以有无父甲、父乙等字为断,有此等字者为殷器。……凡铜器上有"宗周"或"成周"之字者,当然为周代之物,而往往有甲乙名号。②

胡小石先生断言:

> 而文字发生,亦当在殷代以前。世俗之见,以为甲骨文为中国最早之文字者,实大误。甲骨文字乃在有殷中叶以下,自盘庚以至于帝乙之时,是时文字已使用纯熟,通假之字甚多。与铜器上之初期文字迥不侔矣。③

似乎与生物相仿,文字有它生长、发育和成熟的自然过程。在第三部分,即中国文字成熟之分期。胡小石先生指出:

> 文字成熟,可分为三期:一曰纯图画期;二曰图画佐文字期;三曰纯文字期。此分期之证据,只能于铜器中求之。④

在纯图画期,其实并没有当下"文字"意义的文字存在,只是图画,图画表达思想。或许,我们可以考虑将这个时期称作"文字的胚胎"过程?它暂且不具备表现声音与意义一一对应结合的实体。

在图画佐文字期,图画与文字并列存在,这在已经发现的古铜器之上并不多见。却多见于酒器之上。图画解释文字。我们当下的"图文并茂"是不是应该可以

---

① 胡小石:《胡小石论文集》,上海:上海古籍出版社,1982年版,第149页。
② 胡小石:《胡小石论文集》,上海:上海古籍出版社,1982年版,第149—150页。
③ 胡小石:《胡小石论文集》,上海:上海古籍出版社,1982年版,第151页。
④ 胡小石:《胡小石论文集》,上海:上海古籍出版社,1982年版,第154页。

追溯到那里呢？是不是可以将这一时期称为"文字的萌芽"过程？

进入脱离图画而独立的文字时期便是纯文字时期。但是，在这个时期的早期，仍然可以看到用图画表示动作，不过为数甚少。甲骨文正是在这一时期诞生。将这一时期称为"文字的体系"化形态，如何？

第四部分，即花文与文字相应之变化，非常有趣。对照第三部分所提供的纯文字样本，如丁卯敦（《愙》十二）和第四部分的盂鼎和毛公鼎，可见汉字的形体变化。正如胡小石先生指出：

> 文字成熟以后，形体之变化，以方圆为主，方者多折，圆者多转。晋以来论书者所谓折钗股、屋漏痕，即指方圆也。中国文字之形体，最初为方笔，后变为圆笔。①

胡小石先生认为，世界上最初的文字，包括埃及石刻、巴比伦楔形文字基本上都是方笔。我想，这或许与呈现文字的工具有密切的关系。当呈现文字的工具不再是刻刀，圆润的形体便开始变得越来越多。曾有人认为中国文字出于巴比伦文字，胡小石先生对这一观点予以了否定。

接下来，胡小石先生指出：

> 中国方笔文字，以空间而论，分布甚广，河东、河西皆用之。②

之后，他提供了时间和空间的坐标图。出土器物上的文字被锁定在时空坐标的某一点上。易州所出三句兵，有的"上至有夏，中含殷代，下迄周初"。有的则是"方圆过渡时之器也。此时大概在宗周中叶左右"③。

在此之后，胡小石先生展示了中国古代文化的区域以及不同文化区域之间的文字特质及流动状态。

中国古代文化区域分布在河东，河西区域为后起民族。就文字而言，虽然都同样经历了由方变圆的过程，文字体形仍然有所不同。河东文字"纤劲而行笔长"，河

---

① 胡小石：《胡小石论文集》，上海：上海古籍出版社，1982年版，第168页。
② 胡小石：《胡小石论文集》，上海：上海古籍出版社，1982年版，第169页。
③ 胡小石：《胡小石论文集》，上海：上海古籍出版社，1982年版，第170页。

西文字"温厚而行笔短"。胡小石先生指出：

> 北方以齐为中心；南方以楚为中心；二派盖同出于殷而异流者也。齐、楚为河东两大国,邻近诸邦,皆为所化。北方诸国,如郏、如会、如铸、如纪、以至晋、燕,皆属于齐派。鲁初同于周,后亦近齐。南方诸国,如鄎、如邗、如鄀、如黄、如宋、如吴,皆属楚派。至齐、楚之分,齐书整齐,而楚书流丽。整齐这流为精严,而流丽这则至于奇诡不可复识,如董武钟郘原钟之类,可谓极奇诡之观,再变则称道家之符籙矣。又齐、楚不特书体有别,其用韵亦异。齐人好用阳唐韵,刻辞尾多用"万寿无疆""永保享用"等语。楚人好用之韵,多用"万寿无期""永保用之"等语,使人一见便能辨之。①

上述河东齐、楚两派各自按照自己的路径发展。正如《说文·叙》所谓"言语异声,文字异形"。

古文字的变迁与现实的地理环境息息相关：

> 秦处河西,东阻大河,南隔高山,有事则出函谷,无事则闭关自守,故文字未为河东影响所及。自殷至周,自周至秦,变化极微,观秦公簋散宗妇壶可知。②

但是,自然地理的阻隔并没有影响古文字的一体化。

中国文字的统一应归功于秦始皇。河东文字深得学者及道家术士偏爱,并得以保存,而民间则通用河西文字。只用了几年的光阴,河东、河西的文字便完成了形体统一的过程。

这篇论文似乎从根本上诊断出我在理解汉文化和汉文字过程中所出现的抑郁与不适。它告诉我:胡小石先生在审视自身体验中国古文字的方式时所呈现的那份简括思想。它告诉我:他从自然分析和理性分析进入繁复文字状态时所拥有的那份游刃有余。它告诉我:他以怎样明澈简洁的论证过程凸显思想深沉的脉动,从而让沉寂的文字现实景象皎皎可见。

---

① 胡小石:《胡小石论文集》,上海：上海古籍出版社,1982年版,第171页。
② 胡小石:《胡小石论文集》,上海：上海古籍出版社,1982年版,第172页。

越来越觉得：研究普通语言学理论，不可以不研究古汉语。

闲来无事，挂一幅胡小石先生的金文或者魏碑。再取出一只青花赏瓶或粉彩瓶，摆在海南黄花梨条案上。远观近看。此时对话，时空便没有了边界。

读完这本书六年之后，看到南京大学出版社于 2008 年出版的《胡小石文史论丛》。从左健社长那里要了两本，一本送给了胡小石先生的儿媳，她已年近九旬。另一本我留着了。从这本《论丛》的目录来看，它与上海古籍出版社的版本大体一致。但没有收录包括"古文变迁论"在内的最后四篇以及附录中的"愿夏庐诗词钞"。在我看来，这些是胡小石先生非常重要且非常有价值的论述、作品。怎么舍得不收录呢？与上海古籍出版社的版本不同，南京大学出版社的版本用的是简体字，且横排，添加了数面胡小石先生的书法作品影印件，用了三十多页的篇幅呈现胡小石先生年表。

相较而言，上海古籍出版社的版本是繁体、竖版，阅读起来的节奏、感觉似乎更舒服一些。南京大学出版社的装帧、设计很是清明、大气。

这本书是路过先生于 2000 年冬季送给我的。

8 《汉语外来语词典》
/ 岑麒祥

岑麒祥,《汉语外来语词典》,北京:商务印书馆,1990年版。

岑麒祥先生(1903—1989)是中国杰出的语言学家,是中国 20 世纪语言学界的重要人物。他主要从事普通语言学和语言学史的教学与研究,同时关注方言和少数民族语言的调查和研究。

外来语是指取自外族语言的词语表达。我们其实可以把这种现象看作是一种语言侵入或入侵。它可以通过口说语言,也可以通过书写语言;可以是直接的侵入,也可以是通过另一民族语言转而侵入。现在,我们大体可以指认的外来语存在形态包括语音改变、音节改变、构词改变、直接音译、意译、音译与意译结合等。就任何一个外来词而言,它选择的存在形态具有相当的偶然性。无论是哪一个民族,对于外来词的入侵,并没有一个可操作的标准,似乎都采取了"随意"或"顺其自然"的态度。这当然就让外来语以自由的姿态出现,难免给民族语带来一些有趣的、稚拙的、模糊的、尴尬的、生硬的元素。总是要等待相当的时间流程,一些外来语言要素才能够逐渐地沉淀下来,民族语言中的外来成分才能够得以缓慢同化,异族的气息才能够得以悄然消退。而外来语要素原本的意义也同样经历着各样的流变,或是萎缩,或是延展,或是消逝,或是激变。往往会有相当一部分外来语言要素完全融于一种民族语言且似乎不露任何痕迹。

任何一种民族语言要素都有它生动、活泼的一面。有些词语在世界各个民族

语言之间跳跃,颇有一番情趣。例如:

在英语中,bazaar 原本仅指东方国家的"市场"或"街市"。以后用来指"小商品市场",再往后又指"义卖"或"义卖市场"。其实,英语中的这个词是对波斯语 bāzār 的引进,其本意为"集市"或"市场"。这个波斯语也侵入了维吾尔语,成为 bazar,继而进入汉语,成为中国西部地区的"巴扎"。汉语中,原本就有"集市"的概念,"巴扎"便没有流传开来,尤其是它并没有侵入中国的东部语言区域。

一、音译

1. 音译对原本意义的遮蔽

一些外来词直接采用了音译的形态,很是乏味,往往遮蔽原本语义,尤其是国名、地名、山脉名、河流名。不妨来比较一下音译与原本意义。

国名/地名/山脉名	音译	原本意义
南美洲的 Argentina[①]	阿根廷	白银之国
拉丁美洲的 Costa Rica	哥斯达黎加	富庶海岸
北欧的 Danmark	丹麦	丹族人的田野
欧洲西北部的 Nederland	尼德兰[②]	低地
梵语 čina(中国)	支那	衣冠文物之地
蒙语 Būt[③]	包头	有鹿的地方
土著印第安语 Dakota[④]	达科他	彼此当作朋友的地方
英语 Capetown[⑤]	开普敦	海角小镇
英语 Queensland[⑥]	昆士兰	皇后之地
西班牙语 Sierra-Nevada[⑦]	内华达	雪-山
蒙语 Altay[⑧]	阿尔泰山	金山

[①] Argentina /ˌɑːdʒənˈtinə/ 阿根廷。"根"对应/dʒən/,或存在语音误读。
[②] 后又从英语 Holland 音译为"荷兰"。
[③] 内蒙古自治区的一个城市。
[④] 原是美国北部的一个地区。Da 为"看作""视为",kota 为"朋友"。
[⑤] 南非共和国西南部的一个港口,汉语由英译而得名。
[⑥] 澳大利亚东部的一个州。
[⑦] 美国西部的一个州,现名 Nevada。
[⑧] 亚洲最重要的山脉之一。

法语 Mont Blanc①   勃朗峰   白色山峰

语言符号存在的基础是联想。在大多数的情况下，直接的音译便遮蔽了原本存在的联想内容，也让外族语言意义要素遁入虚境。例如：梵语中的 vajra 即"金刚"，被直接音译为"跋折罗"或"缚日罗"，而它的本义是指"金属中最为坚硬的物质"。根据《大藏法数》四十一："此宝出自金中，色如紫英，百炼不销，至坚至利，可以切玉，世所稀有。"再如："班禅"是藏语 Panchen 的语音侵入，它的本义是指"西藏人的宗教领袖"。而 Panchen 本身则由两个部分组成，Pan 为"学问渊博"，chen 为"广大"。这个词其实是对学识渊博、广大无匹学者的尊称。汉语的音译阻断了原本应该有的联想，没有呈现这个词语的本意。有些音译的词，时间长了之后，便只剩下语音外壳了，没有多少人知道它们原本的意义。例如："阿门"来自希伯来语 āmēn，意为"真诚"或"诚心所愿"。现在，人们大体也就知道：这个词是犹太教和基督教徒祈祷结束时的惯用语。再如："胡同"来自蒙语的 hottōk。其原义是指"水井"。水井狭小、悠长的具象表现被移植到城镇中的小街、小巷。而音译的"胡同"本身却没有呈现这样的形象移位。又如，"瑜伽"。它来自梵语的 yoga，本义为"相应"或"结合"。它是指古代印度宗教哲学的一个流派。它所强调的是静息、静坐的修行法，寻求自身的解放，以达到与最高神的"自在"结合。而当下的"瑜伽"往往与瘦身或减肥联系在一起，成为一种健身项目。

2. 一些音译更容易消逝

音译的外来语成分似乎消逝得更多、更快。例如，来自法语 amateur 的本意为"业余的"或"非职业的"。然而，它一度在汉语中表达为音译的"爱美的"。还有更多的例证：音译的"版克"，它来自英语的 bank，即"银行"；音译的"杯葛"，它来自英语的 boycott，即"抵制"；音译的"笔帖士"，它先是由蒙语 bičički 侵入满语，成为 bitesi，而后又进入汉语，即"书记官"；音译的"德律风"，它先是希腊语 tēlephonē，而后进入英语 telephone，即"电话"；音译的"英特纳雄耐尔"，它来自法语的 Internationale，即"国际共产主义"。所有这些基本上都已经成为汉语语言流变过程中曾经的印记。

3. 一些音译历久弥新

同样是音译，一些已历经百年而不衰。例如：

"的士" —— 来自英语的 taxi，即"出租汽车"；

---

① 阿尔卑斯山最高峰。

"戈壁"——来自蒙语的 Gobi,即"沙漠";
"袈裟"——来自梵语的 kāṣāya,即佛教僧尼所穿的"法衣";
"泡芙"——来自英语的 puff,即"奶油松饼";
"扑克"——来自英语的 poker,即"一种纸牌";
"巧克力"——来自英语的 chocolate,即可可粉、糖、牛奶混合制成的"糖果";
"丘比特"——来自拉丁语的 Cupido,进入英语成为 Cupid,而后进入汉语,即罗马神话中的"小爱神";
"香槟"——来自法语的 Champagne,即名贵白葡萄酒出产地,转而指称一种"葡萄酒";
"休克"——来自英语的 shock,是指"因遭受刺激而失去知觉的状态";
"祖母绿"——来自阿拉伯语的 zummurud,即"通体透明的绿宝石"。

诸如此类的音译或许能够更为久远而长盛不衰。

有些看似音译,却有神来之笔,侔色揣称。例如,"鸦片"和"阿片",都来自英语的 opium。以后,又有了具有同样指称却有不同音译的"阿芙蓉",它来自阿拉伯语的 afyum:

> 李时珍《本草纲目》二十三:"阿芙蓉前代罕闻,近方有用者,云是罂粟花之津液也。"魏源《阿芙蓉》诗:"阿芙蓉,阿芙蓉,产海西,来海东。"①

"浪人"来自日语的 rōnin 的音译:

> 日本封建幕府体制瓦解后,大批武士失去禄位,到处流浪,没有固定职业,又不甘心老老实实地劳动……②

有些外来语音译可以延伸相关或邻近词语的意义。例如,汉语的"不景气"来自日语 fukeiki 的音译,fu 为"不",keiki 为"景气"。这个日语词指经济疲软、萧条的现象。说来有趣,在汉语中,原本就有"景气",只不过它的本义是指"景象"或"气氛"。想起白居易的《秋寒》诗:"雪鬓年颜老,霜庭景气秋。"后来,因为有了外来词

---

① 岑麒祥:《汉语外来语词典》,北京:商务印书馆,1990 年版,第 3 页。
② 岑麒祥:《汉语外来语词典》,北京:商务印书馆,1990 年版,第 211 页。

"不景气",而"景气"则用来指经济繁荣、兴旺的现象。所以,日语 fukeiki 的音译挤压了汉语原有的"景气"之意,同时,又赋予了它新的意义。

二、外来语的兴衰沉浮

从岑麒祥这本书中,可以看到外来词的兴衰沉浮。

1. 外来语填补本族语概念空白

按照常规的理解,外来语存在的理由在于本民族语缺乏外来语所表达的概念或事物。

例如:

槟榔 —— 来自马来语 pénang。
玻璃 —— 来自巴利语 phat ika。
布丁 —— 来自英语 pudding。
干部 —— 来自日语 kanbu。
格格 —— 来自蒙语的 gege,即清朝宫殿中对一般亲王贵族女儿的敬称。
哈达 —— 来自藏语的 hatak,用以敬佛或赠送与人的细软薄绢。

有些是音译,有些是意译,有些则由音译转为意译,或反之亦然。例如:

> 《负暄杂录》:"南唐李后主讳煜,改鸲鹆为八哥。"[1]

"八哥"是对阿拉伯语 babgha,babbagha 的音译。

2. 外来语音译被本族词语取代

来自拉丁语 ultimatum 的本意为"最后",汉语采用了音译与意译相结合的方法将其表现为"哀的美敦书"。有例为证:

> 曾朴《孽海花》二十八回:"……当时就写了一封汉文的简单警告,径寄威毅伯,就算他的哀的美敦书了。"[2]

现在,恐怕已经没有人能够接受这样的外来词了,"最后的通牒"早已取而代之。

---

[1] 岑麒祥:《汉语外来语词典》,北京:商务印书馆,1990年版,第35页。
[2] 岑麒祥:《汉语外来语词典》,北京:商务印书馆,1990年版,第15页。

3. 对外来语音译或意译或可存在自我随意性

我们的汉语在对待外来语的问题上总是表现出比较强的自我意识和随意性倾向。有两个较为典型的例证：

一是佛教中的菩萨名 Avaloki-tégvara。它的语义结构是"观"+"高人"，最初翻译为"观世音"和"观世自在"。而后，唐人因讳太宗李世民的"世"字，便将这一菩萨名改为"观音"或"观自在"。

另一个是"站"字。在古代汉语中，它表示"久立"。从元朝开始，蒙语中的 jam 进入古代汉语，其本义为马中途的暂驻之地，被音译为"站"。于是，在古代汉语中便有了两个同音、同形而意义不同的字。一个是本民族语词，另一个则是外来词。而由外来词"站"延伸出"驿站""车站""站点""站台""供应站""航空站""空间站"等等。

三、外来语回溯的窘境

有些外来词语的历史痕迹是清晰的，而有些外来词语的来龙去脉却难以回溯。例如，在汉语中，"师"的概念由来已久。但是，根据岑麒祥先生所编写的这部词典，蒙语中的 paksi（老师）进入汉语，表现为音译："把式"或"把势"：

> 后转为对某种行当非常老练的人。老手。《西游记》三十二回："那魔是几年之魔？怪是几年之怪？还是个把势？还是个雏儿？"[1]

蒙语在宋元时代对汉语的侵入是最为活跃的。于是，我查阅《宋元语言词典》，找到"把势"，它的解释为："武艺的架式"。[2]

那么，"把势"究竟是蒙语 paksi（老师）的直接语音侵入呢，还是汉语中原本就存在而后语义转向蒙语 paksi（老师）了呢？抑或它与蒙语 paksi（老师）并无联系，只是后人看到的一种语音或语义上的巧合流变呢？

我便试着查看"把"和"势"在汉语中的本意。

"把"表现"执"和"持"的动作或状态。例如：《国策·秦策四》："无把铫推耨之势，而有积粟之实。"[3]"势"表示"姿态"和"架式"。由此可见，"把"与"势"的最初结

---

[1] 岑麒祥：《汉语外来语词典》，北京：商务印书馆，1990年版，第36页。
[2] 龙潜庵编著：《宋元语言词典》，上海：上海辞书出版社，1985年版，第415页。
[3] 《辞海·词语分册》（修订稿），上海：上海人民出版社，1977年版（内部发行），第664页。

合方式是:"把……之势",即为"把握……的姿态"。清代梁同书(1723—1815)的《直语补证》:"俗以无所凭借而妄自炫赫者之瞎打把势。"旧时称不务正业,靠敲诈骗饭吃,为"吃把势饭";无故向人索取财物为"打把势"。以后指专精某种技术、手艺的人。①

外来语的确有趣。有的时候,一个外来词语就可以牵出一个生动的故事、一个文化事件、一个历史印迹。想起了咱们汉语侵入外民族语言的片断。

以英语为例,侵入英语的汉语词为数不多,且生命短暂,能够留存下来的屈指可数,如 Chung Yung(中庸),chowmein(炒面),I-Ching(易经),oracle bone(甲骨),litchi(荔枝),Confucianism(儒教)等等,大多是具有汉民族特色的指称。

说起汉语的对外入侵,自然不能不提起"茶"。一五五九年,我们的"茶"便经由澳门进入葡萄牙,成为葡萄牙语中的 chaa(茶)。

只是,就大多数外来语而言,回溯往往是艰难的,在侵入之时或之后的融合过程中或可发生太多的偶然性与必然性事件,流变至今,各样的形态皆有可能,而有些滞后的解释往往又是牵强附会的。

四、思考与追问

我对外来语的看法总有些摇摆。有时,觉得它是任何一种语言流变的一种常态。有的时候,又期待它不应该发生,至少不应该在汉语的流变过程中发生。此时,这么写着,又觉着自己的思想有些许逼仄。终究是对汉语心存敬畏,以为它不容侵犯。

总体看来,无论是入侵的方式还是入侵后存在的方式,或音译或意译或音译结合的翻译,无论是直接拿来还是精心加工,无论粗糙或妥帖,外来语无外乎存在两种基本的倾向:

其一,得以进入沉淀而被汉语异化的路径,终究成为不显山不露水而表面看来无异于本土汉语的词语,正所谓落地生根;

其二,逐渐被本土汉语或当下汉语所驱离,且不留任何可以追索的逻辑理路,似乎是头绪纷繁,似乎又是毫无线索,了无足取,来无影去无踪。

对于外来语各种现象,倘若我们不刻意去追寻一种非常玄妙的现象解释,应该

---

① 《辞海·词语分册》(修订稿),上海:上海人民出版社,1977 年版(内部发行),第 664 页。

可以找到外来语现象基础的道理和本真的意义。

"外来语"毕竟是"外"字当头,它是外族语言的侵入,无论从哪一个层面、哪一个方面,都不足以去除其"外"的本性。也正因为如此,外来语只是一个民族对外民族语言要素的引进。一般而言,它的存在具有两种目的:一是为了言语作为具象存在的生命维持,二是为了语言作为抽象存在的系统维持。为了言语的生命维持,民族语要在维持已有言语状态的基础上吸收外族语言要素,以满足对外在世界的指认、描述和解释。要达到语言系统的维持,一种民族语必须对所吸收的外来语言要素进行同化,在同化的过程中,可能出现排异现象。当然,从外来语要素与本族语要素共时并存、各擅其妙的现象也时有发生。

总之,当言语遭遇生命维持的问题时,就可能发生外来语的侵入。各种语言要素侵入语言系统的最后结果颇不一致。

如果能够达到这两种目的,外来语本身在民族语言中便可以找到随遇而安的自适感。而这种自适感当然是有其生存基础的。事实上,就本民族语言中的要素而言,也常见粗糙的成分、模糊的成分以及指鹿为马的现象。例如:"大白兔"中的"大"字与"大蚂蚁"中的"大"字;"强自取柱,柔自取束"中的"强"与"柔"的相对性;"末路之难"中的"路"字;"诗中有画"中的"画"字。

有一种常见的观点认为,外来语是对民族语的丰富。这是一定的。但如果外来语不经过任何本土化的过程直接进入,那倒不如说外来的语言要素让民族语言退避三舍。确切地说,是以外来语言要素吞噬本民族语言要素。民族语言要素的机体因此在遭遇掠夺的过程中以求得维持。比方,外来语侵入民族语通常需要借助翻译来转换音义体系。而当下的外来语在侵入汉语音义体系的时候却往往抛却了通常所需要的音义体系转换。例如:"IT 人才";"用 BBS";"加入 WTO";"IP 地址";"AA 制";"VIP 卡";"Bye";"OK 啦";"spa";"pc 有问题";"我的 IPhone""他是 PUA"(pick-up artist,搭讪高手);"keynote 发言";"把截图发到 WeChat"等等。从目前来看,外来词语在中国受到了前所未有的青睐。可以观察到的是,从二十世纪末叶开始,外来词语鱼贯而入。去音义系统转换的引进让中国人沉浸于其中的异质感与新鲜感。陌生的音义结构在极为短暂的时间内就以其强势的冲击力完成了由外而内的过渡,先是成为中国人中一个新兴群体的标志,而后成为全民的言说方式。汉语正以一条清晰的轨迹反映中国人对全球化的迫切心理期待和直接的精神追捧。这一类外来语倘若短命,也就是它们自己造化不够了。

其实，直接拿来的做法早已有之。1926 年，赵元任先生将 sense-data（感觉数据）翻译为"感觉的达塔"。①在同一篇论文中，又出现"感觉 data"，②没有予以翻译，而是直接使用。也还存在着另外一种直接，即将汉语的近义词作为直接的翻译，例如，严复曾将 basement 直接翻译成"地窖"，却终究变为当今的"地下室"。特别是在江浙一带，"地窖"的概念太过遥远且"乡土气"太过浓厚。

最值得一提的则是二十世纪初叶，那个年代，日语对汉语的入侵可谓是蔚为壮观的，而且有相当一部分是从英语或法语到日语再转而进入汉语的，尤其是人文、社会科学领域的专业或非专业术语。对此，岑麒祥的这本《汉语外来语词典》有部分的收录。这本词典 1990 年出版，倒也错过了相当一部分当时已经进入汉语的日语词语，不妨在此列出一些：

健康	法律	服务	电话	经济	派出所	社会科学
逻辑	诉讼	组织	申请	科学	地下室	社会主义
抽象	封建	纪律	理论	商业	俱乐部	资产阶级
美术	共和	政治	解决	干部	伦理学	资本主义
文学	革命	政府	哲学	写真	所得税	无产阶级
美学	方针	政策	原则	空港	展览会	共产主义

码(yādo←yard)　　瓦斯(gasu←gas)　　混凝土(konkurito←concrete)③

不得不说，这些词语已经在汉语语言体系中落地生根。从根本上来说，这些词语填补了汉语语言体系中的缺漏，帮助汉语更为细致而精准地指认客观及主观概念。

例如，本土汉语有"五族为党"，此处的"党"为"五百家"。④ 本土汉语有"君子不党"之说，此处的"党"基本上是贬义的。但通过日语翻译过来的"党"则是指"组织"，是中性的。

再如，本土汉语一直有"诗、词、歌、赋"等概念，但作为包含这些概念的抽象词语"文学"则是从日语转道而来的。

又如，本土汉语有"文"有"化"。如《易经》贲卦彖传："刚柔交错，天文也；文明以

---

① 赵元任：《赵元任语言学论文集》，北京：商务印书馆，2002 年版，第 181 页。
② 赵元任：《赵元任语言学论文集》，北京：商务印书馆，2002 年版，第 184 页。
③ 岑麒祥：《汉语外来语词典》，北京：商务印书馆，序言第 2 页。
④ 参见《辞海·词语分册》（内部发行），上海：上海人民出版社，1977 年版（内部发行），第 1765 页。

止,人文也。观乎天文,以察时变,观乎人文,以化成天下。"汉语有"历史、风土人情、生活方式、宗教信仰、艺术、伦理道德、规章制度、审美情趣、氏族象征、精神图腾、建筑风格、饮食习惯"等等,但作为包含这些概念的抽象名词"文化"则是从日语转道而来的。

可以说,存在这么一种现象:原本并存在的或并不清晰的概念,由于接受并采纳了外来词语而变得清晰了。

对于很多不喜欢日本的人而言,从心理上并不能够接受如此多的日语入侵。翻译家、教育家严复(1854年1月8日—1921年10月27日)是最具代表性的人物。他倡导直接阅读西文,即便要翻译,也反对接受日本的翻译。例如:

英　　语	日语翻译	严复翻译
capital	资本	母财
economy	经济	计学
evolution	进化	天演
metaphysics	形而上学	玄学
philosophy	哲学	理学
society	社会	群
sociology	社会学	群学

然而,通过日本翻译转道而来的词语在本土汉语中的发展似乎丝毫没有顾及如严复一般的大翻译家、教育家的立场与态度。

有关日语外来语,晚清名人、洋务派代表人物之一张之洞(1937年9月2日—1909年10月4日)倒是有一段趣事:在办学过程中,他的幕僚起草了一个文书请他审阅,他做了如下批复:健康乃日本名词,用之殊觉可恨。其幕僚则回复:名词亦日本新词,用之亦觉可恨。

开明如张之洞,对来自日语的新词尚持有否定态度。而日语的侵入显然已经成为当时中国的风潮。

如果语言如大河一般流淌,为什么大英帝国的语言、日本国的语言成了上游的语言,而我们的汉语则成了下游的语言？且不说这两个国家都是面积并不如中国一般广大的岛国。我们的汉语何至于在知识层面遭遇如此部分的或零星的冲刷呢！不得不面对这样一个现实:语言往往是由政治、军事、文化强势之地向政治、军事、文化弱势之地流淌。然而，放眼整个语言的时间和空间流程，就整个世界所有曾有的、现在的语言而言，似乎大多数都有着成为下游语言的经历，只是范围不同、程度不同、时期不同。例如，就英语词汇而言，约有百分之六十的外来词语，主要来自拉丁语、希腊语。

在语言流变的过程中，不仅有外来语新词，更有本土新词。当下，新词的主要来源是：外来语、网络、阶层、社会集团。

到 2020 年 7 月 28 日为止，新词在各大媒体、网络上随处可见：

慢就业（←失业在家啃老）
灵活就业者（←无固定职业者）
待定族（←待业人群←失业人群）
垂直错位（←桥梁断裂）
待富者（←穷人）
创业（←失业；"数百万农民工返乡创业"）
创业人员（←失业人员）
零增长（←停滞）
负增长（←经济下滑）
震荡上行（←物价上涨）
骨灰级（←等级极高、钻研极深、热情极高）
瞬间质变（←意外发生）
内卷（←停滞；非理性的内部竞争）

网红词往往与某一事件相关，例如，在宾馆，浙江南浔两位协警趁着女子醉酒不省人事之时，实施强奸。南浔法院称两人事前并无预谋，属于"临时性的即意犯罪"，因此给予轻判。于是，网络上很快就有了一个新词系列：

临时性强奸	临时性盗窃	临时性违停，请勿贴单！
临时性失控	临时性醉驾	临时性闯红灯，谢绝拍照！
临时性路过	临时性包二奶	临时性结婚，谢绝负责！
临时性害命	临时性抢劫	临时性不发表意见！

同时，也注意到，近三十年来统一概念表达的流变。例如，某一有婚姻关系的

人与配偶以外的人发生超出一般友谊的关系。对这一关系的指称,随着时间的推移,先后采用了如下词语:

婚外情 → 外遇 → 出轨 → 劈腿 → 八爪鱼 → 中央空调 → 海王

由此可以观察到汉语从指认的对象到指认立场的变化:

对事件的指认/中立 → 对行为的指认/偏向 → 对行为的指认/偏向 → 对行为的指认/反对 → 对行为人的指认/憎恨

二〇二〇年,"劈腿"一词正在流行之时,有一明星同时劈腿多达十二人,因此被称为"八爪鱼"。与此同时,一个新的词语出现,即"情感管理"。根据"百度汉语","管理"原本有两种意义:其一,一定组织中的管理者,通过实施计划、组织、人员配备、指导与领导、控制等职能来协调他人的活动,使别人与自己一起实现既定目标的活动过程。其二,照管并约束。根据《现代汉语词典》,"管理"则有三个基本意义:其一,负责某项工作顺利进行:管理财务|管理国家大事。其二,保管和料理:管理图书|公园管理处。其三,照管并约束(人或动物):管理罪犯|管理牲口。①

时至二〇二〇年七月,"管理"的意义已经发生了细微的变化,都是从个人的层面强化了"自我"的意识。例如:

情感管理　　　表情管理　　　身材管理　　　口腔管理　　　服装管理

应当说,一个新词语的盛行,往往表达群体的无意识或社会的价值取向。例如:"小鲜肉"。它指年轻、帅气的男性,一般是指 12—20 岁之间长相俊俏的男性。最早是二〇一四年中国粉丝对韩国男性明星的称呼,相对女性明星的称呼"小花"而言。就像"校花"与"校草"相对存在。而其实,"小鲜肉"反映了女性强权的意识,它最初是某一地区对"鸭"或"男妓"的称谓。

从语言的本质出发,语词就是声音和意义的结合。有些是:新的声音组合 ＋ 新的意义组合 ＝ 新的概念。有些则是:既有声音组合 ＋ 新的意义组合 ＝ 新的

---

① 中国社会科学院语言研究所:《现代汉语词典》(2002 年增补本,大字本),北京:商务印书馆,2003 年版,第 466 页。

概念。

我以为,从汉语音义结合的固有体系来看,这种现象是对汉语根本性的挑战。汉语正处于由外而内的距离感消失的异化过程中。当我们的汉语在引进的过程中彻底地放弃了音义体系转换,被放弃的还有汉语自身的伦理根源。这是对汉语的亵渎,也意味着中国人对于自身语言尊严的放弃。音义体系转换的缺失已经自然而然地成为整个中国人一种集体性的无意识。

各民族语言之间的交流必然带来彼此的冲撞,冲撞与被冲撞的力度似乎与民族之间相互交流的路径及畅通的程度有着对应的关系,却不知,我们与世界交流,结果是我们的语言被冲撞。其他民族语言的强势,让我颇为不安。当然,会有很多的人说:语言不过就是交流的工具,大可不必为直接使用外来语的音义系统而感到郁闷。而我却看到汉语作为我们民族的符号而存在,在它身后支撑着的是民族精神、民族认同、家国情怀、中国立场。这些支撑要素中的任何一丝流失,都会带来语言本身荒诞的羸弱。

五、或可存在的问题

通常,词典是供检索的工具书,而这本书,我却是逐字逐句逐条阅读的。

这本词典一共收录了 4307 条汉语外来语,详尽而丰富。只是有三个小小的问题:

第一,有些词条似乎需要注明它们曾经生存的年代或者诞生的年代或者变更的形式。例如,"波里狄斯"(第 56 页)和"古柯"(第 134 页)。前者是对英语 politics 的音译,我们现在采用的却是"政治";后者是对英语 coca 的音译,而我们现在则用"可可"。

第二,有些词条的来源不甚清晰。例如,"沙发"(第 330 页)。我们的汉译或许是引进了英语的 sofa,但是,值得注意的是,sofa 首先是从古印度语侵入英语的。另外还有聚集在非洲东部和南部的族人"班图"(第 39 页)、生长在中东枷楠的乔木"枷楠"(第 171 页)、希腊神话中环绕着地狱的冥河"斯替克斯"(第 348 页)等外来语的来源都值得进一步地追索。

第三,似乎有一些曾经常见的外来语被遗漏了。例如,"斯布林锁"(来自英语的 spring,即"弹簧锁")、"斯达特"(来自英语的 starter,即"启动器")、"菲林"(来自英语的 film,即"胶片")等等。

六、小记

岑麒祥先生曾赴法国留学,师从房德里耶斯、梅耶、柯恩、博舍等著名语言学家。著述颇丰,如《语言学史概要》(科学出版社,1957年版;北京大学出版社,1988年版)、《普通语言学人物志》(北京大学出版社,1989年版)、《语音学概论》(中华书局,1939年版)等等。他既能够讲授普通语言学,又能够讲授中国的古音韵学。据说他为人谦和,颇受敬仰。

阅读这本书,便是向他请教并与他对话。

最近,受岑运强先生和世界图书出版公司北京公司郭力总编的委托,正在校读岑麒祥先生的《普通语言学概论》,似乎跟他的其他著作都变得特别地亲近。

《汉语外来语词典》是王希杰先生于2004年年初送给我的。

扉页上写着:

裴文博士:

  汉语中的外来词语,英语中的汉语词语,你可顺便注意,也是你出成果的一个方面。在这个方面,你不用花力气,就会出大成果。

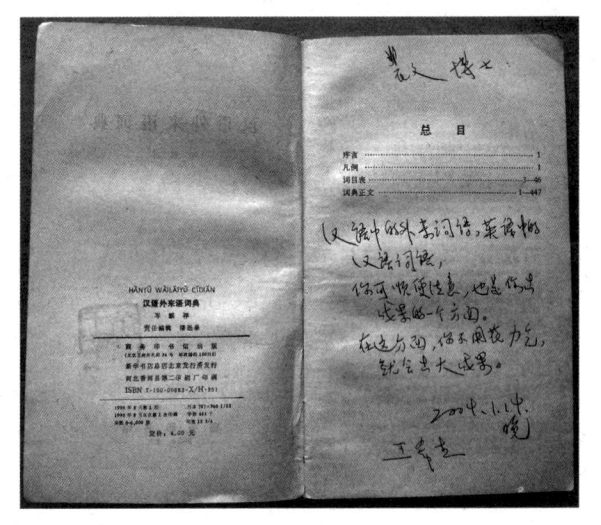

    2004.1.14 晚
     王希杰

而我并没有在外来语方面做多少研究,好像是辜负他了。

9 《汉语发展史略》 / 舒化龙

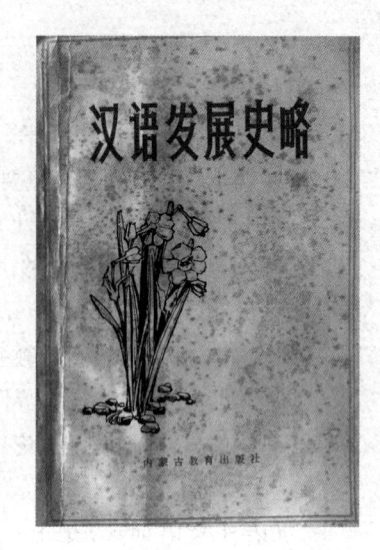

舒化龙,《汉语发展史略》,内蒙古教育出版社,1983年版。

一、简介

这本书选择了两个路径来呈现汉语的发展历史,即词汇和语法。

第一编是概述。第二编是汉语词汇的发展,其中涉及汉语基本词汇的形成及其发展、汉语同源词、汉语借词、汉语词义的变迁、汉语词的内部变化规律、汉语成语和典故。第三编是汉语语法的发展,内容包括汉语语法发展的概况、汉语历史词法学、汉语历史句法学。

二、回溯基本词汇

就汉语当下的状态,回溯汉语的基本词汇。

根据约四千多年的书写语言资料来看,汉语基本词汇早在上古时期就已经初步形成。

一种语言的基本词汇呈现该语言民族活动共同的、基本的概念和情境。它在一种语言中具有深刻的稳定性,如自然现象名称词汇、亲属名称词汇、人体名称词汇、数词词汇等等。它们同时也具有强大的衍生能力。

从文字的层面,以"火"(huǒ)为例。从甲骨文中的""即可看出先民对自然现象"火"的指认。"火"为典型的象形文字,描摹燃烧着的火焰。这个字极其稳定,至今仍然指称"物体燃烧所发出的光"。那么,确切地说,基本词汇的基本意义具有稳定性。而它的衍生构词能力也不可小觑。可以作为词语的首位词,也可作为词语的末位词。例如:

火头	火速	火伞	火齐	火花	火坑
火候	火井	火禁	火暴	火电	火急
火红	火腿	火把	火力	火山	火光

香火	烟火	明火	柴火	心火	林火
逆火	炮火	起火	惹火	肝火	军火
去火	发火	圣火	水火	生火	点火

我们现在通用的"伙伴"实际来自"火伴"。古代兵制:五人为列,二列为火,十人共一火炊煮,同火的称为火伴(见《通典·兵一》引一说)。

进一步从构字的角度来看,"火"字的构字能力也是非常的强。大部分与火有关的字都由"火"字作为部首而构成的。例如:

灭:灭亡;灭此朝食　　　炬:火炬;目光如炬
荧:荧惑;一灯荧荧　　　烛:烛花;洞烛其奸
焕:焕然;容光焕发　　　焚:焚香;焚琴煮鹤
灵:灵通;心有灵犀　　　灼:灼见;目光灼灼

舒化龙先生论及"火":

《说文解字》:"火,燬也。"《释名》:"火,化也,消化物也;亦言毁也,物入其中皆毁坏也。"从"火"和"燬"音近义通这点看来,古人这样解释是对的,可见古人最初对火的认识还很消极。[1]

《说文解字》在解释基本词汇的时候似乎至少采用了三种规则:其一,解释本

---

[1] 舒化龙:《汉语发展史略》,呼和浩特:内蒙古教育出版社,1983年版,第8页。

义,如"年,谷熟也"。其二,解释功能,如"火,燬也"。其三,描写现象,如"日,实也。月,阙也"。或许是因为对事物缺乏足够的认识,解释便没有能够采用统一而严格的标准。

我以为,与其说古人最初对火的认识是消极的,不如说我们的先民对包括火在内的自然现象是满怀敬畏的。

在"关于基本词汇小结"一节中,舒化龙先生指出:[①]

> 在古代,基本词汇以单音节词占优势,较少数的双音节词也缺乏构词能力,如"人民"虽早出现于《诗经》,"生产"虽见于《史记·高祖本纪》,但在构词上作用不大。到了现代,基本词汇里的双音词大量增加了,而且许多旧词获得了新义,构词能力也大大增强了。

> 从汉语基本词汇的发展过程中,可以看出汉语的发展有两个最主要的特征。第一个是单音词,依照双声叠韵的规律而构成双音节新词,这是汉语词汇发展的一种主要形式,如思→思想,缤→缤纷,夫→夫妇,方→方法,皮→皮肤,面→面貌。……第二,汉语词汇单音词向双音词发展,主要是采取同义结合,主从结合和反义结合三种。上面举例中的"思想""皮肤"等属于第一种。第二种主从结合,如《尔雅·释器》郭璞注的"衣架""床板"……第三种反义复合,如《诗经》里的"死生""朝夕""良莠""阴阳""轻重"等,古汉语词汇里包含有多音单纯词和复合词,这决不是个别现象。由此可见,汉语绝不是单音节语。

> 汉语中有一些词,在书面形式里是单音节的,而在口语或方言里却是双音词,如"不律"为"笔"。"不律",吴、蜀方言的口语。"日",方言是"日头""日阳儿"。三百年前顾炎武就已经指出:"在语为双声叠韵,在字切为一字者实恒见之事。"文字影响语言,这是汉语词汇发展中的一个特殊现象。

[①] 舒化龙:《汉语发展史略》,呼和浩特:内蒙古教育出版社,1983 年版,第 28—31 页。

三、思考与追问

实际上，我们首先需要区分两个概念：口说语言和书写语言，并在区分这两个概念的基础上探讨基本词汇的本质特性、流变现象以及结果状态。在探讨基本词汇的时候，我们所关注的应该是口说的语言。当远古的口说语言无从稽考的时候，书写语言不能够作为口说语言的依据，甚至不能够作为一个相对可靠的参照。

如果以书写语言作为考证对象，"在古代，基本词汇以单音节词占优势"这一论点是成立的，但是，这一论点对于语言中基本词汇的本质及其流变而言是没有意义的。书写语言与口说语言是两个不同的符号体系。书写语言存在的惟一目的就是记录口说语言。但是，就当时的文字记录条件，无论是当初文字本身的数量，还是先民刻印文字的能力，书写语言根本无从完成对口说语言的全真实记录。一个字可以用来表达一个概念甚至一个动作乃至一个事件。例如：

"阴（陰）"字即"能够在高大土丘上喷射雨点的云"；

"袭"字即"趁人不备而进攻"；

"执"字即"志趣相同的朋友"；

"初，郑武公娶于申，曰武姜。"这里的"初"字即"郑伯克段于鄢以前的事情"。

即便是当下，无论书写怎样的便捷，无论文字怎样的丰富，书写语言仍然比口说语言更为简洁，在表达方式和用词选择等方面，书写语言有着与口说语言鲜明的区别性特征。而且，书写语言从来都没有完美而彻底地体现口说的语言。由于书写语言不能自然而细致地记录口说语言在语流中所具有的语音、语调、语气、音高，那么，它便不能彻底而精微地记录口说语言在语流中所表达的意义取向，包括歧义、双关、反讽、借代等等。

因此，我以为，就汉语基本词汇而言，"在古代，基本词汇以单音节词占优势"是一个非常冒险的假设。同样，"单音词向双音词发展"这一论点也只能是对书写语言的基本判断。在书写语言中，存在双音词增多的现象。这个问题至少要从两个方面来看：首先可能是因为口说语言中双音词增多带来了书写语言的变化。这是第一种可能性。其次，可能是因为记录口说语言的条件发生了变化，比方，文字的数量逐步增加，记录文字的手段逐渐增多且更为方便。这说明：是书写语言已经开始向着更为真实反映口说语言的道路上迈进了。这是第二种可能性。

对第一种可能性，我们可以做一定范围的考证，比方，对历代外族语入侵的回溯，如上古时期的匈奴语（包括胡语、北狄语）、西域语言，中古时期的梵语，近代的蒙古族语和满族语,现代的日语、俄语以及欧美语言,可以看到双音词及多音词的增多。外族语对汉语的入侵由来已久。语言入侵是两种或多种语言并存的必然结果。在现代汉语中,有些外来词已经融入了基础词汇,几乎完全地本土化了。例如,来自梵语的"圆满""烦恼""解脱""觉悟""世界""现在""因果""结果""庄严""念念不忘""一笔勾销""一厢情愿"等等。而对第二种可能性,我们则是完全有能力且有把握予以证实。比方,竹简、印刷让文字记录变得更为简便,同时也促进了文字的传播和传承。

至于舒化龙先生提出的第三点,我颇感费解。我们似乎需要考证:出土殷墟的甲骨文"笔"是不是对方言"不律"的直接记录呢?而在这一段的陈述中,他提出"文字影响语言",却没有提供例证或论证。有关文字与语言的关系,需要重新阅读索绪尔的《普通语言学教程》,索绪尔有着较为深刻的相关剖析与见解。[①]

查找《说文解字》卷三下聿部:"聿,所以书也。楚谓之聿,吴谓之不聿,燕谓之弗。"又,"笔,秦谓之笔。"

四、关于汉语借词

十九世纪以来,特别是鸦片战争(公元 1840—1850)以后,中国发生了急剧的变化。中国人民同帝国主义进行了不懈的斗争,同时西方资本主义国家的社会科学和自然科学陆续传到中国。汉语适应着这些变化和需要,产生了许多新词,同时也就增加了大量的借词,使汉语的词汇更加丰富起来。[②]

在所有我阅读到的外来语研究论述中,舒化龙先生关于来自日语的借词描述得最为清晰,值得记录:

甲午(1894)中日战争以后,中国学日本之风盛行,派遣出国留学生也以去日本为主。此时中国人学习西方,实际上也是通过日本来进行。汉语中的借词所以会出现日译名词占多数的原因就在这里。当然就词义的来源说,这些借词中的相当一部分是西洋词。

而整体的日译借词是比较复杂的,就借词的方法和形式说,大概可以分为

---

① 参见索绪尔:《普通语言学教程》,裴文译,南京:江苏教育出版社,2001年版,第26—35页。
② 舒化龙:《汉语发展史略》,呼和浩特:内蒙古教育出版社,1983年版,第51—52页。

三种：

1. 日语利用古汉语的词意译英美的词语，后加以改造成现代汉语借词。例如：

思想——王朗《与徐文修书》："闻消息于风声，托旧情于思想。""悬念"的意思。《传灯录》："能断百思想"。这里指的是意见的意思。都不同今义。

革命——《易经·革卦》："汤武革命，应乎天而顺乎人。"古代统治阶级认为皇帝是受命于天的，所以"王者易姓"就叫革命。现在词义已经扩大，凡是事物由旧的质态到新质态的变革，都可以称为革命。

列车——《璨诗》："列车息众驾，相伴绿水湄。"意思是指排列的马车。今义不指马车，多用于指火车，但排列（或行列）的意义是相同的。

教育——《孟子·尽心》："得天下英才而教育之。"《说文》："教，上所施，下所效也。""育，养子使作善也"。现在新旧概念不尽相同。

悲观——《法华经·普门品》："悲观及慈观，常愿常瞻仰。"悲观的原义是以慈善的心肠呵护众生的意思。与现在词义已根本不同。

社会——《世说新语·德行》："邻里修社会。"原义是社日的集会。即每逢节日，里社之民集会，叫作社会。用以翻译英语，词义完全不同。

机会——韩愈《与柳中丞书》："动皆中于机会。"机是随机应变，会是适逢其会。与原义不完全一样。

封建——《左传·僖公二十四年》："封建亲戚，以藩屏周室。"指王者以土地分封诸侯，与现在的词义已不同。

行政——《史记·周本纪》："召公周公二相行政。"这里行政是执政的意思。与今义大不同。

文明——《易经·乾卦·文言》："天下文明。"《书经·舜典》："濬哲文明"。"文明"原义是文德光耀的意思。现在的词义已转义。这是旧词赋以新义。

具体——《孟子·公孙丑》："冉牛、闵子、颜渊则具体而微。"具体是四肢都具备的意思。即具有全部形体。与原来词义不同。

劳动——《魏志·华佗传》："人体欲得劳动。"指活动或运动的意思。

交通——《史记·灌夫传》："诸所交通，无非豪杰大侠。"交通本义是交际的意思。

经济——《文中子》："皆有经济之道。""经济"是"经世济民"的意思。现在这个词的概念已是不相同了。

政府——《宋史·欧阳修传》:"其在政府,与韩琦同心辅政。"原义是指国家的统治机关,近今义。①

关于以上引文,需要指出如下九点:

1. 引文之中可见多处标点符号不一致的情况。语句末位句号有的出现在引号之内,如:"列车息衣驾,相伴绿水湄。""教,上所施,下所效也。"有的则出现在引号之外。如:"闻消息于风声,托旧情于思想。""育,养子使作善也。"其实,也无所谓对与错,只是约定俗成,前后一致便好了。

2. 关于"革命"一项,似乎还可以补充:《周易·革卦·彖传》:"天地革而四时成,汤武革命,顺乎天而应乎人。"

3. 关于"教育"一项,似乎还可以补充:《孟子·尽心上》:"得天下英才而教育之,三乐也。"

4. 关于"悲观"一项,似乎还可以补充:《法华经·普门品》:"悲观及慈观,常愿常瞻仰。"注:"以大悲心观众生苦,拔其苦难,名曰悲观。"可谓以慈悲执行观察众生,救人脱离苦难。给予快乐为慈,拔除痛苦为悲。

5. 关于"封建"一项,似乎还可以补充:《诗·商颂·殷武》:"命于下国,封建厥福。"即封邦建国。

6. 关于"行政"一项,似乎还可以补充:《史记·周本纪》:"召公周公二相行政,号曰'共和'。"《孟子·梁惠王上》:"为民父母,行政,不免于率兽而食人,恶在其为民父母也?"

7. 关于"劳动"一项,似乎可补充:《三国志·魏志·华佗传》:"人体欲得劳动,但不当使极尔。"

8. 关于"交通"一项,似乎还可以补充:《管子·度地》:"山川涸落,天气下,地气上,万物交通。"[晋]陶渊明《桃花源记》:"阡陌交通,鸡犬相闻。"

9. 关于"经济"一项,似乎还可以补充:《晋书·殷浩传》:"足下沉识淹长,思综通练,起而明之,足以经济。"

尝试对书中所列词语的古今语义差别做如下简明小结:

---

① 舒化龙:《汉语发展史略》,呼和浩特:内蒙古教育出版社,1983年版,第56—58页。

外来	本土
思想→思维；念头；思量	思想→悬念、意见
革命→深刻质变；暴力夺取政权	革命→朝代更替，君主改年号；
列车→连挂成列的火车	列车→成列的马车组
教育→学校培养人的工作	教育→上行下效；教诲
悲观→消极	悲观→怜悯；顾念
社会→由生物与环境形成的关系总和	社会→集会；结社
机会→恰好的时候	机会→关键；要害；时机
封建→一种分封的政治制度	封建→封邦建国
行政→行使国家权利的机构、单位机关、机构内部的管理工作	行政→执政；执掌国家政权；管理国家事务
文明→ 文化；较高的文化状态	文明→文德光耀
具体→细节；实在；特定	具体→具有四肢
劳动→体力、脑力活动	劳动→活动；运动；操作；劳驾（敬语）
交通→运输；邮电通信	交通→交际；往来通达
经济→耗费少而收益多；财力、物力；社会生产关系的总合	经济→经世济民；治国才干
政府→国家权力机构；国家行政机关	政府→处理政务的处所

由此可见，我们或许应该将这些词看作是同音异义词。

2. 日本人利用汉字的组合去翻译欧美的语词，后又成为汉语里的借词，举例如下：[①]

（1）警察——keisatsu　　　　　直觉——chokkoku
　　 现实——genjitsu　　　　　情报——jōhō
　　 军事——gunji　　　　　　 干部——kanbu
　　 关系——kankei　　　　　　鉴定——kantei
　　 历史——rekishi　　　　　　政策——seisaku
　　 物质——busshitsu　　　　　关联——kannen

---

① 舒化龙：《汉语发展史略》，呼和浩特：内蒙古教育出版社，1983年版，第58—59页。

　　　　　对象——taishō　　　　　定义——teigi
　　　　　代表——daihyo　　　　　美术——bijutsu
　　　　　复员——fukuin　　　　　义务——gimu
　　　　　技师——gishi　　　　　　企业——kigyo
　　　　　导火线——dōkasen
　　(2)　有机——yuki　　　　　　绝对——zettai
　　　　　主观——shukan　　　　　抽象——chūshō
　　　　　过度——kato　　　　　　相对——sotai
　　　　　否定——hitei　　　　　　消极——shōyoku
　　　　　客观——kakkan　　　　　绿化——ryokka
　　　　　特约——tokuyaku　　　　退化——taika
　　　　　反动——hando
　　(3)　批评——hihyō　　　　　 批判——hihan
　　　　　传播——danpa　　　　　 保证——hosho
　　　　　断定——dantei　　　　　调整——chōsei
　　　　　迫害——hakugei　　　　 改良——kairyo
　　　　　改善——kaizen　　　　　展望——tenbo
　　　　　动员——do-in　　　　　 谈判——danpan

　　由此可以看到两点：其一，以汉语语音与意义结合的日语翻译，进入汉语体系之中，竟然可以达到如此的形神兼备；其二，汉语缺失的概念，尤其是抽象名词，经过日语对汉语语言要素和西方语言意义的组合，所有这些名词似乎都不带有一丝一毫的外来气息，不得不叹为观止。

　　3. 纯粹的日本语词，这类词是汉语来自日语的真正借词。例如：[1]
　　　　　手续——tetsuzuki　　　 场合——baai
　　　　　支配——shihai　　　　　场所——basho
　　　　　道具——dogu　　　　　　服务——fukumu
　　　　　复习——fukushu　　　　 支部——shibu
　　　　　体验——taiken　　　　　话题——wadai

---

[1] 舒化龙：《汉语发展史略》，呼和浩特：内蒙古教育出版社，1983年版，第59页。

无论以怎样的路径进入汉语语言体系,但凡来自日语的词语业已成为汉语语言体系中不可或缺的要素了。或者说,汉语与日语的词汇体系,有相当一部分已经是你中有我我中有你的状态。有不少人对日本及日语心怀憎恶之意,但无论是在日常生活中还是在工作过程中,我们似乎已经无法摆脱与日本及日语的关联。

舒化龙先生行文过程中,似乎没有严格区分"词""词语""语词"等概念。

六、小记

如果作者能够再选择从语音和文字来切入汉语的语言和文字历史,我或许能够获得比较完备的汉语发展史脉络。此外,根据书中内容的设置,这部著作如果改为《汉语及汉语研究发展史略》,或许更为贴切。

二〇〇三年春季,王希杰先生把这本书送给我的时候,正值它出版整整二十年。

10 《尔雅导读》
/ 顾廷龙　王世伟
《尔雅译注》
/ 胡奇光　方环海

顾廷龙、王世伟，《尔雅导读》，成都：巴蜀书社，1990年版。

胡奇光、方环海，《尔雅译注》（十三经译注），上海：上海古籍出版社，2004年版。

　　《尔雅》是我国解释词义最早的专著。现存十九篇。由汉初学者纂辑周汉诸书旧文而成。《释诂》《释言》《释训》收录一般词语。《释亲》《释言》《释器》及以下各篇收录各种名物。

　　《尔雅导读》对《尔雅》做了较为全面的评介。宏观探讨与微观分析兼而有之。既论述了《尔雅》的价值和影响，又对《尔雅》的版本、注本、研究书目做了举要分析。

10.《尔雅导读》/ 顾廷龙　王世伟　《尔雅译注》/ 胡奇光　方环海

我特别想知道《尔雅》这个名称本身该训为何义？该书是谁完成的？它记录了什么内容？为什么记录的是这些内容？这些内容又是如何被记录的？是随文释义式的训诂呢，还是对字、词脱离语境的本体式的抽象归纳与概括？记录的依据是什么呢？记录的目的又是什么呢？是对宏大知识系统的呈现吗？这些内容在时间的延展过程中是否发生了流变？

顾廷龙和王世伟两位先生指出：

尔，繁体字写作"爾"。汉许慎《说文解字》……卷三爻部："尔，丽尔，犹靡丽也。""丽尔"为当时的古语，"靡丽"为当时的今语。所谓丽尔、靡丽，即明白的意思。尔之所以解释为近，是由于尔通作迩。《说文》卷二辵部："迩，近也。"①

"雅"之本义为鸟名。《说文》卷四佳部："雅，楚乌也。"清段玉裁《说文解字注》……云："雅之训亦云素也，正也，皆属假借。"……雅之假借为正，意思就是正确、规范，所以古代把标准语称为"雅言"……②

"尔雅"连文，意为近于雅正，依于规范，所谓"言可近而取正也"。《大戴礼记·小辨》："尔雅以观于古，足以辨言矣。"这是"尔雅"一词最早的文献记载……③

前人的解释当然是字通意顺。只是不明白解释为什么没有取"尔"之义。倘若取"尔"之义，"尔雅"连文便是：明晰的规范。

且不论通假字，且不论文字，就/ěr/音来看，它有如下基本意义：

/ěr/（爾，尔）：华丽。《诗·小雅·采薇》："彼尔维何？惟常之华。"
/ěr/（邇，迩）：近。《诗·郑风·东门之墠》："其室则迩，其人甚远。"
/ěr/（薾）：花盛貌。

顾廷龙和王世伟两位先生对《尔雅》的作者及成书年代做出了总结与分析。实

---

①②③　顾廷龙、王世伟：《尔雅导读》，成都：巴蜀书社，1990年版，第2页。

际上,在汉语学界,对《尔雅》的作者及成书年代一向颇多争议,毕竟难以追索确定的信息。但这并不影响《尔雅》作为最早且最为珍贵的词义解释专著而存在。不过,有一点是比较清晰的:《尔雅》是集体智慧的结晶,是学者纂集或小学家递相增益所成,并有明显的历时状态与特征。

《尔雅》的内容涉及语言、伦理、自然、建筑、物理、化学、音乐、天文、地理、植物、动物等诸多学科。现存十九篇,依次为:《释诂》《释言》《释训》《释亲》《释宫》《释器》《释乐》《释天》《释地》《释丘》《释山》《释水》《释草》《释木》《释虫》《释鱼》《释鸟》《释兽》《释畜》。

前三篇,即《释诂》《释言》《释训》是对一般词语的解释。三者之间有明晰的界定:

> 清朱骏声《说文通训定声·豫部第九》则分析得更为明晰:"《尔雅·释诂》者,释古言也;《释言》者,释方言也;《释训者》,释双声叠韵连语及单辞、重辞与发声助语之辞也。"①

这前三篇的内容最为丰富,所占篇幅也最为广大。阅读顾廷龙和王世伟两位先生在下篇中所提供的《释诂》《释言》《释训》原文,我以为,就解词释义的体例而言,它们应该是整个《尔雅》的典范:条目丰富且有序,释义明晰且规范,释词概括且抽象。

选取一些原文如下:②

《释诂》第一:

初、哉、首、基、肇、祖、元、胎、俶、落、权舆,始也。
林、烝、天、帝、皇、王、后、辟、公、侯,君也。
如、适、之、嫁、徂、逝,往也。
柯、宪、刑、范、辟、律、矩、则,法也。
睢睢(wàng望)、皇皇、藐藐、穆穆、休、嘉、珍、祎、懿、铄,美也。
崩、薨(hōng哄)、无、禄、卒、徂落、殪,死也。

---

① 顾廷龙、王世伟:《尔雅导读》,成都:巴蜀书社,1990年版,第12页。
② 顾廷龙、王世伟:《尔雅导读》,成都:巴蜀书社,1990年版,第169—206页。

《释言》第二：

　　殷、齐,中也。
　　贸、贾,市也。
　　祺,祥也。祺,吉也。
　　宪,肆也。肆,力也。
　　陪,朝也。
　　亚,次也。

《释训》第三：

　　明明、斤斤,察也。
　　桓桓、烈烈,威也。
　　子子孙孙,引无极也。
　　朔,北方也。
　　有客宿宿,言再宿也；有客信信,言四宿也。
　　籧篨,口柔也。

《释训》第三中的"有客宿宿,言再宿也；有客信信,言四宿也"。颇为有趣。

根据《说文解字》卷七下宀部,"宿"为"止也",包含两种意义,即"住宿"；"止留"。"宿"为"一宿"；"宿宿"重文叠字,则表示"再宿"。"再宿"又为"信"；"信信"重文叠字,则表示"四宿"。过"信"则为"次"。像这种以重文表示数的概念的现象,在汉语中并不多见。只是,由此想到了马来语。在马来语中,名词重复是表示复数的一种重要途径。例如：

(1) Pelajar-pelajar itu rajin.
　　（学生-学生）（这）（努力）
　　"这两位学生很努力。"
(2) Dia dengar lagu-lagu John.
　　（她）（听）（歌-歌）（约翰）
　　"她听约翰的歌。"

(3) Kadang-kadang kanak-kanak berenang di kolam renang.
　　（有时）　　（孩子-孩子）（游泳）（在）（池子）（游泳）
"孩子们有时在游泳池游泳。"

不过,在马来语中,并不是所有的重复名词都表示复数的概念。例如:

(4) Arnab nampak kura-kura sedang merangkak dekat tebing sungai.
　　（兔子）（看见）（乌龟-乌龟）　（正在）（爬行）　（在…附近）（岸）　（河）
"一只兔子看见一只乌龟正在河岸边爬行。"

像这样的重复词并不表示复数也还算是常见的,如 angan-angan（思想）,pundit-pundit（一只钱包）,biri-biri（一只羊）,layang-layang（一只风筝）,buli-buli（一只小瓶子）,等等。

《释亲》是对亲属或亲眷的解释。这从名称上便可以判断。它非常明晰地按照宗族、母党、妻党、婚姻这四个范畴呈现并解释亲属名称及亲属关系。这样的文本应该可以算作是亲族名称及亲族内部关系的规范了。我原本对亲族的名称认识模糊,也没有刻意去了解或认识。因为这本书,我开始对自己的家族关系与故事产生了浓厚的兴趣。

我母系是广东潮汕曾经辉煌的大家族。清朝末年,我外公随其父母迁往巴蜀,定居重庆。外公兄弟八人,个个精明强干:教育厅厅长、考试院院长、国民政府国民大会代表、蒋介石麾下的旅长、两位共产党地下党、银行董事长、县长。两位共产党地下党先后被国民党暗杀。到了一九五〇年,其余六位几乎是一夜之间变得一无所有,生命、地产、资产一并被剥夺了去。从二舅舅那里得知,如果聂帅荣臻先生写给我外公的亲笔信能够早到一天半,我外公的命肯定是能保住的。那封信一直由二舅舅保存着。不过,至少是没有被满门抄斩。至少,我外公的身后留下了三太太和大房、二房、三房的孩子们。据说是因为当时有人暗中帮忙,这才保住了外公的后代。至于是否有鉴于他所做的诸多公益事业,且不得而知。他的银行、房产、土地、家园全都更名改姓了,而他开办的树人中学却留存至今。这大可告慰时任学校董事长的他——短暂的四十五年生命。而在他作为大资本家、恶霸地主被执行枪决之时,他的女儿,即家中的大小姐——我的母亲则正在抗美援朝的一线战场上,不怕累不怕苦,在枪林弹雨中冲锋,随时准备牺牲,誓死保家卫国。之后,历经五场大战。在美国投下细菌弹之时,她不幸染上疫病,却不曾脱离大部队。有鉴于她所创立的功绩,中国人民解放军华东军区第三野战军授予她二等功、三等功。那年,她才十七岁。

我外公开办的树人中学,除了大房的大舅舅、三房的二舅舅和我母亲在那里就学,二房的两位孃孃都还没有到入学的年龄。在所剩的生命中,三太太,即我的外婆,一时间不知了去向。我母亲正读高中一年级之时,便离开树人中学,参加了解放军,奔赴抗美援朝战场。我大舅舅,一九四〇年代毕业于南京中央大学(现南京大学前身)。一九六〇年代,因为佩戴外公留给他的一只金怀表而遭遇长期的精神和肉体的双重折磨,终身未婚。我孃孃,尚未成年便被发配到了青藏高原,育有两个儿子,年近五十便命归黄泉。我小孃孃,被好心人收养。育有一儿一女,五十多岁病故,其子三十多岁病故。二舅舅毕业于交通大学,育有一子。他没有躲过文化大革命的劫难,他妻子带着儿子改嫁。后来才知道,我表哥的继父竟然是我南京大学前辈同事的同胞兄弟。真是没有料到!表哥是母系家族唯一的男性后代,却被改了姓氏。娶了四房太太的外公无论如何也不会想到自己这一族脉竟然衰落得如此凄凉。愿他地下不知!

通过母亲的回忆,我厘清了母系祖辈大体的家族构架,并绘制了家族谱系图。母亲得知,突然警觉地说道:"你可不能把我家的事情写出去,千万不能写啊!"

已经年届八十八岁的母亲平日里有说有笑的。可我知道,一九六〇年代"文化大革命"期间对他父亲家族的审查给她带来的诸多忧患与恐惧,她这一生都没有能够摆脱。

我父系祖辈历经战争、饥荒、自然灾害。有着蒙古族血统的父亲有哥哥和姐姐。我姑姑不到二十岁便死于难产。一九五〇年代,我伯父在广州公安局任局长。"文革"期间,红卫兵们用锋利的尖刀划开他的后背,往伤口里塞煤渣。终于,他被惨无人道地迫害致死。后来的平反、高规格的追悼会对我大伯而言已经毫无意义。他的四个儿女已经各散东西或逃往香港,或上山下乡,或落魄流浪。

偶尔会特别想知道:当年的那些红卫兵们今天可都安然无恙?他们的父母可都安然无恙?他们的子女可都安然无恙?

等我出生并逐渐开始懂事的时候,我就只能亲历非常简单的家族关系了。朝夕相处的长辈就是父亲和母亲。小时候,见过外婆的。她盘着个发髻,瘦瘦的,穿着宽松的布衫。走起路来慢慢的,身板挺挺的。当时就觉着她特别好看。现在想来,她的五官、脸庞真是精致,真是漂亮。上世纪八十年代后期,伯母从广州来南京疗养,那时,我才第一次知道我有亲戚。不记得她当时跟我说了些什么,却总记得她穿着公安制服,走路时双手背在身后,满脸笑容。父亲、母亲每年疗养几乎也都愿意选择去广州,应该会跟伯母有联系的。只是,我每次问及,他俩都不太愿意多说什么,推说过去的事情都不记得了。二〇二〇年,父亲已经九十一岁,平日里,步履稳健,铁齿铜牙,反应速度快着呢。偶尔写点什么,落笔依然是逻辑严谨、丝丝入扣。一家人聚在一起,他难得也说起抗美援朝的战斗细节,说起他亲手掩埋的三位战友。时至今日,当时的场景,他历历在目。一位是被汽油弹烧得面目皆非的战友;一位是师司令部军务参谋沈秀川,家在河北邢台;一位是师政委的公务员刘晓明,贵州人。父亲说:"这三位战友已经为国捐躯,入土为安了,不知道他们的家人们知不知道。"可是,因为父亲、母亲都"记不得""文化大革命"那段岁月了,我与堂哥堂姐不曾取得过任何联系。

这些年,母亲整理老照片,我倒是看到了"文革"之后父亲与伯母以及她子女们的合影,还看到了大伯一身戎装、策马扬鞭、微微一笑的样子,眉宇之间,怎一个"帅"字了得!

中国很长一段时间都在执行着独生子女的政策,可以预见的亲属关系就更是简单又简单了。进入二十一世纪,国民终于被赋予了选择生第二个孩子的权利。

阅读书籍其实就是阅读这个世界里的人们。受到这本书的启发,我认识了父亲、母亲的祖辈,亲近了曾经的家族,依稀看见那个年代的政治、民生以及国家状态。

《释宫》是对宫室内所有事物、礼仪及建筑名称的解释。周详之至,令我感叹。去书店买了本《尔雅译注》(胡奇光、方环海撰,上海古籍出版社,2004年版)。《释宫》全本共二十六条,包罗万象,读来真犹如在宫中漫步,看得见那么多的门道,看得见那么多的礼数,雕梁画柱可望可及,听得见诸公、诸侯、群臣由远而近的脚步声,看得见他们立定各位,看得见天子背屏而立接受朝拜。这是曾经嘈杂、曾经寂寞的宫室!它传达了权力的激励、文明的节制、智慧的泼洒。我偏就喜欢了《释宫》,懊恼自己为什么偏偏到了此时才与它相遇呢!

从下面选取的原文中足见其严谨缜密,条理秩如,生动有声:

《释宫》第五:[①]

[①] 顾廷龙、王世伟:《尔雅导读》,成都:巴蜀书社,1990年版,第210—214页。

宫谓之室,室谓之宫。

牖户之间谓之扆(yǐ 以),其内谓之家。东西墙谓之序。

闾谓之台,有木者谓之榭。

两阶间谓之乡,中庭之左右谓之位,门屏之间谓之宁,屏谓之树。

观谓之阙。

一达谓之道路,二达谓之歧旁,三达谓之剧旁,四达谓之衢(qú 渠),五达谓之康,六达谓之庄,七达谓之剧骖,八达谓之崇期,九达谓之逵。

室中谓之时,堂上谓之行,堂下谓之步,门外谓之趋,中庭谓之走,大路谓之奔。

隄谓之梁,石杠谓之徛。

《释器》解释各种器物的名称以及与器物制作相关联的物品名称,包括礼器、餐具、服饰、农具、渔具、写具、金属、兵器等等。看似严谨的定义性文字却将先人生活的情趣、审美的意趣、智慧的雅趣栩栩如生地呈现在我的眼前,构建了一个充满魅力的想象空间。各样的礼器有各样考究的形状和各样特别的功用。服饰讲究流水一般的线条感,色彩则讲究层次感、交错感,以获得强烈的视觉感染力。治器讲究材质,材质不同而制作各异,制作过程的节奏感、力量感、柔顺感、速度感、灵巧感、丰富感从并列的治器名称中流泻出来。没有它们的并列存在,便看不到治器过程中细腻的目光与深沉的姿态,便看不到治器人心灵的豪放与自由。选取原文如下:

《释器》第六:①

木豆谓之豆,竹豆谓之笾,瓦豆谓之登。

衣谓之祝(ní 泥),黼领谓之襮(bó 勃),缘谓之纯,袕谓之褮。

黄金谓之璗(dàng 荡);其美者谓之镠(liú 流)。白金谓之银,其美者谓之镣。

金谓之镂,木谓之刻,骨谓之切,象谓之磋,玉谓之琢,石谓之磨。

简谓之毕,不律谓之笔,灭谓之点。

一染谓之縓(quàn 劝),再染谓之赪(chēng 称),三染谓之纁。青谓之葱,黑谓之黝(yǒu 有)。

---

① 顾廷龙、王世伟:《尔雅导读》,成都:巴蜀书社,1990年版,第214—220页。

要了解汉文化，可以选择多种途径。现在，我以为，读《尔雅》是最为直接也是最为有益的。可以从中感受到汉文化极富韵律的脉动、极富自由的生命、极富建构的学理和极富活力的思想。它是中国文化的大百科全书，不可不读！

《释乐》解释音乐术语和乐器的名称。它记录了五声音阶和五声音阶中的五个音，即宫、商、角、徵、羽，并解释乐器的名称、乐器功能以及不同乐器的演奏方式的名称。

读《释乐》，便想着听一听古琴。赵家珍先生的《梅花三弄》《阳关三叠》《高山流水》《潇湘水云》《关山月》《幽兰》《月儿高》《霸王卸甲》，这些渐渐地将我带入自我的情景之中，可我似乎又有些忘我，游走在有意识和无意识之间——有寒意袭来，有暖意萦绕；有感伤浮游，有平静沉积；有乱风横扫，有清月流泻。还想再听管平湖先生的《胡笳十八拍》《碣石调·幽兰》《广陵散》《流水》。每每听他抚琴，便彻底地失语——亦清亦浊，亦深亦浅，亦高亦低，亦浓亦淡，亦疾亦徐，亦厉亦柔，亦巧亦钝，亦洒亦敛，亦猛亦静，亦和亦散……我感觉到一种妙、一种灵、一种动，而当我尝试捕捉这种感觉的时候，它却摆出一种将永远逃逸的姿态。我能够感受，却不能捕捉！

《释乐》第七：

宫谓之重，商谓之敏，角谓之经，徵谓之迭，羽谓之柳。①

这里解释五声音阶中五个音的别称。单就这五个音以及这五个音的别称，我似乎难以形成音响概念。幸亏有顾廷龙和王世伟两位先生的注释：

宫、商、角、徵、羽古称"五音"，也称"五声"。《管子·地员》篇中曾对这五个音阶的音色进行了具体形象的描绘："凡听宫如牛鸣窌中。凡听商如离群羊。凡听角如雉登木以鸣，音疾以清。凡听徵如负猪豕觉而骇。凡听羽如鸣马在野。"②

这样的描绘无比生动。无论音乐最初是诞生于纯粹的偶然还是诞生于刻意的模仿，我们的先辈以模仿的视角理解音乐，并对乐音形成具象的感悟。有了这份感

---

① 顾廷龙、王世伟：《尔雅导读》，成都：巴蜀书社，1990年版，第221页。
② 顾廷龙、王世伟：《尔雅导读》，成都：巴蜀书社，1990年版，第221页。

悟音乐的门径，便自由生长出场景的情感解释。于是，乐音有了各样流动的速度，线性的乐音符号流便成为音乐的魂灵，而并时流动的乐音又形成了音乐的结构。从《释乐》中，我们可以看到乐音完备的基础、乐器在交响中的明确分工。每一件乐器都有自己独特的音色。如"瑟"为弦乐器，发音如水喷洒；"琴"为弦乐器，音多变而声流离，如高山流水一般散落；"箫"为管乐器，发音肃然而清，且有大小之分；"磬"为打击乐器，发音清燥；"筅"为竹管乐器，发音悲怆。

那么，这五声音阶为什么会有别称呢？汉代刘歆曾有经典解释：

《玉海》载有唐徐景安《乐书》，其中引用了刘歆的话："宫者，中也，君也，为四音之纲，其声重厚如君之德而为重。商者，章也，臣也，其声敏疾如臣之节而为敏。角者，触也，民也，其声圆长经贯清如民之象而为经。徵者，祉也，事也，其声抑扬递续其音如事之绪而为迭。羽者，宇也，物也，其声低平掩映自高而下五音备成如物之聚而为柳。"①

乐器彰显乐音，而乐音依傍乐器。

在以后的乐律发展中，又出现了"变宫"和"变徵"，"五音"便发展成为"七音"。这些音只有相对音高，而没有绝对音高。"宫"为音级中的第一音，其余的音随之而确定。

《释乐》第七：

和乐谓之节。②

用以协调音乐并控制音乐节奏的乐器称为"节"。这个乐器不可小觑。它掌控乐音流的节奏，包括重音、节拍、速度。它可以呈现乐音流有力而鲜明的节奏或柔和平稳的节奏。人类生存环境中的一切都或强或弱地具有节奏感。比方，溪流湍急、潮水涨落、瀑布流泻、暴风骤雨、小雨淅沥、奔跑中的马、水中优游自得的鱼，甚

---

① 顾廷龙、王世伟：《尔雅导读》，成都：巴蜀书社，1990年版，第221页。
② 顾廷龙、王世伟：《尔雅导读》，成都：巴蜀书社，1990年版，第223页。

至我们的心跳、我们的呼吸。

《释天》解释有关天文的名称。分为十二个部分,依次为四时、祥、灾、岁阳和岁阴、岁名、月阳、月名、风雨、星名、祭名、讲武、祭旗。

对于我们的先人而言,天是极其神秘的。所有关于天文的名称都彰显了先人的认知范围和解释方式。

根据《说文解字》,"天"犹"颠",即"人首"。又,"天"即"穹苍"。

《释天》第八:

穹苍,苍天也。春为苍天,夏为昊(hào 浩)天,秋为旻(mín 民)天,冬为上天。①

这一条解释四季之名。"苍"为"青色"。春季植物发芽、生长,满目苍苍然,春天便是"苍天"。夏季植物发育壮硕,满目浩浩然,夏天便是"昊天"。秋季植物枯萎、凋零,令人悲从中来,秋季便是"旻天"。"旻"犹"愍",通"闵",通"悯",即"怜恤""忧郁"之义。冬季植物生机退尽,云气与地分离,上腾入云,冬季便是"上天"或"云上天"。一年四季由此得名。先人对自然的理解完全出于自我的、被动的视角。

《释天》第八:

载,岁也。夏曰岁,商曰祀,周曰年,唐虞曰载。②

这一条解释年岁在不同朝代的名称。在《尔雅》中,不仅解释同时代同一概念的不同名称,而且解释不同时代同一概念的不同名称。"载"即"岁"。夏朝称之为"岁",商朝称之为"祀",周朝称之为"年",唐虞时代称之为"载"。尽管不同的名称有着完全同一的概念,但是这些名称都获得了各自独有的意义延伸。到当下的现代汉语,这些名称仍然通行,交互使用。例如:年年有余、岁岁平安、千载难逢、十有三祀。

---

① 顾廷龙、王世伟:《尔雅导读》,成都:巴蜀书社,1990 年版,第 223 页。
② 顾廷龙、王世伟:《尔雅导读》,成都:巴蜀书社,1990 年版,第 226 页。

10.《尔雅导读》/ 顾廷龙　王世伟　《尔雅译注》/ 胡奇光　方环海

对自然地理的解释包含《释地》《释丘》《释山》《释水》,内容涉及九州地名、自然地理现象名称以及五方奇闻轶事。

这四篇清晰地体现了《尔雅》撰写者的地理哲学思想和方法论。撰写者不仅描述地理区域的相对位置,而且解释自然地理的地貌差异。描述是认识性的,它让撰写者所理解的一种地理状态得以再现。解释是逻辑性的,它呈现地理状态之间的相互联系。这样的认识和解释在汉语语言使用者指认地理名称的同时便直入人心,并成为汉语言说的生命状态。它丰富而精准的名称让我们羞于开口说:真的是无法用语言来表达。

《释地》第九:

> 两河间曰冀州。
> 邑外谓之郊,郊外谓之牧,牧外谓之野,野外谓之林,林外谓之坰。①

非常喜欢这种相对地理位置的描述,它可以让我看到整场的状态和情境。之前,我的地理概念里却稀薄得只有城市和郊外、乡村和荒野。在《释地》中,世界是阔大而又幽玄的。

《释丘》第十:

> 绝高为之京,非人为之丘。
> 望厓洒而高岸。②

看上去峻拔而高起的水边地叫作岸。"洒"即"高峻"。顾廷龙和王世伟两位先生的注释如下:

> 厓、岸意义相近。厓,《说文》卷九下厂部:"山边也。"《段注》:"高边则曰厓。"岸,《说文》卷九霞屵(è厄)部:"水厓而高者。"洒,高峻。③

---

① 顾廷龙、王世伟:《尔雅导读》,成都:巴蜀书社,1990年版,第230—231页。
② 顾廷龙、王世伟:《尔雅导读》,成都:巴蜀书社,1990年版,第231—232页。
③ 顾廷龙、王世伟:《尔雅导读》,成都:巴蜀书社,1990年版,第232页。

有了这个注释，原句的语义和指称对象的状态便了然于心。从前并不知道"洒"有"高峻"之意。平日里说惯了"潇洒""洒脱""洋洋洒洒"，似乎找不出这"洒"字与"高峻"之间可能存在的任何联系。查阅《辞海·语词分册》(上海人民出版社,第982页),见"洒"这个字表现四种发音,分别是:/sǎ/(洒,淋水在地上);/xǐ/(洒,通"洗");/xiǎn/(洒,肃敬貌);/cuǐ/(洒,高峻貌)。那么,这个"高峻"之义来自何处呢？

查找《说文解字注》对"洒"的解释：

  洒,涤也。下文云沫、洒面也。浴,洒身也。澡,洒手也。洗,洒足也。今人假洗为洒。非古字。按古有假洒为峻陗之峻者。如诗新台有洒。尔雅望厓洒而高岸。夷上洒下滑毛。毛诗洒,高峻也。从水。西声。……通例补。凡言某字古文以为某字者,皆谓古文假借字也。洒灑本殊义而双声。故相假借。凡假借多叠韵、或双声也。毛诗洒埽四见。传云:洒,灑也。郑注周礼隶僕、韦注国语皆同。皆释假借之例。若先郑云洒当为灑,则以其义别而正之,以汉时所用字正古文。①

"洒(cuǐ)"通"峻"不同于大多数的通假字。从现在看来,它们既无叠韵,又无双声。要么,它们原本就是通假惯例中的例外,要么就是在通假之后,发生了语音异化。如果真是后者,那么,它们语音流变轨迹一定颇值玩味。不知道"洒"在/s/声、/x/声和/c/声之间是否有过游移,暂且也还没有查到"峻"的古音。

正如段玉裁所注,凡假借多叠韵或双声。倒是可以找到不少的例证,比方,"天,颠也。""天"与"颠"为叠韵。再有:"门"与"闻";"户"与"護";"尾"与"微";"髪"与"拔"等等。②

《释山》第十一：

  石戴土谓之崔嵬,土戴石为砠。
  泰山为东岳,华山为西岳,霍山为南岳,恒山为北岳,嵩山为中岳。③

---

① [汉]许慎撰,[清]段玉裁注:《说文解字注》,上海:上海古籍出版社,1988年版,第563页。
② [汉]许慎撰,[清]段玉裁注:《说文解字注》,上海:上海古籍出版社,1988年版,第1页。
③ 顾廷龙、王世伟:《尔雅导读》,成都:巴蜀书社,1990年版,第第232—233页。

古代九州的版图上有五岳,即五座大山。顾廷龙和王世伟两位先生在注释中引用了《白虎通义》:

《白虎通义》解释五岳之名说:"东方为岱者,言万物更相代于东方也。南方为霍,霍之为言护也,言太阳用事护养万物也。西岳为华,华之言护,言万物成熟可得护也。北方为恒,恒者常业,万物伏藏于北方有常也。中央为嵩,嵩言其大也。"①

原来这五座大山名称的得来是有理据的。"岱"在《辞海·语词分册》中解释为泰山的别名。②"岱岳"和"岱宗"也分别是泰山的别称。③ 不能完全理解注释中的"东方为岱者,言万物更相代于东方也"。再查找《说文解字注》:

岱,大山也。大作太者,俗改也。域中冣(jù)大之山,故曰大山。作太、作泰皆俗。释山曰:泰山为东岳。毛传曰:东岳,岱。至于岱宗,封禅书,郊祀志曰:岱宗,泰山也,万贡职方皆曰岱,在今山东泰安府泰安县北。从山,代声。④

一切明晰了然。

注释中"冣"是个有趣的字。它与"聚"相同,表示的意义包括:积聚、积累、总计。后来却被形讹为"最"。这样便有了"最目",即总括文书内容的提要或目次。

《释水》解释关于水的各种名称,分为水泉、水中、河曲、九河等四个类别。水是有灵性的。同时,它既有柔性,又有刚性。民间传说:勇者乐山,智者喜水。又传说:女人若水。而在汉语中,"水"(/shuǐ/)的发音偏偏又是独一无二的。这让我对"水"颇有几分期待。

想起老子《道德经》:

上善若水。水善利万物而不争,处众人之所恶,故几于道。

---

① 顾廷龙、王世伟:《尔雅导读》,成都:巴蜀书社,1990年版,第233页。
② 《辞海·语词分册》,上海:上海人民出版社,1977年版(内部发行),第811页。
③ 《辞海·语词分册》,上海:上海人民出版社,1977年版(内部发行),第812页。
④ [汉]许慎撰,[清]段玉裁注:《说文解字注》,上海:上海古籍出版社,1988年版,第437—438页。

《说文解字注》有关于水的解释:

水,准也。准古音追上声。此以叠韵为训。如户护尾微之例。释名曰。水,准也。准,平也。天下莫平于水。故匠人建国必水地。……火,外阳内阴。水,外阴内阳。……凡水之属皆从水。①

水属的字可真不少,在《说文解字》中,就有 201 个。

《释水》第十二:

泉一见一否为瀸(jiān 监)
水注川曰溪,注溪曰谷,注谷曰沟,注沟曰浍,注浍曰渎。
水中可居者曰洲,小洲曰陼,小陼曰沚,小沚曰坻,人所为为潏。②

其中"浍""渎""陼""沚""坻""潏"等一些词现在已经很少听到人们说起,有些在现代汉语词典中已经消逝,或流于书面语。这些都是非常具象的词,是对具体现象的描述或解释。在古代汉语中,具象的词尤为丰富。在整个汉语的流变过程中,最为突出的是汉语词顺应了语言经济的取向,从具象转向抽象。而这个过程的实现并没有以丧失语意准确为代价。这样的过程所体现的是社会生活的变化,所反映的是人类认识的变化。人类首先具备的是对个体事物的指认能力,而后获得对群体事物的抽象指认能力。这在以后的包括《释虫》《释鱼》《释鸟》《释兽》《释畜》等各篇中都有充分的体现。

《释草》和《释木》是对自然植物的解释。前者是对各种草本植物的名称及其形状特征的描述和解释,后者则是对木本植物名称及其形状特征的解释和说明。先民对人与自然之间关系的理解在这两篇中获得饶有趣味的体现。《释草》有 200 个条目,《释木》则有 79 个条目,远远超出《释水》(共计 29 个条目)、《释山》(共计 27 个条目)、《释丘》(共计 29 个条目)、《释地》(共计 47 个条目)。

《释草》第十三:

————————

① [汉]许慎撰,[清]段玉裁注:《说文解字注》,上海:上海古籍出版社,1988 年版,第 516 页。
② 顾廷龙、王世伟:《尔雅导读》,成都:巴蜀书社,1990 年版,第 233—235 页。

木谓之华,草谓之荣,不荣而实者谓之秀,荣而不实者谓之英。①

顾廷龙和王世伟两位先生在注释中指出:

华即花,草木的花朵称花。草本植物的花朵称荣,故荣花也多连用成为一个词。如《离骚》:"及荣花之未落兮,相下女之可诒。"不见花朵但见果实的称谓秀,不见果实但见花朵的称为英。以上华、荣、秀、英为分析而言,散言之多可通用。②

而胡奇光和方环海两位先生在所撰的《尔雅译注》中却指出:

[注释] 不:《释文》:"众家并无'不'字。"阮校:"当众家无'不'字。"
[今译] 树木之花称为华,百草之花称为荣。开花而又结果的称为秀("不荣"的"不"字为衍文),开花不结果的称为英。③

所谓"衍文",即古书抄刊中误增的字。

两个版本在对"不荣而实者谓之秀"的理解上有着显在的差异。而这个差异就在于对"不"字的理解。实际上,这个条目中出现了两个"不"字,"不荣而实者谓之秀,荣而不实者谓之英"。对后一分句的理解,两个版本却是一致的。

在先前的阅读中,确实见到"不"字作为衍文出现。如《释训》中:"暨,不及也。"此处,"不及"之"不"字为衍文(见王引之《述闻》卷二十七)。

衍文的出现,既有其偶然性,又有其必然性。

还是先来看一看段玉裁对许慎《说文解字》中"不"的注释:

不,鸟飞上翔不下来也。凡云不然者,皆于此义引申假借。其音古在一部,读如德韵之北。音转入尤,有韵。读甫鸠,甫九切。与甫字音义皆殊。音之殊,则弗在十五部也。义之殊,则不轻弗重。如嘉肴弗食,不知其旨,至道弗学,不知其善之类可见。公羊传曰。弗者,不之深也。俗韵书谓不同弗。非是。

---

① 顾廷龙、王世伟:《尔雅导读》,成都:巴蜀书社,1990年版,第238页。
② 顾廷龙、王世伟:《尔雅导读》,成都:巴蜀书社,1990年版,第238页。
③ 胡奇光、方环海:《尔雅译注》,上海:上海古籍出版社,2004年版,第323页。

又诗鄂不韡韡笺云。不当作柎。柎,鄂足也。古声不、柎同。从一,一犹天也。他处云一地也。此以在上。知为天。象形。谓不也。像鸟飞去而见其翅尾形。①

如果将"不荣而实"之"不",看作是衍文,那么,原文就应该是"荣而实"。在自然界中,既开花又结果的植物大量存在,而只结果但不开花的植物似乎也不在少数。不过,很难得看见花、果同在的场景。通常,要结果的植物总是先有花,花落而果实出。再细读《释草》原文,华、荣、秀、英都是对植物开花的指称,是"花"的分析类目或别称,是种子植物的生殖器官,一般由花托、花萼、花冠、雄蕊、雌蕊等部分或其中的几个部分所构成。两个版本的解释似乎都没有将原文的意义落到"花"的实处。顾廷龙和王世伟两位先生在注释中所指出的"不见花朵但见果实的称谓秀,不见果实但见花朵的称为英"。和胡奇光和方环海两位先生在译注中所指出的"开花而又结果的称为秀("不荣"的"不"字为衍文),开花不结果的称为英",表面看来字通句顺,然而,经不起推敲,因为在两个版本中,"的"之后的中心词都省略了,被省略的中心词究竟是什么,其意义不甚明确。我以为,这已经构成一个陷阱,让"秀"和"荣"意归何处呢?显然,无所指称。我的理解是:"不荣而实者谓之秀,荣而不实者谓之英"中的"秀"和"英"仍然是对花名的解释。所以,我倒是倾向于将此句解释为:有果实的花称为秀,无果实的花称为英。

《释虫》《释鱼》《释鸟》《释兽》《释畜》这最后的五篇是对自然界动物名称的解释。《释虫》解释昆虫的名称以及与昆虫生活习性相关的名称。

《释虫》第十五:

有足谓之虫,无足谓之豸(zhì 至)。②

这一条目区分虫与豸。在甲骨文和金文中,虫均为蛇状。"虫"在《说文解字》中有如下解说:

---

① [汉]许慎撰,[清]段玉裁注:《说文解字注》,上海:上海古籍出版社,1988年版,第584页。
② 顾廷龙、王世伟:《尔雅导读》,成都:巴蜀书社,1990年版,第244页。

虫,一名蝮,博三寸。首大如擘指。象其卧形。物之微细。或形或飞,或毛或蠃,或介或麟,以虫为象。①

这让我想起英语中的 deer(鹿,古英语:dēor),它曾经是英文中所有动物的通称,以后语义范围缩小,单指"鹿"这一种动物。"虫"曾经是动物的通称。《大戴礼记·曾子天圆》有如下表述:

毛虫之精者曰麟,羽虫之精者曰凤,介虫之精者曰龟,鳞虫之精者曰龙,倮虫之精曰圣人。②

当虫通指动物的时候,所创制的与动物相关的字就都有了虫的标记或符号。例如:虬(/qiú/,古代传说中的一种龙)、虷(/hán/,井中赤虫)、虾(/xiā/蝦,节肢、十足目动物)、虿(/chài/,蝎类毒虫)、蚺(/rán/,即蟒蛇)、蛙(/wā/,田鸡类,如青蛙、牛蛙、雨蛙等)、蛩(/qióng/,即蝗虫)、蟫(/yín/,又读/tán/,即白鱼),等等。

在古汉语中,有蠱、蚰、虫之分。根据《说文解字注》:

蚰,蟲之总名也。……凡经传言昆蟲即蚰蟲也。……蚰者众也。……从二虫。二虫为蚰,三虫为蟲。蚰言昆也。蟲之言众也。凡蚰之属皆从,读若昆。③

蟲有足谓之蟲,无足谓之豸。……豸者,兽长脊形豸豸然欲有所伺杀形也。本谓有足之众。因凡蟲无足者其行但见长脊豸豸然,故得假借豸名。今人俗语云蟲豸。诗。温隆蟲蟲。毛传曰。蟲蟲而热也。按蟲蟲盖融融之假借。韩诗作烔。许所不取。从三虫。人三为众,虫三为蟲。蟲犹众也。直弓切。九部。④

可见,蟲、蚰、虫的基本意义是相通的,只是指称的对象、范围有所不同。
查阅《辞海·语词分册》,看到"蟲"的发音被标注为/chóng/。"蟲"有两条注

---

① [汉]许慎撰,[清]段玉裁注:《说文解字注》,上海:上海古籍出版社,1988年版,第663页。
② 《辞海·语词分册》,上海:上海人民出版社,1977年版(内部发行),第2002页。
③ [汉]许慎撰,[清]段玉裁注:《说文解字注》,上海:上海古籍出版社,1988年版,第674页。
④ [汉]许慎撰,[清]段玉裁注:《说文解字注》,上海:上海古籍出版社,1988年版,第676页。

释，❶"虫"的繁体字。❷通爞(/chóng/，又读/tóng/)。这与段玉裁所注似有抵牾。①

《释训》中有："爞爞、炎炎，熏也。""爞爞"即旱热熏炙。此言有白居易《贺雨》诗为证："自冬及春暮，不雨旱爞爞。"②

从虫、蚰、蟲可见汉字的创制具有清晰的理念，这种理念成为我们后人认识汉字的一个重要的基础。例如："人""从""众"；"木""林""森"；"又""双""叒"；"水""淼"；"口""品"；"日""晶"；"石""磊"等等。

《释鱼》解释有关水生脊椎动物的名称，并描写各种水生脊椎动物的形体、特征以及习性。

《释鱼》第十六：

> 蝾螈，蜥蜴；蜥蜴，蝘蜓；蝘蜓，守宫也。③

这一条目颇有趣味。按照顾廷龙和王世伟两位先生的解释，它是"展转相训，博异语，别四名"。在《尔雅》编写的时代，四种动物似属同类，因而被递相训释。从现代动物分类学来分析，这四种动物分属不同科目，蝾螈属两栖纲蝾螈科；蜥蜴属爬行纲蜥蜴目；蝘蜓属爬行纲石龙子科；守宫属爬行纲壁虎科。古人显然没有获得这样的精微认识。查阅《说文解字注》：

> 蜥，蜥易也。……浑言之。此分别蜥易、蝘蜓、荣螈为三。析言之也。方言曰。守宫，秦晋西夏或谓之蠦蠪。或谓之蜥易。蝘在壁曰蝘蜓。在草曰蜥易。……方言曰。其在泽中者谓之易蜴。……南楚谓之蛇医。或谓之蝾螈。东齐海岱谓之蠑蚖。④

回过头来再看古人对它们的递相训释，似乎可以认为，这种递相训释恰恰反映了古人对它们已经有了差异性指认，至少对它们不同的生存环境和生存习性有着

---

① [汉]许慎撰，[清]段玉裁注：《说文解字注》，上海：上海古籍出版社，1988年版，第2020页。
② 胡奇光、方环海：《尔雅译注》，上海：上海古籍出版社，2004年版，第171页。
③ 顾廷龙、王世伟：《尔雅导读》，成都：巴蜀书社，1990年版，第246页。
④ [汉]许慎撰，[清]段玉裁注：《说文解字注》，上海：上海古籍出版社，1988年版，第664页。

不同的指认,否则,便不会有四个不同的名称与现代动物分类相对应。此外,还有方言所带来的不同称谓。

《释鸟》解释有关飞禽的各种名称。对飞禽的特性有着详尽的指认和界定。
《释鸟》第十七:

> 鸟之雌雄不可别者,以翼右掩左雄,左掩右雌。①

鸟类的雌雄不易辨别。以右翼掩左翼者为雄性鸟,以左翼掩右翼者为雌性鸟。《释鸟》不仅解释飞禽,而且还界定了禽与兽。

> 二足而羽谓之禽,四足而毛谓之兽。②

顾廷龙和王世伟两位先生的解释颇为精彩:

> 别而言之,羽曰禽,毛曰兽,如俗言飞禽走兽。禽,擒也,言鸟力小可擒捉而取之。兽,守也。言其力多不易擒捕,先须围守然后获捕故曰兽。但古文献中禽兽多通称。③

《释兽》解释有关哺乳动物的名称,多为野兽。分为寓属、鼠属、齸属和须属。
《释兽》第十八:④

> 狒狒(fèi 废),如人,被发,迅走,食人。
> 牛曰齝(chī 吃),羊曰齥(xiè 械),麋鹿曰齸(yì 艺),鸟曰嗉(sù 塑),寓鼠曰嗛(qiǎn 浅)。

《释畜》解释有关各类牲畜的名称,是对驯养动物名称的解释,包括马属、牛属、羊属、狗属、鸡属和六畜等六类。

---

① 顾廷龙、王世伟:《尔雅导读》,成都:巴蜀书社,1990年版,第248页。
② 顾廷龙、王世伟:《尔雅导读》,成都:巴蜀书社,1990年版,第248页。
③ 顾廷龙、王世伟:《尔雅导读》,成都:巴蜀书社,1990年版,第248页。
④ 顾廷龙、王世伟:《尔雅导读》,成都:巴蜀书社,1990年版,第250页。

《释畜》第十九：

> 未成羊：羜。①

羜(/zhù)一般用来指称幼羊或出生五个月的羔羊。
顾廷龙和王世伟两位先生提供了具体的解释：

> 羜，《说文》卷四上羊部："五月生羔也。"生下来五个月的小羊称为羜。羊，初生称为达，小名羔，未成羊曰羜，大者为羊，所谓别长幼之异名。②

至此，《尔雅》所展示的是中国古代名物的巨幅画卷。在这样一个宏大的场景中，洋溢着强烈的现实感，而贯穿始终的主题是自然与社会。从宏观中见其法度，从微观中见其旨趣。当时的"六艺"是中国古代的儒家经典，《尔雅》被封为是对这些经典文字的解释。《尔雅》与经书有着密切的联系，如清人宋翔凤《尔雅义疏序》将其称为"训诂之渊海，五经之梯航"。那么，当时《尔雅》成书的目的是什么呢？根据顾廷龙和王世伟两位先生的分析：

> 由于时间、空间的差异，语言文字会有古今之别，地域之异。《尔雅》的产生就是为了扫除时间、空间在语言上造成的种种障碍，统一古今和各地不同的语言，使之纳于规范化的系统之中。③

可是，现在看来，《尔雅》已经从儒家经典的工具语境中超拔出来，似乎更具有独立的文化承载的气质。

读完《尔雅导读》之后，又阅读了《尔雅译注》（胡奇光、方环海撰，上海古籍出版社，2004年版），又回过头再次阅读《尔雅导读》。现在，我更愿意把《尔雅》理解为"明晰规范的言语"。与许慎的《说文解字》不同，《尔雅》是汉语语言运用的规范，而《说文解字》则解释汉语语言音义体系，是一部声书。

---

① 顾廷龙、王世伟：《尔雅导读》，成都：巴蜀书社，1990年版，第251页。
② 顾廷龙、王世伟：《尔雅导读》，成都：巴蜀书社，1990年版，第251页。
③ 顾廷龙、王世伟：《尔雅导读》，成都：巴蜀书社，1990年版，第3页。

10.《尔雅导读》/ 顾廷龙　王世伟　《尔雅译注》/ 胡奇光　方环海

《尔雅》是中国古代语言文字的重要文献,也是汉语训诂学的起源。能够在顾廷龙和王世伟两位先生的带领之下,略探其堂奥,颇长见识,也颇有一种快乐的感觉。

《尔雅导读》封面勒口有顾廷龙先生(1904—1998)简介。他是版本、目录学家。历任上海历史文献图书馆馆长,上海图书馆馆长,华东师范大学、复旦大学兼职教授,《中国古籍善本书目》主编,文化部国家文物鉴定委员会委员。长期致力于古典文献学、版本学和目录学的研究。

该书封底勒口有内容介绍:本书对《尔雅》做了较为全面的评价。既有微观的分析,又有宏观的探讨。本书对前代和当代学者关于《尔雅》的研究成果都融会贯通,斟酌去取。同时,还发表了一些新的见解。本书较为详尽地论述了《尔雅》的价值及影响、《尔雅》的注本、《尔雅》研究书目举要、《尔雅》版本介绍、《尔雅》的研究方法。本书还有近三分之一的篇幅是《尔雅》选注,帮助读者对《尔雅》加深理解。

好书!

11 《汉语音韵学史略》
/ 周斌武

周斌武,《汉语音韵学史略》,合肥:安徽教育出版社,1987年版。

周斌武先生在这本书里探讨汉语音韵学古今沿革。

无论古今,无论中外,语言研究者似乎已经形成了一个共识:语音是语言的本质。吴文祺在这本书的序言中指出:

> 语言的发展,每由音变所引起,洞达音理,庶能据今语推寻古语,援古语以证今语。"音以表言,言以达意,舍声音而为语言文字者天下无有。"[1]

对音韵的观察和思考可以追溯到汉代。但是,在汉魏之前,并没有关于音韵系统研究的专门著作。在秦汉之前,基本上只有对音的探讨,而没有对韵的分析。《诗大序》中有"情发于声,声成文谓之音"。

那么,什么是"音韵"呢?"音"即是"韵"?两者彼此涵盖?抑或"音韵"是"音"与"韵"的组合概念?在西方的语言学概念中,有一个术语:phonology。它至少表达三个语言学概念:"音位学""音韵学"和"音系学"。它与某一具体语言相联系,研究某种语言的语音和该语言语音系统中语音的功能。这一概念与"语音学"相对存在。"语音学"研究言语过程,包括言语解剖学、言语神经病学和言语病理学,以及语音的发音、分类和感知。它有三大支柱性研究范畴:发音语音学(articulatory phonet-

---

[1] 周斌武:《汉语音韵学史略》,合肥:安徽教育出版社,1987年版,序,第1页。

ics），即研究发音器官在发音过程中的运动机理及方式；声学语音学（acoustic phonetics），即研究语音的物理属性包括语音在传递过程中的频率、振幅等等；听觉语音学（auditory phonetics），即研究听觉和语音感知之间的关系。

《汉语音韵学史略》共设计了五章，并按照历史年代分别爬梳音韵学研究及研究成果。第一章为绪论，第二章为中古音韵学，第三章为近古音韵学，第四章为清代音韵学，第五章为近代音韵学。

在绪论一章中，周斌武先生首先确立汉语语音的基本结构，即声、韵、调。他界定了汉语音韵学以及声、韵、调的基本概念。

什么是汉语音韵学呢？他指出：

> 汉语音韵学是辨析汉语里音节结构的声、韵、调的发音及其类别，并推迹其古今流变的一个科学。"声"指声母，所谓声母就是音节开头的辅音。
> ……
> 音韵学里所谓"韵"，和韵母不是同一概念。"韵"包括主要元音和韵尾，凡是主要元音和韵尾相同的，便是同韵的字，而不考虑这个字的声母和介音（韵头），例如"巴""家""瓜"三字同韵。
> 所谓声调（字调）在汉语里是指音节的高低、升降、曲直、长短的变化。它是汉语语音特征之一，在发音时它和声母、韵母相互依存，一样重要。①

读完这第一节，即汉语语音的基本结构——声、韵、调，我对"韵"的理解似乎还是不够清晰，便尝试追寻"韵"之本源。

在《辞海·语词分册》中，"韵"[韻]字的第一条解释为：

> 古作"均"。和谐的声音。蔡邕《琴赋》："繁弦既抑，雅韵乃扬。"陆机《演连珠》："赴曲之音，洪细入韵。"②

查找更多的资料，发现关于"韵"，有几个概念需要区分。"韵母"是指一个音节中除声母以外其他音素的总和，包括韵头、韵体、韵尾。韵体即韵母中的主体元音。韵头和韵尾是可选择的，而韵体则是必须存在的。"韵"则是指主体元音和韵尾。

---

① 周斌武，《汉语音韵学史略》，合肥：安徽教育出版社，1987年版，第1—2页。
② 《辞海·语词分册》，上海：上海人民出版社，1977年版（内部发行），第2251页。

"韵例"则是关于用韵的体例和格律,比如,何时、何处用韵以及怎样用韵等等。"韵部"却是指押韵的归类,相互可以押韵的词原则上就是同属一类韵部。"押韵"或"压韵"即诗词歌赋中末位词用同样或相似的韵母,由此可产生和谐的音调。①

本章第二节是上古汉语韵文里双音词的音韵结构。

根据《辞海》,"韵文"的解释条目为:

> 泛指用韵的文体,同散文相对,如歌谣、辞赋、诗、词、曲以及有韵的颂、赞、箴、铭、哀、诔等。②

双音词则是由两个音节联缀表达一个单独的意义,是独立而彼此不可分割的词。两个音节或声母相同或韵母相同。前者即声母相同谓之"双声",如"参差""栗烈""慷慨""吩咐""宣泄""辗转"等等;后者即韵母相同谓之"叠韵",如"窈窕""倥侗""窈纠""滴沥""光芒""徘徊"等等。如果音节完全重叠,既同声又同韵,便谓之"重言",如"青青""郁郁""萋萋""祁祁""莺莺""皎皎"等。

上古汉语韵文里,双音词尤为生动。或者说,双音词往往让韵文更是朗朗上口,妙音流转,语尽而意不尽。周斌武先生提及《诗经》,这倒让我想起《诗经·蒹葭》:

> 蒹葭苍苍,白露为霜。所谓伊人,在水一方。
> 溯洄从之,道阻且长。溯游从之,宛在水中央。
>
> 蒹葭凄凄,白露未晞。所谓伊人,在水之湄。
> 溯洄从之,道阻且跻。溯游从之,宛在水中坻。
>
> 蒹葭采采,白露未已。所谓伊人,在水之涘。
> 溯洄从之,道阻且右。溯游从之,宛在水中沚。③

---

① 参见王力:《古代汉语》(第二册),北京:中华书局,1999年版,第534—543页。
② 《辞海·语词分册》,上海:上海人民出版社,1977年版(内部发行),第2290页。
③ 参见金启华译注:《诗经全译》,南京:江苏古籍出版社,1984年版,第274—275页。

往日里,脱口而出,知道它一唱三叹,知道它低回不已。而今天才算是从双音词的美妙中感受到其中荡漾又荡漾的柔情,余音袅袅,不绝如缕。

在时间和空间的流变过程中,一些双音词亘古不变,如"蜘蛛""鸳鸯""彷徨""猖狂"等等。而另一些曾经的双音词现在已经发生了改变。例如:

> "蟋蟀"在上古时期是古迭韵词,归属脂部的入声韵质部。在中古时期,据《广韵》"蟋,息七切。蟀,所律切。"同在质韵,也是迭韵词。但从近古时期开始,由于汉语声调的演变便不再是迭韵了。①

本章第三节是音转。所谓音转即扬雄《方言》所谓"语之转",或郭璞注《方言》所谓"声之转"。用现代汉语来表述,音转,即语音的变化。导致语音变化的有两个基本的因素:其一,语音系统内部环境,即语音链中由前后语音所导致的语音同化或异化;其二,语音系统外部环境,即由于历史流变过程中的突发事件而导致的语音变化。

在西方的语言学概念体系中有一个术语,即"音变"。它与汉语音韵学中的"音转"有一定的区别。

"音变"是指在语言的历史发展过程中,语言的语音系统从一个阶段到另一个阶段的变化。它有着具体的下位概念。如"音位音变",即音变改变着音位的数目或分布;"音位变体音变",即音变只影响音位变体的分布。语音系统的变化有两种基本的方式:合并变化,即两个音位变成一个音位;分裂变化,即一个音位变成两个音位。

周斌武先生似乎没有给"音转"提供一个学理上的界定。但是他指出:

> "一词音变"的现象,即一个单音词或双音词"义同而音转"。随着语言词汇的发展,由于音变,甲词分化出乙词来,过去的学者称这类分化词叫做"转语"。乙词作为甲词的转语,所谓"转",意味着乙词与甲词音韵上有联系。②

他认为,《尔雅》在客观上反映了古语的音转现象。于是,从《尔雅》中选取了一些具体的例证。在他看来,所有他提供的例证都是对一词音变的佐证:

---

① 周斌武:《汉语音韵学史略》,合肥:安徽教育出版社,1987年版,第4页。
② 周斌武:《汉语音韵学史略》,合肥:安徽教育出版社,1987年版,第5页。

上述实例说明了一词音变,或系于时,或因于地,在音韵结构上或双声而韵转;或迭韵而声转。扬雄《方言》所谓"语之转",郭璞注《方言》所谓"声之转",都表明在古汉语里同一个词"义同而音转"的客观性。

由于义同而音转,在语言词汇里,既出现同类而异名;又出现异类而通明,而名与名之间往往音义相关。比如"蝌斗"(物名)又名"活东"。"离朱"(人名)又名"离娄"。这就是同类而异名。"斗"与"东","朱"与"娄"按古韵有联系。同类异名在书面上往往"屡易其文而弗离其声"。……

所谓异类而同名,即几种本来不是同类的物品,由于命名和类推,物不同类而类似相同。……异类而同名在书面上往往"屡易其物而不易其名"。上例"转语"之间,音义相关,所谓音转,也都可以从音理上加以说明。①

读完这一节,似乎可以这样来理解周斌武先生对"音转"的陈述:"音转"是指"一词音变"。一个词的意义保持不变而发生音转,这是语言的客观事实,或者是因为时间因素,或者是因为地域因素。一个词的音变会导致这个词意义的分化,即一个词衍生出另一个意义相近的词。而这种音变具有音韵学上的理据。一词音变导致两种语言现象:同类而异名和异类而同名。周斌武先生对音转现象进行了大体上的描写。

至此,我对音转产生了各样的好奇:"音转"是指一个词的音变,这种音变有着怎样的音韵联系呢?或者说,是什么导致了音变的发生呢?它具有一定的音韵规律性吗?有没有发生过具有典型意义的音转呢?比方,中古英语中的/u/音,除了在唇辅音之后,在所有其他语境中都转变成为/ʌ/音,如:blod → blood/blʌd/,而put/put/中的/u/音却因为在唇辅音之后而没有发生任何改变。音转的发生是有条件的呢,还是无条件的呢?是自发的呢,还是偶发的呢?它对汉语语音系统有着怎样的影响呢?造成汉语语音系统的部分改变,抑或是这个与那个语音系统的对应性改变?又发生过一种或多种怎样的音变方式呢?"音转"通常发生在通言或雅言之中呢,还是发生在方言之中呢?方言对通言或雅言中的音转有着怎样的抑制或催化作用呢?是什么在支配音转在不同历史时期的个性特征和共性特征呢?

其实,这一节的内容完全可以用来印证两个语言学的基本命题:

第一,语言符号的任意性,即音与义(语言符号施指与语言符号受指)的结合具有根本上的任意性。

---

① 周斌武:《汉语音韵学史略》,合肥:安徽教育出版社,1987年版,第7页。

第二,文字存在的惟一理由是反映语言,它是一种消极的存在。

不知道这两个基本命题在作者周斌武先生的潜意识中是否存在。至少,在书面上没有得到呈现。

深入地观察并思考汉语的音转,必定是生动而有趣的。

第一章的第四节"音韵与训诂的关系"和第五节"反切以前的注音方法"或许是对前人音韵研究方法的归纳。汉语音韵学方面的书对我来说是陌生的,这两节读起来有些吃力,主要是不太能接受作者总是将语言和文字糅杂在一起讨论,先前的汉语音韵学家总是在以这样的视角对汉语音韵做系统的研究吗?难怪对《说文解字》的定性至今仍然存在争议。它究竟是一部字书还是一部音书呢?认为它是一部字书的人显然有一个先入之见:"汉儒还没有意识到汉语音韵的特征,还不能把构成汉语音韵的基本要素——声、韵、调剖析开来。"[1]可是,我们可以进一步追问:倘若它是一部字书,这部字书的功能是什么呢?它所记录的又是什么呢?从深层次来分析,语言本身是音与义的结合,论及义,不可能排除音。《说文解字》中有大量的反切资料和音韵资料。毋庸置疑,它所记录的是汉语的语音,是对汉语语音的描写。

我以为,不能够将语言与文字区分开来,恐怕是一些研究者遭遇的最大的精神、逻辑障碍。

本章第六节是"反切起源的时代"。"反切"被界定为一种注音方法:

"反切"作为一种注音方法,首先把汉字的字音分析成声母韵母两个部分,再挑选与这个字音的声母和韵母完全相同的文字作为反切上字(代表声母)和反切下字(代表韵母)拼合而成被切字的字音。反切的注音方法自有严密的地方,那就是反切用字与被切字无论发音部位、发音方法、音响程度必须完全一致;韵母的开合洪细和声调也必须完全一样。[2]

仍然是混淆了语言与文字。汉字原本就是记录汉语声音的,反切这种注音方法不是把汉字的字音分析成声母和韵母,也就是说,它不是用来给汉字注音,而是

---

[1] 周斌武:《汉语音韵学史略》,合肥:安徽教育出版社,1987年版,第11页。
[2] 周斌武:《汉语音韵学史略》,合肥:安徽教育出版社,1987年版,第14页。

用来表现汉语语言符号。汉语语言符号由两个部分构成,即语音与语义。反切和汉字实际上是异曲同工,都是对汉语语音的记录和表现。汉字本身并不具有语音特征。

其实,我们无从对表现语言符号声音的方法评头论足或说长道短。每一种民族语言都有各自特有的记录语音的方法,它之所以如此是因为获得了自身文化意识积累和民族自我认知方式的全面支撑,同时获得历史语境运化和地理情景框架的全面支撑。这些支撑是不可以被评判优劣的。从历时的观点来看,民族文化意识的演化和时空语境结构的流变一定会导致记录语音方式的改变,部分的改变或者整体的改变,甚至是彻底的颠覆。但就每一个断代而言,每一种记录语音的方式都是最为得体也是最为经济的。

反切这种方法究竟是一个突发事件的结果,还是一种渐变积淀的过程结果,我们似乎还需要做进一步的考察。周斌武先生认为,"反切的产生和佛教在中国的传播以及许多佛教徒翻译佛经有直接的关系"①。

诚然,当两种不同的语言相遇,语言操持者最容易发现两种语言之间的差异特征。首先必定是语音方面的差异。本节有转述:

> 梵音重复,汉语单奇。若用梵音以咏汉语,则声繁而偈迫;若用汉曲以咏梵文,则韵短而辞长。(《高僧传·齐释慧忍传》)②

偈(/jì/)指佛经中的唱词。

如果以梵语为参照,汉语便显示出自己多方面的独立特性。不妨从《圣歌·赌徒怨》(X.34.6)③中选取一段试做比较:

---

① 周斌武:《汉语音韵学史略》,合肥:安徽教育出版社,1987年版,第15页。
② 周斌武:《汉语音韵学史略》,合肥:安徽教育出版社,1987年版,第15页。
③ Arthur Anthony Macdonell, *A Vedic Reader*, Oxford: Oxford University Press, Delhi, Bombay Calcutta, 1917. P189.

yadādidhye na davis * ān * i ebhih * |
parāyadbhyo ava hīye sakhibhyah
niuptāś ca babhravo vācam akratam
émīd es * ām＋ nis * kr * tm＋ jārin)īva ||

我自言自语地说:"我不跟他们去了。
这样,我的朋友们去玩的时候就会不带着我了。"
可然后,当那些棕色的东西①哗哗地抛出来,他们就大声地叫喊,
我就又像交际花一样,径直去他们玩乐的地方了。
(《圣歌·赌徒怨》)

可以见得,梵语和汉语的差别是全方位的,包括语音系统、语音结构、发音方式、语言符号、语言结构规则、词语顺序、语义结构以及记录语音的文字方式等等。

例如,从书面语言来分析,梵语的基本语句结构是:主语 ＋ 宾语 ＋ 谓语。而汉语的基本语句结构是:主语 ＋ 谓语 ＋ 宾语。有趣的是,梵语的语词顺序是可以发生改变而不至产生歧义的。在梵语语句中,每一个语句成分都已经通过格后缀表明彼此之间的关系,尤其是动词与其他语词之间的关系已经得到形式上的限定,语词的顺序发生改变并不会影响到语句的意义。② 汉语则不能够。一经改变,语义便会发生不同层面的改变。

周斌武先生指出:

> 中国学者逐渐明确汉字每一个方块形体只代表一个音节,而梵文每一个文字形式往往包含着几个音节。他们终于把汉字的字音分析为"声""韵"两部分。"反切"正是在这样的条件下产生的。③

果真如此,那么,中国的学者是否因为梵语的反差而仅仅指认了每个汉语语言

---

① 此处棕色的东西是指"钱"。
② 有关梵语句法结构,参见裴文《梵语通论》,北京:人民出版社,2007年版,第76—87页。另见裴文《梵语教程》,北京:世界图书出版公司,2010年版。
③ 周斌武:《汉语音韵学史略》,合肥:安徽教育出版社,1987年版,第15页。

符号的语音是"声"和"韵"的结合呢？是否也是在此时受启于梵语而开始明确地指认汉语语句的基本结构特征以及语义的结构特征呢？我们似乎尚不得而知。

第二章为中古音韵学。共分为七节。前六节都是对各个时期包括魏晋六朝、唐朝、宋朝的韵书所进行的简明扼要的介绍：

> 韵书是汉魏以后紧接着反切注音法所出现的一种字书。这种字书是在反切注音的基础上把许多反切下字同音的字综合编排成册。它编排体例是：凡同一韵的字收集在一起，用反切注音，并注明字义。再依据"韵"先后排列，取其中一个代表字作为韵目。所谓"韵"是指韵母从主要元音算起，凡主要元音和韵尾相同，便是同韵字。[①]

这样的韵书是对当时汉语语音的记录和描写，弥足珍贵。可惜，留存无多。但是，它们似乎不能够被看作是对中古音韵的系统研究，当然也就不能够被看作是中古音韵学了。这一章中比较有趣的是最后一节，即韵图和等韵学。

韵图又称等韵图表，它按照声母的发音部位和"韵"的开合洪细，标示汉语语音系统的发音方式，包括声、韵、调三大汉语语音要素的配合。在图表中可以清晰地看到发音的区别性特征标示，如唇音、清音、浊音、舌音、齿音、喉音、舌齿音。我从韵图中至少可以看到研究者的三大学术关注：

第一，对汉语语音系统发音原理及方法的关注。研究发音器官在实际发音过程中的运动和运动方式，如开口与合口、清音与浊音、舌音与齿音等。对发音部位、发音方式以及成音要素等方面进行理论上的描写和解释。

第二，对言语过程中语音链的关注。在语音链中，每一个音素都受到前后音素的影响而发生清浊变化或洪细变化。韵图中出现了"等"这一概念。它原本用来指韵母的洪细。韵母分为开口、合口两呼，两呼分为一、二、三、四等。就独立的一个音素而言，它本身并没有清浊之分，也没有洪细之分，我们且按照现代语言学理论中的"音位"来称之。而由于语音链中前后因素的影响，音位发生了变体，出现了清浊之分、洪细之分。这些区分不是纯粹理论上的概念区分，而是言语过程中的自然区分，韵图中"等"的概念是用来描写并解释现实言语过程中语音要素之间的链接以及链接之时所发生的相应变化。

[①] 周斌武：《汉语音韵学史略》，合肥：安徽教育出版社，1987年版，第17页。

第三,对汉语语言系统的理论关注。研究不同历史时期语音的演化与流变,尝试寻找其中的规律性特征。不同时期的等韵研究成果一方面体现不同时期研究者不同的认识方式和认识能力;另一方面也体现了汉语语音在时间和空间的结构变化中所呈现的一定程度的流变。此外,就各个历史时期的等韵研究来看,在韵图本身与现实言语音韵事实之间存在一定的差距,也就是说,韵图似乎并没有完美地呈现当时的音韵事实。但是,韵图仍然具有重大的语言学意义,它至少部分地描写并解释了当时的音韵事实,而更为重要的则是它呈现了当时研究者的语言观和方法论。

第三章近古音韵学。对近古音韵研究的对象以及元代、明代具有代表性的著作进行了对比性的研究和阐释。

第四章"清代音韵学"。首先回溯清代以前的古音学研究,而后介绍清代古音学的创始人顾炎武。

在汉民族的整个历史过程中,所发生的汉语语音系统的变化以及系统内部的局部变化已经无从获得全面的追索。明代音韵学家陈第(1541—1617)研究古音,并论证古今音的不同,创立"诗无叶音"之说。他所撰写的《毛诗古音考》《读诗拙言》《屈宋古音义》等对后世音韵研究具有深刻的影响。他的话语"时有古今,地有南北,字有更革,音有转移"一直享有极高的被引率。明清之际的顾炎武(1613—1682)考订古音,博征秦汉以前的韵文以及《说文解字》形声字的谐声系统,离析《唐韵》,构拟并确立了上古韵母系统的古韵部分。撰写《音学五书》,包括三卷本《音论》、十卷本《诗本音》、三卷本《易音》、二十卷本《唐韵正》,以及两卷本《古音表》。两位大学问家的先后积累与创见对音韵的系统研究有着深刻而明晰的导向性揭示。作为音韵学的学习者,我仰慕他们的理论建树和学术勇气。

第四章第三节介绍清儒研究古音学的原则和方法。上古时期汉语的声、韵、调系统成为"周秦古音"。它是汉语历史音韵学的研究对象。在清晰界定"古音"和"今音"的基础上,清儒研究者搜讨大量古文献,致力于诗经韵的研究,成就卓著:

> 他们不但发现诗经用韵的严整性,也发现了形声字谐声系统的规律性。他们从诗经里阴声字与入声字的"通押"、阴声字和阳声字的"对转"这些特殊用韵的实例以及谐声系统里所反映的有关古音系统里比较复杂的音韵现象,

逐步认识周秦韵文和谐声系统在音韵上的一致性。从而确立了这么一个观点：

> 音韵的演变不是直线型的，不能简单地理解今韵某一个韵就是从古代某一个韵直接变来的。无论韵文和谐声都反映了音韵的演变是一种分合错综的变化，其中既有演变，又有分化。因此，研究古音，一韵之中务必逐字以求其古读，当出者移而出，当入者移而入。①

这应该算是他们的语言观和方法论了。

尽管对古音研究有着基本一致的理念，但是，在实际研究中，仍然出现学术分歧，在周秦古韵、古声母、古声调等方面的研究颇多争议。在接下来的三节，周斌武先生分别介绍周秦古韵、古声母、古声调等方面的研究。这些清儒们，从根本上都能接受"今音行而古音亡，为音学之一变"，"宋韵行而唐韵亡，为音学之再变"。而且，从客观上都认可诗经韵是清代古音家研究古韵系统的重要资料，从原则上都依据"同谐声者必属于同一个韵部"，却偏偏得出不同的分类结果。大体看下来，似乎有些分部比较粗疏，有些分部则较为精细。粗疏者似乎能够把握大局而不失根本，精细者则似乎更为深入而求得历史过程中的微妙流变。如此看来，两者之间似乎并不存在什么根本性的冲突，入径不同而已。表面的争端之下却有着一致的理念。通融、兼并两者或许能够达到一种全新的认识高度，获取一种另类的描写方法！比方，对郑庠、顾炎武、江永三人的周秦古韵分部进行横向比较，不难看出他们各自学术的出发点以及他们各自的学术期待。而以后段玉裁、戴震、孔广森、江有诰的古韵分部也绝不是在先前学者的基础上做的局部修订，每一位研究者都以独有的视角，分部别纽，在呈现古韵分部的同时表达了他们确定的学术理念和卓越的学术思考。

有不同的视角，也有不同的观点，能否达到一致的终极结论已经不那么重要了。有意义的是，在对古音韵进行描写和解释的过程中，清儒们表现出较为一致的语言观，发掘出各样有趣的研究路径和方法，呈展古音研究的基本原则和一般原则，这些都已经成为后代学者研究的圭臬。

第四章第七节描写了清儒对古韵的"正"与"变"的争论。对于何为"正"，何为"变"，有着完全不同的言论。毕竟是古韵，难以获得完美考证。不过，认识、描写或

---

① 周斌武：《汉语音韵学史略》，合肥：安徽教育出版社，1987年版，第80—81页。

解释"正"与"变"的路径和方法是完全可以获得理论上的推证和支持的。在如何看待诗经韵和群经韵不一致这个问题上，我认为，我们首先还是需要对一些基本概念进行梳理：

"正"与"变"的对立是否可以是"雅言"与"方言"的对立？是否可以是"雅言"与"雅言变体"的对立？是否可以是"雅言""雅言变体""方言""方言变体"之间相互交错的对立？从基本概念出发，或许能够避免偏颇或疏漏。比方，基本上不会将异韵者统统诿之于方言。此外，"雅言"与"方言"并不总是对立的，它们可以是完全一致的，呈现同韵。也就是说，同韵的未必都是"雅言"，而异韵的未必都是"方言"。究竟该如何界定"正"与"变"呢？界定的依据应该是什么呢？是否还应该考虑到语言符号任意性的问题呢？是否还应该考虑到通假的问题呢？是否还应该考虑到古音的消逝和今音的衍生呢？是否还应该考虑到古音可能发生的融合或裂变？是否还应该考虑到历时语境、地理语境以及人文语境，包括禁忌、风俗、行话等有可能带来的刻意回避呢？我们是不是必需预设古韵之中没有偶然性变异呢？是不是必需预设所有的出韵或不一致都具有音理上的依据，都具有毫无例外的规律性呢？只有尽可能周全地考虑到方方面面的问题，我们才有条件探讨"正"与"变"的问题，才能够客观地指认并描写诗经韵本身可能存在的出韵现象。

从各家之争中看到了清代学者对古音研究清晰的观点：共同指认了语音的历时变化。

之后的三节则介绍了清代古音学研究的学术成就及其对后世的影响、清儒对唐宋韵书的考订和《切韵》声类的研究、清代等韵学概述。

第五章是近代音韵学。分别介绍近代西方学者对汉语音韵的研究以及古音学的三次学术辩论。最后一节介绍近代学者对汉语历史音韵的研究及其论著。简明扼要，快人快语。我倒宁愿周斌武先生可以叙述得更从容一些、更周详一些。比方，他所提及的上古汉语具有复辅音的问题。[①]这应该是一个多么有趣的话题！可惜，周斌武先生没有能够展开。复辅音，又称辅音丛，是同一个音节里处于同一增强或减弱的语音链上的两个或多个连续辅音，构成辅音结合体。如英语 strong 中的/str/；split 中的/spl/；spring 中的/spr/。复辅音在各种语言中出现的频率、位置以及方式都有所不同。

这一章写得清晰而生动，让人产生身临其境的幻觉之中。周斌武先生怎么可

---

① 参见周斌武：《汉语音韵学史略》，合肥：安徽教育出版社，1987年版，第152页。

以把学术的描写呈现得如此现场化、生活化呢？

吴文祺先生在这本书的序言中对此书有所评价：

> 本书作者撰述汉语音韵学古今沿革，从音训音转谈起，这是十分可取的。所论中古韵书和近古音韵学，也有所侧重。尤其对清代古音学，论述较详，这从史的角度看，可谓寻其端绪，著其源流，那是十分恰当的。作者具徵精心，撷采旁球，爱举梗概，勿为烦纡，显示了这本书的特点。当然，从音韵学史来说，罅漏较多，尚欠完备。只就书中所叙内容，以事实为依归，事简而理明，可供从学者参考云尔。是为序。①

曾经尝试阅读音韵学方面的书，总有些障碍。这本书却让我自然进入音韵学的情境中，并让我处于一种积极的阅读状态，整个的阅读过程都让我享受到不断与作者进行精神对话的愉悦，颇感有幸。书后附有音韵学研究部分参考著作篇目，十分有益。

从这本书的话语方式，总忍不住想象：周斌武先生或许应该是一位纯纯朴朴、实实在在、韵宇弘深并胖胖乎乎的大学问家。

小时后就喜欢透过文字想象作者的样子，有的书我天天抱在怀里，连睡觉的时候也抱着。有的书我只看几页或几段甚至几行，就搁置一边了。爸爸、妈妈问及为什么，我说："这个作者凶巴巴的，长得好难看！"因为时常有类似这样的在他们看来没头没脑的话语，终于有那么一天，妈妈不能承受了，带着我去一位医生阿姨家里。我也就蔫巴蔫巴地跟着去了。到现在还记得当时的场景：那位短发戴眼镜的阿姨用手在我脑袋上左一拃右一拃的，然后，问我喜欢什么，不喜欢什么。再看看我，对着我笑。她笑，我也冲着她笑。她跟妈妈说着什么，我倒是已经在翻看她书桌上的书了。

这本书是王希杰先生于二〇〇三年夏季赠送给我的。我似乎应该早些读到它。

---

① 周斌武：《汉语音韵学史略》，合肥：安徽教育出版社，1987年版，序第2页。

12 《赵元任语言学论文集》/ 赵元任

赵元任,《赵元任语言学论文集》,北京：商务印书馆,2002年版。

这部论文集收录了赵元任的六十三篇论文,可以说篇篇精彩,足见赵元任先生才情横溢。有意思的是,他的论文没有严肃论文书写语言的那种生分,多采用口说语言,在随意中见其睿智,在俏皮中见其思辨,在风趣中见其深刻。这种快乐的反差在赵元任先生的文字里达到完美的和谐。然而,这种采用口说语言写就的学术论文并不是赵元任个人的选择,而是当时社会语境的选择。一代学人集体性地选择了对"雅言"或"文言"的颠覆。只是,作为语言学大家,赵元任先生更是游刃有余,挥洒自如。

语境对语言有着多方面的规约,而语言因此又相应地彰显具体的语境。像赵元任先生"诸君亦大都晓得,兄弟亦不必多谈了""我心上非常快活"这样的言说,我以为,在当下的语境里断断是不会出现在任何学术刊物上了。

第一篇："官话字母译音法"（第1—20页）

赵元任先生所列出的译音方面的困难至今仍然存在,尤其是"一音可用多字"的现象,似乎难以得到统一。赵元任先生给出一例："今天 Kelvin 叫恺尔文,明天忘记了又译作开尔坟。"这样的例证现如今也是屡见不鲜。如德文中的人名 Humboldt,前天译作"洪堡尔特",昨天译作"洪堡特",今天又译作"洪堡",而且,出自同一位译者。我无法理解也无法解释为什么同一译者会有如此这般不一致的译音,但是,可以理解并解释不同时代、不同区域对同一人名的不同音译。英文中的人名 Regan,中国大陆译作"里根",中国台湾译作"雷根",也有人将其译作"李根"。英文中的人名 Bush,中国大陆译作"布什",中国香港译作"布希"。所有的音译都带有自己时间、空间的语音基础。再如,梵语中的人名 /Pānini/ 先后被译作"婆利尼""波俪尼""波尼尼""潘尼尼""帕尼尼"。我个人译作"帕尼尼",因为 /ā/ 音是长音,且开张度较大。/pā/ 为一个音节,其后的 /ni/ 与之后的 /ni/ 各自构成一个音节。第一个音节没有出现类似"婆"或"波"的音,而 /ā/ 与之后的 /n/ 音并不能构成一个音节,且不能译作带有鼻音的"潘"。而将第二个音节译作"利"或"俪"并不符合原音 /n/ 的表达。

倘若再考虑到带有方言的译音,情况就更为复杂了。就人名而言,有人提出直接采用外文。于是,在汉语文章中就时常直接出现外文人名,让人读着总有些异样。就如同读英文著作,人名都用了中文或日文,很是别扭。其实,就译音而言,翻译成怎样,都不能算是错的。只是对人名不同的译音会导致一定程度的混淆,所以,在一些特定的语境之中,直接用外文人名,倒也算是权宜之计。有一个统一的标准译音最为理想,问题是标准的制定总显得有些许滞后,在标准出台之前便已经有了各样的译音,总是需要经历长时间约定俗成的过程,最终是否能够达到基本的一致,也不得而知。当下,学过英文的人过亿,各式的花样翻译比比皆是,不追究也罢。

"一音可多字"不仅在音译中形成繁复的现象,而且在汉语内部还会造成歧义或多解。在一种语言的内部,我们称其为"同音词"。

二〇〇七年十二月二十日,飞去长沙,小住了几天。其间,听到两则准谜语:

  青菜昨天是一元钱一斤,今天还是一元钱一斤。(打一植物)。

  青菜昨天是一元钱一斤,今天是一元钱一斤,明天也是一元钱一斤。(打一植物)。

谜底是"玫瑰(没贵)"和"野玫瑰(也没瑰)"。玩的就是一音多字。在现实生活中,同音词总是能成为令人快乐的理由。

若以人名为例,更是好玩了。做了近二十年的教师,常常遇见让我忍俊不禁的名字:石景才(什锦菜)、夏箭(下贱)、黄簧(惶惶)、郑健(证件、政见)、石辉(石灰)、魏磊(味蕾)、高步成(高不成,低不就)等等。一对孪生兄弟取名为:陈昆、陈仑。他们的父亲、母亲采用"昆仑"二字给他们取名字，却忽略了陈仓（沉沦）的同音词。这些名字足以让人产生各样的同音联想。日常交流中，幽默、误会也常常因此而产生。

正写到这里，在读高中的儿子走进我书房，问我在写什么。给他看在电脑上刚刚写下的，他却说："我觉得这些语言现象特别有意思，妈妈是不是更关注这些现象的本质？"

"对的呀！现象与本质同等重要。应该透过现象看本质，应该追问：同音词有什么规律性可言吗？是什么在支撑同音词的存在呢？是什么将同音词的概念区分开来的呢？同音词又是如何形成的呢？"

我先生也走过来，笑说：

"现象、本质，你妈妈一个都不会放过。"

我们仨说笑了一阵儿。

儿子轻轻地拍了拍我的脑袋，说道："妈妈，好好努力！"

他总这么小大人似的。曾经带他参加硕士研究生毕业聚会，一位硕士研究生跟他闲聊了一会儿，便瞪大了眼睛问我："裴老师，您儿子是不是已经提前读完博士了呀？他说出来的话，我觉得特别深刻。感觉他见识比我广，书读得比我多。怎么感觉我是遇见学长了呢！"那时，他正读小学五年级。那段时间，他常带着本《毛泽东选集》去上学。

"你妈妈一点都不努力，就是自娱自乐！"我先生说着也拍了拍我的脑袋。

可不是吗？人生漫长，总该有一件让自己快乐的事情来愉悦生命打发时光吧。否则，多乏味呢！喜欢语言，从我的生命意义来说，这是我选择的一种快乐的生存方式，就像蚂蚁选择搬运面包屑，就像飞蛾选择扑向光源。当然知道，我这是被先生成全的。可以不问柴米油盐，可以不问金银财宝，可以不像个商人——用专业成果去追名逐利钻营取巧。他让我的年薪在我们家的整个生存、经济、活动中成为可有可无的存在。

他俩乐呵呵地又彼此说着什么，便回各自的房间，我又重新看了看所写的文字。

世界上几乎所有曾在的和现在的语言中都普遍存在同音词，即两个或更多的词具有相同的发音却表达不同的概念或意义。如英语中的 flower（花）和 flour（面粉）；汉语中的"峭"和"俏"；意大利语中的 partito（政党）和 partito（分开的）；西班牙语中的 mona（母猴）和 mona（蛋糕）；ihr（你们）和 ihr（她的）等等。

从表面看来,同一个词的意义分裂、引申往往导致同音词。如英语中的 game,先"游戏",而"比赛",而"策略",而"追求物",而"猎物"。

事实上,同音词的存在基于这样一个表面事实:人类口腔所能发出的语音单位是绝对有限的,而人类的思想所要表达的意义单位却是相对无限的。这必然导致一个音与多个概念相对应,即所谓的同音词。而同音词的存在则具有两个根本性的理据:

其一,语言符号的任意性,即语音(语言符号施指)和概念(语言符号受指)的结合具有根本上的任意。在语音与概念之间没有任何天然的联系。语音不是对概念的类似描述,也不是对概念的本质呈现或象征。它与概念之间不存在任何可以考证的关联。概念本身也不具有语音特质。语音与概念的结合基于偶然发性事件。它们的结合一经产生,便成为约定俗成的事实,借助集体的习惯势力而对言说者个体形成强制性规约。无论是以一个语音应对多个概念,还是以多个语音应对一个概念,都是常见的普遍现象。由此在词与词之间形成一种繁复的相对平衡。当然,只能是就某一时间、空间结构中的相对平衡。在词的内部,语音与概念相结合的任何一方发生改变,都可能打破这一相对的平衡,带来裂变以及裂变中的裂变。语音与概念之间完全的一一对应是存在的,但这只是语言系统中的部分事实。

其二,语言符号的线性特征。在现实言语交流中,语言符号呈线性延展,相邻要素彼此之间不相混同,从而形成种种对立,以凸现概念的对立性区分。语言符号的线性特征实现差异性语言系统的价值。一个语言系统具有什么样的语音、什么样的概念并不重要,重要的是任何一个音义结合体都在前后相邻的音义结合体的语境中呈现个性价值特征。同音词便可以在线性的语境规约中承担各自的意义,而不至于混淆或产生歧义,除了为实现歧义而形成的同音碰撞。例如:

英语:
(1) She   can   can   the   cans.
    (她)(能)(装罐)(定冠词)(罐头-复数)
    "她能装罐头。"
(2) We   fish   fishes.
    (我们)(钓) (鱼-复数)
    "我们钓鱼。"
(3) I   saw   a   wise   saw   on   a   saw.
    (我)(看见)(一)(智慧的)(格言)(在……之上)(一)(锯子)

"我看见锯子上刻有一句名言。"

汉语：
（4）你别别别人的校徽。
（5）这点小意思就只是意思意思。
（6）你们都好好说话呀！

应当说，语言符号任意性是语言系统建立的基础，而语言系统内部所有要素的个性价值则是由语言符号的线性特征来完成的。

第六篇："语音的物理成素"（第103—112页）

从物理学的角度看语音，语音就不再是语言学所指认的语音了。

事情似乎总是这样的，不同的视角会带来不同层面或侧面的认识。就像美国经济学家加里·贝克尔（Gary S. Becker），他从经济学的角度认识原本属于社会学的婚姻、歧视、犯罪等等。在二十世纪八十年代，他提出将婚姻看作是一种经济行为，目标在于双方的效用最大化。一切有关婚姻与家庭的决策基本上都服从于成本-收益分析。由此，他分析了结婚、生育、离婚、家庭内部分工、威望以及其他非物质行为。他把离婚归结为婚姻市场上的信息不对称，由离婚的成本与收益决定。然而，我们如果从生物学的角度来认识的话，婚姻只不过是一种繁衍后代的本能行为。而从政治学的角度来看，婚姻服从于统治与维护权利的需要。倘若从文学的角度来看，婚姻则是两个人心灵的碰撞和情感的结合。还有更多的角度，也还会有更多的认识。

所谓"音素"或"音子"就是从言语的连续体中所抽取出来的最小音段或语音单位。由于前后语音语境的影响，一个语音单位在言语的连续体或语音链中可能有多种表现形式。语言学因此指认了"音位"，即语音系统中的最小单位以及"音位变体"，即音位在言语的连续体或语音链中可能发生的变体。例如，/l/是英语语音系统中的一个音位。由于语音语境的影响，它在语音链中至少出现了两种变体：light（灯，光，轻）和 leisure（闲暇，安逸，业余的）中的清音/l̥/；metal（金属，合金，筑路碎石）和 fold（折叠，包围，畜栏）中的浊音/ɫ/。

绝大多数的音位学家关注的是发音的动作，即包括口腔、唇部、声带等器官的发音。因此，音位的概念是建立在发音行为基础之上的语音单位的划分。

现代语言学之父索绪尔则提出听觉印象与发音行为同等重要,他认为音位理论的自然基础恰恰是听觉印象。他指出:

> 因此,语链声音界限的划分只能建立在听觉印象之上,但是,对它们进行描述却是另外一回事;它只能以发音行为为基础,因为在特有语链中获得的听觉单位是不可分析的。必须凭借发音动作链;那么,我们就注意到同样的声音与同样的动作相对应:b(听觉节拍)＝b'(发音节拍)。在分割语链时,我们得到的最初的单位将是由 b 和 b' 组成的;我们称之为音位(phonèmes);音位是听觉印象和发音动作的总和,是听到的单位和说出的单位的总和,他们相辅而行。因此,因为已经是一个复合单位了,每个语链中都有它的音步。①

赵元任先生指认了音素发音的复杂性,并提出:

> 要用科学的方法研究语音不能不单就发出来的声音追根的分析,换言之,就是从纯粹物的观点分析语音。②

赵元任先生尝试"把物理的尝试应用到语音现象上看有些什么问题发生"。③
物理学对音素或音位的指认不同于语音学对音素或音位的指认,这种不同首先就表现在反映语音现象的术语上:④

1. 时间的长度;
2. 强度;
3. 基本音高(pitch of fundamental);
4. 陪音(或附音)(overtones);
5. 噪音(noice)。

此处第 5 条有打印错误,如果是"噪音",括弧内的英文应为 noise。在第 107 页和第 108 页又将其印为"嗓音",如果是"嗓音",括弧内的英文应为 voice。小遗憾!

---

① 索绪尔:《普通语言学教程》(第5版),裴文译,南京:江苏教育出版社,2002年版,第44页。
② 赵元任:《赵元任语言学论文集》,北京:商务印书馆,2002年版,第103页。
③ 赵元任:《赵元任语言学论文集》,北京:商务印书馆,2002年版,第103页。
④ 赵元任:《赵元任语言学论文集》,北京:商务印书馆,2002年版,第104页。

这里的时间长度和强度都是语音的物理特征，与言说者对语音的主观音长、音强调整不可同日而语。基本音高则在语音中分为两个部分：带音的，即声带近乎关闭或全关闭；不带音的，即声带半开或全部打开。陪音是指声波和谐的频率，分为和谐陪音与不和谐陪音。噪音则是指颤动不成周期的声音。噪音在语音中最要紧的功用就是改变各种辅音的特性。

在对如上各种语音成素进行基本的物理分析之后，赵元任先生进而观察各种成素是如何在语音链中相结合、相适应、相影响的。

当时间、强度和陪音彼此同时发生作用的时候便遭遇音节的问题。音节似乎并不难以辨认，似乎也不难以划分。"音节"获得各样的定义，可是，到目前为止，还真是没有任何一个"音节"定义可以全面昭示"音节"的全部内涵。大体上有三种界定路径：第一，从物理或肌肉运动的角度指认："音节"是指在一次胸部搏动（chest pulse）中发出的音。第二，从发音语音学的角度指认："音节"是指包含一个响音峰（peak of sonority）的语音结构。第三，从语音结构的角度指认："音节"是指由一系列音位构成的语音结构。倘若按照语音学的音节定义，那么，音节通常由三个部分组成：音节首音、音节核心和音节尾音。

那么，我们为什么要划分音节呢？音节是对语音规律的一种指认吗？音节的界限在哪里呢？音节的划分彻底排除言说者的主观因素介入吗？音节的划分对我们认识语音的本质起到什么作用呢？它是不是我们认识语音本质的必经之路呢？倘若考虑到各种不同的民族语言，语音学意义上的音节界定是否还具有学术价值呢？

在语音链中，音节似乎比每一个构成音素更为明显地表现出来。从理论上来分析，找出语音要素之间包容与被包容的关系，便获得音素之间相互制约的关系，相互关系必定凸现某种规律。

可是，音节的分界在哪里呢？什么是音节分界的划分标准呢？赵元任先生指出：

在中国言语大概一个字是一个音节，但也有例外地。例如说"你去看戏阿？""阿"字说得很轻而且音含糊，近中性(ə)音，所以"戏阿"虽是两个汉字写的，可是只是一个音节[ciə]，仿佛美国东北部 hear 读[hiə]似的。北京，南京，常把"儿"字加在字后成一个音节，例如"花儿"。但杭州也用"儿"字，却不同前字混成一个音节。这区域分析起来究竟是什么性质?①

发音语音学借助响音峰作为一个音节的中心,两个响音峰之间的最低点便是音节的分界。响音峰总是落在元音上。用物理术语来表述,便是"在强度时间的曲线上拿浪峰当音节的中心,拿浪谷当音节的分界。"②把这种音节分界用于汉语,便发现汉语几乎都是一个词构成一个音节。大多数的词都是以辅音开头,以元音或者异高的辅音收尾。近乎完美地再现语音学对音节的结构分析:音节首音、音节核心和音节尾音。可是,当我们把语音学的音节定义扩展到世界各种语言的时候,常常发现如此界定的音节不能够起到任何学理上的描写作用,更不能起到任何理论上的解释作用。例如,斐济语中不存在以辅音结尾的音节尾音;阿拉伯语只能以辅音作为音节首音;德语中的辅音可以构成音节核心。不得不面对的事实是:种种的语音现象与语音学的音节界定不相适应。

普通语言学之父索绪尔先生倒是提出:以内破裂音和破裂发音为基准,判定音节的界限。内破裂音即闭合音,破裂发音即开张音。每一个音素在语音链中都有可能成为内破裂音或者破裂发音。例如:appa,aiia,ymto,asrta 等。两种发音的接续交替是音节划分的基本条件。但是,这种划分引起了诸多争议。③

有趣的是,声学在物理上已经不再像赵元任先生那个时代样的偏僻。可是,音节界定的问题却依然没有取得任何实质性的进展。

第九篇:"符号学大纲"(第 177—208 页)

这篇论文共分两篇:"符号概论"和"符号的应用"。

在"符号概论"一篇中,根据赵元任先生的界定,普通符号学包括两个类别:理论符号学和应用符号学。前者研究符号的性质和各类符号系统;后者研究符号的实用性,包括符号的好坏、符号的改造以及空符号填补等。

第一部分是符号的本身。介绍了各类符号、符号本身的成素、符号的基本成素(包括空间、时间、声音、颜色、数、强度)、符号的组合、符号的边界、符号的产生(大体分为三个方面:天然的、人为的、机器的)。

---

① 赵元任:《赵元任语言学论文集》,北京:商务印书馆,2002 年版,第 109 页。
② 赵元任:《赵元任语言学论文集》,北京:商务印书馆,2002 年版,第 109 页。
③ 参见索绪尔:《普通语言学教程》(第 5 版),裴文译,南京:江苏教育出版社,2002 年版,第 55—72 页。

第二部分是符号与对象。

在对符号本身进行基本描述的基础上,赵元任先生开始界定"符号",而且是相对于"对象"的界定:

> 符号之所以为符号,并不是从符号的本身上可以看得出来的,是看这事物有所代表没有,假如某事物是代表他事物的,无论两者是属何性质,前者就叫后者的符号,后者就叫前者的对象。①

符号与对象之间有一个媒介,即联想。换句话来说,联想是符号与对象联系的基础。在理论上可以清晰界定的符号与对象在现实生活中未必总是有明确的界限。而实际上,两者之间还存在相互转化的关系,表现在不同的层次和不同的结构方面。赵元任先生有两段陈述非常清晰:

> 比方自古以来,语言是思想的符号。等到有文字把语言写出来,文字就是语言的符号,语言就是文字的对象了。

> 只要有联想的关系,就可以算"一"个符号,符号与对象的界限也是不一定分得清的,符号的符号又可从间接联想而变为直接的联想,或为直接符号,那么,符号跟对象这个似哑铃式的结构,若照事实上分析起来,一定是一个像藕丝、蜘蛛网、电话局那么复杂的。②

我的理解是:符号与对象之间存在着动态的相对关系。

符号与对象之间的相配关系无外乎四种:一对一的相配,一对多的相配,多对一的相配,多对多的相配。由于存在这四种相配的可能性,必然导致符号与对象之间发生含混、概括、重复与变通。这些是以符号者主体的主观角度出发而做出的判断性结论。

在"符号的应用"一篇中,赵元任先生介绍了符号的用处。根据对象的性质,大体可以归纳符号在四个方面的用处:唤起事物的联想、唤起情感作用、传达命令、作

---

① 赵元任:《赵元任语言学论文集》,北京:商务印书馆,2002年版,第187页。
② 赵元任:《赵元任语言学论文集》,北京:商务印书馆,2002年版,第188—189页。

联想的中心点。而好符号的条件则是由符号本身的目的来决定的。赵元任先生提出如下两条符号通则：①

一、符号的性质须适宜于用符号的目的。
二、用符号的目的复杂时，须看目的各部的轻重而勘酌关于符号各条件的轻重。

在此基础上，他列出十六条符号原则：②

1. 要简单。
2. 要美。
3. 要容易做。
4. 要容易传播与接收。
5. 要容易构想。
6. 要小。
7. 利用抽象成素。
8. 容易唤起对象。
9. 要能应情形上的限制。
10. 要省。
11. 守旧维新要适中。
12. 符号与对象相配的关系要明白。
13. 符号与对象要相干。
14. 符号系统与对象系统要相干。
15. 符号的总数不可过大也不可过小。
16. 对象只能辨别到某程度，符号的细度就不必过此程度。

我想，其实，很难对符号本身做出客观的优劣评判，只有从目的出发，才能够对符号做出相对的功能判断。而且，参与判断的不仅仅包括目的，还应该包括历史语境、当下语境以及社会构想。

面对一个严肃的学术论题，竟在赵元任先生娓娓道来中，不知不觉地领略了它的实质与价值，也清晰地感受到并深切地理解了赵元任先生所呈现的符号的性质与应用。

第十四篇："南京音系"（第 273—297 页）

南京音系只是一个研究样本，这篇论文实际上是在对音系研究做出方法论的

---

① 赵元任：《赵元任语言学论文集》，北京：商务印书馆，2002 年版，第 195 页。
② 赵元任：《赵元任语言学论文集》，北京：商务印书馆，2002 年版，第 196—208 页。

探讨。这篇题为"南京音系"不仅让久居南京的我感到亲切,而且还让我非常清晰地指认方言音系的研究理路。

赵元任先生在论文的开头便指认了方音研究的两种观点:

> 研究一处的方音有两种不同的观点,因而也有两种不同的工作。一种是语音学的研究(phonetics),是要把所研究的方言里的语音(包括声调)都调查分析出来,并且考定同一个音在什么情形之下有些什么变化(换言之,平常所谓叫"同一个音"其实是些什么音),例如同化作用、轻音的影响等等。第二种是音韵的研究(phonology),是要问这方言里头有些什么声母、韵母、声调,拼出来有些什么字音(例如 g、k、h 跟 i 拼不拼),什么字属于哪一类(本地的音韵学 local phonology),还要问它的分类法跟别处方言的异同(比较音韵学,comparative phonology),还有跟古音音系分合的异同(历史的音韵学,historical phonology)。

> 这两种观点的不同处倒并不是绝对的不同,乃是程度的不同。注重音就是语音学,注重音在语言里所成的分类系统就是音韵学。①

西方人对方言的研究更偏重音,中国人对方言的研究则偏重音韵。赵元任先生用"南京音系"来实现两种观点和两种研究方法的有机结合。

论文的第Ⅰ部分是"南京的语音"(第 274—279 页)。在这个部分,赵元任先生描写南京的语音,包括声母、韵母和声调,并用国际音标加以标注。

论文的第Ⅱ部分是"南京的音韵"(第 279—285 页)。不仅描写了本地的音韵,而且还描写了南京音的派别。赵元任先生认为,研究音韵而不注重语音细微的分辨时最好采用罗马字。在这个部分,他便采用了罗马字来注音。

他提出研究音韵的工作步骤:

> 第一步是问有些什末声母、韵母、声调,……其次就是问这些声母韵母声调拼起来的些可能的字音,共总有多少是有字的,所得的就是一套单字音的表(syllabary),就像从前的《切韵指掌图》《韵镜》《切音指南》那类东西的内容。②

---

① 赵元任:《赵元任语言学论文集》,北京:商务印书馆,2002 年版,第 273 页。
② 赵元任:《赵元任语言学论文集》,北京:商务印书馆,2002 年版,第 280—281 页。

从声母方面、韵母方面、声调方面、声母跟韵母的拼合方面、声母跟声调的拼合方面、韵母跟声母的拼合方面、韵母跟声调的拼合方面等等指认南京音系的性质。

论文的第Ⅲ部分是"比较的音韵"(第285—294页)。赵元任先生仍然以方法论为出发点,呈现了比较研究的方法:

> 要是真做比较的工夫得把声母、韵母、声调全部的分合彼此都算出一个双登式的薄记,才可以算比较的音韵,要在南京的音系上做比较的研究,可以拿它比今,也可以拿它比古。但是比起古来,其中一大部分就不是南京音系的研究而变成一般官话的研究了,例如浊音变清音,韵尾-m变-n,阳上一部分变去声等等是多数官话里共有的现象,所以这种题目不便放在南京音系里讨论。但是现代标准语的音系是(至少算是)人人应该有的,所以研究哪一种音系总应该拿标准语作为起点的"已知数",来做一个双登对照。①

论文的第Ⅳ部分是"南京音的特点"(第294—295页)。罗列南京音在语音方面和音韵方面的显著特点,并附有例证。

就当下来看,南京音最容易造成语义混淆或歧解的是/n/和/l/两音不分。有时,城南的本土南京人也会借此自嘲一番,说:老奶奶喝牛奶/nǎo lǎilai huō líulǎi/。

论文的最后附有一篇南京话的故事,南京独有的音韵表现得尤为突出,颇有意趣。

第十五篇是"上古中国音当中的几个问题"(第298—358页)。这篇论文的原作者是高本汉先生,赵元任先生进行了翻译,并对高本汉先生关于上古音做了局部的考订(第355—358页)。

第Ⅰ部分是"韵尾"的问题(第298—308页)。

所谓"古音"系统就是六世纪的《切韵》所代表的音。所谓"上古音"就是周朝经书所代表的音。那么,如何获得对上古中国音系的描写呢?

高本汉先生首先依据《切韵指掌图》,或者《康熙字典》里的《切音指南》,从比较入手,观察开口音与合口音相互规则配合的现象中是否有例外或空当。从列表中可以看这么一种现象:

---

① 赵元任:《赵元任语言学论文集》,北京:商务印书馆,2002年版,第285页。

> 在-n 韵尾有一全套合口的韵,而在-m 韵尾,差不多没有合口的韵。咱们就得问,为什么会这样呢?①

的确,为什么会发生这种现象呢？这种现象经历了怎样的形成过程呢？导致这种现象的内在因素是什么呢？

高本汉先生提出一个假设,即一种异化作用。而导致这种异化发生的是一个唇音/u/与另一个唇音/m/彼此之间的相互排斥。他从两个方面进行举证：

> 拿一个风字,在古音"《切韵》音"是 pǐung；可是风字从凡声,凡字在古音是 bʻiwɒm,是-m 尾字,可见得上古风字的音是 pǐum。还有在《诗经》里风字照例跟心,古音 sǐəm,林,古音 lǐəm,押韵,也是一个证据。所以说风字的上古音是 pǐum 是稳当的。②

> 这种倾向从现代的广州语当中还可以得一个有趣的证据。古音的-m 韵尾在广州语大致是保存的,像盐字古音 kam 是广州语也是 kam。可见到了凡字,古音 bʻiwɒm 在客家话是 fam,在汕头也还是 kuam,而在广州语是 fan 不是 fam 了。所以这就是异化作用,就是讨厌两个唇音在一块儿的趋向,使得那-m 变成-n 了。③

接着,高本汉先生又通过汕头方言来构拟并论证上古音系统中的缺漏。

由此,我联想到:为什么偏就汕头保持了上古音系统了呢？回过头来再想一想:什么是上古音呢？如果如高本汉先生所谓"周朝跟经书的语言的读音"。那么,它应该发生在中原区域。上古中原区域的语音被现代华南沿海区域的汕头所传承,区域的跨度让我自然联想到迁徙。倘若上古的中原人是带着上古音进入汕头的,那么,上古音是否有可能与当地方言融合呢？或者说,两种方言是否发生了相互的影响呢？从理论上来分析,当两种方言相遇,必定发生冲突,而冲突所导致的结果可能是多样的:或者导致双方语音系统的改变;或者一种方言强势存在,而另一种方言弱势存在。这又让我联想到另一个问题:汕头话是系统地还是零星地保存了上古音系统呢？倘若是系统地保存,便可由此推证上古音系统。倘若是零星

---

① 赵元任:《赵元任语言学论文集》,北京:商务印书馆,2002 年版,第 299 页。
②③ 赵元任:《赵元任语言学论文集》,北京:商务印书馆,2002 年版,第 300—301 页。

地保存或者是非系统地保存,那便要考证汕头话作为上古音系统研究依据的可靠性了。基本可以考虑古音与汕头话音系的对应情况,是否呈现规律性的对应?再由此推证上古音与汕头话音系之间的对应程度以及流变过程中的相应性和可比性。这实际上是一个太过复杂的问题,要考虑到时间因素、空间因素、地理因素、人文因素、语言因素以及偶发因素等等。要彻底读通经书,再彻底爬梳汕头话的形成过程;要做多个层面的共时研究或断代研究,再回到一脉相承的历时研究;要对有记录的音系做进一步的分析和考证,再对无记录的音系做大胆的构拟和小心地求证。恐怕,这是一个浩大的语言研究工程,它对研究者辨音能力和记音能力也应该有非常高的要求。如果真能做这样的研究,必定是情趣盎然的!什么时候找本汕头方言的书来看一看。

上古音通常是通过中古汉语即切韵音系倒推的。

高本汉先生认为,研究上古音还有两种方法:一个是谐声字,即一个偏旁一个声符拼成的字;另一个是《诗经》里的韵。这两种方法都会带来上古音通则性的研究结果。

高本汉先生在此涉及韵与调的关系。这个论题有意思。只是他没有展开来讨论。此时,我想到一个问题:究竟是韵尾影响音调还是音调影响韵尾?抑或是它们相互依存,互为条件,共时发生作用的?《诗经》中同韵不同调的字彼此是不押韵的,这一点或许能够作为这个研究论题的切入点呢!从我对音韵粗浅的阅读中,似乎有一种感觉,即研究者对韵的研究超过对声的研究,对声的研究超过对调的研究。而汉语的声、韵、调是完整统一体,在对它们进行学理上的隔离研究同时,还可以期待对声、韵、调完整结构的统一、辩证、综合的研究,以呈现汉语音系全景图。

说起韵尾,前些日子,我注意到在现代汉语普通话中的有趣现象:有/shuí/音,有/shuǐ/音,有/shuì/音,偏偏就没有/shuī/音。而/shuǐ/(水)没有同音字。为什么偏偏会有这样的缺漏呢?这样的例证似乎显示:在声、韵、调之间必定存在着一种潜在的且复杂的关系构建。

联想到一些没有同音的常见字:

/cèng/ 蹭	/chuǎi/ 揣	/dǎ/ 打	/fěn/ 粉
/miāo/ 喵	/niú/ 牛	/nù/ 怒	/pàng/ 胖
/pǎo/ 跑	/pìng/ 聘	/qiě/ 且	/rēng/ 扔
/ròu/ 肉	/shi/ 匙	/shuǎ/ 耍	/shuā/ 刷

/shuǎi/ 甩　　　/tào/ 套　　　/wá/ 娃　　　/zěn/ 怎

在汉语语言体系中，它们怎么就这么一个个的形单影只了呢？

第Ⅱ部分是"主要元音"的问题(第 209—323 页)。

在谐声字和《诗经》中，有不少需要解释的通则例外现象。比方，麻、鱼、模通韵。从古音的角度来看，似乎就是/-a/与/-o/之间存在着通韵。

高本汉先生给出《诗经》中的例证，而且，还发现《诗经》中的有些地方，/-a/甚至与/-u/通韵。他也提供了不少的例证。他引介了马伯乐(Maspero)在《唐代长安的方言》(Le Dialecte de Tch'ang-ngan sous les T'ang)中的相关研究，列举马伯乐对通韵的分类描写。

任何学科的研究都是需要想象力的，上古音系的研究也不例外。从理论上来分析，《诗经》中/-a/，/-o/，/-u/有通韵的例证或许可以给我们带来至少两种猜测。一种是：在古音系统中/-a/，/-o/，和/-u/是上古音系中某一个音的裂变，由此，尝试构拟一个上位音，假定为/α/。那么，古音系中的/-a/，/-o/，和/-u/都是上古音系中的/α/所裂变的结果。另一种是：古音系统中/-a/，/-o/，和/-u/是上古音系中 /-a/或者/-o/或者/-u/的异化结果。这似乎是先前学者的基本思路。在他们的思想深处，从中古音系来看，在《诗经》中的/-a/，/-o/，和/-u/是通韵的，那么，它们在上古音系中必定是部分的或全面地同韵。于是，对于他们来说，主要的任务就是从《诗经》中寻找通韵的例证，并做进一步的分类描写。在我看来，这样的研究或描写有过于表面化之嫌。

我认为，应该走到研究对象的根本处，观察、分析现象存在的语境以及各样的社会构想。以高本汉先生所提出的元音问题为例。

如果我要做这方面的研究，我首先就要考虑：从《诗经》切入，看它在时间和空间结构中所处的位置。而且，还要看它所获得的时空依托和社会依托。

首先，《诗经》收录了自西周初年至春秋中叶(约公元前 11 世纪 — 前 6 世纪)约五百年间的三百〇五篇作品。所有的作品都曾是乐歌，是配乐，甚至是配舞的。《左传》便记载了《诗经》歌唱、演奏、表演的场景。所以，严格说来，《诗经》是一部歌词集。通常认为，《诗经》分为"风""雅""颂"三类。"风"即地方歌谣，包括不同地域的十五国风。"国风"即当时诸侯国的地方乐曲，共有一百六十篇。"雅"分为"大雅"和"小雅"，是周天子建都的王城附近、周王朝直接统治地域的乐曲。正统雅乐称为

"大雅",共有三十一篇;民间雅歌称为"小雅",共有七十四篇。"颂"是王廷宗庙祭祀祖先、祈祷神明的歌曲。古代宗庙祭祀是王廷的大典,通过颂歌和舞曲来赞美王侯的功德。分为"周颂""鲁颂"和"商颂",共有四十篇。

其次,从现代版图来看,《诗经》分别产生于陕西、山西、河南、山东及湖北等地。以"风"为例,除一部分产生于陕西南部和湖北北部,大部分都是北方中原区域、黄河流域的乐歌。歌词的声、韵、调必定与诞生地的语言是一致的。由此可以想见《诗经》可能涉及的方言以及方言区域。

再则,《诗经》的作品横跨约五百年间,其中大部分作品在被记录之前都是口耳相传的乐歌。其间,除了语言本身包括声、韵、调的历时变化,它们经历一代又一代人的加工、整理、编校、删定,民间歌谣、贵族手笔、乐官之作先后汇集,校订成册。如果周代真有采诗制度,那么,在采诗过程中至少能够出现两种可能的情况:在民间乐歌吟唱的发音与民间歌谣口说的发音之间存在差异;在民间歌谣的口说形式与文字记录的书写形式之间存在差异。文字记录是以怎样的标准完成的?是否存在预设的记录标准?在吟唱与口说之间,在口说与书写之间,是如何实现统一的呢?是吟唱服从于口说,口说服从于书写呢,抑或是书写服从于口说,口说服从于吟唱呢?被文字记录的《诗经》是否还具有原作自然天成的声、韵、调?而在之后的献诗过程中,是否可以完成对原作品的真实再现?原作品的韵律、格调、思想、情感、乐曲、舞姿等等是否会因记录或再现过程中的细微更改而发生偏离?那么,贯穿《诗经》记录与再现始终的支配性理念是什么?捕捉到这一理念,才能获得对《诗经》声、韵、调的基本描写和解释。

所以,无论从《诗经》作品的音乐性,还是它们的目的性以及它们存在的方式或范围,我们都不能够期待"风""雅""颂"之间存在音、韵、调的通则。有鉴于此,我们断断不能够以统一的音韵标准尺度来衡量《诗经》中三大类作品。我以为,所谓的标准尺度对我们赏玩《诗经》犹如釜底抽薪。而如果我们音韵研究的目的是寻求《诗经》的音韵通则,那便无异于是对《诗经》本身的强奸了。

此外,以后的人们在阅读《诗经》时已经带有深刻的解构理念。存在着这样的可能性:原作品未必押韵的,被解释为押韵;原作押韵的,未必被解释为押韵。在原作音韵结构和读者解释结构之间存在必然的差异。这种差异必将导致音韵研究的取向发生一定的变化。观点决定研究方法,不同的观点必将规定不同的研究目的与结论。

相信我已经开始喜欢音韵学了。想着我应该去仔仔细细地阅读《诗经》全本。

设想最初要干干净净地进入阅读,不带任何学术目的,不带任何感情倾向,让自己满怀虔诚之心而毫无挣扎地浸润其中,让自己在纯粹的、灵动的、恒久的词语间沉醉地云游。

昨天,即二〇〇八年一月二日,收到卢盛江先生的邮件。他研究日僧空海编撰的《文镜秘府论》,其中编录的主要是中国晋至中唐的诗文论著。它涉及四声等声韵问题,涉及八病等声韵和诗文做法的病累,涉及汉语诗律的问题,再深入下去,便涉及梵语及其诗律学。他由此进入梵语。真是一位做学术大事之人!他关注了我的《梵语通论》,与我就梵语诗律进行探讨,并对我的研究褒奖有加。但愿能像他所鼓励的那样——既能闲云野鹤,又能学术大成。

有人鼓励,有人赏识,我独自穿行的学术森林便撒满清晨的阳光,我享受这阳光带来的温暖,犹如享受博大的圣恩与关怀!

第Ⅲ部分是"Simon 的韵尾说"(第 323—354 页)。高本汉先生实际上是分析 Simon 的研究与自己的研究之间所存在的不同之处,并维护了自己的研究结果。

第四十一篇是"绩溪岭北音系"(第 578—581 页)。

民国二十三年,赵元任先生是带着徽州方言调查计划与罗常培、杨时逢前往徽州的,并由他的太太做向导。而我则在二〇〇〇年前往徽州,一路游玩,一路零星地记录方言。之后,连续三度前往绩溪,便是住在胡适先生的家乡岭北乡。青山秀水、小径芦苇。每每午后,我总爱弯进山道。"我从山中来,采枝兰花草……"日日从唇间流出。对徽州区域的方言有一个总体的印象:每翻过一座山,就有另样的方言。

徽州音系有阴阳去调,这与吴方言相似。徽州音系中的声母没有浊塞音,这与官话相似。而我对绩溪最为深刻的语音印象则是:声母中/n/与/l/不分,而且可以自由替换。这与南京话完全一致。当时在绩溪,更关注方言的语言结构,而较少注意音系。读这篇论文,算是给我补上了一课。

第四十六篇是"借语举例"(第 617—631 页)。

赵元任先生首先区分了"借语"与"假借"。前者是语言层面的,而后者则是造字层面的。两者之间并不存在任何的关联。实际上,赵元任先生的"借语"即我们现在所谓的外来语。

通常,研究语词的演变,其核心便是追寻语音的变化。

语音的变化往往被认为是有规律的,但是,例外也屡见不鲜。赵元任先生提供了例证:

> 可是事实上音律显然是会有例外的。比方古音的后元音加-k的字在现代广东音收-k,在国音就是-au韵,例如"薄"字古 b'âk:广州 boak,国音 baur。还有"角"字古 kâk,广州 koak,国音的语音是 jeau。可是吃的饺子,在广州不念 koak 而念 kaao,例如虾饺就叫 xakaao。可是这个字原来就是从"角"字来的。更复杂化的一个例子就是广东式的用芋头粉做的饺子又不叫 kaao 而叫 wuh-koak,这样子从一个例外之例外又变成合乎音律一个"例内"了。①

在这篇题为"借语举例"的论文中,语音例证颇为丰富。介绍不同语言之间的借语和不同方言之间的借语以及借语的方式。

赵元任先生指出:

> 关于不同的语言之间借语的现象当中有两个因子须要注意的。第一是借外国语词的时候总尽量用本国的音位,不求说的跟原文一样的外国音。第二是有时候听见某外国语词有点像本国意义相近的语词,那么甚至声音不太近,也就半音译半意译的来了。②

方言之间的相互借用方式也是如此。所以,世界上,

> 没有纯一的语言,同样也没有纯一的方言,因为总有许多不合音律(nichtlautgesetzmässig)的例子,从借语里发生出来的。③

北方话借南方话的例证颇多,日常生活中有,文白两读中也有:

---

① 赵元任:《赵元任语言学论文集》,北京:商务印书馆,2002年版,第617—618页。
② 赵元任:《赵元任语言学论文集》,北京:商务印书馆,2002年版,第618页。
③ 赵元任:《赵元任语言学论文集》,北京:商务印书馆,2002年版,第625页。

还有当和弄讲的"搅"字在北方念 jeau,自中部以南叫 gao。可是在中部各方言不但可把东西可以搅乱了搅坏了,也可以把东西 gao 清楚了,gao 好了。在这政治上又有把思想"gao 通了"的说法。在北方平常就说"弄好了,弄通了",现在受了中部音的影响也说"gao 好了",可是写起来觉得"搅"字不合式,所以又造了一个新字"搞"念 gao,就代表广义的"搅"。……

有一大些字,特别是收-k 的入声字,有文言白话两读(也叫读音跟语音),也是从方言之间借语来的。例如"薄"古音 b'âk,"厚薄"的"薄"念 baur,"刻薄"的"薄"就念 bor。又如"色"字古音 siǝk,在"掉色(儿)"的"色(儿)"念 shae (shaal),在"色彩"的"色"就念 seh。又"颜色"有 yan.shae 跟 yan.seh 两读,可是在"丢个眼色"的"色"就是 seh。这里头值得注意的是所谓白话音倒是保存的古音多一点儿,文言音就把古-k 完全丢了。这些白话音收 ai,au 之类的韵尾-i,-u 就是原来的-k 的遗迹,就像 royal 的 y 从 rex(reks)的 k 来,law 的 w 从 lex (leks)的 k 来一样的演变。①

如果白话音更多地保存了古音,那可真的是太有讽刺意味了。文字的诞生是为了让语言得到更稳定、更可靠的保存,偏偏它就不如口说语言那般的"高保真"。究其原因,或许文字更多地受到人为规范的制约,更容易被修理。

纯粹的结构借语也有典型的例证:

一个是"去"字的用法。古时候"去"字后头加个地名是离开那地方的意思,例如"孔子去郑"。可是现在从闽粤方言借到北方话"去"字的用法跟古用法刚刚相反:"去上海"是"到上海去"的意思,不是"离开上海"的意思。还有从吴语借到北方话"去"字的用法是当"离开"的意思(没有一定的目的地在心里),相当于法文的 s'en aller。这个在北方话说"走"不说"去",例如"咱们走罢"(这地方待腻了),等于 Allons nous en! 要是说"咱们去罢"那就是刚才约定到某地方去现在说"去罢",等于法文 aller : Allons!②

赵元任先生所提供的例证颇为典型,既有借语存在形式的理论分析,又有借语

---

① 赵元任:《赵元任语言学论文集》,北京:商务印书馆,2002 年版,第 625—626 页。
② 赵元任:《赵元任语言学论文集》,北京:商务印书馆,2002 年版,第 629 页。

来龙去脉的追索。

第五十八篇是"汉语中的歧义现象"(第 820—835 页)。

汉语歧义几乎是无处不在。当下是信息大时代,各样信息的传递都离不开语言。例如,手机短信、微信。短信、微信中的幽默与笑话大多来自歧义。新年伊始,李静先生便转发给我一条短信:

新年了,放松放松啊!抽空爬爬新加坡,听听墨西歌,打打内蒙鼓,踢踢阿联球,吃吃刚果,品品菲律冰,天已耶路撒冷了,要多穿喜马拉雅衫,睡觉垫上个巴基斯毯。诚祝新年快乐,万事如意!

看着便忍俊不禁。

二十世纪九十年代,曾经跟学汉语的美国学生有过如下的对话:

我说:我们到哪儿吃晚餐呢?
他说:就到楼下的西班牙餐馆,很方便的。
我说:那好。你先去。我方便一下就来。
他说:"方便一下"是什么意思?"方便"不是形容词嘛?
我说:动词。就是去一下洗手间。
……
他说:我刚搬家,你什么时候到我那儿去看一看?
我说:等你方便的时候我一定去你那儿。
他说:你为什么一定要等我方便的时候来看我呢?
我说:居然又忘记了"方便"可以用作形容词呀?你可真是小熊掰棒子,掰一个,丢一个。

他一脸茫然,我却已经笑得不能自已。

其实呢,"方便"是从梵语词 pāyā 通过语音翻译为汉语的,是指"随时设教、随机应变的权智"。

早在二十世纪八十年代读研究生的时候,我就想着做一篇关于英语歧义的硕士论文,结果写了篇关于语言结构理论的论文。以后在中文系攻读博士学位,又想到了语言的歧义,却偏又写了篇关于语言流变理论的论文。语言中的歧义现象总能让我充满联想,有相关论述散见于我的不同论著之中,却每每不能付诸专门著作。

赵元任先生这篇论文共分九个部分,从不同的角度和不同的层面描写汉语中的歧义现象。

第一部分是"歧义、模糊和笼统"(第820—821页)。

赵元任先生界定"歧义",认为它是指一个语言符号有多种理解。

在这个部分,他举出一个有趣的例证:①

他一点儿没生气。
a. 他压根儿没发怒。
b. 他没有一点儿朝气。

第二部分是"词汇歧义和语篇歧义"(第821页)。

赵元任先生尝试区分词汇歧义和语篇歧义。我对他的陈述有如下理解:词汇歧义是去语境的歧义词语和句子;语篇歧义则是语境中的语词和语句歧义。前者是类型(type),后者是实例(token)。语言学和语文学对它们都有研究,只是侧重点和研究的目的有所不同而已。

这个部分没有例证,我倒是想到了两例:

"舍"(shè)有歧义:❶房屋 ❷舍间 ❸养家畜的圈。

"是吗?"有歧义:❶询问对方的态度或意见;❷确认自己的态度或意见;❸表示怀疑;❹表示认可;❺表示无奈;❻表示惊喜或诧异;❼表示反对。

可是,再进一步思考,就会想到:必须区分"歧义"与"多义"了。我一直都把"歧义"看作是言语中的现象,把"多义"看作是语言中的现象。前者是动态的,后者则是静态的。更为直白的表达是:前者是言语意义,后者是词典意义。

---

① 赵元任:《赵元任语言学论文集》,北京:商务印书馆,2002年版,第820—821页。

第三部分是"有意歧义和无意歧义"(第821—822页),是从言说者的动机来指认歧义的。

我观察到生活中的歧义现象,或许大多数人都直接地或间接地经历过:言说者在陈述一个事实,而言听者却有理由认定那是在炫耀。言说者在随意谈天,言听者却有理由以为那是在含沙射影。言说者在妙语连珠,言听者却有理由认为那是在滥用辞藻。言说者提出一个新的观点,言听者却有理由认为那是在标新立异。言说者认同他人观点,言听者却有理由认为那是在拾人牙慧。

有意歧义和无意歧义可能在于言说者,也可能在于言听者。所以,我们会读到关于同一篇论文或文学作品不同的甚至是两种针锋相对的评价,似乎歧解和过度解释已经成为评论不可或缺的要素。而令人无奈的则是:歧解和过度解释都有它们存在的正当理由。从理论上来分析,纯粹的客观评论是不存在的,因为言说者和言听者的表达方式、理解能力、语境知识、心理认知以及言语动机等等都不可避免地带有各自的主观能动性,两者之间的重合概率几乎为零。

第四部分是"程度高的歧义和程度低的歧义"(第822页)。

赵元任先生是从言听者的理解来指认歧义的。在这个部分,他提到了"双关",但没有予以概念上的区分。其实,我们可以尝试区分"歧义"和"双关"。前者是言听者的理解所导致的,后者则是言说者的动机或意愿所致。

如果尝试写一篇关于汉语歧义方面的论文,我首先会区分"多义""歧义"及"双关"这三个概念。然后,再从语言层面和言语层面进行分析,进而从言说者和言听者的角度进行描写和解释。

第五部分是"语内歧义和语际歧义"(第822—823页)。

在不同语言之间的翻译和理解过程中会发生歧义,其根源在于不同语言之间所存在的语言符号差异、语言符号结构方式的差异以及不同文化之间根本性的差异。如赵元任先生所提及的两个例证(第823页):当汉语用"朋友"的时候,德语则需要确认是Freund(朋友,阳性)还是Freundin(朋友,阴性)。当英语用cousin(堂兄弟,堂姐妹)的时候,汉语则需要明确是"堂兄"还是"堂弟",是"表兄"还是"表弟",是"堂姐"还是"堂妹",是"表姐"还是"表妹"。语际之间可能发生的歧义远不止这些,还有结构方面可能导致的歧义。我此时能够想到的是德语的例证：

(1) a. die Scheidung ihres Sohnes
   "她儿子的离婚"
   b. die Scheidung von ihrem Sohnes
   "与她儿子的离婚"
(2) a. Beim Pfeilschießen soll man auf die Zielscheibe erzielen, während des Geigesspiels soll die Melodie den Zuhören entsprechen.
   "射箭要看靶子，弹琴要看对象。"
   b. Das Messer soll auf dem Stein geschliffenwarden, der Stahl soll aber im Feuer gestählt warden.
   "刀在石上磨，钢在火中炼。"

德语中格的体系相当完备，主格-宾格结构在语词顺序方面也是相当的灵活。格体系确保德语用变格的方式来标示冠词、名词、形容词等在语句中的位置。同时，德语又具有完备的词性转换规则系统。无论是英语、法语还是汉语都无从精准与其相匹配，那么，在翻译或理解的时候，发生歧义，更为确切地说，应该是发生语义偏离，那则是可以预见的了。例如：

(3) 德语：Sie blieb meine beste Freundin.
   "她(阴性)仍然是我最好的朋友(阴性)。"
   英语：She is still my best friend.
   "她(阴性)仍然是我最好的朋友(无性别标示)。"
(4) 德语：Er hat seinen Kollegen das Problem erklärt.
   "他已向他的同事们(第三格)解释了这个问题。"
   英语：He has explained the problem to his colleagues.
   "他已向他的同事们(介词宾语)解释了这个问题。"

实际上，不仅在语际之间发生歧义，更大的可能性则在于文化之间的歧解。就像当初看《廊桥遗梦》，有人就偏偏只看到了婚外恋，而且还煞有介事地争论它究竟是在宣扬婚外恋还是在批判婚外恋。就像有些外族人看我们各样的传统节日，偏偏就只是看到什么节日都离不开吃，看到的是一个吃文化十足的民族："谋生"叫作

"糊口";"岗位"叫作"饭碗";"受雇"叫作"混饭";"花积蓄"叫作"吃老本";"混得好"叫作"吃得开";"占女人的便宜"叫作"吃豆腐";"依靠女人"叫作"吃软饭";"女人漂亮"叫作"秀色可餐";"受人欢迎"叫作"吃香";"受到照顾"叫作"吃小灶";"不顾他人"叫作"吃独食";"受人伤害"叫作"吃亏";"嫉妒"叫作"吃醋";"犹豫不决"叫作"吃不准";"承受不住"叫作"吃不消";"胆大"叫作"吃豹了子胆";"不能胜任"叫作"干什么吃的";"办事不利"叫作"吃干饭";"中介"叫作"吃差价";"预想不到变故"叫作"吃惊";"总结教训"叫作"吃一堑长一智";"手头缺钱"叫作"吃紧"。如此等等,不一而足。这些让外族文化实在是难以理解。

第六部分是"同形字:汉字造成的歧义"(第 823—825 页)。

赵元任先生给出两类例证。
第一类例证:[①]

> 头发长得怪。
> a. 头发很长,以至于有点儿怪。("长"读作 cháng)
> b. 头发的长相有点儿怪。("长"读作 zhǎng)

> 这个人好说话。
> a. 这个人容易通融。("好"读作 hǎo)
> b. 这个人喜欢说话。("好"读作 hào)

第二类例证:[②]

> 非法国大将选出……
> a. 非法国籍的将军选了……
> b. 非法　国大　将　选出……

> 下雨天留客天留我不留。

[①] 赵元任:《赵元任语言学论文集》,北京:商务印书馆,2002 年版,第 824 页。
[②] 赵元任:《赵元任语言学论文集》,北京:商务印书馆,2002 年版,第 824—825 页。

a. 下雨　天留客　天留　我不留。
b. 下雨天　留客天　留我不　留。

我以为,实际上,这个部分涉及到两类歧义:一类是由多音字导致的歧义,另一类则是去停顿语句或去标点符号的文字所导致的歧义。

由此看来,这个部分不能完全归结到汉字,而应归为语音要素及语境要素。

第七部分是"同音歧义"(第825—828页)。

同音即不同的概念用同一个语音符号来指认。同音是世界所有语言的共性。只是,我突然想到,倘若将方言音素介入进来,那就更为有趣,也更为现实了。其实,在日常交流中,大部分人是带有乡音的。

下面是徐南铁先生二〇〇八年一月八日发给我的短信:

大会开鼠(始),项(现)在请领导花(发)言。
各位女婿(士)乡(先)绅(生)们:娃(我)们山(汕)头,轰(风)景买(美)丽,高(交)通荒(方)便,山(商)鸡(机)很多,欢迎你们来逃(投)猪(资)！娃(我)发展,你撞墙(赚钱)。……

汕头方言与普通话加以对比,可见各自的发音特点。

方言与普通话语音系统有差异,导致错位的同音词,产生歧义。而这种歧义非常典型地呈现了歧义的特征:歧义产生于言听者的理解。也只有非汕头人能够享受这种歧义。恐怕汕头本土人都不会认为这段话语是双关,更不会认为它是多义。

第八部分是"由直接成分造成的歧义"(第828—831页)。

这个部分有一个注解:"这里提及的不同类型的歧义是相互交叉的。"[1]
这里给出的例证大多在言语交流中并不会带来歧义,也就是说,它们不会导致言听者歧解。而从理论上分析,它们的歧义似乎是存在的,或者说,是潜在的。赵

---

[1] 赵元任:《赵元任语言学论文集》,北京:商务印书馆,2002年版,第829页。

元任先生给出了如下例证：①

　　无肺病牛
　　a. 无　肺病　牛
　　b. 无肺　病牛

我以为，这个例证其实是不能被追究的。倘若无肺，那便不是生物学意义上的"牛"。由此看来，"无肺病牛"应该是没有歧义的。倒是我近期看到的一家店铺名，还真就是典型的"由直接成分造成的歧义"：家乡人骨头火锅。看着令人有些许不适。

在普通语言学的课堂上，我谈到歧义的问题。有研究生给出这样的对话例证：

　　A：您贵姓？
　　B：我姓焦。

他认为这是歧义，因为"姓焦"与"性交"同音。但是，事实上，在这样的对话中，语境排除了任何产生歧义的可能。换句话来说，这样的同音表达似乎只具有潜在的歧义性。在我看来，不是所有的同音现象都会导致歧义的结果，语句语境之外的言辞语境对语义的歧义具有一定程度的框定作用。毕竟，歧义是发生在言语的层面。

倒是想起一个字，在两种完全不同的语境中丝毫不会产生误解，即"赢"字。如"谁也赢不了"这一短语本身并没有歧义，但是，进入语句语境之中，便发生了歧义。然而，言辞语境与现实语境又让整个语句的语义清晰且明确。例如：

（5）中国男子足球队谁也赢不了。
（6）中国男子乒乓球队谁也赢不了。

在语句（5）中，"谁"是"赢"的宾语。在语句（6）中，"谁"是"赢"的主语。因为有

---

① 赵元任：《赵元任语言学论文集》，北京：商务印书馆，2002年版，第829页。

了言辞语境和现实语境,但凡是有着基本话语能力的中国人,都不会对这两句产生任何的歧解。

另一个是"败"字。也不会形成歧义。例如:

(7) 中国男子足球队大败米兰队。
(8) 中国男子乒乓球队大败日本队。

在语句(7)中,"败"的宾语是"中国男子足球队",整个语句的意思是:米兰队大胜,中国男子足球队惨败。在语句(8)中,"败"的宾语是"日本队",整个语句的意思是:中国男子乒乓球队大胜,日本队惨败。

第九部分是"其他形式的结构歧义"(第 831—835)。

在这个部分,赵元任先生提出了如下两个观点:①

除了少数故意运用的情形,歧义是交流的障碍,它是符号体系有待补正的缺点。从例子中可以看出,同形歧义可以通过给出读音来消除,大多数同音歧义可以通过给出不同的字形来消除。至于由直接成分引起的歧义和其他形式的结构歧义,一个非常重要的因素是超音段成分(prosodic elements)。除了标点和其他标引特征能提供极小的一点帮助外,超音段成分基本上不被绝大多数的书写系统表示出来;不管这种书写系统是用方块字的还是用字音的,甚至通常算作是表达音位的书写系统也一样。一般地说,由直接成分造成的歧义可以通过使用合适的音渡(juncture)和停顿(pause)来消除。当然,重音和语调总是重要的。

有必要给分析者一个忠告:不要期望韵律特征和结构之间会有一种十分简单的对应关系。事实上,某些用以消除歧义的形式特征和几种意思之间并不是一对一的对应关系,甚至也不是一对多或多对一的关系,而是一种不对当的关系。

---

① 赵元任:《赵元任语言学论文集》,北京:商务印书馆,2002 年版,第 833—835 页。

读完之后,总觉得还不够过瘾。其实,每一个部分都可以得到更为充分的拓展。赵元任先生堪称中国一代语言学大师,又难得的多才多艺!

这本书是常绍民先生送给我的。当初他还在商务印书馆,现在已经调到了三联书店,成为副总编。仍然记得他当时笑着说:"你喜欢读书,拿去好好读吧!"在这本书还饱含新鲜墨香的时候,我便把它从北京带回了南京。只是当时对有关方言的论文似乎没有多少兴趣,收录的六十三篇论文我只读了其中的几篇。现在,才算是真正领略语言学大家的学术能力和智慧心灵。

不知怎么的,觉得自己还应该重读这本书。在追随大师的过程中,不断获得思辨的激励,同时又发现自己知识结构的缺漏。

13 《中国语言学史》
/ 王 力

王力,《中国语言学史》,上海:复旦大学出版社,2007年版。

在书店注意到这本书是因为它的封面:清和、调畅。见是"中国语言学"便将目光移至他处。当"中国"置于"语言学"之前,我总要翻看目录,看它究竟是汉语语言学呢,还是涵盖五十六个民族语言的语言学。我所看到的无一不应该更名,即改"中国"为"汉语",以达到名副其实。偏偏余光留住了作者"王力"二字。于是,端详这本书,查看目录,本来,根据书中的目录,它的内容只涵盖汉语研究史。随手翻看,衬纸是奶油巧克力的颜色,我特喜欢。注意到书后的勒口上印有:"严格地说,应称为汉语语言研究简史。"便觉得放松了许多。这本书拿在手上非常舒服,是让人阅读的书。这么说,是因为有些书又厚又重,精装的,硬邦邦的封面,再外加一个封套。阅读过程中,都不知道该怎么处分它们。估计多半是用于办公室或家装摆设。忽然间想起了一位身价过亿的总裁,新房装饰的时候,他对手下说:"这地方别空着,再给我搞TM两三米的书来。"像他这样的老板最是一些出版社成套精装丛书的受众。

其实,我也就是太过较真了。自己的书橱里有两本广东教育出版社出版的何九盈先生所著《中国古代语言学史》(1995年版)和《中国现代语言学史》(2005年版)。就是因为过不去书名给我带来的心理阻隔,一直都没有尝试着去阅读,也因此久违了王希杰先生先后将那两部书送给我的初衷。

准备读王力先生这本《中国语言学史》的时候,正值阳光洒满书房。拉上半面落地窗帘,打量这本书,真是非常喜欢它的装帧设计,很精细,也很巧妙。偏就应了那句"书卖一张皮"。

最先阅读"全书的结论"(第 170—174 页)。我就是这么没出息！读小说也是这样,只要有大结局,我一准先读为快。

按照王力先生的观点：

> 中国语言学的发展路线,是由两个因素决定的,第一个因素是社会发展的历史;第二个因素是汉族语言文字本身的特点。①

事实上,任何一种民族语言的研究应该都受制于两个方面的因素:一是本民族的社会发展史,另一个则是本民族语言的特点。而此处,王力先生提到了"语言文字本身"。

在国内学界,似乎语言文字是一体的。所以,我们有"汉语言文字学"。说顺了口,也就将语言文字作为一个统一的概念种植在学术理念的最深处。也因为有这样的视角,总喜欢将"语言"与"文字"杂糅在一起加以讨论或研究。当我们试图研究去文字的"语言"时,便遭遇各样的指责。指责方在自以为是、趾高气扬的话语或文字中并不介意使用外行的逻辑和侮辱性的猜测。这反倒让人觉得有些许同情了！

语言是语音与概念结合的体系,文字则是承载这个体系的工具。这已经成为世界语言学界的通识。

而汉语语言学的一个根本性的理念则表现在张之洞先生的话语中：

> 治经,贵通大义,然求通义理,必自音训始;欲通音训,必自《说文》始。"②

这种指导思想贯穿着将近两千年的中国语言学。在二十世纪以前,中国历史上所有语言学或关于语言学的杰作几乎都是为经学服务的。没有对语言本身的系统研究,没有对语言演化的系统研究,没有语音流变的系统研究,更没有普通语言

---

① 王力:《中国语言学史》,上海:复旦大学出版社,2007 年版,第 170 页。
② 王力:《中国语言学史》,上海:复旦大学出版社,2007 年版,第 170 页。

理论研究。偶有闪光的言说或深邃的思考,却都因为缺乏深入、辩证的研究而没有形成思想体系。诚如明代音韵学家陈第(1541—1617)所说:

> 一郡之内,声有不同,系乎地者也;百年之中,语有递转,系乎时者也。①

再如王念孙(1744—1832)有言:

> 就古音求古义,不限形体。②

从汉语语言研究的历史过程来看,作为经学附庸的结果便是语言研究的非独立性。但是,这并不是一种历史的必然。比如,梵语研究。它的最初目的也是为经学服务,也是经学的附庸。但是,它却形成了空前绝后的语言分析研究体系。吠陀梵语文献的研究有六门基本辅助学科,包括语言分析、语音、词源、韵律、天文、仪式典范研究。语言分析是它们之中最为基础也是最为根本的。直到现在,我们仍然必须将梵语语言分析的系统研究视为世界语言系统研究的最高成就。所以,我以为,一种民族语言研究最初的附庸地位和这种语言研究以后的发展道路之间并不存在任何必然的联系。

王力先生认为:

> 汉族语言文字本身的特点规定了中国古代语言学不以语法为对象,而以文字为对象。其所以不以语法为对象,因为汉语的语法是比较简单的。虚词可以作为词汇的问题来解决,句法则古今的差别不大,古代汉语句法问题可以通过熟读领悟来解决。这就说明了为什么梵语音韵曾经影响我国的音韵学,而梵语语法却没有促使汉语语法学的产生;又说明了为什么直到十九世纪末年,马建忠才从西方移植了"葛郎玛"。由于汉字不是拼音文字,令人有这样的印象,以为文字可以直接表示概念;文字的研究,与通经直接发生关系。③

此处并没有阐释汉族语言、文字本身的特点究竟是什么,或许在正文中有,如

---

① [明]陈第撰,[明]焦竑订正:《读诗拙言》,见《音韵学丛书》,附《读诗拙言》一卷。
② 王力:《中国语言学史》,上海:复旦大学出版社,2007年版,第171页。
③ 王力:《中国语言学史》,上海:复旦大学出版社,2007年版,第171—172页。

果这样,我近日就会读到。可是,将"汉语的语法是比较简单的"作为不以语法为对象的理由,我觉得有些许牵强。什么是"简单"？相对什么而言是简单的呢？任何一种语言的句法问题都是可通过熟读领悟来解决的呵！这就是为什么本民族的儿童在本民族的语境中可以不学句法问题而熟练使用自己本民族的语言。不仅可以言说他听到过的话语,而且还能够言说他未曾听到却完全符合民族语言句法规则的话语。试想,有哪一个儿童是通过句法知识学习来掌握本民族语言的呢？甚至出生并成长于异族他乡的孩子,他也不需要经过任何句法知识的专门学习来获得言说异族他乡语言的能力。又或者换句话来说,没有任何一个本族人会认为自己的语言难以掌握。此外,从这段引言中,似乎看不出为什么梵语音韵曾经影响了汉语的音韵学,而梵语语法却没有促使汉语语法学的产生。引文中的"葛郎玛"应该是 grammar（语法）的音译。

把西方的语法移植到汉语中,是对汉语语言结构的描写和解释呢,抑或是削足适履的生搬硬套呢？它是彰显了汉语语言结构的特性呢,还是扭曲并遮蔽了汉语结构的本真呢？是在对汉语与西方语言进行全方位的比较之后而进行的移植吗？是在汉语与西方语言的共性基础上所做的分析性移植吗？是在充分考虑到汉语结构个性特征的基础上所做的修理性的移植吗？我们是不是就一定要追求以一个标准尺度来描写或解释世界上存在的各样的语言呢？是不是就一定要预设世界各样语言具有根本的共性特征呢？

我将带着这些问题开始逐章逐节地阅读这本书。

当我们涉及语言的时候,不同种类的语言在历史过程中的相互融合、交通已经让我们无法安心于就一种语言进行深入研究而不顾及其他种类的语言及其彼此之间的相互影响。在实际的研究中,恐怕已经难以规避其他种类的语言对某一语言的不同层面、不同方面的侵入。

卢盛江先生研究《文镜秘府论》,他就需要非常清晰地了解梵语音调的问题,要确认梵语中 udātta（升调）、anudātta（平调）、svarita（升降调）以及 pranana（平降调）的学术定义,以及它们在吠陀梵语时期和古典梵语时期的不同表现形式,由此追索在佛经传入中国的过程中梵语音调对汉语的影响。就相关梵语的问题,他的严谨以及他对问题的执着追问,我深感钦佩。在回答他所提出的相关问题的时候,在与他进行深入探讨的时候,我也获得了知识和理念的提升。从他的研究及研究思路中,更能看到语言深刻的相互交融特征。

问题是，从语言学的角度来看，这样的交融是否具有一般的规律性？是否呈现强势的个性特征？语言这个思想的物质外壳在多大的程度上表现出它在人类文化发展过程中的独立性？

近来，总听到有人在各样的媒体、平台、场合呼吁：现在学术界太浮躁，泡沫太多，垃圾太多，必须叫停！能够在那样的大场面发表感慨的多半都是当下学术界颇有些名气的人物。当然，在日常社会活动中，也有来自毫无影响力的小人物做出同样的断言，但是，终究是人微言轻，能够被世人所听见的，或者说能够在公共领域拥有话语权的，仍然是那些人物或者那些人物的随从们。然而，在我的心里，他们"先天下之忧而忧"的喧哗、高亢以及他们的严峻表情却与卢盛江先生"衣带渐宽终不悔"的安静与踏实形成强烈的反差。我相信，在中国的大学里面，有着相当一部分如卢盛江先生、如吴新江先生一般的学者，他们应该被那些人物看见但不被人物打扰。其实，大可不必去对消极的学术现象予以过度的关注，因为如果它们真的是浮躁，真的是泡沫，真的是垃圾，那么，所有的浮躁，所有的泡沫，所有的垃圾都会轻浮得足以薄命而无从长期存在。适度的蔑视、适度的批评、适度的宽容是需要的，也是必要的。就像我们的社会，在颂赞精英分子的同时必须容忍监狱的存在。任何一个历史时期都没有纯净得只有经典、惟有经典。当下的学术大人物们应该不会期待每一位学者写出的每一篇论文都必须是经典吧？学术中的浮躁、泡沫、垃圾是一种常态，是一种从来就没有进入主流的常态。它们的转瞬即逝便是它们的永久归宿。

倘若我们期待学术界有大师的诞生，那便要允许有学术工匠的存在，还要允许有学术仆人、学术庸人的存在。不是吗？期待所有的学者都成为大师或大师一般的人，这不符合学术的自然法则与生态。我以为，学术大人物们是不是正在做着应该与其所占有的资源相适应的大学问，倒是更值得关注的。

所以，当一些人对着已经被指认的学术垃圾煞有介事地踹上几脚，当一些人对着已经被指认的学术泡沫重拳出击的时候，且满怀仇恨，恨不能让它们永不见天日，他们的行为便显得有几分夸张，也便有几分滑稽了。

再有，我们的学术批评，常见有这样的说明："我与某某某并无个人恩怨（我根本就不认识某某某）。"从话语分析的角度可见，这样的表述含有一个预设：有无个人恩怨与学术批评是有关联的。我们其实是可以就这样的话语进行追问的：如果你说的你"与某某某并无个人恩怨"是真实的，那么，你导师与某某某可曾有个人恩怨？你导师与某某某的导师可曾有个人恩怨？你是不是会因为某某某在某篇论文或某本论著中没有引用你而心存不满？你是不是会因为某某某没有参与到对你论文进行高度评价的群体中而心存不悦？是否存在此地无银三百两之嫌？学术批评是学术界的一个重要健康标志。学术批评有别于学者批评，有别于学者吹捧。它应该针对学术问题，旨在解决学术问题。其余的，那都不是正道。

而实际的情况正是：是褒是贬，往往取决于批评者与被批评者之间的关系。倘若志趣相投，多半是恭维的评价；倘若是学术结怨，多半是贬损的评价。有的人围绕着掌握学术平台的主子，并按照他们的旨意，或是褒奖，或是批判；或是谄媚，或是仇恨。还没有习得蛇打七寸的能力，便首先以基础知识缺乏、理论知识缺乏等冬烘的问题泼上一盆愤怒的脏水再说。奴才出手就可以了，何需劳烦主子。今天要把这位学者赶出学术界，明天要把那位学者拉下神坛。其实，我以为，我们现在的学术批评，无所谓有，无所谓无。学术成就，任其流变，该留下的终归会留下，该离去的终归会离去的。一时半会儿的"红"或"黑"或"冷"又算得了什么呢？不过，对于一些人来说，泼了脏水有一个好处，可以解恨，可以为此到一家体面的餐馆弹冠相庆。学术批评就这般莫名其妙地从理性的层面庸俗化地进入了情绪调制的漩涡。

也有人将这种学术消极现象归结为教育体制的问题。体制带来一些机构以及随着机构而产生的导向。比方，层层设立评奖制度，层层设立重点项目，层层设立评审队伍。这种声音多半来自敢怒敢言的人们，那些在制度、项目、队伍顶端的人物们正乐此不疲，自然无从生怒，便无从言说了。不过，试想，体制本身的问题所带来的一切会吸引如庄子、如莎士比亚、如黑格尔、如康德、如毕加索、如鲁迅一般的人吗？会让他们变得急功近利、坐立不安、谨小慎微吗？会让他们为了所谓的人际和谐而丧失独立思考，或者为标新立异而丧失思想本真吗？

当下的教育体制，那也不过是一些人存在方式的表达而已。从根本上来看，它不过是一种集团利益的寄生结构。如果期待这个集团囊括每一个人的利益，那么，我们便是在期待一个抽象的共同利益。这个利益可以被思想，却不能被享受！要公正吗？公正只能是一种相对的存在。

从我个人的角度，作为在大学里面谋生的贫民教授，做一份好玩的研究，有能力让课堂成为一个好玩的学术场所，由此踏实地获取一份生活的费用，珍惜并享受生命中的每一时刻，也就不虚此生了！

语言好玩！世界各样语言的各样姿态不由我不沉醉！

从各个角度和方向思考语言颇为有趣，不把自己框定在某一封闭的学术空间。二十世纪八十年代读研究生的时候，刘纯豹先生在词汇学的课堂上说："你们别看中文系那么多人,中国真正的语言学大家还都是我们外文专业转过去的。比如讲,王力……"每当有人问我为什么到中文系攻读博士学位的时候,我总是即刻想起他的话语,便笑而不答。刘纯豹先生的这般话语在学生的心里如深深的暗流一般产生巨大的牵引力和轰鸣的提示效应。

而其实,中文系的研究者专注于汉语,而较少关注其他语言,语言比较能力相对缺失。这应该是一个主要的原因。他们大多是汉语语言学家,而没有能够成为普通语言学家。

王力(1900—1986)著有《中国现代语法》《汉语诗律学》《汉语音韵学》《汉语史稿》等。他的重要著作已编入《王力文集》(全二十卷)。这位了不起的语言学家所取得的骄人成就让人望尘莫及!

14 《古代汉语词汇学》
/ 赵克勤

赵克勤,《古代汉语词汇学》,北京:商务印书馆,2005年版。

就我所知,古代汉语并没有"词汇学"这一学术概念。若与词汇关联,那应该是"训诂学"了。

对"训诂学"的定义,可见《辞海》:

> 我国传统的研究词义的科学。偏重研究古代的词义,特别是以研究汉魏以前古书中的词义为主。也综合分析古书中的语法、修辞等语文现象。其著作大体上有两类。一类是专为解释某部著作而写的,如《毛诗注疏》《春秋左氏经传集解》《论语注疏》等。一类是收集词语,分类编次,解释其意义的,如《尔雅》《释名》等。①

"词汇学"则是语言学的一个分支,它研究并分析语言词项以及词义和词汇的演变。而从《辞海》中可以查到"词汇学"的具体定义:

> 语言学的一个部门,以语言的词汇为研究对象。研究词汇的起源和发展的历史的,叫"历史词汇学";研究某个时期的词汇系统的,叫"描写词汇学";研究语言词汇的一般理论的,叫"普通词汇学"。狭义的词汇学,只研究词的构造

---

① 夏征农主编:《辞海》(缩印本·1989年版),上海:上海辞书出版社,1990年版,第434页。

和词汇的发展、构成及其规范;广义的词汇学,还包括词源学、词义学、辞书学等。①

从定义来看,"词汇学"与"训诂学"无论在研究对象还是在研究方法上都有着巨大的差异。

这本书研究的对象是古代汉语词汇(第2页),这不同于汉语历史词汇学,后者追溯汉语词汇发展的历史过程,并考证具体的词语来源及其流变。它似乎也不同于汉语描写词汇学,因为它没有呈现对古代汉语词汇系统的研究。

在绪论中,赵克勤先生指出:

> 古代汉语词汇学的任务就是要探索变化发展的规律,搞清汉语词汇古今的主要差别。这是就"纵"的一方面来说。还有"横"的一方面,如字与字的关系,字与词的关系,词与词的关系,词汇与文字、语法、语音、修辞的关系等,古代汉语词汇学就要研究它们互相制约、互相影响、互相促进、互相转化的情况和规律。②

显然,这本书主要是对古汉语的历史词汇学进行探索,同时也包含了对古汉语词汇的描写,以及更多的非词汇学的内容,如文字、语法、修辞等等。所以,赵克勤先生既设有单音词(第15—32页),又设有复音词(第33—88页);既设有同义词(第138—177页)、反义词(第178—200页),又设有通假字(第230—251页)、同源字(第252—261页);既设有"词义的演变"(第119—137页),又设有"古今字"(第262—276页)。

读完这本书,便不停地在想:

第一,"字"和"词"究竟应该做出怎样的学理上的界定?在各章节中如何确保界定与描述过程中"字"和"词"的区分概念稳定而清晰?

第二,古代汉语词汇学的年代如何确立?这本书是在尝试用前瞻的观点,即追随时间的进展呢,还是采用了回溯的观点,即回溯时间的流程呢?在进行词汇描写的过程中,采用了言听者的观点呢,还是言说者的观点呢?我以为,研究古代汉语

---

① 夏征农主编:《辞海》(缩印本·1989年版),上海:上海辞书出版社,1990年版,第443页。
② 赵克勤:《古代汉语词汇学》,北京:商务印书馆,2005年版,第3页。

词汇,最不应该缺失的便是"时间"概念。

第三,这本书里指认的古代汉语所分布的区域是怎样的?在这个区域里是否存在方言词汇体系?方言词汇体系之间的交流与传播是否影响到这本书里所指的词汇的流变呢?这本书里研究的古代汉语词汇是口说语言的词汇体系呢,还是书写语言的词汇体系呢?"空间"概念失语,会不会成为古代汉语词汇研究的大忌呢?

第四,当词汇学指认词义的扩大、词义的缩小和词义的转移(第125—126页),就古代汉语词汇而言,这是普遍现象呢,抑或只是有这些现象存在呢?如果是古代汉语词汇流变的普遍现象,那么,又是什么在导致这些现象的发生呢?是社会交流?是语言自身流变?是语言时空要素的共同作用?是主流社会的倡导或规定?

第五,如果说同义词形成的主要原因是词义的演变(第141页),那么,反义词形成的主要原因又是什么呢?书中涉及反义词的分类(第178—186页)、反义词的特点(第186—191页)、反义词的运用(第191—195页)等等,但是没有提及反义词形成的原因。我们似乎不可以假设:词义演变是向着同义词的单个方向的运动。不是吗?

有些书是信息型的,让读者享受信息的饱满;有些书是思辨型的,让读者享受思辨的快乐;有些书是启发型的,让读者享受激励的冲动。在我看来,这本书是启发型的,它让我萌动尝试的联想:是不是可以尝试隋唐汉语词汇学、宋代汉语词汇学、元代汉语词汇学、明代汉语词汇学?是不是可以尝试汉语词汇学、汉语词汇学史?是不是可以在历时和共时研究的基础上建立汉语词汇学?是不是可以将汉语词汇学纳入普通词汇学的研究体系之中呢?是不是由此可以将汉语词汇学推向极致呢?倘若我尝试写一本古代汉语词汇学,我似乎可以采取如下的思路:

首先,简单勾勒古代汉语存在的历史语境,在此基础上界定古代汉语的明确时间过程和明确分布区域。其次,区分古代汉语词汇中的口说词汇体系和书写词汇体系,指认两者之间的辩证关系;区分方言词汇体系和通用词汇体系,描写两者各自的分布边界以及两者之间的相互影响。最后,分析古代汉语词汇的词项、词义和词汇演变的成因,以及它们各自流变的规律与非规律状态,兼顾语境中的语词和短语的存在状态。

一九九四年,这本书便由商务印书馆出版,我却在十四年之后才与它相遇!似乎应该早些读到它的。

赵克勤先生在第一版的后记中指出:

  本书力图较全面地吸收古今学者的研究成果,深入探讨一些重要的学术问题,初步建立切合实际的学科体系,充分地反映当前古汉语词汇研究的状况和水平。

  这本书是冯华英先生送给我的。我几乎每年都要去一趟北京。我们每每见面,她都会毫不吝惜地夸赞我一番,说我了不得!不得了!成果了得!我要在涵芬楼买书,她便拿出优惠卡。我要购买一位油画家的三幅作品,她便让我听她的消息,她要找一位油画界的资深人士了解这位油画家的前景。终究是北大出身的博士,做起事情来特别仔细,特别认真。与她相比,我则马虎了许多,就是喜欢那三幅油画,喜欢莲叶何田田、小荷露尖尖的那份宁静,喜欢正午时分窗外向日葵的那份沉郁,喜欢抽象化的牡丹所传递的那份自由与狂放。在她的身边,我准定是属于头脑比较简单的一类人!

  常常会想起冯华英先生的真诚、大方与热情!她还送给我两本书:王均先生的《王均语言学论文集》和钱冠连先生的《语言:人类最后的家园》。她送给的书,我没有不积极阅读的!

15 《汉语诗律学》/ 王 力

王力，《汉语诗律学》，上海：上海世纪出版集团，上海教育出版社，2002年版。

研究汉语，不能不读王力先生，就像研究梵语，不能不读帕尼尼一样。

这本书设有五章，分别是近体诗、古体诗、词、曲、白话诗和欧化诗，共计六十五节。

学习"诗律"，必然遭遇"韵语""韵文""平仄""对仗"等概念。根据王力先生的言说：

> 这里所谓韵语，除了诗歌之外，还包括着格言、俗谚，及一切有韵的文章。譬如后代的汤头歌诀和六言告示，它们是韵语，却不是诗歌。古人著理论的书，有全部用韵语的，例如《老子》。有部分用韵语的，如《荀子》《庄子》《列子》《文子》《吕氏春秋》《淮南子》《法言》等。文告和卜易铭刻等，也掺杂着韵语，例如《尚书》《易经》，和周代的金石文字。许多"嘉言"，是藉着有韵而流传下来的，例如《孟子·滕文公上》所引放勋（尧）的话……①

似乎可以认为"韵语"通常是指"诗歌"。

那么，什么是"韵"呢？"韵"古作"均"，指和谐的声音。"韵文"则应该是指具有和谐声音的文体。也就是说，"韵文"是以"韵语"为基础的。可是，这里存在一个"和

---

① 王力：《汉语诗律学》，上海：上海教育出版社，2002年版，第2页。

谐声音"的问题。声音是否和谐从根本上来说还要看判断的依据和标准。比方,是根据唐以前的各地方音呢,还是根据现代汉语的方音呢?是根据吴方音呢,还是根据北方音呢?王力先生提供如下例证:

  例如真韵和庚韵,依照西南官话和吴方言,是可以"同用"的,若依北方话就不大谐和。屋韵和铎韵,歌韵和模韵,依照大部分的吴语是可以通用的,若依北方话也不和谐。①

  韵语的用韵标准可大体从三个历史时期来考察(参见第3页):第一个时期是唐代以前,这个时期用韵基本上都是依据或者模仿口说语言和韵语所形成的约定俗成的规则;第二个时期是从唐代到五四运动,这个时期用韵必须依据韵书,口说语言不再是用韵的标准;第三个时期是五四运动之后,用韵完全以口说语言为标准。如果我们尝试充分理解唐诗,就只有先认识唐代的四声了,即平上去入。这是先决条件。唐代的声调体系在时间和空间结构中发生了流变。比方,现代汉语的四声早已不是唐代的四声了。唐代的平声进入现代汉语普通话已经分化为阴平和阳平。例如,"巴"为阴平,"拔"为阳平。唐代的入声则分别归入了现代汉语普通话中的阴平、阳平、上声、去声。

  声音和谐的一个基础是"韵母",即一个音节的收音。相同的韵母产生听觉上的和谐音响效果。而使得声音和谐的又一基本要素则是平仄,它是一种声调关系。"平"指汉语四声中的平声,其本义为"无起伏"或"均等";"仄"则是指汉语四声中的上、去、入三声,其本义为"倾斜"或"起伏"。《说文》:"仄,侧倾也。""仄"字的小篆字"仄"描写人侧身站在山崖洞穴里的形状。因此,它原本所表达的是倾斜侧身摇晃之意。

  平与仄相互调节,这正是所谓的"调平仄"。同韵同调的音相和叶,便构成了韵律。韵语和韵文的音乐性和节奏感由此产生。

  在我的印象中,不同民族语言的韵语和韵文有着不同的韵律规则。英语五音步诗行(English pentameter)讲究的是轻重律和重轻律;拉丁语六韵步诗行(Latin hexameter)讲究的是长短律和短长律;梵语的十六音节诗句(Sanskrit anuṣṭubh)讲究轻重律和重轻律。王力先生认为:

---

① 王力:《汉语诗律学》,上海:上海教育出版社,2002年版,第5页。

汉语近体诗中的"仄仄平平"乃是一种短长律,"平平仄仄"乃是一种长短律。汉语诗律和西洋诗律当然不能尽同,但是它们的节奏的原则是一样的。①

其实,在英语、拉丁语、梵语、希腊语等语言的韵语中,轻重律或重轻律并不是相互排斥的,长短律或短长律也并不是相互排斥的,同一首诗可以出现两种节奏原则。另外,具有长音和短音语音系统特征的语言未必采用长短律或短长律,而世界上大部分语言都是具有轻音和重音语音系统特征的,却未必都采用了轻重律或重轻律。汉语的语音系统特征不同于其他民族语言的语音系统,是属于具有声调的较少数语言,音有高低,有飞沉,有抑扬,有轻重,有短长。我因此不能够理解为什么王力先生将"仄仄平平"看作是一种短长律,将"平平仄仄"看作是一种长短律。由于汉语语音系统的独有特征,我难以在"仄"与"短""平"与"长"之间建立系统的联系。是否就可以称汉语诗是"平仄律"或者"仄平律"呢?这就犹如我们不能用英语或者梵语的语音特征来描写汉语的语音特征一样。似乎是有削足适履之嫌的。

以梵语十六音节诗句为例。通常,一首诗包括两个诗节,每个诗节包括两个诗句,每个诗句包括十六个音节。

○○○○∪ - - ∪/ ○○○○∪ - ∪ - |
○○○○∪ - - ∪/ ○○○○∪ - ∪ - ||

○表示中等音,∪表示轻音, - 表示重音。我们显然不能够用这样的方式来描写汉语诗行的节奏规律。无从适应汉语特征,便无从描写汉诗规律。

西方不少种类语言的诗其实是特别讲究"音步"(foot),即一个长音和一个或两个短音相结合的节奏单位。也因此讲究"步律"(meter),即若干音步构成诗行。汉语韵语与其他语言的韵语有着根本的差异。汉语讲究字数,而更多的语言讲究音节。汉语讲究联,即诗句,而更多的语言讲究诗行。比方,英语十四行诗,一个诗句可能就是一个诗行,也可能是两个诗行或一个半诗行。所以,描写汉语韵语,也只有"平仄律"或者"仄平律"②最得体、最贴切了。以王力先生的七律平仄格式为例:③

---

① 王力:《汉语诗律学》,上海:上海教育出版社,2002年版,第7页。
② 我姑且这么称之,或许已经有学者这么称了,或许还没有。王力的"平起式",我称之为"平仄律";"仄起式",我称之为"仄平律"。
③ 王力:《汉语诗律学》,上海:上海教育出版社,2002年版,第75页。

（甲）平起式：

平平仄仄仄平平，仄仄平平仄仄平。
仄仄平平平仄仄，平平仄仄仄平平。

（乙）仄起式：

仄仄平平仄仄平，平平仄仄仄平平。
平平仄仄平平仄，仄仄平平仄仄平。

这里的"平"与"仄"便包含了四个声调。同为仄韵，却是上声与上声相叶或同韵，去声与去声为韵，入声与入声为韵。这便不是长短律或短长律，轻重律或重轻律所能描写的了。

韵语的节奏规则是人类各种语言的共性，但是，表现形式各有不同。

"对仗"中的"仗"源自"仪仗"，即两两相对。用字数相等、句法相似的语句表现相反或相关的意思，又称"对偶"。这是对韵语形式和内容的双重规定。近体诗中的律诗和排律都有严格的对仗。所谓"律诗"，因格律严密而得名。起源于南北朝，成熟于唐初。八句，四韵或五韵，颔联和颈联应该对仗。分五言、七言两体，简称五律、七律。每首十句以上者为排律。

有趣的是，实际做诗的人未见得完全依从对仗的规则。毕竟，规则本身是对先前韵语的全面总结和理性归纳。它对做诗的规约程度及规约范围因人因地因时而有所不同。而第一时期，即唐代以前的韵语并没有严格的对仗规定。这种现象在历史进入唐代之时仍然有所延续。就律诗而言，对仗可以只用于一联，也可以四联都用。不过，仍有规则：如果只用于一联，则用于颈联。王力先生提供了王昌龄、储光羲、李白、王维等人的五言诗：①

寒夜江口泊舟

储光羲

寒潮信未起，出浦缆孤舟。
一夜苦风浪，自然生旅愁。
吴山迟海月，楚火照江流。
· · · · · · · · · ·

---

① 王力：《汉语诗律学》，上海：上海教育出版社，2002年版，第149—152页。

<blockquote>欲有知音者,异乡谁可求?</blockquote>

七言诗可就没有如此多的缺乏严格对仗的例证了,因为无古可仿。

在关于近体诗的句式和语法各节中(第190—314页),王力先生给各种句式总结出数十个乃至上百个大目及细目。以五言近体诗不完全句的句式为例,他分出十七个大类,五十四个小类,一百零九个大目,一百十五个细目。他强调:

> 不完全句可以说是近体诗所特有的句法,古体诗一般没有这种句法,散文一般也没有这种句法。①

在我看来,所有这些句式和语法基本上都不是近体诗所独有的,它们并没有脱离汉语句式和结构,并不是向壁虚构。它们仍然来自口说语言,包括词与词之间的结构关系、短语与短语之间的结构关系以及句与句之间的结构关系。

王力先生的《汉语诗律学》读起来很舒服,从基本概念出发,层层推进,轻易就进入他的话语体系,并按照他的指引走入韵语、韵文及诗律学。翻看目录的时候,我极为开心。先近体诗,后古体诗。我以为,从历史过程来看,古体诗在前,近体诗在后,最后是白话诗和欧化诗。我以为对我而言,最妙的就在于他没有采用前瞻的观点追随时间的进展呈现韵语的历史过程,而是部分地采用了回溯的观点,确立一个历史阶段的韵文,回溯这个历史阶段韵文的源头或先前形式。当王力先生首先呈现近体诗,在近体诗的基础上论述古体诗,这就会让古体诗显得不那么遥不可及,不那么没有趋近的路径,这种回溯的呈现方法一定会让阅读变得非常自然又非常轻松。

阅读过不少的唐诗,倾听过盛唐之音,游历过盛唐之境。人性思考、济世胸怀,或是豪迈,或是刚健;或是郑重,或是游戏;或是优柔,或是逃逸。生命因此而得到美丽而得体的安顿。这次读唐诗,似乎有了更多的联想,更广的视野,更深的思考。不只是增益学养,调理性情,而且,一些诗句让我的视觉和心灵同时遭遇快乐的冲击,气畅而意足。

---

① 王力:《汉语诗律学》,上海:上海教育出版社,2002年版,第237页。

读完第一章,我以为此后的古体诗,会像是我走失的朋友,会像是注定将在路边守候我的知己。我满怀期待。

在开始阅读之前,我还专门在《辞海》(缩印本,1989年版)里查找"近体诗"和"古体诗"这两个词条。

近体诗 亦称"今体诗"。诗体名。唐代形成的律诗和绝诗的通称,同古体诗相对而言。句数、字数和平仄、用韵等都有严格规定。排律则不限句数。①
古体诗 亦称"古诗","古风"。诗体名,和近体诗相对。产生较早。每篇句数不拘。有四言、五言、六言、七言、杂言诸体。后世使用五、七言较多。不求对仗,平仄和用韵也较自由。②

而进入第二章的阅读,才发现,此"古体诗"非彼"古体诗",王力先生这里的"古体诗"又称"古风",它是对古诗的模仿。王力先生指出:

唐宋以后的"古风"毕竟大多数不能和六朝以前的古诗相比,因为诗人们受近体诗的影响既深,做起古风来,总不免潜意识地掺杂着多少近体诗的平仄、对仗,或语法;恰像现在许多文人受语体文的影响既深,勉强做起文言文来,至多也只能得一个"形似"。在本书里,我们先谈近体诗,后谈古体诗,就因为唐宋以后的古体诗确曾受近体诗的影响,非先彻底了解近体诗就没法子了解"古风"的缘故。③

我先前的那种感觉竟然给我带来了一道抹不去的伤痕。

我想知道,王力先生在导言(第3页)中指出了用韵标准大约可分为三个时期,那么,为什么没有对第一个时期,即唐代以前的韵语加以描写和论述呢?只是对唐代以后的韵语进行系统的描写和解释,这也足以构成完备的"汉语诗律学"吗?我原本以为可以期待在王力先生这里读到通过古体诗而构拟或重建古音的体系,我原本以为可以期待在王力先生这里享受古音分解和归类的过程、古音碎片和整体

---

① 夏征农主编:《辞海》(缩印本·1989年版),上海:上海辞书出版社,1990年版,第1178页。
② 夏征农主编:《辞海》(缩印本·1989年版),上海:上海辞书出版社,1990年版,第133页。
③ 王力:《汉语诗律学》,上海:上海教育出版社,2002年版,第315页。

的流变,我原本以为可以期待在王力先生这里找到解释韵语的基础、解构韵语的路径、描写韵语的依据。怎么会这样呢?

于是,便通过邮件请教卢盛江先生。他回复:

一、《辞海》和王力《汉语诗律学》的解释,原则上说,都是对的。

二、任何事物都是相对的,任何概括、抽象都有局限。就《辞海》的概括来说,说:古体诗"不求对仗,平仄和用韵也较自由"。原则上是对的,但"不求对仗",不等于不允许对仗。"平仄和用韵也较自由",不等于不允许讲平仄,用韵完全自由。

三、"古诗"是相对于"近体"而言的。在"古诗"大范围内,也有不同情况。唐前的古诗是一种情况。唐代近体诗形成之后,又有几种情况。一种是和唐前风格一样的古诗。一种是受近体诗影响的古诗,也就是王力所说的"古风"(严格地说,律化古风的形成和近体诗的形成是同步的,二者都形成于唐初)。因此,王力对"古风"的解释也是对的。

四、从诗律的发展来说,唐前为古诗。唐时形成近体诗(即律、绝,包括五律七律、五绝七绝,排律),同时人们仍写古诗,除了写唐前那种古诗,同时还形成了王力所说的"古风"。这种"古风",虽然不同于唐前的"古诗",但它仍是"古诗"。

(我手头没有王力《汉语诗律学》一书。根据我的印象和理解:1."汉语诗律"重点在"近体诗律"。"诗律",广义的可以指古代一切诗歌的诗律,但主要当指"近体诗律"。作为《汉语诗律学》,重点介绍近体诗律,是对的。2.近体诗律的用韵,经后人总结,已形成了大家统一遵用的韵书,即一般常用的"平水韵"。但唐前的用韵,并没有形成这样的韵书(指为作诗而编的韵书,不是指《集韵》《广韵》这样的书)。唐前韵语,比较复杂,现代人根据唐前韵文加以分析,总结出一些规律性的东西。就王力来说,他有《古代汉语》四册,其中"上册第二分册"对"《诗经》用韵"和"上古韵部"有专门介绍。关于中古韵部,也有人做过研究,应该也有专著分析。上古韵部,比较复杂,为解决上古韵部问题,清人做了很多工作,这就是所谓"清代朴学"的一个重要内容。

我还是不够理解,在卢盛江先生去北京的路上,我与他有了如下的短信问与答:

15.《汉语诗律学》/ 王 力

我的问题：如果诗律学主要是唐韵语研究，那么，唐前韵语就没有被纳入系诗律学，可以这样理解，是吗？

卢盛江答：近体诗律就唐而言，韵语是客观语音现象，诗律是人约定的。唐前诗律主要是押韵，句的字数也有一定。但平仄对仗不严格，不规范。

我的问题：所以，唐前不足以构成诗律学，是吗？（不规范，似乎有以滞后规约先前之嫌。）

卢盛江答：唐前是古体诗律，不是近体诗律，押韵，可不对仗，平仄律未形成。

我的问题：唐前的不规范是因为它本身不规律呢，还是因为人们尚未发现它的规律呢？

卢盛江答：二者都有。本身没有后来那种规范，人们也未认识到。押韵、句的字数都有限定。对仗、语音前后抑扬变化都有表现。但只是个别分散的表现。未形成唐那样把押韵、对仗、平仄融为一体的严整有序的格律。

……

我需要再看看"诗律"以及相关定义。根据《辞海》："诗律"即诗的格律。"诗格"即作诗的法则。[①]"格律"即指创作韵文所依照的格式和韵律，各种韵文都有特定的格律。其中包括声韵、对仗、结构以致字数等。[②]

我以为，唐代诗律的规范不是一进入唐代这个政治历史时期便突发性地产生了。它应该有一个逐渐形成的过程，而在这个过程中，诗律的自觉意识起到了积极的作用。而诗律的自觉意识也应该不是随着唐朝的建立而建立的。是不是可以认为，诗律的自觉意识形成于唐前，而成熟于唐代。正如王力先生指出：

然而新式的古风并非盛唐才有的，齐梁及初唐已开其端，这因为五言律诗本来在齐梁就有了胚胎……[③]

那么，为什么研究"古风"而不研究唐前诗呢？尽管书中多处提及汉魏六朝的

[①] 夏征农主编：《辞海》（缩印本·1989年版），上海：上海辞书出版社，1990年版，第444页。
[②] 夏征农主编：《辞海》（缩印本·1989年版），上海：上海辞书出版社，1990年版，第1463页。
[③] 王力：《汉语诗律学》，上海：上海教育出版社，2002年版，第268页。

诗，但是并没有给予系统的关注。以转韵为例：①

> 唐诗的转韵，可大别为两种：第一种是随便换韵，像古诗一样；第二种是在换韵的距离上和韵脚的声调上都有讲究，这样，虽名为古风，其实已经是一种新的形式了。前者可称为仿古的古风；后者则可称为新式的古风。
>
> 仿古的七言诗应该是一韵到底的，因为汉魏六朝的古诗大多数是一韵到底的；新式的七古应该是转韵的，律诗不转韵，七古可藉转韵与律诗有分别，否则平仄既多入律，就和七律或七言排律相混了。
>
> 汉魏六朝的转韵诗也有四句一换韵或平仄韵递用的例子，然而那是偶然的，不像唐人诗着意的。前者因为是偶然的，所以不整齐；后者因为是着意的，所以很整齐。
>
> 齐梁以前的古诗往往只转一次韵，因为它们往往超过了四句才换韵；齐梁以后，因为喜欢四句一换韵，甚至两句一换韵，韵的数目就多了，最多的可达二三十个韵，例如白居易的《长恨歌》。

王力先生认为：

> 唐以前的诗句无所谓入律不入律。诗人们只是像做散文一样，字的平仄听其自然。②

这里的"入律"一定是指唐诗律。唐前的诗句似乎自然是不可以被期待受制于唐后的诗律了。可是，如果诗人们只是像做散文一样，那么，散文与诗句是否还有区别呢？抑或，唐前的散文即是诗，诗即是散文？应该不会吧？

论及古体诗的句法，王力先生指出：③

---

① 王力：《汉语诗律学》，上海：上海教育出版社，2002年版，第362—374页。
② 王力：《汉语诗律学》，上海：上海教育出版社，2002年版，第393页。
③ 王力：《汉语诗律学》，上海：上海教育出版社，2002年版，第515—516页。

在古风中,有些句子简直就和散文的结构一般无二,尤其是在那些有连介词或"其""之""所""者"等字的地方。

完全,或差不多完全依照散文的结构来做诗,叫作"以文笔为诗"。这种诗和近体诗距离最远。

唐前诗歌,我们既然称之为诗歌,那么,它就应该是按照一定的音节、声调、节奏、韵律而做成的。古时称合乐的为歌,徒歌为谣,不合乐的为诗。现在统称诗歌。是否要区分歌、谣、诗呢?它们之间是否有不同的音节、声调、节奏、韵律等规则呢?而王力先生的观点却是鲜明的,他指出:

甚至有人以为古诗的平仄也有一定的规律,只是和律诗不一样罢了。①

想到王力先生在《古代汉语》论及汉魏六朝诗的语言特点、句式特点以及用韵特点。②

根据王力先生的说法,汉魏六朝诗和散文只有两点区别:前者每句字数一定,而后者没有;前者押韵,而后者没有。我原本以为,诗的最本质的特点便在于每句规定的字数和押韵。如果排除这两个基本点,便无所谓诗了。也就是说,倘若没有了这两个基本条件,便不存在诗了。尔后又想到了自由诗,也便无所谓字数或韵了。

根据王力先生的说法,随着骈体文的兴起,魏晋以后的诗比较多用对仗。但是,当时的对仗只是一种修辞手段,而不是形式格律上的要求。我以为,无论当时的对仗是作为修辞手段还是作为格律规定,它都无可争辩地普遍存在着。既然对仗是普遍的存在,既然对仗甚至已经渗透到散文,似乎没有理由不对它进行描写和解释,似乎没有理由不在描写和解释的基础上构建唐前诗律学。

唐前的诗律似乎是一种潜在,而盛唐诗律则是一种显在。在汉语诗律成为诗的规定性格律之前,诗歌遵从约定俗成的模仿、改造、生成的路径而延续。这就像一个母语是汉语的孩子,在他或她能够指认汉语语言符号体系、句法结构体系、语义结构体系之前,只有潜意识的模仿、改造、生成。他或她不仅可以言说或理解别人言说过的话语,而且还能够言说并理解从未听到他人言说过的话语。一个五岁

---

① 王力:《汉语诗律学》,上海:上海教育出版社,2002年版,第395页。
② 王力主编:《古代汉语》(第四册),北京:中华书局,第1510—1517页。

的孩子与成年人完全可以顺利、充分地交流。

诗似乎还有一个长长的尾巴——词。词的别名便是"诗余"。词萌芽于隋唐之际,形成于唐代,盛行于宋代。原本是配乐的歌词,因而得名曲子词。词有如下特点:

第一,全篇有规定的字数;
第二,具有对仗;
第三,既有长句又有短句;
第四,具有韵律;
第五,具有平仄。

词的字数、对仗、长短句、韵律、平仄都不同于诗,尽管它被称作"诗余"。词既不同于近体律诗,也不同于古风。王力先生指出:

> 词人选定了词谱之后,一定要依照原谱的平仄,连韵脚的平仄也不能移易。平韵的词不得用仄韵,仄韵的词不得用平韵。如有平仄韵都可用者,则被认为平仄两体。①

> 词字的平仄,比诗字更为固定。②

"诗余"为"词","词余"则为"曲"。通常是指宋代以来的北曲和南曲。曲不同于词,它不像词那样具有规定的字数并具有自己的韵部和押韵方式。"曲字的平仄比诗词更严。"③而曲与词的根本性差异则在于曲有衬字而词没有。衬字在曲中颇有讲究。它是指曲律规定字数之外的字,即添加的字。从音韵的角度来看,衬字不可用于重音,也因此不可用作韵脚。衬字往往出现在曲句的句首。字数不定,少则一个,多则数十。

为什么会有"诗余"的诞生呢?为什么会出现词的长短句呢?为什么会出现曲

---

① 王力:《汉语诗律学》,上海:上海教育出版社,2002年版,第584页。
② 王力:《汉语诗律学》,上海:上海教育出版社,2002年版,第602页。
③ 王力:《汉语诗律学》,上海:上海教育出版社,2002年版,第801页。

的衬字呢？词有词调,是作词时所依据的乐谱。词调有很多的来源,也因此名目繁多。每种词调都有特定的名称,即所谓的"词牌",如"渔歌子""更漏子""蝶恋花""满江红"等等。是否可以更为确切地说,作词其实是填词,即根据乐谱而作。由于乐谱失传,后人填词便依据前人的作品,按照词的字数、韵脚、节奏、结构等加以复制。又因为填词的需要,后人又在前人作品的基础上进行归纳、概括和总结,抽绎各种乐谱的形式规律,形成词调,成为后人填词的规范。那么,有乐谱、词调在先,词则在后,它便必须顺应乐谱或词调的声调、旋律、节奏等等。词的长短句则在所难免,说到底,词的形式是乐谱或词调规约的结果状态。或许我们可以因此认为:词是诗的一种功能变体。称其为"诗余",倒也妥帖。

读完第四章的"曲",回看第一章的"近体诗",第二章的"古体诗",第三章的"词",似乎对汉语诗律形成了一个比较清晰的概念。而让我觉得更为有兴趣的则是作品本身。我应该多读诗、词、曲,应该在它们所呈展的情趣和笔力、时代和风俗、文化精神和集体心理中深深地浸染。

五四运动之后,随着白话文的盛行,白话诗也逐渐流行开来。汉语的白话诗是自由诗,是无韵诗,没有规定性的格律。

最近几年,令我印象最为深刻的自由诗还就是祁勇先生的作品。

我在这里
祁　勇

"我在这里",卡夫卡这句名言让很多人震惊。他又说过"你对这些话领会的程度,取决于你感受孤独的深度。""如果没有这些可怕的不眠之夜,我根本不会写作。"

我在这里
我就在这里
要么请你回头
要么请你面对

如果我跟随你的脚步
我决不在意道路的屈折 人生的崎岖

因为你的脚印印着我的脚印
心心相印无怨无悔

我在这里
我就在这里
要么请你回头
要么请你面对

如果我面对你的目光
我决不在意眼前的恐惧 未来的风雨
因为你的目光交错我的目光
默默横眉淡然相对

我在这里
我就在这里
请你不要回头
请你不要面对
你看你的《聊斋志异》
我写我的《狂人日记》
我就在这里等待
我决不在这里哭泣

遥想二十岁的我们，对诗歌很有一番激情，纯粹而无邪。我们一起读书，一起谈诗，一起写诗。那时的我们都以为，诗歌属于青春岁月。现如今，祁勇先生住着大大的别墅，开着越野车、跑车还有我说不出牌子的豪车，而他对诗歌的热爱似乎是更加地浓烈而纯粹了。

几乎与白话文自由诗同时发展起来的汉语欧化诗则具有一定的格律，比方，有相对固定的诗行数，每行有相对固定的音数和相对固定的音节数。

前两天，杨冈炜先生发给我一首自由诗，觉得挺不错的。

午夜的雪

杨闵炜

这是午夜
天空飘雪的午夜
烛光摇曳
而音乐
正以雪花的姿态
款款而至
渗入骨髓

下雪的时候
我躺在音乐的怀抱里
品茶叶
品人生
一些缱绻的往事
如茶叶静卧杯底
暗香浮动
隔窗赏雪
心静如玻璃般透明

今冬
有雪 音乐和茶
还有远方如雪花的信笺
一种情绪在默默地溶化
我手中愈握愈紧愈暖的笔
以一首高贵而清贫的诗歌
叩开隆冬的最后一道门
进入初春

没有定性的格律,却有节奏感凸显,读起来却依然感觉其情与境的自然与舒适。

我近乎每年都要入闱高淳基地执行保密任务。二〇二〇年六月十三日，出发前一天，他给我发来好听的歌——《高淳姑娘》《高淳力量》。终究是高淳人，颇有一番情怀的。

杨闶炜先生特别爱读书，时不时地会向我推荐一些好书。说实在的，政府官员中还真有不少喜欢读书的，且颇有一番诗情。二〇二〇年年初，遭遇新冠病毒。疫情延续数月，其间，封城、隔离、禁足。我却与他们有了更多的阅读交流。杨闶炜先生推了梁鸿先生全新长篇小说《四象》，我还真就买了一本，得闲翻看。施卫国先生总觉得好书难寻。这段时间，他买了两本书：一是吕思勉先生的《中国通史》，二是斯塔夫里阿诺斯的《全球通史》。他读着觉得很有意思，便微信我：

我这样在文革中成长的一代，大批判中接触批孔孟之道的历史知识，工科生，几乎没有认真的稍微系统读一读历史书。现在补补课，感觉真的好。

我几乎都认为，如果当年读了吕思勉先生这本《中国通史》，可能要报考历史专业了。

长达数月的闭门读书，施卫国先生自在而快乐！

总记得他曾经说："我跟我哥职业错位了。我应该在高校当老师，偏偏忙于政务。我哥政治能力超强，偏偏在高校。"他们兄弟俩都是我的朋友。他哥哥施建军先生任校长期间，专业也不曾懈怠。他如果能做一方官员，相信当地的百姓应该是能够受益良多的。

吕思勉先生的《中国通史》，我读过的。与施卫国先生不同的是，我是把它当作文学作品来读的。我以为，从始至今，文史不曾分家。所有的历史书籍都存在着无可避免的虚构，或者说，虚构才是历史书籍的本质与宿命。对于历史真相，我以为，历史书籍永无抵达。历史学界有研究者认为，考古新发现不断地推翻我们已经接受的历史。其实，即便是考古发现，也未见得其中的物件、文件、记载都是真实的呈现。找机会，得跟施卫国先生论辩一番。关键是想告诉他，他骨子里向往的其实是文学，而他却没有意识到。

二〇二〇年六月，南京已经开始复产复工。因为工作的关系，遇见了政府部门几位青年。我们得闲谈论各样的书籍。谈起《人类简史》，谈起青年怪才尤瓦尔·赫拉利，谈起以色列，我注意到张远、陆奥波的眼睛是明亮而有光芒的。他们阅读与见识之广博、他们观点与思辨之深刻令我愿意将他们视为亲近的朋友。

陆奥波喜欢历史,说是高中时因为受到易中天先生的影响而选择了历史专业。有在博物馆工作的经历,聊起古玩字画,颇有心得。倒是更喜欢与他谈古论今,海阔天空。

张远先生擅长体育技能,请他教我们几招拳脚,他却玩笑说:"打得好去法院,打得不好去医院。"就这么着便把我们给拒绝了。想想也是,身手好,把别人给打残了,可不就得去法院嘛。要是被别人给打残了,还真就得去医院了呀。

之前就读过尤瓦尔·赫拉利的《人类简史》,我个人以为,这其实是一部哲学著作,它的根本立足点是言说。在论述人类简史的过程中,呈现三大关键词:"八卦""虚构""讲故事"。他有能力从论据的铺陈中跳脱出来,譬如,他没有循规蹈矩地铺排证据;他有能力找到不为常人所关注的新视角,如八卦之于人类聚集的作用;他有能力强化某种小众的观点,如关于小麦对人类的驯化。就这本书本身而言,它正是在"八卦",正是在"虚构",正是在"讲故事"。也就是说,当人们阅读他的著作并开始接受他"八卦"观点的时候,且没有意识到自己正在被"八卦""虚构""讲故事"驯化着。这就好玩儿了!

在课堂上,曾经谈起《人类简史》,在座的一众博士生竟无一人阅读过。这令我颇感诧异。我以为,在这个世界上,值得博士生阅读的书并不多,《人类简史》不应错过。课后想想,当下的博士生,疲于论文发表,疲于实验成果,疲于项目申请,离无功利的阅读以及散淡的自在着实是渐行渐远了。聚焦专业研究本是理所应当的,只是人类客居的世界以及人类营造的语境似乎都不是也不可能是那么的单一。任何一个专业方向似乎都需要方方面面知识的滋养与支撑。比如,无论是大都市还是中小城市,随处可见标志性的现代建筑。这些建筑一经建成,便会影响一代人乃至数代人的审美情趣。如果一座建筑更多的只是技术能力的彰显,只是应景概念或意志的堆积,只是资本运作力量的冲击,而任由韵律、节奏、文化的失语,任由点、面、线美学关系的失语,任由这座建筑与周遭语境关系的失语,我大体会认为,设计者并不清晰:什么是设计的本质?什么是设计的根本性取向?因此也只能是不甚了了的设计者了。我以为,任何专业,包括数学、化工、材料、计算机,一旦脱离人文的积淀与支撑,其研究的具体方向及成果便往往会脱离人类的本真。

说来也怪,有的时候会遇见一些教师。除了教材,他们似乎并没有多少阅读的兴趣或习惯。真的好像是把教书育人的工作变成了一份旱涝保收的体力劳动。他们的每一节课都被量化为逐年增高的课时费,也还会定期地获得校外兼职。计件酬劳都实实在在地落到了他们的银行卡里。我以为,当求钱欲高、求知欲低的教师站在讲台上的时候,一众学生的精神基础建设、知识能力构建都会遭遇此生都难以抚平的重创。

在一次聚会上,聊起了欧美新电影、新的文学作品、学界新书之类的,一位教授说:"实话说,我多少年都不看书了。其实,真没什么书值得看!关键也没时间看。太忙!当评审,当评委,弄讲座,上电视,邀请不断,不去不行,实在也是推不掉!连房地产开发商都不放过我!我不去讲讲,他不开盘……我三十多年前的硕士论文,我就敢说,哪怕是现在来看,还是很有分量的,就够我这辈子用的了……"他红光满面,仰天大笑。隔着丰盛的餐食,我望着他,却突然心生怜悯:您走遍天南地北,竟然还没有走出您三十多年前的硕士论文呀?怎么就把您三十多年前的硕士论文变成了您的皮肤了呢?

《汉语诗律学》这本书是常绍民送给我的。他的办公室里堆满了书,我大为羡慕。他很慷慨,笑着说:"我这里的书您随便拿。"我便翻看靠门边的一摞书。他从中选出两本,说:"这两本书估计您比较喜欢看。"一本是王力的《汉语诗律学》,另一本则是[法]古伯察的《鞑靼西藏旅行记》(中国藏学出版社,2006年版)。接过这两本厚厚的书,我连忙表示感谢。他却说:"您再看看还有什么。"我不敢多打搅,表示等读完了这两本再来找他讨书。他却乐呵呵地说:"就拿两本?行!需要什么书,尽管拿!"于是,我非常的开心。

就书而言,我无比珍爱,也无比吝啬。到了我手上的书,我断断是不会舍得送人的。而进了我书橱的书,我是断断不会舍得让别人碰的。有亲戚、朋友到我家,他们即便是隔着我书橱玻璃门凑近了看上两眼,我的心里都会觉得别扭,跟吃了多大的亏似的。典型的只进不出,多多益善。我的书房有整面墙的双排六层书籍,分为工具书栏、语言学栏、历史文化栏、文学栏、艺术栏、文献资料栏等,每天就是看看这满满当当高高的书橱,便胸襟舒畅。珍爱之人必有其吝啬之处,吝啬之人必有其富足之处。我总这么说我自己。

此时,正下着雨,滴滴答答的。细细听,轻音—重音—急促—延宕,还颇有轻重缓急的节奏感呢!呵呵,窗外有诗呀?

16 《语言：人类最后的家园》/ 钱冠连

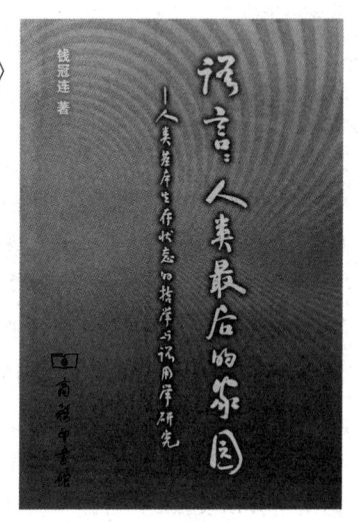

钱冠连，《语言：人类最后的家园》，北京：商务印书馆，2004年版。

拿到这本书，仔细端详书名《语言：人类最后的家园》。如何理解"家园"呢？如何理解"最后的"呢？这书名有一个长长的副标题"人类基本生存状态的哲学与语用学研究"。又该如何理解"基本生存状态"呢？

钱冠连先生开篇便对"基本生存状态"进行了规定：

> 语言行为虽不是人的全部生存状态，却是人的基本生活状态（即"三活"状态——人活在语言中，人不得不活在语言中，人活在程式性语言行为中。）①

钱冠连先生声称自己的研究命题完全不同于海德格尔的"语言是存在之居所"(Die Sprache ist das Haus des Seins.)，因为：

> 本命题追问的东西是：人如何依赖以及为什么如此依赖语言，到头来与西方哲学千年老题分道扬镳，只会走到人的行为——语言行为——程式性语言行为那里去。②

---

① 钱冠连：《语言：人类最后的家园》，北京：商务印书馆，2004年版，第23页。
② 钱冠连：《语言：人类最后的家园》，北京：商务印书馆，2004年版，第25页。

钱冠连先生的基本出发点即人类离不开语言。

关于程式性语言,他指出:

> 一、基本固定的一套话语;二、基本固定的行为步骤;三、话语与行为步骤的基本固定的配合。这样,我们把具有以上三个基本固定形态的言语活动类型(或一个言语事件),称为程式性语言行为。①

那么,人类为什么会离不开语言呢?为什么会有程式性语言的诞生和存在呢?我以为,"人类离不开语言"应该算是一种现象,为什么会有这种现象的存在呢?是什么使得这种现象成为可能呢?或者说,是什么在支撑着这种现象呢?更进一步,什么是人类离不开的"语言"呢?是作为音义结合体系而存在的"语言"呢,还是作为由个体所支配的"言语"呢?

曾经读过海德格尔,印象中,海德格尔将语言看作是存在之居所,而这一居所的守护者则是诗人和思想者。诗是语言的极致状态。语言言说,而言说者则被言说。钱冠连先生的研究则是将语言看作是人类最后的家园,是每一个普通人的最后家园。如此看来,后者与前者虽然都是从语言出发,但是,前者将语言看作是存在之居所,后者将语言看作是人类之最后家园。前者将诗人和思想者看作是守护这一居所的人,而后者则将所有的普通人、语言行为中人,程式性语言行为中的人看作是这个家园的居民。居民未必是守护者,而守护者一定是居民中的成员。前者以典型话语为分析对象,而后者以日常生活中的话语为分析对象。这么看来,两者并无冲突,似乎也没有多少同一层面的关联性。

那么,钱冠连先生为什么要强调自己的研究命题不同于海德格尔呢?如果相同,如果有关联性,需要表明并引证。如果不同,做出强调的目的与价值在于什么呢?如果是研究命题与先前研究者的关系比对,是不是还可以进一步指出与索绪尔、阿尔诺、朗斯洛、洪堡、叶斯帕森、梅耶、撒皮尔、布龙菲尔德等这些先辈大家的不同呢?——比对,或可彰显钱冠连先生这项研究命题的价值所在。

不过,读到"语用学介入"一节,却见

> "语言是人类最后的家园"对家园看门人——普通说话人的关注使这一哲

---

① 钱冠连:《语言:人类最后的家园》,北京:商务印书馆,2004年版,第31页。

学命题与语用学搭上了界。①

既然钱冠连先生从海德格尔出发进行比对,还是让我来仔细回忆海德格尔关于语言的思考。否则,恐怕是难以准确理解他的命题了。

然而,要论及语言,我们不能不思考一个无从回避的根本性的问题,即什么是人?

人是生命体,是构成社会关系的生命体,是构成社会关系并形成独有文化的生命体,是构成社会关系并形成独有文化的思维生命体。不过,这样的认识似乎仍然不能够将人与其他动物严格地区分开来,比方,没有被驯养的马、猴、羊、牛、狼等生命体以及它们各自所属的"社会"关系。其实,相对于人而存在的动物,他们是有着一定的"社会"关系的,包括族、群、种、类等等。根据埃斯皮纳斯(A. V. Espinas),所有的动物种都有其社会行为,所以也就可以称之为社会。他们有家庭,有家族,有部落,有集体。维系他们之间关系的便是他们的语言。也就是说,只要有社会关系,他们必定要活在自己的语言之中,而他们的语言也必定是约定俗成的。

因此,需要将人与其他动物进行本质的区分,并在此基础之上谈论人类语言。那么,什么是人呢?他是如何存在的呢?他在以怎样的名义存在着呢?是什么在表现他不同于其他动物的存在方式呢?

根据《说文解字注》:

> 人,天地之性最贵者也。……人者其天地之德。阴阳之交,鬼神之会。五行之秀气也。又曰。人者其天地之心也。五行之端也。食味别声被色而生者也。按禽兽草木皆天地所生。而不得为天地之心。惟人为天地之心。故天地之生此为极贵。天地之心谓之人。能与天地合德。②

这里,没有对"人"进行强制性分解,没有让"人"成为规范性的概念,却将"人"与禽兽草木区分开来,这样的描写和解释可以满足一般性的指认,却未必能够成为一种学理上的界定,也不是纯粹的逻辑描述。

人就是这么一种最为尊贵的天地之心。他食味别声,具有语言。然而,海德格尔在论及语言本质的时候有一个著名的颠覆性的论点:"语言言说。(Die Sprache

---

① 钱冠连:《语言:人类最后的家园》,北京:商务印书馆,2004年版,第70页。
② [汉]许慎撰,[清]段玉裁注:《说文解字注》,上海:上海古籍出版社,1988年版,第365页。

spricht.)"这显然是一种就语言论语言的路径,它既不用语言的外在即非语言的事物来说明语言,也不用语言来解释语言的外在。既不论及语言赖以存在的基础,也不论及语言所承载的事物。而证明这一论点的证据则在于被言说的人或事(das Gesprochene),因为只有在被言说的人和事中,我们可以指认"言说"的延续(Währen)过程和完成状态。当海德格尔指认语言并非属于人的要素而人的要素就其本质而言则属于语言要素,即语言性(sprachlich),我们可以读到被颠覆的意象:言说者被言说,通过被言说,人被语言所居有。人被不断地言说,便不断地被语言所居有,由此,人被转让(übereignen)给语言。人之所以发出语音是因为人在顺应被语言言说,人之所以辨别语音也是因为人在顺应被语言言说。

显而易见,钱冠连先生将海德格尔的"人的要素在其本质上乃是语言性的(linguistic)"(第29页)作为一个结论来引用,但是,读及此处,我却难以在他的论说与海德格尔的言说之间建立起任何的联系,我甚至没有从中读到海德格尔的基本出发点:语言的本质不是人的内在心灵的有声表达或思维活动,也不是形象的或概念性的再现。

为什么要以海德格尔的这个言说作为结论呢?

再往后面读,更是找不到与海德格尔一星半点的联系了。

如钱冠连先生所说,他从海德格尔的"语言是存在之居所"(Heidegger,1982b:63)的命题中冒出了另外一个命题——"语言是人类的家园",[①]不过,钱冠连先生又说:是两个分道扬镳的命题。[②] 两者似乎并不是出自一个哲学出发点,也不是在同一哲学层面探讨问题,也不是解决同一领域内的命题。或许海德格尔之于钱冠连先生只是一种联想式的启发?

再翻回到这本书的封面,看了又看,仔仔细细地揣摩标题:"语言:人类最后的家园",希望从中获得启示。

冒号之前的"语言"是个先导词,这个词已经让无数的语言学家和哲学家遭遇调侃,遭遇困惑,遭遇难堪。究竟什么是"语言"呢? 那得看我们以怎样的观点来观察它了。我们首先可以说:"语言"就是"语言",它在语言学或哲学概念体系中区别于任何其他的概念,它与其他概念的区分关系便是它自身的存在,它以"语言"本身的名义存在。它作为一个概念而存在,就如同"人""眼睛""树""书"等各自作为一个

[①] 钱冠连:《语言:人类最后的家园》,北京:商务印书馆,2004年版,第15页。
[②] 钱冠连:《语言:人类最后的家园》,北京:商务印书馆,2004年版,第24页。

概念而存在一样。那么,"语言"有什么特征呢?这个司空见惯的问题方式立即将我们引到"语言"的表面现象方面。于是,就有人开始指认它的表面特征:它有声音,它的声音来自人的口腔构造和人的生命气息。没有相关生理残缺的人一般都可以用自己的器官和气息来表现语言的。这便顺理成章地得出结论:语言是人的一种生命活动,语言便是人类的存在方式。如钱冠连先生所言:人与语言不可分离,人栖居在语言中。① 这其实是对现象的描述。这一言说的出发点便已经从根本上决定了它的深度只能停留在现象的表面。指认了声音,便自然要声明这个"声音"不同于自然界的声音,如风声、雷声、雨声、落叶声等等,它是有意义的。这个"意义"可以从三个方面获得指认:第一是语言结构本身的概念意义;第二是言说者个体表达的语用意义;第三是语言结构传递的民族文化意义。总体来说,这个"意义"是一个群体心灵的表达。这种有别于自然界的有意义的"声音"便因此被指认为一个民族文化的根基。如钱冠连先生所言:只要语言不消亡,一个民族,一个文明是不可能最后消亡的。② 我们是不是还可以反过来说呢?比方,只要一个民族不消亡,这个民族的语言便不可能彻底消亡。或者说:语言随着一个民族的诞生而诞生,随着一个民族的消亡而消亡。然而,这些都是经不住推敲的,因为它们其实是在用语言的外在描述"语言",在这样的描述中,"语言"注定是要失重的。而失重的结果是,我们更加坚持对语言表面现象的观察和描述,尝试让"语言"获得稳固的规定性描写。而实际上呢,此"语言"非彼"语言"。先前谈论的是抽象的"语言",而之后不知不觉地则谈论起了"民族的语言"。然后呢,人们便想到了文字。如钱冠连先生所说:语言与文字是一个文化中最保守(没有任何贬义)、最基本的成分。③ 首先,当人们将语言与文字作为并列名词放在一起的时候,表明两者之间的差异和不可替代性。其次,文字是语言体系之外的事物,是用以表达语言的工具,它就像表达音乐的工具,如小提琴、钢琴、琵琶、古琴等等。音乐工具本身不是音乐。文字本身根本不是语言。再然后呢,人们转换观点,站在客观世界的立场,突然发现原来"语言"本身就是残缺的、不稳定的、有限的、落后的,因为它根本不能够完成对客观世界的本真表达。如钱冠连先生引用了黑格尔《精神现象学》:语言具有一种颠覆真理的本性。④ 而这仍然没有离开语言的表面现象。

---

① 钱冠连:《语言:人类最后的家园》,北京:商务印书馆,2004年版,第153页。
② 钱冠连:《语言:人类最后的家园》,北京:商务印书馆,2004年版,第213页。
③ 钱冠连:《语言:人类最后的家园》,北京:商务印书馆,2004年版,第219页。
④ 钱冠连:《语言:人类最后的家园》,北京:商务印书馆,2004年版,第344页。

重新又回到这本书的封面,"语言"这个先导词显然是一个概念,它没有具体到德语的 die Zunge,法语的 langue,拉丁语的 lingua,英语的 language,梵语的 bhāsā,马来语的 bahasa,等等。而标题的冒号之后是"人类最后的家园"。因为有提示性的冒号,这个名词短语可以被期待引导我们接近冒号之前的"语言"。"家园"是属于"人类"的,而且,根据钱冠连先生的解释:"最后",不是时间维度,是一种空间表述。它表明了语言是人的最基本的生存状态,语言是人最可靠的依赖之所。[①] 那么,为了避免歧义,为什么不以"最基本的"取代"最后的"呢?冒号之后便表示:语言是人类最基本的家园。可是,我并没有因为冒号之后的名词短语而更接近冒号之前的名词。这或许是因为"家园"。如果按照钱冠连先生的"三活"来理解,即人活在语言中,人不得不活在语言中,人活在程式性语言行为中,[②]标题中"家园"的概念似乎就更加模糊了。"家园"是指"世界"吗?是指"大地"吗?是指人类与其他动物和植物共同拥有的"地球"吗?是指"私人的田园"吗?是指"家乡"吗?"家园"之于"人类"与"语言""语言行为"之于"人类",这之间该有怎样的逻辑联系呢,抑或只存在表面的修辞联系呢?

我想知道:人为什么与语言不可分离?人为什么要栖居在语言之中?那个可以用器官和气息发出声音的"语言"在哪里?它是如何让人类栖居其中的?

其实,有些时候,把玩"概念"似乎是挺冒险的。

二〇〇八年二月十七日,与几位朋友在南京河西向阳渔港聚会。说起现在从小学到大学成绩好的大多都是女生。电视连续剧《国家机密》的导演陈应歧先生感慨:"女人受教育程度越高,幸福感越低。"便有人立即应和赞同。这样的话语,我倒不是第一次听说,觉得它与"女子无才便是德"似乎如出一辙。我若是反驳,见识广博如陈应歧先生一定会举出一个又一个例证。记得在《契诃夫手记》中读到"越是有教养,就越是不幸"。那么,什么是"幸福感"呢?它显然是一种非常个性化的感觉,抽象的"幸福感"概念对于个体应该是没有多少意义的。什么又是"幸福"呢?其一,幸福是一种感觉,难以找到客观的衡量标准;其二,幸福是个体的体验,其中包含太多的不确定的个体因素。

第二天下午,与周沁女士小聚索菲特大酒店。周沁女士偏又聊起了"幸福"。

---

① 钱冠连:《语言:人类最后的家园》,北京:商务印书馆,2004年版,第105页。
② 钱冠连:《语言:人类最后的家园》,北京:商务印书馆,2004年版,第36页。

她说:"戴安娜王妃不幸福,也不知道什么是幸福,根本的原因就是她没有受到更好的教育。"

我反复琢磨究竟什么是"幸福",由此进入快乐论和精进论。如果快乐是人生的最高幸福,追求快乐是人生的目的与道德的标准,那么,是不是要考虑追求的路径和方式呢?如果自我完善是人生的目的与道德的标准,成为完人是人生最高的幸福,那么,完人的标准又是什么呢?如果心理满足的状况和体验是幸福的一种形式,那么,这种形式一定是动态的,今天的满足感体验是不是有可能成为明天不满足感的诱导因素呢?什么又是"满足"呢?或许有人会嘲笑我,说我此时这样辛苦地琢磨是一种不满足。可是,就在这"不满足"的琢磨中我其实获得了一种让我觉得满足的幸福形式。但是,这样的"满足"一定是与"不满足"交织而存在的。是否可以将"幸福"这一概念界定为追寻过程中的一种愉悦体验呢?而追寻过程同时必定有不愉悦体验的存在。有谁能够将"幸福"与"不幸福""快乐"与"不快乐"严整而系统地、历时而共时地区分开来呢?

二○二○年七月,看到一民政局办事大厅滚动的字幕:

结婚不等于幸福,单身也不意味着不幸福。我们出生就是一个人,最后也不可能同时离去,爱情是精神的奢侈品,没有也行。

呵呵,大有劝众人放下欲望的意思。

曾在《契诃夫手记》中读到"人生和哲学是背道而驰的:没有懒惰就没有幸福,只有废物才会得到满足。"那么,是不是人的幸福指数随着勤奋程度的增加而降低呢?这前后的"幸福"具有同样的数量和质量吗?而偏偏就觉得考虑得越多,离"幸福"的本真就越是遥远。

最近,我一直在想:我们人类是不是可以对自己宽容一些?是不是可以允许一些事物被我们彻底地认识、把握、掌控,而同时也可以允许一些事物永远不被我们彻底地认识、彻底地解释、彻底地揭示呢?而科学界和知识界所倡导的穷追不舍的、坚忍不拔的、永不言弃的主流精神让我觉得自己的精神是不是已经被懦弱所操纵,便不敢打开电脑生产一篇题为"人类能不自我放逐吗?"的杂文,以"客观""宽容""自省"为主题词。当然,认识到人类自身的局限并不能成为放弃思索和观察的理由，在清醒的状态中所进行的追问会给我们带来一个广大的世界，而在盲目的状态中所进行的追问则会给我们带来一个狭隘而未见得会有出路的荆棘地。

　　最初是在从北京回南京的动车上读这本书的。读完第一章便知道，这本书值得我端坐在书桌前，逐字逐行地阅读。而且，要拉上窗帘，点亮台灯，安静地随着思想游走。

17 《黄景欣语言研究论文集》
/ 黄景欣

黄景欣,《黄景欣语言研究论文集》,南京:江苏教育出版社,1995年版。

第一篇论文是《试论词汇学中的几个问题》。

看到这个标题,忍不住抿嘴一笑。若是在当下,这么踏实具体的标题基本上是不能登上核心学术刊物的,得有宏大叙事且煞有介事才行。

论文的第一部分探讨"词汇"的定义。关于"词汇"的定义,直到今天仍然有多种版本。总体而言,有两种定义具有典型意义:一种认为,词汇就是在言说者或写作者支配之下的词的总和。它可以指整个语言所有的词,也可以指某一种语言、方言、元语言等所包含的词和短语。另一种则认为,词汇就是一种语言里所有的词和短语的总汇。

黄景欣先生反对将"词汇"定义为"语言的词的总汇"。他首先强调:

> 词汇是一个由许许多多互相对立、互相制约的要素构成的完整体系,在这个完整体系中间,每个要素的关系决不是"和"(加)的关系,而是"积"的关系。[①]

[①] 黄景欣:《黄景欣语言研究论文集》,南京:江苏教育出版社,1995年版,第1页。

继而，他认为不能够只是将词看作是词汇的构成要素，所以：

构成语言词汇的，并不仅限于词这一语言单位，一切具有和词同样的功能的固定词组，也是词汇的不可或缺的构成要素①。

最后，他提出将历史观点介入进来：

决不是语言中的任何词都可以作为这一语言的任何时期的词汇体系的构成要素，已经死亡的、不再使用的古语词就不是词汇的构成要素（如古汉语的"沴"之类），已经改变了原来意义和功能的词，也不能在两种意义或两种功能上作为某一时期的词汇的构成要素（例如，汉语的"自"不可能既是"自己"的"自"，又是"鼻子"的"自"）。②

在以上这三个基础上，他提出如下定义：

词汇是语言的构成要素。一种语言的词汇是由该种语言的一系列具有一定形式、意义和功能特征的相互对立、相互制约的词汇单位（包括词以及和词具有同等功能的固定词组）构成的完整体系。③

他认为，这样的定义更能反映出词汇的本质。

黄景欣先生在论文的第二部分便提出词汇体系分析的方法和要点。在论文的第三部分，他从理论上呈现词汇体系分析的依据。他在第四部分具体地介绍词汇体系分析可能解决的具体问题，如词义的概念、同义词和反义词、言语实践等等。

黄景欣先生是严谨的，这篇论文到半个世纪之后的现在，读起来仍然具有它的学术锐气。

定义实际上往往是非常不容易的。可以先观察词汇本身，然后，看它的构成成分，再然后，剥离它的表象，探究其本质特征。只是，这样的层层推进也未必能够确保我们最终获得完全的定义。

---

① 黄景欣：《黄景欣语言研究论文集》，南京：江苏教育出版社，1995年版，第3页。
② 黄景欣：《黄景欣语言研究论文集》，南京：江苏教育出版社，1995年版，第3页。
③ 黄景欣：《黄景欣语言研究论文集》，南京：江苏教育出版社，1995年版，第3页。

从现象上来看,我们至少可以选择三个分析路径:其一,词汇是语言的构成要素,词是词汇的构成要素,词素是词的构成要素,词根和词缀是词的构成要素。那么,词汇便是语言中的一个层次,这个层次本身又具有多个层次。层次与层次之间具有关联性。其二,语言是音义结合的符号体系,词汇是音义结合符号体系的基本单位总称,词是词汇的基本组织结构,也是声音与概念相结合的基本单元。那么,词汇便是语言符号体系中的一个有机组织单位,这个单位之中的每一个要素都必须是按照系统整体的规章确定各自在系统中的位置。各要素之间具有指定性的对立或制约关系。最后,词汇是流变的,它所囊括的词在不同的时间和空间结构中形成不同的系统组织结构。从历时的观点来看,不断有一些词消逝,也不断有一些词诞生。从共时的观点来看,词的构成方式与结果具有多样性。单纯词、衍生词、复合词、外来词等彼此交错对应。那么,词汇系统具有深刻的流变性。各要素之间的对立或制约关系也必然发生流变。

我的理解是:词汇是由一种语言中的词所构成的共时体系。

第二篇论文是:"论语言的'内''外'及语言发展的内因和外因"。

读到这个题目便产生了各样的联想:其一,什么是所谓的"内"与"外"?"内"与"外"从来只是相对存在,没有"内"便无所谓"外",没有"外"便无所谓"内"。倘若要对语言的"内"与"外"做出严格的区分,恐怕首要的任务应该是对"语言"本身作出界定。从不同的视角,可以看到语言不同的方面,而不同的方面则具有不同的且是相对的"内"与"外"的存在。其二,我一向怀疑"语言发展"这样的表述。所谓"发展"是指事物由小到大、由简到繁、由低级到高级、由旧质到新质的运动变化过程。它是个哲学名词,未必适用于"语言"。从有记录的文献资料来看,语言并没有遵循"发展"的规则。我倾向于用"语言流变",它暗示语言在时间流程和空间结构中的变化具有深刻的不可预测性。一些繁复的语言如梵语的几近死亡表明语言流变的经济表达趋向。语言本身并不存在所谓高级与低级的区分,也不存在小与大的区分。它不会因为语言使用者迄今仍然生活在土著原始部落而被认定为低级语言,也不会因为语言使用者出入皇宫而被认定为高级的语言。其三,论及"内因"和"外因"。事实上,"内因"和"外因"也是相对的存在。它们是辩证法中的一对范畴。前者指事物变化的内在原因,是事物的内在矛盾;后者是指事物变化的外在原因,是事物的外在矛盾,即一事物与他事物之间的矛盾。

黄景欣先生的这个论题颇为宏大,但是,应该可以期待它非常理性地厘清"语言存在"的本真状态。

论文的开篇便是：

> 毛主席教导我们:任何客观事物,其发展的内因都是由其内部所包含的特殊矛盾所决定的,同时,"这种特殊的矛盾,就构成一事物区别于他事物的特殊的本质"。因此,在研究任何事物时,就必须把这些事物的本质、特殊矛盾及其发展的特殊原因(内因)联系起来,这三者是统一的,"如果不研究矛盾的特殊性,就无从确定一事物不同于他事物的特殊的本质,就无从发现事物运动发展的特殊的原因,或特殊的根据,也就无从辨别事物,无从区分科学研究的领域"。[1]

黄景欣先生的言说带有那个时代特定的写作模式和语体风格。

从这一段可以看出黄景欣先生在尝试用哲学的观点和原理来解决语言存在的问题。他要尝试指认语言作为存在与他事物之间的区分,要尝试指认让语言区分于他事物的本质特点,要尝试指认决定语言本质特点的内在矛盾。

观察语言与他事物的区分总是应该将语言置于整个客观现实之中,看它在其中所处的位置以及它周边存在的客观事物。这里仍然存在一个观点或角度的问题。黄景欣先生指出:[2]

> 我们必须全面地从语言在客观现实的总体中的地位,它的功能,它和其他有关事物的关系,它的结构,以及它的发展变化的性质来考察语言的本质特点。如果这一理解是正确的话,那末,应该是只有下列几个命题总合起来,才能全面地说明语言:
> 第一,就语言在客观现实的总体中所处的地位说,语言是一种社会现象;
> 第二,就其服务于社会的主要功能来说,语言是全民的交际工具;
> 第三,就其服务于社会的全部功能说,语言同时也是思维的工具;
> 第四,就其与所反映、标示的客观事物的关系说,语言是一种物质语音构成的、假定的、特殊的记号;
> 第五,就其内部结构说,语言是由一系列互相对立、互相联结、互相渗透、

---

[1] 黄景欣:《黄景欣语言研究论文集》,南京:江苏教育出版社,1995年版,第13页。
[2] 黄景欣:《黄景欣语言研究论文集》,南京:江苏教育出版社,1995年版,第14—15页。

互相依存的记号构成的完整的体系;

第六,就其发展变化的性质说,语言是一种历史范畴。

显然,语言的这六个性质特点是统一的,并且是互为前提的。因此,我们认为,只要不是片面地理解以上几个命题,就决不能把它们对立起来认为他们是相互矛盾的。

我们认为,如下的关于语言的定义要比一般流行的定义更为精确:"语言是以一种特殊的物质语音记号构成的完整体系来为全民的交际服务,并作为人们思维的工具的社会历史现象。"

我们一般认为,语言的内在因素是语言的形式和内容,语言的外在因素则是语言形式与内容之外的要素,包括社会因素、功能因素等等。对此,黄景欣先生则认为:

> 这种观点是不正确的。因为在马克思主义者看来,决定事物的本质的,并不仅仅限于事物结构本身;一事物在客观事物的总体中所处的地位,它和其他事物之间的关系,以及它的特殊功能,对于它的本质都具有决定性的意义。这在社会现象中尤其是如此。①

要讨论这个问题,我们首先需要界定"内在因素"和"外在因素"。同时,还应该考虑到"内在因素"与"外在因素"之间的相对存在和相互关系。"内在因素"通常是指事物的内在结构本身,而"外在因素"则是指事物内在结构以外的要素。外在因素有可能对内在因素起到制约或影响作用,但不能因此将它界定为等同于内在因素。语言的内在因素在于它的语音、语义、结构,它的外在因素则包括它的社会功能、它所处的社会语境和文化语境、它所承载的思维、心理、生理等方面的活动。而黄景欣先生却对"内在因素"有着另类的认识:

> 所谓语言发展的内因,指的应该就是那些对语言的内部的发展,对语言记号本身的变化,对语言的质的变化,以及对语言发展中最一般的现象起着决定作用的语言的内的因素的矛盾。②

---

① 黄景欣:《黄景欣语言研究论文集》,南京:江苏教育出版社,1995年版,第18页。
② 黄景欣:《黄景欣语言研究论文集》,南京:江苏教育出版社,1995年版,第26页。

从中可以看出黄景欣先生对语言内在因素的界定,即对语言的内部的发展,对语言记号本身的变化,对语言的质的变化,以及对语言发展中最一般的现象起着决定作用的因素。这样的界定是一种主观判断的结果:一些因素是否对语言内部或语言的质的变化产生决定的作用并没有一个客观的标准,它只能是一种主观判断。首先,语言内部变化和语言的质的变化往往是一个渐变的过程,而在这个渐变的过程中,必定有诸多内在因素和外在因素的介入,难以确切指认某一个因素在其中起到了决定性的作用。其次,对语言记号本身的变化起决定作用的因素更为复杂。有可能是一个外在因素诱导一个记号发生变化,而这一变化在语言记号系统中发生多米诺骨牌效应;也有可能一个内在的因素促使一个记号发生变化,而这个变化在时间流程中又逐步获得恢复,但是,它已经引发了语言记号系统内局部的变化;还有可能一个内在的或外在的因素决定了一个语言记号的变化,而这个变化的结果是这个语言记号本身的消失,对语言记号系统所产生的影响几乎可以被忽略。而对基于主观判断所形成的观点,我们是不可以从是非的角度进行评判的。每一个观点的形成都有它的基础、角度和视野,即便出自同一个角度,也未必能够获得完全一致的观察结果,更未必能够形成一致的观点。所以,对于不同的观点,我更愿意做一个安静的聆听者和阅读者,看观点的主张者如何地自圆其说,如何地进行理性思辨。如果只是作为断言,我则可以表示不同意。比方,黄景欣先生认为:

> 总之,语言交际完善化的要求,促使了整个语言朝着精密化、完善化的方向发展,这是很清楚的。[1]

而从上下文中,并没有读到他这般断言的依据。于是,我便尝试顺着他的思路去论证语言如此的发展方向。从语言作为社会交流工具的角度来看,语言流变的表面似乎是朝着精密化、完善化的方向发展的。但是,深入地想一想,这并不是语言本身的发展,而是社会的发展,如社会分工越来越细,对社会、自然的认识逐步深化,那么我们的语言就随着这些变化而变化。比方,对医生职业的细化,原先只有医生而后有了内科医生、外科医生;再往后,各个分支科目进一步细化,产生了更多的分支科目的医生。作为社会交流的工具,语言反映人和社会群体的认识水准。所以,归根结底,不断精细和完善的是人类认识而不是作为工具的语言。语言系统各要素的流变与社会交流之间存在的仅仅是承载与被承载的关系。语言之所以可

---

[1] 黄景欣:《黄景欣语言研究论文集》,南京:江苏教育出版社,1995年版,第27页。

以作为社会交流主要的工具而存在,就是因为语言本身就具有深刻的张力和承载力,语言本身就具有表达精密、表达完善的潜在能力,只是这种能力在不同的社会历史时期表现出不同的彰显能力。

当我们将语言视作社会交流的工具,社会与语言的关系就犹如音乐与乐器,比方,音乐与小提琴的关系。小提琴可以演奏古典音乐,也可以演奏现代音乐。不能因为它现在可以演奏现代流行音乐,便称它是向着现代流行音乐的方向发展。就语言系统内部要素而言,我们似乎无从论证古英语中的 stan/staːn/(石头)变为现代英语的 stone/stoun/(石头)是选择了精密、完善的取向;我们似乎无从论证古汉语中的"齿"(门牙,年龄)变为现代汉语的"齿"(牙)是为了精密或者是为了完善;我们似乎也无从论证吠陀梵语中的位置灵活的近置词变为古典梵语中位置相对固定的前置词有任何的目的或宗旨。语言系统中的各个要素的流变似乎并不具有方向性的,是受到来自时间、空间、语境、社会、文化等方面诸多要素的共时的、历时的、短暂的、长期的、突发的、无规则的制约或影响的。就语言系统本身而言,它没有确定的方向。

黄景欣先生行文中出现多处"这是根本错误的"(如第19页)。这或许是那个时代的思想烙印。现在,我相信大多数学者对待不同的观点都会有一个宽容的态度,当然,学术仇家除外。不会有人期待:在这个世界上,对某一问题,所有的学者都持有完全一致的观点。自圆其说便显得尤为重要了,它对研究者的智力、阅历、能力有着更高的要求。而逻辑思辨往往需要抛开枝节,需要精准,需要直抵本质。

想起了当下的学术评价体系。二〇〇八年二月二十日上午课间,遇见王守仁先生。在他的办公室有了一个短暂的交流。王守仁先生认为我的研究范围已经太广了,应该收缩。尽可能少写通论性的书,多发表可以被引进(SSCI)的论文。这似乎也是绝大多数教授基本一致的看法。我以为,当下的评价体系已经基本完成了对高等院校教师集体性地驯化。

我理解他们,有名有利,才能安身立命。然而,我却从来都以为研究的视野越广阔,研究就越是可以深入,课堂教学就会因此变得越是生动。我还以为,知识要慢慢地积累,研究要慢慢地展开。现在,我正优哉游哉随着我的兴趣读书,宽大的书桌上一边放着《说文解字》和《诗经》,另一边放着卢盛江先生的四本《文镜秘府论汇校汇考》。被引不被引的,与我何干呢?无功利地阅读、研究,岂不快哉?

想起了徐复先生的高蹈。

这些年，一直都能定期收到文化批评杂志《粤海风》。在 2008 年第 1 期上，徐南铁先生在卷首语中写道：

  比如以数量衡量科研成果，虽然有了可操作性，却没有了学术应有的从容。比如我们的各种评估，游戏规则粗暴地凌驾于一切之上，我们不停地制造标准……

从制定学术衡量标准的权威者的观点来看，他们的动机似乎是纯良的，他们旨在制造一种评价体系并由此产生学术激励机制。从理论上来分析，有了这样的评价标准体系，所有的学术成果便可以按照一定的规则分布开来，从宏观上便于操作、掌控。以此出发，对他们的观点似乎也无可厚非。他们制定的标准进入实际运作过程中所带来的种种弊端似乎也不应该由他们来承担。其实，无论从法律的角度还是从执政者的角度，他们终究都是无从承担也不愿意承担。这就像从前的科举考试。在世袭制度之下诞生的科举考试有着非常公正的出发点，它使得平民有机会获得进入国家管理层面的渠道，唐代有行卷制度，自由的思想与创作带来了盛唐高贵的风气。而到了后来，有了考试规定的内容和标准化答案。比方，在宋代以后，"四书五经"必须以朱熹注释版本为准，随即诞生了后来的宋明理学，建立一个比较完备的理论体系。认定"理"先天地而存在，把当时的伦理准则提高到永恒的、至高无上的地位。最后，连文章的思想和文章格局、格式都有了固定的标准，即所谓的八股文，启、承、转、合都有了定式标准。诸如此类的科举考试在不知不觉中将所有的应考者变成了考试机器。当时就有反对的观点。有人认为理性杀人，应该强调人性。事实上，有评价便有评价标准，而掌握评价标准的某一个人或某一个群体的品位、兴趣便自然成为标准的依据和表征。我们现行的学术标准也正在朝着这个方向行进，个人申请的规划项目不得超出规划所规定的课题范围。呵呵！规划项目自然要规划在先啦！进入这样的体制，就只得被规划。况且，国家财力有限，当然要有重点地首先资助部分课题啦！这个观点有错吗？从一定的角度来看，没有错的。问题在于谁在规划？谁来决定首先获得重点资助的课题？研究的成果要有经济效益和社会效益。这个观点有错吗？从他们的观点来看，没有错。问题在于谁来评判又如何衡量经济效益和社会效益？在怎样长的历史阶段里来进行评价？他们提出了被引率。对于人文学科的成果，如果没有被引率，它还有什么价值可言？呵呵，是哦，他们认为如果两三年之内，或五年之内都没有被引率，自然就是没有什么价值可言了！他们所期待的是即刻的轰动效应。从理论上来分析，被引率作为一个评价参数应该是没有错的，而关键的问题则在于：是谁在引？是谁在被引？论文中被引的目的以及解决的问题何在？至于一个课题是否将对整个学术的构建以及对后代学人及社会产生影响且不是规划者视野范围之内的事情，因为不可操作，所以不予考虑！或者，做一天和尚撞一天钟？从一定的角度来看，这也没有错的。规划项目的策划和学术评估体系的建立从根本上被预设：在工业化大生产的年代，学术界缺的是什么呢？缺的是批量生产。缺的就是劳动力而不是思想者。而规划者的价值就在于：在规定的时间之内将数亿科研资金分配完毕。

其实，在学术的从容与数量之间并没有本质的或必然的联系，层出不穷的各种评估标准也未见得正在操纵着一切。想一想，为什么在同样的学术标准游戏规则之下，为什么在同样的学术氛围之中，有些人热衷于规则和标准的制定，为现行评价体系的游戏规则而摇旗呐喊，而有些人却不予理会，正在为学术本身而不惜坐冷板凳，为研究而研究。有些人在现行的学术评价体系中如鱼得水，已经在不知不觉中习惯于向学术游戏规则讨得殷实生活；有些人却把游戏规则排除在思考范围之外，落得个"穷途却未敢潦倒"，挣扎着在绝望中前行，或者，享受着两耳不闻窗外事的自娱自乐，究其原因，也只能自封一个"不入流罪"，且愿意"罪有应得"，以示傲气或傲骨。在背后支撑这两种极端人群存在的是对评价标准体系不同的观点。应该说，不同的观点将人们引向不同的行为或活动。

从来没有想过我的学术成果会不会有被引率，每每填写学术相关表格，都不知道上哪里去查被引率，索性不填。在学术上，没有野心，也没有进取心，是个地道的兴趣主义者。"乐之"而已。也可能因此少了期待，少了贪婪，倒也因此少了失望，少了沉郁。觉得自己就是一滴水，落在草上，或者树上，或者花上。若是在草上，我就找寻在草上的乐趣，仰望天空云卷云舒，感受土地四季的气息。若是落在树上，我就寻找在树上的乐趣，望远山如黛，俯瞰草木兴衰。若是落在花上，我就寻找在花上的乐趣，让我透出花的颜色，浸染花的芬芳。等太阳出来了，蒸发了我，那我就轻松地腾升，一切都是自然而然的。

二〇一九年，为了述职，不得不去查我的被引率。其表现结果不俗。所以，我还是坚持，对被引率这事儿，真不必刻意而为。

从我个人的角度来看，现行的评价体系已经基本实现了它的奴化教育过程。越来越多的研究者已经开始自动且自在地将评价标准看作是自己的奋斗目标，一如当初科举考试者眼中的八股文。研究的兴趣、研究的动机以及研究的结果都在不知不觉的异化劳动中发生着趋功利、趋时务、趋团体的改变。被引可以带来无上光荣,规划项目可以带来丰厚资金,团队可以带来话语权,可以形成翻掌为云、覆掌为雨的效应。那么,失去学术从容的便只能是这样的团队,而被游戏规则凌驾的也只能是这样的团队。或许,他们已经被"规划"驯化了。至于诸如:这个学科的先锋研究是什么?亟待解决的问题是什么?我的研究对这个学科做出了怎样的贡献?有没有填补这个学科的空白或者发现这个学科的漏洞?假如这个学科没有我的研究成果会出现什么样的情况?这样的一些问题不知道还能不能够进入他们的考虑范围。

而逃逸者也大有人在。那些被迫或主动选择"不入流"或"没入流"的人则一如既往,居住在寂静、安稳的常态学术时光之中,从容依旧。

当下,就一种观点而言,原本颇具挑战性的"自圆其说",似乎并不是一件比打喷嚏更难的事情了。在太阳底下从来就没有什么新鲜的事物,有学术当权者的一个观点,便有一定风气的诞生,而风气的最终形成归根结底还是由利益所驱动。

最初决定阅读黄景欣先生的这本论文集是因为它的一组古汉语论文。

《秦汉以前古汉语中的否定词"弗""不"研究》是黄景欣先生的大学毕业论文。他的学术成熟与严谨让我颇感惊讶。引用 30 种典籍,提供 295 条例证。有理有节,层层推进。他写就这篇论文,旨在对丁声树先生在《释否定词弗不》中所做出的结论表示怀疑。黄景欣先生罗列并分析丁声树先生论点的残缺,先后对甲骨文、周代金文、汉以前古籍中的否定词"弗""不"进行收集、整理、考证和总结,由此推翻前人的结论。在此基础上,还进行了语音分析,以与美国学者 Boodberg 商榷。这样深入而周密地研究秦汉以前古汉语中的否定词"弗""不",他应该是已经做到了极致。

丁声树先生的结论如下:[①]

(1)"弗"字只用在省去宾语的外动词或省去宾语的介词之上。

(2)内动词,带有宾语的外动词,带有宾语的介词,上面只用"不"字而不用"弗"字。

(3)状语(形容词副词)之上也只用"不"而不用"弗"字。

(4)由这种情形看来,"弗"字似乎是一个含有"代名词性的宾语"的否定词,略与"不之"两字相当;"不"字则是一个单纯的否定词。

---

① 黄景欣:《黄景欣语言研究论文集》,南京:江苏教育出版社,1995 年版,第 141 页。

这些结论在当时获得了普遍接受,并已经成为一条定律。吕叔湘先生(《汉语语法论文集》)、杨伯峻先生(《文言语法》)都将其陈述为一般事实。

黄景欣先生则指出:

> 第一,丁先生的文章虽然拥有许多例证,但这些例证却是经过选择,而不是全面的。例如丁先生引用了许多《礼记》的例子,却从未谈到"亡则弗之忘矣"(《檀弓》)这类句子。……第二,丁先生肯定地认为,"弗"和"不"的这种区别是"古代文法"没有例外的"通则",和事实也是不符的。首先"古代文法"这个概念就很模糊,如果按一般的理解,指的应该是秦汉以前的古汉语,可是丁先生并没有全面地考察这一时期的材料,而只是根据《礼记》《左传》等几部书来证明他的论点,这样做是很不够的。再说"例外"的情况是存在的,应该怎样解释呢?丁先生也没有明确地交代。第三,《尚书》中有许多"弗"字的用法和上述的论点是矛盾的,丁先生也看到,然而它却用"校正"《尚书》的"伪乱"来解决这一矛盾,把不合于他的论点的"弗"字都改为"不"字,这样做在研究方法上也应值得商量。①

在开始探讨之前,黄景欣先生特别地做了如下说明:

> 如果以《左传》等材料为中心来研究古代汉语的否定词"弗"和"不",我们对它前后的一些资料也必须加以注意。否则得出的结论就不可能是古代汉语的一般规律,而只能是某一部书的语法现象。《左传》等书的语言现象不可能和它前后的语言现象没有联系,这是很显然的。②

黄景欣先生以甲骨文中的否定词"弗"和"不"切入。他查阅各样有关甲骨文的文献资料,确定甲骨文中已经存在这两个否定词"弗、弗、弗、弗""不、不、不、不",认为两者都是假借字,形体上毫无共同性可言。但是,在声音和意义上却非常相近。他引用了胡小石先生的《甲骨文例》:

---

① 黄景欣:《黄景欣语言研究论文集》,南京:江苏教育出版社,1995年版,第142页。
② 黄景欣:《黄景欣语言研究论文集》,南京:江苏教育出版社,1995年版,第142页。

> 亡不弗勿毋等皆用为否定及禁止之词，其读皆为唇音且多冠于语端，盖以唇音发端于语为便故也。①

在同一块龟板上同时出现这两个否定词，更证明两个否定词在甲骨文献中的存在。他以数十条例证首先指认了这两个否定词共同的句法特征，包括两者都可以用于及物动词之前、形容词之前、副词之前，并常见两者交替使用。黄景欣先生得出的结论是：

> 所以可以肯定地说，作为否定副词的"弗"字和"不"字在甲骨文中是没有严格的区别的。②

在如此严格的结论基础之上，黄景欣先生便开始指认两者之间具体而微的区别。他又提供了数十条例证，并加以分析，得出如下结论：

> "弗"是一个单纯的固定的否定副词，而"不"则是一个具有多种词性的、活动性较强的否定词。③

"不"在语句中的位置尤为灵活。可以用在句首，否定整个句子，如："上下弗若，不我其受又。"④可以作为疑问语气词而用在句尾，如："丙子卜，今日雨不？"⑤如此用法的"不"字实际上还可以解释为独立使用的谓语。"不"用作否定副词时，如果宾语是代词"我"，那么，代词"我"前置，用于动词之前。如："且辛不我㞢。"⑥

在对甲骨文中的两个否定词做出研究和推证之后，黄景欣先生开始关注周代金文中的否定词"弗"和"不"。金文是研究古代汉语的又一重要原始资料所在。根据黄景欣先生的观察，金文中否定词"弗""不"传承了甲骨文中所具有的特点。由此，黄景欣先生进一步考察汉以前古籍中的否定词"弗""不"。以数百条例证推究汉以前古籍中的"弗""不"继承了殷代的甲骨文和周代的金文用法，在作为否定副

---

① 黄景欣：《黄景欣语言研究论文集》，南京：江苏教育出版社，1995年版，第143页。
② 黄景欣：《黄景欣语言研究论文集》，南京：江苏教育出版社，1995年版，第145—146页。
③ 黄景欣：《黄景欣语言研究论文集》，南京：江苏教育出版社，1995年版，第149页。
④ 黄景欣：《黄景欣语言研究论文集》，南京：江苏教育出版社，1995年版，第147页。
⑤ 黄景欣：《黄景欣语言研究论文集》，南京：江苏教育出版社，1995年版，第146页。
⑥ 黄景欣：《黄景欣语言研究论文集》，南京：江苏教育出版社，1995年版，第147页。

词方面具有相同的特点。

读及此处,我不禁想问:以丁声树先生那样的才学与威望,他何至于忽略这些现象呢?而且,为什么他残缺的结论可以得到国内古汉语学界普遍的认可、推崇呢?

接下来,黄景欣先生站到自己观点的对立面,用了大量的例证反证了自己观点的充分与完备。几乎用了五页的篇幅。然后,我读到了我期待的问题:

> 在古汉语中,特别是在先秦古籍中,否定词"弗"字的应用本来就比"不"字少得多,加上否定句不带宾语是古汉语的一般惯例,"弗"字句带有宾语的因而也就更少了;这就造成了一种假象,使人以为否定词"弗"字和宾语似乎是相互排斥的,这也就成为丁声树先生得出他的论点的客观依据。然而还应该指出,这种假象终归还是客观的,得出这一结论的更重要的原因,则应该说是由于主观上没有充分地注意到汉语的特征,以及存在着一种单纯的位次观点的缘故。
>
> 前面我们已经证明了,在带有否定词"弗""不"的否定句中及物动词不带宾语乃是古汉语的一般现象。按照现在一般语法书的解释,这种现象都被认为是"省略",也就是说,它本来有、或者应该有宾语,后来因为某种外在的原因,这个宾语才省略了,因此这种现象也是特殊的、不正常的。这种解释从逻辑上来看,应该说是无可非议的,并没有什么说不过去的地方。但是如果从汉语的习惯来看,这样解释却很难令人同意。首先应该弄清楚,所谓"省略",就是一种一般的现象在某种特殊的条件下被省去其中的某一部份,因而它也是一种变例,和一般是对立的;而所谓一般,从语言的观点来看,则是一种最经常出现、最符合于普通语言习惯的现象,而不是某些语法学家所制定的条例,更不是逻辑的规则。根据这一理解来看上述的这一现象,我们所应得出的就必定是一个相反的结论了。[①]
>
> ......

由上看来,如果说我们的语言学界的前辈在"弗"和"不"的问题上研究方法方面有疏忽的话,那么应该说根源就在这里。他们没有充分地注意到汉语这一重大的特征,而单纯地从西洋语法的分析方法出发,认为既是及物动词,就应该有宾语,如果没有宾语就不是正常现象;因而就先从逻辑上来确定某一个动词是及物的,某一个动词是不及物的,然后在一定的位次上寻找宾语。在

[①] 黄景欣:《黄景欣语言研究论文集》,南京:江苏教育出版社,1995年版,第167页。

这种主观愿望的支配下，得出这一和事实不相符合的结论，当然也就是必然的了。①

黄景欣先生这样的内容安排可谓丝丝入扣，妙不可言！

在古汉语界，丁声树先生具有相当的影响力。他编录并由李荣先生参订的《古今字音对照手册》（科学出版社，1958年版）是学习、研究古汉语及汉语音韵者的必备工具书，以此推究古今语音演变更为有益。这本书收录了六千多字，按照普通话音系排列，标有普通话的读音，加注广韵系统的古音。查找起来非常方便。我书橱里的这本还是早些年从古旧书店淘来的，书的品相挺好。当初并没有想到日后它是我学习古汉语的重要参考书。

黄景欣先生这篇发表于1958年的论文令人叹服！

黄景欣先生的《汉语音韵学研究中的几个发人深省的问题》不是严格意义上的论文，应该是一篇随手写下的思考笔记。

方光焘先生在讨论会上提出了两个问题：第一，音韵学本身到底是什么（它的对象和任务是什么）？第二，音韵学有没有发展前途？

黄景欣先生由此产生了一些想法：

> 细想起来，这两个问题虽然表面上看来似乎只是常识性的问题，但它们实质上却反映了我国语音学研究中所存在的严重问题。一般说，许多人都认为在过去的中国语言学各部门的研究中，音韵学的成就比起其他部门的成就要大一些，就其写成的著作和研究的成果说，过去的学者们都做出了一定的成绩，解决了不少问题。如果就古代语音学和外国同一部门的研究情况比较起来，过去的成就也是应该肯定的。然而，为什么正好是这门学问存在着上述的这么严重的问题，甚至关系到它的发展前途呢？是什么原因使我们的学者们为这门已经取得了不少成就的学问的前途担心呢？我想，根本问题就在于我们的学者们对有关这门学问的一系列根本问题没有明确的认识，例如：1. 音韵学的目的是什么？是像从前一样服务于文学创作和训释古书呢，还是还有别

---

① 黄景欣：《黄景欣语言研究论文集》，南京：江苏教育出版社，1995年版，第168页。

的更重要的目的？2.传统的音韵学和新兴的也可以说是外来的语音学的关系是怎样的呢？是否可以用现代的语音学来代替传统的音韵学呢？3.传统的音韵学有哪些科学成就？这些成就在现代语音学中的地位又是怎样的呢？4.最后，传统的音韵学在方法论上有什么贡献？它的方法是否科学？如此等等。①

可以见得，他已经开始从普通语言学的视角观察音韵学及其存在的意义了。

另一篇，《论我国语言学遗产的继承问题》读来真是有一份舒服爽快感。尽管我并不完全赞同黄景欣先生的一些观点，尽管在一些问题上我持有完全对立的观点，但是，这些都不影响我成为这篇论文的欣赏者。他应该是一位横空出世的天才，我愿意为他喝彩！

有人认为"真正的语言科学是在十九世纪西欧的历史比较语言学产生之后才建立起来的"，站在西方的立场上，这样的观点不足为奇也是顺理成章的。而黄景欣先生则认为这是不正确的观点。他认为我国是世界上最早发展语言系统研究的国家之一。

我总觉得，对于一种言论或一种观点的认识，首先要看是谁在言说，是谁在什么样的语境中言说，是谁在什么历史时期言说，言说的自然地理位置何在。其次，要看这一言论的历史脉络，它在它所诞生的那个历史框架中是否对先前的主流言论或观点有着一脉相承的关系还是有着主动的疏离。最后，要看它的基本观照面以及它所观照的路径、方法、目标和前景。这样，我们便可以理解这一言论或观点的缘起，厘清它的基本思路。无论是接受还是反对，都可以做到清醒而理性。这样就不会出现黄景欣先生指出的如下现象：

> 近百年来，西方资产阶级的语言学输入我国，影响极深，一些主要地是从印欧语系出发的"不一般的一般语言学"著作被视为语言学的经典理论，但许多问题的研究和讨论，往往限于概念的争论，而且往往是搬用外国的概念来套汉语的现象。而汉语研究中的一系列重大问题，以及我国语言学研究的传统，则没有得到应有的重视。②

---

① 黄景欣：《黄景欣语言研究论文集》，南京：江苏教育出版社，1995年版，第183—184页。
② 黄景欣：《黄景欣语言研究论文集》，南京：江苏教育出版社，1995年版，第186页。

回望过去,印欧语系研究的著作,无论是普通语言学还是专门语言学,在过去的一个历史阶段大量涌入汉语研究的视野,汉语研究者对外来的语言研究持有特别的开放态度,也确实有研究者将外来的著作不加区分地奉为经典。对一些问题的讨论的确是拘泥于概念,有些早已走向极端,把准文字游戏生生地揽进了一场原本严肃的学术问题讨论。不知道在讨论什么,也不知道讨论的目的,更不知道通过讨论要解决什么问题。在一场宏大的讨论中,恐怕只有为数很少的学者是清醒的。而照搬印欧语系概念来框定汉语现象则屡见不鲜。在我看来,这种行径对汉语的伤害是表面的,是可以捕捉得到的,是可以在适当的时机予以修理和调整的。但是,我还要指出一种潜在的现象,它对汉语研究的危害是深藏而不露的,即汉语研究者以印欧语系的视角来考察、研究、分析汉语现象,并从印欧语系的语言知识体系出发,尝试完善汉语语言知识体系。

我常常想,几近想到了绝望的边缘:从汉语语言研究来看,它自周代以后便建立起自己的系统研究,诞生了包括语义学、文字学、方言学、音韵学、词源学、训诂学等在内的专门著作。可是,我们的汉语研究者为什么如此轻易地就抛开了我们自己的语言研究知识体系呢?为什么没有以我们古老的语言系统研究影响、引导外民族的语言研究呢?我们的汉语系统研究为什么没有能够稍稍坚挺得足以自卫呢?为什么我们引进的汉语研究明明是在削足适履而偏偏要宣称是重大成就呢?为什么我们的汉语研究者不能够区分蒙昧与觉醒呢?为什么我们的汉语必须要遭遇印欧语系研究成果的遮蔽呢?我们为什么对出自印欧语系的世界语系划分如此地心悦诚服呢?为什么不能够对因不甚了解而只能粗浅划分出的汉藏语系提出疑问呢?

实在是想不出个头绪来,便转个弯,再接着想:为什么我们的汉语语言学研究没有得到西方的普遍认可?为什么西方的汉语研究者如高本汉、布德伯格没有受到西方语言研究者的关注?为什么留洋的学者对西洋语言知识体系的输入乐此不疲而对汉语知识体系的输出却兴趣无多呢?

转而再想:为什么要以欧洲的语言学成就为标准来框定我们对自己语言研究成就的认识呢?为什么要寻找各样的古代言说、论断、观点来证明我们的语言学思想和研究方法与欧洲的语言学成就是基本一致的甚至是超前的呢?为什么不能够从欧洲语言学的话语体系中超拔出来呢?当欧洲的研究者开始认识到语言与元语言的区分,认识到知识体系的建立,认识到研究对象、方法和目的需要得到明确,认识到语言研究的依附性和独立性的本质区分,便没有理由不形成一个语言研究的科学体系。这是基于他们对他们所掌握的各样语言的认识，基于他们认识的不断积累和不断进步。从语言的个性出发，我们汉语研究者完全可以从深厚的汉语语言研究成就中抽绎出汉语研究的理论体系和理论框架，建立汉语研究独有的话语体系。不去拾人牙慧，不去鹦鹉学舌，并不意味着不去认识他人的语言知识体系，并不排斥对他人语言科学研究的借鉴。在充分、透彻理解汉语知识体系的基础上，我们便可以尝试拓展认识人类语言存在的一般方式，即语言的共性研究。汉语是世界上所存在的语言之一，它必定包含世界语言的共性特征，又因为它是汉民族的语言，它必定包含世界其他语言所不具备的个性特征。

黄景欣先生认为：

> 事实上，就语言科学发展的现阶段来说，19世纪以来西欧建立起来的语言学体系，目前也已被认为是处于"危机时期"，因为"它的一切基本原理目前正在被重新查审。"……在目前我们再把它奉为唯一的科学，显然是没有根据的。①

我想，伴随着人类视野的不断扩大，伴随着人类认识的不断深入，每一个科学体系的建立都会有它发生、成长并逐步成熟、逐步自我完善的过程。有鉴于此，我们既不能够轻易地予以全盘否定，也不能够盲目地全盘接受。从理论上来分析，在某一历史时期被认为是完整的知识体系有可能在之后的历史阶段被证伪。例如，地心说。而在某一历史时期被认为是荒谬的知识体系有可能在之后的历史阶段被证实。例如，日心说。对于欧洲的语言学体系，我们似乎应该做的则是：对它本身以及它诞生的语境进行尽可能全面的了解、分析和认识。在此基础上，取其精华，去其糟粕，批判性地借鉴。

论及理论和方法论，黄景欣先生认为：

> 我国传统的语言研究，从来就是以解决实际问题为中心来进行的。因此，在积累下来的文献当中，很少有理论或方法论方面的专门著作。但是，这一事

---

① 黄景欣：《黄景欣语言研究论文集》，南京：江苏教育出版社，1995年版，第189—190页。

实决不意味着传统的语言学中没有自己的理论和方法论体系。①

实际上,绝大多数民族的语言研究都缘起于语言的工具性。有些民族在早期便形成了独立的语言学及分支理论体系,创建了语言科学体系中的概念和范畴系统,如梵语语言研究体系中词根概念、词缀概念、性范畴、数范畴、格范畴等等。有些民族语言研究则没有选择同样的路径,没有从自己的语言研究中抽绎理论概念和范畴系统。但不能够因此否认相关研究的存在。这样的研究中潜存着一定的理论规则,这些理论规则的片段或碎片时常会反映在研究者的思想之中而成为言说的片段或碎片的显在。理论系统存在是一回事,理论系统研究又是另一回事。理论系统研究与思想片段或碎片则是不可同日而语的。不过,对于汉语研究而言,系统的抽绎则只是一个时间问题。打个未必得体的比方,一个七岁的孩子操一口流利的汉语。与家人、与外界的语言交流毫无障碍。我们不能够因为他或她暂时没有知识能力解释自己在按照怎样的规则言说而判定他或她的言说是没有规则的。当然,我们也不能因此强说在他言说的背后已经有理论系统研究的完备存在。这话说起来有几分残酷!

到目前为止,我们仍然可以期待汉语语言学的系统研究成果,它不是汉语语言学史,也不是古代汉语语言结构研究,它应该是一个囊括汉语语言系统研究的理论成果。我认为,可以期待音韵学和训诂学成为汉语语言系统研究的两大支柱。担当这项任务的人必定要学会在四面楚歌声中生存并学会从涅磐(nirvāna)中再生。

到目前为止,我们仍然可以期待世界语言学的系统研究成果,它不是欧洲语言学史,也不是世界语言结构分析,它应该是一个囊括世界语言系统研究的理论成果。世界各种语言的个性研究是必要的基础,世界各种语言的研究方法是充分的路径,完成对语言一般性的关照与思考,建立一般的概念、范畴、术语体系,构建符合世界语言共性特征的一般理论体系框架。这样的研究将是灿烂而迷人的。

如果论文题目中的"我国"能够改为"汉语",似乎会更为确切一些。

黄景欣先生(1935—1965)只有三十年的生命,却已经表现出惊人的才气。为这

---

① 黄景欣:《黄景欣语言研究论文集》,南京:江苏教育出版社,1995年版,第190页。

本论文集作序的是胡裕树先生和叶子铭先生。两位先生也已经先后离去，我面前的这本淡黄色封面和褐色书名的著作因此平添了几分感伤的色彩。

这本论文集是李开先生于二〇〇二年九月送给我的。扉页上是李开老师的笔迹：

> 裴文老师指正。
> 　黄景欣老师同胞兄弟妹赠阅。
> 　　　　　　　二〇〇二年九月九日

或许，李开先生与黄景欣先生之间有着某种家族的联系。

我好奇黄景欣先生为什么会选择那么早早地就结束自己的生命。于是打电话给李开先生。他只是说黄景欣先生是因为个人情感的问题，似乎不太愿意多说什么。智慧如黄景欣先生，怎么能将个人感情凌驾于自己的生命之上呢？一时间，我便更加地想知道更多关于黄景欣先生的事情，似乎是应了尤瓦尔·赫拉利《人类简史》中的"八卦"。又打电话给王希杰先生。他和黄景欣先生是同时代的人，又都在方光焘先生的旗帜之下，应该可以告诉我一些细节的。没有想到，一听到我提及黄景欣先生，他的语气和语调都发生了怪异的改变，反问道："你为什么要对一个死去那么多年的人感兴趣呢？！"他像是被惹怒了一般，我即刻失去了交流的基本能力，一句话也不说，直到电话听筒里传来："哎？喂？——这个电话怎么没有声音了？"等他挂断了电话，我才放下电话。第一次遭遇这样的情形，只能选择以沉默的方式逃逸。他的嗓音极其洪亮，这样的音高、音频、音带似乎特别不适合我做出任何的话语行为。猛然间发觉自己太唐突了，便开始责备自己是不是太过童心未泯了，总要问个为什么。但仍然坚信这其中必有故事中的故事。不过，此后，便再也没有提及此事，似乎也没有了多少的好奇。没有了"八卦"，果然就断了某种本该有的"讲故事"呢！呵呵，又想起了《人类简史》，真是本好书！

方光焘先生门下的弟子，形不似而神似，都如方光焘先生一般个性十足！

算一算，黄景欣先生骑鹤仙去已有数十年，他的论文却让我读出一份难得的亲近。

这本论文集是李开先生与姜明宝先生共同编的。在攻读语言学理论博士学位期间,我曾受教于李开先生。他对我的博士论文多有教导。在我这个学生的心目中,他是位宽厚、慈爱的长者。他总是在各样的场合呼吁:"老师之间的矛盾千万不能强加给学生啊!太不应该了,太不应该了!"二〇二〇年十月,王希杰先生整八十岁。他指导的博士,无论哪一届,终究是无一人能够留在南京大学文学院执教。王希杰先生这一门派在文学院果然是被封了,果然是被斩草除根了。二十多年来,文学院的语言学研究可一切安好?

身边总有慷慨赠书的老师和朋友,他们愿意那些书被我阅读。我蒙福了!

18 《语言与文化》
/ 罗常培

罗常培,《语言与文化》,北京:语文出版社,1989年版。

翻开这本书,便知道它是大牌。先是吴玉章先生的题词,然后是吕叔湘先生的再版前言、邢公畹先生的再版前言,又有陆志韦先生的一版前言和罗常培先生的一版自序。

吴玉章先生的题词是:

  语文发展和社会发展联系起来加深我们的研究

吴玉章
一九五十年一月

从罗常培先生(1899—1958)的诸多杰出著作来看,如《厦门音系》《临川音系》《唐五代西北方音》《汉语音韵学导论》等,他是一位语音学家、音韵学家、语音史学家。但他同时又对语言与文化的关系颇有兴趣。王力先生曾称:"罗常培的成就是划时代的。"

第一章是"引言"。第二章是"从语词的语源和变迁看过去文化的遗迹"。

两章读下来，基本了解了罗常培先生的思路：从词语切入，分析词语的意义，再分析词语的来源，借着词源，结合民俗民风，便把一个个词语的故事绘声绘色地呈现出来。后面的各个章节大体也都是这样一个路径。把这本书当作纯粹的闲书，有些可惜。把它当作学术著作，又觉着不过瘾。它本身缺乏学理上的描写、提炼或分析。但是，在一些细节问题上，遇见罗常培先生的这本书，还真就是涣然冰释，怡然顺理。它终究是《语言与文化》，漫谈式的，不可视作语言文化学研究专著。

罗常培先生多处引用爱德华·萨丕尔（Edward Sapir, 1884—1939）这位先语言学后人类学的世界级大家，也多处引用马林诺斯基（Bronislaw Malinowski, 1884—1942）这位先人类学后语言学的世界级大家。

当下的学者常常强调通才教育，强调跨学科研究。殊不知，所有的客观存在都是交织在一起的，只是由于人类的认识能力有限，才把完整的客观存在加以分割。而后来人们强化知识的分割，是因为要更为深入地展开研究，偏偏就是深入的研究已经让人们得以清醒地看到作为统一体的客观存在。跨出由于人类认识局限而设定的框架其实是一种必然。"跨学科"这个词语本身便是人类自我束缚的一个"佐证"了！

书中的一些言说颇为有趣，一些有趣的故事也值得玩味。
在第二章，罗常培先生指出：

> 在各国语言里有许多语词现在通行的涵义和他们最初的语源迥不相同。如果不明了他们的过去文化背景，我们简直推究不出彼此有什么关系来。可是，你若知道他们的历史，那就不单可以发现很有趣的语义演变，而且对于文化进展的阶段也可以反映出一个很清晰的片影来。[1]

读来有些许不顺，或许是时间因素导致的。

这一段让我想到一连串的问题：这里所谓的"许多语词"大体的数量是多少？在一个民族语言语汇中占有多少的比例？它们在多么大的范围和多么深的程度上反映一个民族的文化？是零星的反映抑或是全面的反映？又有多少语词能够被清晰地追索语源和变迁历程？这"许多词"包括外来语词吗？被反映的文化遗迹片影是否能够获得历时的链接呢？或者只是碎片的拼接呢？

---

[1] 罗常培：《语言与文化》，北京：语文出版社，1989年版，第3页。

罗常培先生视野开阔,举证多个民族语言的语词例证:

> 又如英语的 window 直译为"风眼"(wind-eye)。在许多语言里用来指"窗"的复合词,"眼"字常常占一部分。像峨特语(Gothic) auga-dauro 直译是"眼孔"(eye-door)。盎格鲁撒逊语的 eglyrel 直译是"眼孔"(eye-hole),在梵文(Sanskrit)里我们找到 gavākṣa 的意思是"牛眼"(ox-eye),还有俄语的 okno,它的语根和拉丁语的 oculus 有关系(直译是"小眼"a little eye)。要想解释这些关于"窗"的语词,我们还得会想到古代的建筑制度。我们在上文已经说过最古的房子或用柳条编的东西造成,或者用木头造成。在这两样建筑制度之下不容许有一个四方形大窗的。现在昆明近郊的倮倮叫窗做[ʂu˥ gu˩ na˩]也是窗眼的意思。①

那么,所有这些不同民族的词语显然具有共性意义特征。这个特征来自人类的共性认知,抑或来自生存环境本身呢?为什么从南到北并没有构成合理的地域差异呢?

在第二章的最后,罗常培先生提及汉语:

> 谈到中国古代语言和文化的关系,我们便不能撇开文字。例如,现在和钱币有关的字,像财、货、贡、赈、赠、贷、赊、買、賣、贿赂之类都属贝部。贝不过是一种介壳,何以用它来表示钱币的含义呢?许慎的《说文解字》解答这个问题说:"古者货贝而宝龟,周而有泉,至秦废贝行钱。"可见中国古代曾经用贝壳当作交易的媒介物。秦以后废贝行钱,但是这种古代的货币制度在文字的形体上还保存着它的蜕形。云南到明代还使用一种"海肥"也就是贝币的残余。②

实际上,论及任何一个民族的语源与文化,我们都是在寻求被记录下来的语言,确切地说,我们的依据是语言的工具,即文字。文字所能承载的、所能传达的、所能维持的无不随着时间、空间的流变而有所丧失、有所扭曲、有所游离。而文字

---

① 罗常培:《语言与文化》,北京:语文出版社,1989年版,第4页。
② 罗常培:《语言与文化》,北京:语文出版社,1989年版,第9页。

的历史远远滞后于语言。这是我们不能不面对的事实。语言与文字之间从来就存在着断裂。这是一个非常残酷的事实。正是这个事实无可避免地将阻滞我们致力于对语言和文化的整体把握，我们不能不根据文字来对文化进行分割，这里包括历时的分割和共时的分割。我们别无选择！此外，文字往往会将我们带入具体化的细节情景中，如果没有对宏大文化语境的准确判断，我们便无从断言某一个文字所呈现的具体细节是文化中的常态还是变态，是文化中的恒定规则还是偶然例外。我以为，这是一个非常现实的问题。

第三章是"从造词心理看民族的文化程度"。这是一个有趣的视角。但是，对"文化程度"这样的表达我不甚理解。"文化"是一种历史现象，对于每一个民族而言，它是民族自身认同的要素，具有绝对的独立性。在我看来，民族文化之间没有高下的可比性，就犹如我们不能够在夹竹桃和水仙花之间比出个高下来一样。

罗常培先生提供了一些例证：

> 从许多语言的习用词或俚语里，我们往往可以窥探造词的心理过程和那个民族的文化程度。现在姑且舍去几个文化较高的族语暂时不谈，但从中国西南边境的一些少数部族的语言里找几个例子。例如，云南昆明近郊的倮倮叫妻做"穿针婆"[ɣɤ˥ sɔ˅ mɔ˨]（直译是"穿针母"）。云南高黎贡山的俅子叫结婚做"买女人"[pʻo˧ ma˧ uan˧]（直译是"女人买"）。从这两个语词我们可以看出夷族社会对于妻的看法和买卖婚姻的遗迹。①

> 当我们调查文化较低的族语时，遇到抽象一点儿的语词，像代表动作或状态一类的词，往往比调查看得见指得着的东西困难许多。可是一旦明白他们的造词心理以后也可以引起不少的趣味。比方说，昆明近郊的倮倮叫发怒做"血滚"[sl˧ nʻɑ̃˅]，…… 这几个语词的构成，多少都和这些动作或状态的心理情境有牵连。②

我猜测，"穿针婆"或者"穿针母"应该是夷族先民对"妻子"最初的特性指认。"妻子"有别于"丈夫"的一个特征是："妻子"做针线活。这应该是夷族家族内部分

---

① 罗常培：《语言与文化》，北京：语文出版社，1989年版，第11页。
② 罗常培：《语言与文化》，北京：语文出版社，1989年版，第12页。

工的结果。就像山西方言中指称"妻子"为"屋里头的",似乎是在表达"男主外,女主内"。这倒让我联想到汉语对"丈夫""妻子"称谓从古至今的流变:

丈夫	妻子
良人	良人
郎	娘
郎君	娘子
官人	娘子
外人/外子	内人
相公	内人
先生	夫人
爱人	爱人
老公	老婆

第四章是"从借字看文化的接触"。

第五章是"从地名看民族迁徙的踪迹"。

从这两个角度可以看到最显在的语言与文化的关联。因此,在各样有关语言与文化的探讨中都不会错过这两个方面。问题在于如何在历史流变过程中确立文化现象的时间和空间坐标,以期获得完整、统一的民族文化场景。

第六章是"从姓氏和别号看民族来源和宗教信仰"。

第七章是"从亲属称谓看婚姻制度"。

这两个角度应该是语言与文化关联的重点所在,但同时也是研究中最棘手的部分,主要原因在于考据的缺乏。语言学与人类学必须彼此交通,以促进这两个方面的研究获得实质性的进展。

第八章是"总结"。

这个部分值得反复阅读。罗常培先生做了如下四个方面的总结:[①]

  第一,语言是社会组织的产物,是跟着社会发展的进程而演变的,所以应该看做社会意识形态的一种。

---

① 罗常培:《语言与文化》,北京:语文出版社,1989年版,第88—95页。

第二，语言不是孤立的，而是和多方面联系的。……所以语言学的研究万不能抱残守缺地局限在语言本身的资料以内，必须要扩大研究范围，让语言现象跟其他社会现象和意识联系起来，才能格外发挥语言的功能，阐扬语言学的原理。

第三，语言的材料可以帮助考订文化因素的年代。语言，像文化一样，是由不同年代的各种因素组成的。其中，有些因素可以推溯到荒渺难稽的过去，另外一些因素不过是由昨天的发展或需要才产生的。假如我们能够把文化变迁和语言变迁的关系安排好，咱们对于文化因素的相对年代就可以估量出来。……不过，咱们要得注意，语言的变迁比文化的变迁慢得多；文字的变迁比语言更慢。有些文化因素早已变了，可是它的蜕形却仍旧在语言文字里保留着。

第四，文化变迁有时也会影响语音或语形。……本地语音和语法往往影响外来的借词。反过来说，一种语言接触外来文化后，能不能使本地的语义、语音、语法发生变化呢？这当然是可能的。

读了这四条总结，我想，就语言与文化的关系研究而言，我们似乎应该考虑到：当一种现象在民族文化中保持深刻稳固的时候，用以指认它的语言要素却屡屡发生改变。而当一种现象在民族文化中已经因为时间和空间的因素而发生了多方位的改变的时候，用以指认它的语言要素的最初语音和语义部分却保持相对静止的状态。是什么在支撑双方的改变与恒定呢？又是什么在促使双方发生改变或保持相对静止呢？是什么在导致语言与文化错失同步、错失和谐呢？

总结之后，罗常培先生提出了如下三条建议：[1]

第一，对于语义的研究，咱们不应该再墨守传统的训诂学方法；应该知道词义不能离开上下文而孤立，词书或字典里的解释是不可靠的；应该用古生物学的方法分析各时代词义演变的"累积基层"；应该用历史唯物论的方法推究词义死亡、转变、新生的社会背景和经济条件。取材的范围不可再存"雅""俗"的偏见，自经籍子史、词书、专集、语录、笔记、小说、戏曲、传奇，以至于民间谣谚，大众文艺都应该广泛地收集。研究的方法，一方面要由上而下地从经籍递推到大众口语，另一方面还得根据大众的词汇逆溯到他们的最初来源：照这样

---

[1] 罗常培：《语言与文化》，北京：语文出版社，1989年版，第95—102页。

就可以把古今雅俗的材料一切都联系起来了。这种工作一个人做固然非常繁重,要是有计划、有步骤地集体进行,我敢保证它可以胜利完成的。

第二,对于现代方言的研究已往20多年来太偏重语音一方面了。现在要想建立拼音文字的新方案固然还得先要把各地方音系弄清楚,可是咱们要和第一个建议配合,特别着重词汇的收集和研究。这种工作的进行,首先要注意每个常用词汇在各地人民嘴里的活方言有什么异同。

第三,咱们应该认识研究国内少数民族语言的重要性。对于国内少数民族语言的研究中国学者们一向不大注意。西洋学者们也不像研究印欧语那样热心。

罗常培先生在总结部分就已经提出"累积基层"的概念:

语言为解明文化的次第给咱们一种"累积的基层"(stratified matrix);它对于文化历史的关系,粗略地说,就像地质学对于古生物学似的。耶费梯语言学也极重视语言学上的古生物学分析方法,它把语言发展的各阶段和社会经济构成的各阶段联系起来。这种新的研究方向已经不像印欧语言学那样专就静止的语言现象去比较他们的构成形式了。[1]

作为读者,这个部分与其说是建议,毋宁说是教导。又阅读书中的四个附录,即"论藏缅族的父子连名制";"茶山歌";"从客家迁徙的踪迹论客赣方言的关系";"语言学在云南",感触颇深,联想颇多!要学会广泛阅读,要学会深入研究,要学会博古通今,要学会方法得当。直抵语言文化的纵深处,那将是任重而道远的!好在有罗常培先生这位楷模在先。

卢盛江先生建议我完成两个大的课题:"世界文化语言学"和"汉语音韵学"。并且要先完成"世界文化语言学",而后再完成"汉语音韵学"。是他建议我读罗常培的《语言与文化》。可是,得来罗常培的这本书真的是不容易。费了半天的口舌,才算是可以借来一阅,借期为两个月。又因为我谈论对这本书的分析与理解,似乎这本书由我守着最为合适,这才算是可以长期保留在我的书橱里。看看这本书的扉页,好像已经几易其主,各样的图章,各样的笔迹。倒让这本不足两百页的书几

---

[1] 罗常培:《语言与文化》,北京:语文出版社,1989年版,第90页。

许沧桑、几许沉重。此外，罗常培先生的《汉语音韵学导论》也已经在我的阅读计划之内了。

不同的书有不同的读法。《季门立雪》（上海书店出版社，2007年版）是上海书店出版的一套书中的一本。我原本就是把这套书当作闲书来读的，这套书的开本设计让我捧在手上就觉着舒服。睡前，靠在床上，借着落地灯橙色的光辉，很享受地读了叶兆言的《陈旧人物》、黄裳的《插图的故事》、王海龙的《遭遇史景迁》、沈昌文的《最后的晚餐》等等。而《季门立雪》，读着读着就觉得应该把它放在书桌上看。而这本《语言与文化》，要在有山、有水、有春风的地方读，它需要读者在一个非常开阔的情景中放飞想象力。南京东郊外的前湖便应该是一个不错的去处了。

19 《汉语史稿》
/王 力

王力,《汉语史稿》(重排版),北京:中华书局,2004年版。

这本书共计714页,厚厚的、沉甸甸的。我是先浏览目录,然后选择先读附录。附录是汉语史复习提纲。想看看我能答出多少题目来。这些题目可以用来诊断我汉语史知识的状况:哪些部分是我的知识空白点?哪些部分是我的不足之处?哪些部分是我已经有所了解的?哪些部分是我需要再做进一步独立思考的?诊断的结果可以帮助我更有针对性地进行阅读。而更为有趣的则是,我因此对这本汉语史的大体思路和框架结构有了一个基本的认识。尤其是绪论部分的问题,像引导者一般,让我尝试认清整个汉语史的版图、我当下所在的位置以及我将要走进汉语史的门槛。真好!

王力先生开篇的第一句话便指出了汉语史的对象和任务:

汉语史是关于汉语发展的内部规律的科学。[1]

在《汉语史稿》的话语体系中,汉语包括语音系统、语法结构、词汇、文字等结构要素,而汉语史则要追溯到商代的"汉语",尽管商代并不存在严格意义上的"汉语"。从"汉语"的史实来看,毕竟,"汉语"晚于商代而得名,它得名于"汉族",而"汉

---

[1] 王力:《汉语史稿》(重排版),北京:中华书局,1980年版,2004年第2版,第1页。

族"得名于"汉朝"。但是，商代的语言仍然是汉族先民的语言，或者说，"汉语"是对商代语言的直接传承。

想知道，汉语在过去可考证的三千多年里发生了怎样的流变？如何形成了当下现代汉语的品质状态？可以想象，汉语流变过程中所发生的存在方式的渐变与突变、偶然与必然、积累与丧失，一定是富有情趣盎然的历史节奏感，一定是充满明快热烈的并时厚重质感。历史节奏感流露汉民族曾经的规律性和非规律性的脉动痕迹，包括思想、战争、迁徙、建筑，并时厚重质感的极致状态便是当下支撑汉语作为整体而存在的丰富又灿烂的方言。更为令人着迷的则是汉语在三千多年的时间流程中所纵横承载并折射的汉民族的社会、文化及其他民族的社会、文化。

历代学者对汉语史的研究做出过怎样的贡献呢？王力先生将汉语史研究分为三个阶段：

> 第一阶段从汉初（公元前三世纪）到东晋末（五世纪），是语义研究的阶段；第二阶段从南北朝初（五世纪）到明末（十七世纪），是语音研究的阶段；第三阶段从清初（十七世纪）到现在，是全面发展的阶段。当然所谓语义研究阶段和语音研究阶段只是就当时的中心工作来说，并不是说第一阶段完全没有语音方面的研究，更不是说第二阶段没有语义方面的研究。[1]

就第一个阶段，王力先生列出汉代语义方面的代表作品：《尔雅》、扬雄的《方言》、许慎的《说文解字》、刘熙的《释名》。

《尔雅》是一部典型的语义研究著作，它全按照字的意义进行分类。《方言》是第一部记录方言的书。在这部书里出现了术语："凡语"，即现在所谓的"普通话"，"通语"则是相对较小范围内的通行语言。收录方言中的不同词汇，也收录同一词语在不同方言中的不同读音。而《说文解字》对汉语语义学产生巨大的影响。王力先生认为：

> 说文解字虽然对于每一个字都解释它的意义，但是许慎这一部书的主要对象不是字义，而是字形。他企图说明每一个字为什么要那样写，主要是找出

---

[1] 王力：《汉语史稿》（重排版），北京：中华书局，1980年版，2004年第2版，第6页。

字的本义,使这个本义能说明这个字的结构的理由。①

随手翻开《说文解字注》,读到"玉部":②

> 玩　弄也。从玉,元声。
> 玲　玉声也。从玉,令声。
> 玖　石之次玉黑色者。从玉,久声。
> 碧　石之青美者。从玉石,白声。
> 琨　石之美者。从玉,昆声。

从《说文解字注》的书名来看,它是说明、解释独体文和组合字的。但从根本上来说,它应该是一部音书。文字是用来承载语言的,而语言是声音和意义的结合。

刘熙的《释名》探求每一个字最初的命名理据。王力先生指出:

> 刘熙以为语音和语义有必然的联系,从语音可以追寻语义的来源。这是中国语源学的第一部书。③

就第二个阶段,王力先生陈述语言研究从语义研究转向语音研究的原因:

> 南北朝(420—589)以后,语言研究的重点转移到语音方面。这不是偶然的。当时诗律学逐渐发达,为了研究韵律和节奏,需要明确地分析语音的构造,发现声调的特性。由于佛经的翻译,中国语文学者认识了印度的语音学。远在第二世纪(东汉),中国人已经能够把一个音节分为两部分,就是现代所谓声母和韵母。相传沈约(441—513)著了一部四声谱,当时诗人们已经意识到汉语里有四声,并且把这种认识用在诗律的实践上。④

为了做诗而分析韵律和节奏,由此诞生了语音研究的辉煌世纪。而后人研究语音,似乎也还是以这一阶段为话语核心。

---

① 王力:《汉语史稿》(重排版),北京:中华书局,1980年版,2004年第2版,第8页。
② [汉]许慎撰,[清]段玉裁注:《说文解字注》,上海:上海古籍出版社,1988年版,第16—17页。
③ 王力:《汉语史稿》(重排版),北京:中华书局,1980年版,2004年第2版,第8页。
④ 王力:《汉语史稿》(重排版),北京:中华书局,1980年版,2004年第2版,第9页。

"相传"二字传递出一个准确无误的信息,即《四声谱》已经散佚。现在能够读到的最早的一部韵书应该是陆法言的《切韵》(601)。除了韵书,还有韵图,如历史家郑樵(1104—1162)的《通志》里的《七音略》。从十三世纪到十七世纪,以研究北方话的语音为主流。周德清的《中原音韵》(1324)是为北曲而作的,是对十四世纪北音的描写。

第三个阶段通常被认为是成就斐然的时代。字典有:《康熙字典》(1716)收录广泛,并有引文及出处。编撰者有三十人,历时五年。韵书有:《佩文韵府》(1704)按照韵部排列复音词和仂语,以备做诗时参考。《骈字类编》(1719)收录双音词,为做散文而编撰。说文解字注有说文四大家:段玉裁(1735—1815)、桂馥(1736—1805)、王筠(1784—1854)、朱骏声(1788—1858)。王力先生有如下评价:

> 段玉裁作说文解字注(1808)。除了注释精确之外,这书有两个优点:第一,他不盲目崇拜许慎,能做到批判地接受说文;第二,他有历史观点,他常常能指出语义发展的过程,不限于解释先秦的古义。桂馥作说文解字义证(十九世纪初),取说文和各经书的字义互相印证,这样的方法是很客观的,读者感觉到他能充分占有材料。①

我手边正有这两部注释本,曾经想象:两部若能合编,兼顾历时的追索和共时的分析,那将会有多么的精彩。

在语言研究方面,有一对卓有成就的父子王念孙(1744—1832)和王引之(1766—1834)。父亲王念孙的主要著作是《广雅疏证》和《读书杂志》,儿子王引之的主要著作则是《经义述闻》和《经传释词》。王力先生做出了如下的评价:

> 王氏父子的最大优点是不从说文出发,不拘泥字形,一切以语音为准。这样可以避免前人所犯的两种偏差:第一是抓住一个字的意符不放,无论如何牵强附会,总要求讲得通;第二是只知道拿字形相同或相近去证明字义相近,而不知道在字音相同或相近的时候,即使在字形上没有联系,在字义上也可以相同。这种方法是很科学的。②

---

① 王力:《汉语史稿》(重排版),北京:中华书局,1980年版,2004年第2版,第12页。
② 王力:《汉语史稿》(重排版),北京:中华书局,1980年版,2004年第2版,第13页。

我相信，王氏父子抓住了语言的根本，即在于音义的结合。

章炳麟先生(1868—1936)在语言学上的成就令人瞩目，著述颇丰，代表作是《国故论衡》。清儒在先秦古音韵方面的成就显赫，诞生了一批杰出学者，如顾炎武、江永、戴震、段玉裁、孔广林、王念孙、江有诰、章炳麟、黄侃等等。随着考古研究的新发现，金文、甲骨文研究进入一个活跃时期。"语法"作为一门学问在唐代便由印度传入中国，但是汉语语法研究直到马建忠(1845—1899)才有了汉语语法的专门著作《马氏文通》(1898)。他的出发点是：人种虽有不同，人类的思维是一样的；西洋诸国语言皆有一定不易之律，所以他拿来"律吾经籍子史诸书"。

我一直在想，汉语什么时候才能够不再盗版西洋语言结构规则呢？什么时候才能够有从汉语本身出发解释汉语的语言结构规则呢？牵强的词语结构分析、牵强的语句结构分析、牵强的语义分析充斥着当下汉语语法解释的论文和书籍，让人读着读着便不禁悲从中来！

王力先生对汉语史有一个简短的评价：

> 汉语史作为一门科学，到今天还不算是已经建立起来。由于时代的局限性，中国历代学者没有能从历史发展的全程上来看汉语的历史，他们只是着眼在先秦两汉；他们没有企图探寻汉语发展的内部规律。[①]

清醒如王力先生，他的内心必定有着无法抹去的悲凉！

汉语史要追索汉语发展的内部规律，而不是记录汉语在时间上的线性流程图。

王力先生对汉语言研究的历史做了一个清晰而简要的梳理，这给我带来一种逻辑上的快感。凭着这份逻辑上的快感，我从容地确定了可以登高俯瞰的路径和位置，汉语生命的格局将尽收眼底。

回头看看汉语研究一路走到今天，真的是好辛苦。一代一代的，从字义到语音，从音韵到语法，从具象到抽象，多少艰难！可是，偏偏就是因为有记录在册的汉语三千多年漫长的流变，偏偏就是因为有一代又一代的文字学家、音韵学家、训诂学家、语言学家，汉语研究形成了自己独特的文化逻辑，语言资源又仍然富有，那么，我们现在便不能够不期待它的研究释放活力并焕发创造力。一方面，汉语研究

[①] 王力：《汉语史稿》(重排版)，北京：中华书局，1980年版，2004年第2版，第15页。

是否能够诞生描写汉语的标准语言结构规则？它应该彰显汉语语言结构的规律。这样，我们就可以期待汉语研究不再津津有味地拾人牙慧。另一方面，汉语史研究是否能够诞生解释汉语的一般语言流变规律？它应该彰显汉语语言的本质特性。这样，我们就可以期待汉语研究不再双目炯炯地噬咬旁枝末梢。

在过去的一个多世纪，汉语研究中存在着一种集体心理——对外民族语言研究的向往、窥探，乃至强取豪夺。支配这种集体心理的是人格中附庸的积淀和生命中定力的缺失。

那么，对于历经三千多年的汉语而言，有着怎样的研究方法呢？王力先生指出：

> 我们研究汉语史，也像研究其他语言的历史一样，应该注意四个原则：（一）注意语言发展的历史过程；（二）密切联系社会发展的历史；（三）重视语言各方面的联系；（四）辨认语言发展的方向。①

王力先生特别提出如下应该注意的三件事：

> （1）认真地审查研究的对象；（2）深入细致地进行观察；（3）区别一般和特殊。②

我一直以为，注意语言流变的历史过程便离不开断代研究或共时研究，当我们能够将每一个时代的研究结构做线性的串联，它应该能够真实表现语言流变的历史过程。断代或共时研究要求对某一时代或时期共存语言现象进行状态性状的研究和分析：就语言现象，哪些是流传下来的？哪些是新近诞生的？哪些是外来的？哪些在近期消逝了？为什么有些流传到这个时代而有些却消逝了？为什么有些诞生在这个时代、这个区域、这个社会集团？语言系统内部的结构有怎样程度的变化？是颠覆性的变化还是可以忽略不计的变化？什么是这个时代的语音状态、词汇状态、结构状态以及三者的结合状态？所获得的语言状态特性分析结果放回到语言的历史过程中，即可判断它是特殊性的还是一般性的。

但是，从整个学科的建立来看，汉语史的依据是其先天性的残缺与不足。研究的路径就显得尤为重要。王力先生提出汉语史的依据包括：现代汉语口语、历代字

---

① 王力：《汉语史稿》（重排版），北京：中华书局，1980年版，2004年第2版，第17页。
② 王力：《汉语史稿》（重排版），北京：中华书局，1980年版，2004年第2版，第23—24页。

书、甲骨文和金文、韵书和韵图、历代韵文、姓氏、名字和地名、外语中的汉语、汉语中的外来语、文字记录的诗歌、散文、小说等等。我想,按照王力先生的思路,我们首先要进入所有这些依据之中却不能沉陷其中。毕竟,它们大多都不是口说语言而是被文字记录的语言,两者之间存在一定的且是不可忽略的差距。书写语言从来就没有也不可能完备地表现口说语言。惟其如此,才能够从中跳脱出来,反观它的本质特性和规律。

在论及汉语史研究方法的时候,王力先生谈到历史比较方法对汉语史研究的重要性,即在于它可以用来寻找语言发展的规律。[①] 有鉴于此,他思考汉语在汉藏语系中处于怎样的地位以及汉语与语系内部其他语言在语音、语法等方面的共性特点与个性特点。他提供了一个汉藏语系表:[②]

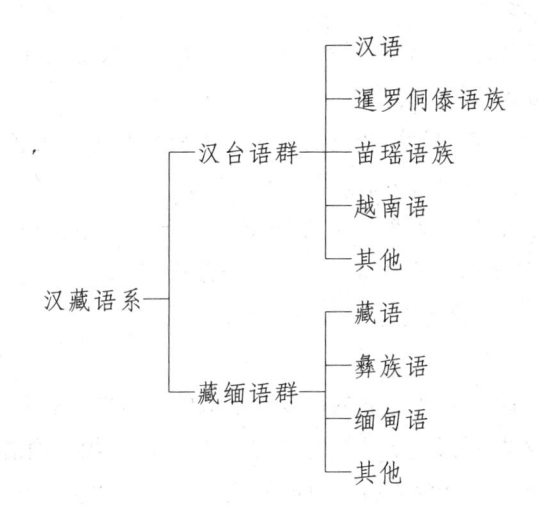

```
                     ┌─ 汉语
                     ├─ 暹罗侗傣语族
              ┌ 汉台语群 ┼─ 苗瑶语族
              │      ├─ 越南语
              │      └─ 其他
    汉藏语系 ─┤
              │      ┌─ 藏语
              │      ├─ 彝族语
              └ 藏缅语群 ┼─ 缅甸语
                     └─ 其他
```

"暹罗"是泰国的旧称。

汉藏语系的研究远不及印欧语系的研究。说它是尚未取得任何实质性的推证并不是夸张或言过其实。终究是欧洲人视野里的语系划分,是在没有获得对亚洲各样语言充分认知的基础上圈定一个"汉藏语系"。有其理论贡献,但有待求证。只是亚洲的大部分语言史研究似乎都没有走到"汉藏语系"的圈外。大胆的"汉藏

---

① 王力:《汉语史稿》(重排版),北京:中华书局,1980年版,2004年第2版,第21—22页。
② 王力:《汉语史稿》(重排版),北京:中华书局,1980年版,2004年第2版,第31页。

语系"理论假设或演绎被我们亚洲人当作了语言理论的真理。这种情况就如同"进化论",在它当下尚待证明的阶段就已经被大多数人当作是"史实"了。可以预见的是：一旦有一天"汉藏语系"被颠覆,那么,建筑在其上的所有汉语语言研究都将遭遇釜底抽薪的震荡。

如果设定有这样一个语系框架,那么,王力先生是一定要在这个框架里寻求比较之后的共性特征：①

  在语音方面：第一,声调作为音位的组成因素,这是汉藏语系的一大特点。……在汉藏语系里,可以说所有的语言都具备声调；绝大多数的语言具备辨义的声调。
  第二,大多数语言具有-m, -n, -ŋ韵尾,并且还有-p, -t, -k韵尾和它们作十分整齐的配合。
  语法方面：第一,大部分的词以单音节的词根为基础,这是汉藏语系被称为单音节语或词根语的由来。
  第二,单位名词(量词)也是汉藏语系特征之一。大部分的汉藏语系语言(特别是现代的汉台语群)都具有单位名词。
  词汇方面：问题是很复杂的,困难的。不同语系的语言,尽可以大量地借用汉语词,像日本和朝鲜语一样。……总之,词汇的比较是难于解决问题的,所以必须进行语法的比较和语音系统的比较。

在王力先生看来,词汇方面的比较有很低的可信度。然而,我们似乎仍然可以考虑做出一种尝试：通过词汇系统的比较,寻找相同或相似词语的类别以及它们在各自词汇系统中的对应性关系。词汇的比较应该可以推动语音的比较和结构的比较。

此外,我们似乎还应该考虑：以上三个方面的共性特征是否在其他语系的其他语言中也能够获得。以语法方面的第二点为例,即单位名词(量词)也是汉藏语系特征之一。

我们不妨看一看印欧语系中的波斯语和英语,它们其实都具有单位名词,即量词：

---

① 王力：《汉语史稿》(重排版),北京：中华书局,1980年版,2004年第2版,第32—34页。

波斯语:(1) se　jeld　ketab
　　　　（三）（册）（书）
　　　　"三本书"
　　　(2) se　livan　ab
　　　　（三）（杯）（水）
　　　　"三杯水"
　　　(3) se　kilo　gušt
　　　　（三）（公斤）（肉）
　　　　"三公斤肉"

英　语:(4) a　cake　of　soap
　　　　（一）（块）（的）（肥皂）
　　　　"一块肥皂"
　　　(5) a　pair　of　shoes
　　　　（一）（双）（的）（鞋）
　　　　"一双鞋"
　　　(6) a　piece　of　paper
　　　　（一）（张）（的）（纸）
　　　　"一张纸"

我以为,如果其他语系的语言中也有诸如此类的特点,那么,这个特点就不能够算作是汉藏语系语言的共性特征了。

当王力先生进一步分析汉藏语系中与汉语相近的语言和与汉语差别较大的语言,他举证动词和宾语的词序。他所提供的海南保亭黎语、越南语等都与汉语的词序一致,所以得出这样的结论:

在汉藏语系中,词序是非常重要的语法手段。因此,从宾语的位置上来看汉语和侗傣苗瑶比较接近,是有充分理由的。[①]

[①] 王力:《汉语史稿》（重排版）,北京:中华书局,1980年版,2004年第2版,第36页。

在我的印象中，比较总应该是系统的，而不是片段的或零星的。如果仅仅就宾语的位置来进行比较，那么，英语、马来语、努佩语与汉语也是比较接近的。例如：

(7)
英　语：I　　like　　coffee.
　　　　（我）（喜欢）（咖啡）
　　　　"我喜欢咖啡。"

(8)
马来语：Anda　jumpa　buku　ini。
　　　　（你）　（找到）（书）（这）
　　　　"你找到这本书了。"

(9)
努佩语：egi-zì　　　gí　yĭkā　　tò　nākǎ
　　　　（孩子-们）（吃）（鱼）（和）（肉）
　　　　"孩子们吃鱼和肉。"

实际上，就宾语的位置，能够找到太多与汉语相近的语言。王力先生这样的判断思路是不是太冒险了呀？

在论及汉语在语法上与汉藏语系其他语言的差异时，王力先生举证："在除汉语外的其他汉藏系语言里，形容词通常总是放在其所修饰的名词的后面。"汉语的"公牛"在哈尼语是"牛公"；汉语的"白马"在保亭黎语是"马白"等等。[1] 然而，我们在汉语中可以找到诸多形容词后置于所修饰的名词例证，如：普通话的"公鸡"在广州话是"鸡公"；普通话"公鸭"在客家话是"鸭公"。而在世界范围内，修饰名词的形容词后置现象有着相当广泛的分布。王力先生是基于怎样的考虑而没有在更为广泛的例证中进行规律性的总结呢？

王力先生对语系研究多有期待：

　　　汉语的亲属的研究，和汉语史的研究有着密切的关系。将来东方的历史

---

[1] 王力：《汉语史稿》（重排版），北京：中华书局，1980年版，2004年第2版，第38页。

比较语言学有了伟大的成就的时候,汉语史上的许多难题都可以迎刃而解了。①

我对"汉藏语系"这一或理想化的或浮皮潦草的概念本身持有深度的怀疑。西方研究者多么地希望"汉藏语系"是"印欧语系"的翻版,殷切期待"汉藏语系"研究能取得如"印欧语系"研究一样辉煌的成就。而我们亚洲的语言研究者也在向着这个方向不懈地努力,不厌其烦地制造脸谱化的、和谐的相关研究论文。

我一直在想:可以肯定汉语的历史远远长于文字记录汉语的历史。我们现在所称的"汉语"是自发的语言,自它诞生之时就决定了它的特立独行。它在数千年的流变过程中不仅发生了自身的裂变与融合,同时也吸收了外民族语言要素。但是,所有这些流变都不曾对它作为独立统一体而存在构成任何颠覆性的影响。为什么不能够允许想象古老如"汉语"这样的语言与其他语言不存在任何基因关系或姻亲瓜葛呢?我们为什么在获得可靠证据之前一定要把"语系"的概念强加于"汉语"之上呢?相较于汉语,"语系"这一概念实在是太过滞后了。

几乎所有与历史研究有关的课题都倾向于划分历史时段,且不论时段之间有着怎样的不可切分的过渡或者关联。从汉民族的历史来看,有根据劳动工具而划分的旧石器时代、新石器时代等;有根据社会关系划分的奴隶制时代、封建制时代等;有根据政权更替划分的秦朝、唐朝等。

汉语史要分期。那么,首先就要追问:为什么要分期呢?分期的依据是什么呢?如果必须划分时期,我们的汉语应该依据什么来划分呢?在"汉语史的分期",②王力先生介入了诸多概念,如:"量变";"质变";"渐变";"突变";"转变";"语言发展";"语言发展的关键"等等。但是,都没有给予基本的概念界定。他的基本观点是:

语言的历史分期是应该由语言发展的内部规律来决定的。③

---

① 王力:《汉语史稿》(重排版),北京:中华书局,1980年版,2004年第2版,第39页。
② 王力:《汉语史稿》(重排版),北京:中华书局,1980年版,2004年第2版,第40—44页。
③ 王力:《汉语史稿》(重排版),北京:中华书局,1980年版,2004年第2版,第41页。

从理论上来谈,这个观点没有任何瑕疵。但是,在实际的操作过程中,我们必定会遭遇各样的问题:首先,什么是语言发展?什么是内部规律?

倘若对这两个问题不能有一个基本的把握,为什么不能够尝试就现有的认识水平和知识范围就语言现象本身做出一个大体的阶段划分呢?比方,将相对集中表现汉语某些不同于其他阶段的共性特征的阶段划作一个时期。毕竟,语言的表面现象更多的时候是在让语言的本质外化或者现象化。

王力先生提出应该以语法作为主要依据:

> 从语音、语法、词汇三方面来看,是哪一方面的大转变可以认为语言发展的关键呢?我们认为应该以语法作为主要的根据。语法结构和基本词汇是语言的基础,是语言特点的本质。而语法结构比基本词汇变化得更慢。如果语法结构发生了显著的变化,就可以证明语音的质变了。语音和语法有密切关系(在西洋传统的语法里,语法是包括语音的),都是整个系统,所以语音的演变也可以作为分期的标准。
>
> 一般词汇的发展,也可以作为分期的一个标准,但它不是主要的标准。[1]

西洋传统的语法里的确是包含了语音,因为语言结构是通过词尾语音形式改变而实现的,而我们的汉语是通过词语顺序来表现语言结构的,不可同日而语。在汉语中,词语顺序的改变似乎从来就没有导致语音系统的必然改变。而语音的改变也似乎从来没有导致词语顺序的必然改变。就语言的本质而言,语音是语言流变最为核心的部分。

归根结蒂,语言历史"阶段"的划分是主观判断的结果。它的价值在于方便研究者陈述,也方便学习者掌握。但是,阶段的划分不能够支配或改变语言本身的流变及其所隐含的恒定的特征。对于语言史本身而言,阶段的划分是外在的。我以为,无论如何,还是应该从整个的历史过程来考察汉语的流变史。

王力先生提出四个阶段的划分(第43—44页):上古时期(公元三世纪以前)、中古时期(公元四世纪到十二世纪)、近代汉语(公元十三世纪到十九世纪)、现代汉语(二十世纪)。

这时,我就会想到若干个问题:汉语共同语的最初诞生地是在哪里呢?它有着

---

[1] 王力:《汉语史稿》(重排版),北京:中华书局,1980年版,2004年第2版,第42—43页。

怎样的地域分布呢？汉语史是否考虑方言？汉语的方言又是怎样形成的呢？汉语的方言是如何分布的？方言与共同语是如何相对存在的呢？汉语的共同语又是如何扩张并形成今天的地域分布呢？

读到了王力先生关于"雅言"和"夏言"：

> 汉族的文学语言自始是以北方话为基础的。《论语》说："子所雅言，诗、书、执礼，皆雅言也。"郑注："读先王典法，必正言其因，然后义全。"可见先秦已有文学语言的存在。其实"雅言"就是"夏言"。夏族最初在陕甘一带，但是后来所谓"诸夏"是指黄河南北各国。"夏言"应该就是北方话。当时北方话为文学语言的基础，所以越语和楚语都不算雅言。

> 扬雄《方言》里所谓"凡语"和"通语"都大致等于现在所谓普通话。可见在方言分歧的同时，也有共同语的存在。①

根据以往史料的记载，汉民族的迁徙有一个特点，即由北向南。从可考的记录中可以知道，在秦始皇时代，汉民族便有一次向往现广东和广西一部分区域的大迁徙，即现在的粤方言区域。在四世纪的时候，又有一次向往现江苏南部和浙江的大迁徙，即现在的吴方言区域。北方是汉语的发源地，汉语在北方有着较大的流变，包括语音、结构和词汇。相对而言，离开中原的汉语却在南方相对稳定，更多地保留了中原古音。王力先生指出：

> 就语音方面来说，离开中原越早，保存古音越多。②

就语音的问题，研究者总在尝试将立足点放在汉语的策源地——北方。鉴于汉语本身在北方的较大流变，更早时候离开便带有更多的古音，而晚些时候离开，便带有较少古音。其实，在句法和词汇方面也是如此，更早时候离开便带走更多的古汉语结构和词汇，而晚些时候离开，便带走较少的古汉语词汇和结构。比方，粤方言中一直在通行古代词语如"面""颈""行""入""饮""食"等，而北方方言相对应的

---

① 王力：《汉语史稿》(重排版)，北京：中华书局，1980年版，2004年第2版，第45页。
② 王力：《汉语史稿》(重排版)，北京：中华书局，1980年版，2004年第2版，第45页。

词却是:"脸""脖子""走""进""喝""吃"等,而那些古汉语词在北方方言中只是作为构词成分,如"面容""颈椎""步行""进入""饮水""食品"等。从结构上来看,当下也是如此。例如:

普通话	粤方言
天比地大	天大过地
他比我有钱	他钱多过我
我给他两本书	我给两本书他
他少吃一片药	他食少一片药
我们完全自由	我们自由晒
你慢走	你行慢点

倘若再从粤方言和吴方言之间的差异性比较,或许可以获得对汉语在北方流变的一段追溯。可是,我总在想,迁徙地如广东、广西、江苏、浙江等地原本是否就应该有本土方言的存在呢?如果有,北方方言是否与当地方言发生了混合而产生了粤方言和吴方言呢?它们之间发生了怎样的交流呢?是北方方言强势而先后异地形成粤方言和吴方言了呢,抑或是当地方言强势而形成粤方言和吴方言了呢?也就是说,我们如何确定粤方言、吴方言更多地保留了北方方言的古音、古词汇、古结构而不是保留了当地方言的古音、古词汇、古结构呢?当我们看到浙江余杭良渚古城遗址,当我们看到7000年前长江流域繁荣的文明、发达的农业、高超的干栏式建筑、独特的制陶技术,似乎很难想象中华远古文化起源于黄河流域。再回到我之前提出的一个问题:汉语共同语的最初诞生地是在哪里呢?只能是一元的而不可能是多元的吗?

战国时期,中原列国割据,当时的语言状况如许慎《说文解字》序中所言:"言语异声,文字异形。"公元前二二一年,秦始皇统一六国,实行"天下书同文",以秦国文字小篆为标准字。王力先生就此指出:

但是,由于汉字不是拼音文字,文字统一并不等于语言统一。[1]

---

[1] 王力:《汉语史稿》(重排版),北京:中华书局,1980年版,2004年第2版,第49页。

而我一直以为,文字之所以能够统一就是因为有统一的语言做基础。文字表现语言,如果没有统一的语言,文字又如何统一呢?脱离语言的纯粹文字统一,这种可能性微乎其微。因此,可以再度回到这个问题:汉语共同语的最初诞生地是在哪里呢?可不可以是多个中心的广泛分布呢?

汉语语言的一大特点便是双声叠韵。双声指两个声母相同的音,叠韵指两个韵母相同的音。双声叠韵现象包含了语音规则、结构规则和语词规则。后者即语法和词法。

从语音结构上来分析,双声词包括:叠音、双声、叠韵、双声叠韵。我们还可以尝试从语词结构上来分析,那么,双声词包括两类:具有不可再分词素的和具有可再分词素。前者如"叮当",后者如"夫妇"。

双声叠韵构成双声词现象,这种现象在先秦时代就已经大量存在了。双声词在时间和空间结构中逐渐发生流变,具有突出的时间特征和地域特征。从汉语流变的过程出发,可以观察到这样一个事实:不断有新的双声词产生以适应新的语音系统。

提及语音系统,汉语史上有"中古的语音系统"(公元四世纪到十二世纪)和"上古的语音系统"(公元三世纪以前)。"中古的语音系统"是中古汉语的语音标准,即"切韵系统"。它是雅言的语音系统,而不是当时即隋代首都长安的语音系统。也就是说,它是书写语言如律诗的语音标准而不是口说语言的语音标准。那么,它是如何诞生的呢?是以什么时间什么区域的言说为依据的呢?可以非常安全地做出这样一个推断:语音标准一定不会脱离方言而彻底重新创制的。

中古语音系统应该是相对静态的语音研究,属于共时研究范畴。中古语音系统的特点一定是原发性特点与流变性特点融合的一种结果状态。

《广韵》的声母有 35 个,分为清浊两大类,包括全清、次清、全浊、次浊。《广韵》的韵母有 206 个,如若不考虑声调的分别,就有 61 个韵类,92 个韵母。

从中古语音系统,可以看出:

中古汉语共有四个声调,即平声,上声,去声,入声。入声是和鼻音韵尾的韵母相配的,即 ŋ:k; n:t; m:p。[①]

汉语研究者从口形和发音位置对 206 韵进行分类,包括开口呼(不圆唇)和闭口

---

① 王力:《汉语史稿》(重排版),北京:中华书局,1980 年版,2004 年第 2 版,第 67 页。

呼(圆唇)。每呼分为四等(发音位置由后向前依次排序为四等)。大约在明末清初,汉语音韵研究又提出了"四呼"这一术语。王力先生认为:

> "四呼"是和"四等"有对应关系的,而且比较适合于近代汉语的实际情况。①

"四呼"概念的产生究竟如王力先生所言是"语音演变的结果"呢,抑或只是研究者更善于描写并解释语音现象了呢?读完这个部分,没有看到对开口呼、闭口呼、四呼和四等的学理上的严格界定,比方,它们有怎样的发音位置、口形怎样、舌位怎样、喉部怎样、气流怎样、声调怎样等等系统而科学的描写和定义。

大约十年前,在一次聚会上遇见一位研究音韵的博士生,得知他的专业,便问他研究的方向和目的。他只笑呵呵地说:"就是把音韵搞搞清楚。"这般轻描淡写的话语给了我特别深刻的印象。当时就觉得,要么他所研究的音韵还没有被爬梳清楚;要么音韵学特别深奥,跟外行无从谈起;要么他就是在为音韵而研究音韵。从客观现实来说,研究汉语语音系统的沿革有助于研究者自己或其他的研究者研究韵书等古代文献。但是,什么是研究者的主观目的呢?是为了进一步认识中古语音系统吗?认识中古语音系统的主观目的又是什么呢?为了更为深入地认识中古时期的书写语言,或者为了解决文献资料中的一些问题,或者……还有其他目的吗?

比方,我考虑,建立中古语音的一般原则,以解释语音共时关系中的细节状态。中古语音的共时状态不是一个点,也不只是一个面,而是一个至少历经八个世纪的时间段。在这个时间段里,语音流变是绝对的存在,但是,没有发生突变或巨变。换句话来说,在这个时间段里所发生的没有触及根本的枝节性流变是可以忽略不计的,只有这样,才能建立中古语音的一般原则。

在"中古的语音系统"一节,王力先生没有提及声调。对此,我颇觉意外。印象中,声、韵、调是汉语语音系统的必要构成要素。读到"上古声调的发展;关于上古语音发展的一些结论"一节,才看到:

> 中古汉语声调的实际调值不可详考。"平""上""去""入"这四个声调的名

---

① 王力:《汉语史稿》(重排版),北京:中华书局,1980年版,2004年第2版,第70页。

称可能是有意义的。①

"上古的语音系统"应当说是清代学者的成就。他们主要依据先秦的韵文,主要是《诗经》的韵脚来研究上古韵母,依据汉字的谐声偏旁即声符来研究上古声母。

先秦古韵分为十一类二十九部。②
上古声母大致可以分为六类三十二母。③

关于声调:

清代学者对这个问题的意见并不一致。顾炎武以为古人"四声一贯",意思是说上古的声调是无定的。段玉裁以为古人没有去声,黄侃以为古人只有平入两声。王念孙和江有诰都以为古人实有四声,不过上古的四声和后代的四声不一致罢了。我们以为王江的意见基本上是正确的。④

没有口说语言的证据,只有书写记录的文献,若以此论及声调的问题,我以为,大体都会是冒险的。依据书写语言且是韵文来构拟汉语的上古声调系统,它必须对有记录以来所有的汉语文献做出一个历时性的层层细节的比较,包括汉语在时间和空间结构上的流变,在广泛、缜密的比较基础上,做出推断或猜测。它只能是一种无从证实也无从证伪的推断或猜测。有些时候,看似合理的推断或猜测未必是真实的;看似荒谬的推断或猜测,却偏偏是事实。

在"上古的语音系统"一节的最后,王力先生强调了古音重建的一个重要原则:

语音的一切变化都是制约性的变化。这就是说,必须在完全相同的条件下,才能有同样的发展。反过来说,在完全相同的条件下,不可能有不同的发展,也就是不可能有分化。杰出的古音学家江有诰在这一点上也想不通。……这是历史比较法的一个最重要的原则,我们不应该违反这一个原则。⑤

---

① 王力:《汉语史稿》(重排版),北京:中华书局,1980年版,2004年第2版,第121页。
② 王力:《汉语史稿》(重排版),北京:中华书局,1980年版,2004年第2版,第74页。
③ 王力:《汉语史稿》(重排版),北京:中华书局,1980年版,2004年第2版,第79页。
④ 王力:《汉语史稿》(重排版),北京:中华书局,1980年版,2004年第2版,第78页。
⑤ 王力:《汉语史稿》(重排版),北京:中华书局,1980年版,2004年第2版,第83—84页。

读这段文字,不能不让我想起十九世纪最后二十五年中特立独行的青年语法学派。他们的观点是:

> 所有作为机械过程的音变都有一定的规律可循,这些规律不允许同一方言内部有任何例外。同样环境下的相同语音会永远以同一的方式发展。①

有了"上古的语音系统"和"中古的语音系统",自然就会设想这两个系统的先后连接问题,也就是"上古的语音系统"是如何流变为"中古的语音系统"的。这里采用了前瞻性的观点,即按照事物本来发展的先后顺序来进行描写并加以解释。我一直有这样的理解:前瞻性的观点需要有一个扎实的基础,即完备的历史细节。历史文献的空白必定会从根本上颠覆前瞻性观点。也就是说,如果我们准备采用前瞻性的观点,事先应该对每一个历史细节有所了解,至少要能够从当下往回推,每回推一步,都要问:是什么导致了"当下"的语言状态。然后,才可以对这一"当下"状态进行描述和解释。只有采取这样回顾性的观点,才能一步步地走入语言策源地,对语言的原初状态进行描写并对语言的存在状态形成一个明确的认识。再从这个原点出发,带着明确的认识进行前瞻性的描写和解释。由此可以预见的结果是:不同的观点会让我们看到语言流变过程中不同的方面,我们因此形成不同的认识,先回顾再前瞻,我们对语言的认识才有可能趋近乃至达到可以想见的完备。

在"上古声母的发展"一节,王力先生分四点谈论上古声母的发展:(一) γ 的分化;(二) t、tʻ、dʻ 的分化;(三) d 的失落;(四) t。、t。ʻ、d。ʻ、n。的发展。从分析来看,这四点变化都是语音内部的变化。例如:

> 雲匣分化的原因,是由于最高部位的韵头 ǐ 影响到声母 γ 的失落,同时这个 ǐ 更加高化,变为辅音 j 加韵头 ǐ。②

那么,如果变化的原因作为一种现象而长期存在,为什么偏偏是到了某一个时期才导致了语音的变化呢? 语音变化又导致了怎样的语言现象呢? 或者说,它有

---

① 参见裴文《普通语言学》,广州:广东教育出版社,2006 年版,第 109 页。
② 王力:《汉语史稿》(重排版),北京:中华书局,1980 年版,2004 年第 2 版,第 86 页。

没有给语言结构层面和语义层面造成一系列的改变呢？比方，语音的改变是不是有可能在结构层面和语义层面带来颠覆性的改变呢？例如：使得原本具有不同声韵的两个词成为同声韵词；使得原本意义相连的两个词成为无从分析语义联系的词。如果不对这个方面做深入的研究，我们恐怕就会遭遇一个巨大的窘境：被书写的语言已经是语音流变的结果状态呈现，倘若我们把它当作原点来反向推测语音原本的流变过程以及起源点状态，那么，在建立直接的分析性的流变联系过程中，是不是就有可能冒险错失其间可能发生的种种不可逆环节事件呢？也就是说，就语音流变而言，被书写的语言以截断面存在，它本身不存在对时间流程的向往或诉求。

在"上古纯元音韵母的发展"一节，王力先生通过对三类纯元音韵母，即上古 ɑ，o，ə，e；əu，au；和 a，ei，əi 等的分析，总结出汉语语音发展的规律之一：元音高化（第 100 页）。文中提供了各种合韵现象和押韵现象，由此推出这样一个结论。而分析原因的时候，王力先生则给出了如下的叙述：

  ɑ, ɣɑ, uɑ, ɣwɑ 是一类，由于它们没有韵头，或韵头为较紧的元音（ǐ 表示短而紧的 i），所以趋向于高化，到中古成为 u, ɣo, ɣu（模鱼虞）；eɑ, iɑ, oɑ 是另一类，由于韵头为较松的元音，所以趋向于低化，到中古成为 a, ɣa, wa（麻）。①

这段叙述仍然只是提供了现象的描写。那么，为什么较紧的元音韵头就会导致趋于高化，而较松的元音韵头就会导致趋向于低化呢？这一规律性的变化有没有渗透到词语的结构能力和结构方式呢？有没有对语义结构发生影响呢？

在"上古声调的发展：关于上古语音发展的一些结论"一节，王力先生也是对现象进行了描写。假如我们能够追问流变的原因，假如我们能够探寻流变的结果和影响，无论我们是否能够得到明确的答案，我们都能够被带入到一个开阔的视野，能够对语音变化的本质有一个基本的思考。

王力先生在第六节将汉语分为四个阶段，分别是上古、中古、近代和现代。在完成陈述"由上古到中古的语音发展"部分，便是"由中古到现代的语音发展"。近

---

① 王力：《汉语史稿》（重排版），北京：中华书局，1980 年版，2004 年第 2 版，第 94 页。

代部分在上文中有零星涉及,似乎不应该出现这么大的跳跃。翻回到目录,找不到"近代"条目。

论及"现代声母 n, l, ẓ 和零声母的来源",王力先生指出:[①]

在北京话和其他许多方言(如吴方言、客家方言),声母 n 是最稳固的声母之一。

声母 l 和 n 一样稳定,或者可以说更稳定,因为从上古到现在没有发生过变化。例如"良"字,上古时 liaŋ,中古是 liaŋ,现代是 liaŋ。

这是一个非常有趣的现象。两个声母如此稳固,而在长江流域的方言中,偏就/l/,/n/不分。以南京话为例:"老奶奶";"喝牛奶";"哪里"等等。这些发音常遭北方人善意嘲笑。又想到二〇〇七年十二月去湖南长沙,在水果店买猕猴桃,就听得老板娘满脸愠怒地训斥孩子,我听着她说话,却犹如听歌谣。怎么也不能把她的话语与她的面部表情联系在一起,似乎是断裂的。我问她在跟儿子说什么,她用长沙普通话说:"我让儿子先做作业后玩,儿子非要先玩后做作业!烦死人了嘞!"抑扬颇有情致,节奏颇有韵律,再加上/h/,/f/ 两音不分,产生一种很好听的乐感。好在,她分不分的,都没有给我造成听觉及理解上的障碍。语境了得!

在阅读这本书的同时,也看了其他一些关于音韵方面的书,有的时候忍不住会好奇:有些研究者不断地研究先前学者创制的概念而不去论证这些概念与语言系统本身的构成要素是否吻合,从一个学者的话语到另一个学者的话语,不断地比较,不断地总结,大有沉陷于先前概念的状态。他们其实是把先前学者的概念本身当作了语言事实来研究。然而,先前的学者在研究方法上未见得比现代的更为科学,他们所获得的文献资料未见得比现代的更多,他们的研究视野未见得比现代的更广阔。随着考古及人类学的不断进展,我们可以更为客观地获得了更为丰富研究方法和研究资料。学术研究且不同于战争,谁先占领高地谁有话语权,所谓占山为王。未见得越是早期的就越是权威呵!

[①] 王力:《汉语史稿》(重排版),北京:中华书局,1980 年版,2004 年第 2 版,第 151—152 页。

直到第二十九节才终于读到"声调"。在"声调从中古到现代的发展",却没有读到对"声调"这一概念的界定。什么是声调?它的存在方式?它的存在价值?它在概念方面的价值如何?它在声、韵、调三位一体的结构中具有怎样的实在性、可变性、稳定性、限定性?它与声、韵有着怎样的关系?它有着怎样的流变规律?它与意义的结合具有怎样的规律性?

读到的仍然是现象的描写,而且,这个部分所有的描写组合起来(第227—233页),似乎并不能形成"声调"的完整形象。

看到接下来一节即第三十节的标题"关于中古到现代声韵调发展的一些结论",非常高兴,且满怀期待!

对声调方面的总结,全文如下:[①]

1. 平声。——分化为阴阳两类。
2. 上声。——全浊上声转化为去声。
3. 去声。——调类不变。
4. 入声。——全浊入声转化为阳平,次浊入声转化为去声。清音入声转化无规则。入声全部消失。

我特别想读到如下方面的内容:第一,对四个声调发音规则的描写,以及转变后状态的发音描写,比方,全浊的发音规则,阳平的发音规则等等,以显示它们的过渡状态;第二,它们流变的依据是什么?第三,它们流变在声、韵、调三位一体的结构中产生了怎样的反响或关系结果?第四,它们的流变是否影响到语义?

语音研究就是关注语音流变的规律,描写语音流变,解释语音的依据,抽绎汉语语音一般性规律,而从这本书来看,汉语的语音流变规律的研究似乎存疑颇多。

汉语的绝大部分音义结合体都具有参与语句结构的自由度,也就是说,有较强的结构能力,只有非常少的带有限定意义或关联意义的结构性音义结合体,例如,没有独立意义的词头或虚词等。汉语的语言结构规则相对稳定。论及语法的发展,便有了历史形态学范畴。在这个部分(第246—395页)词汇获得了类别的划分,

---

[①] 王力:《汉语史稿》(重排版),北京:中华书局,1980年版,2004年第2版,第365页。

包括名词、单位词(或称量词)、数词、人称代词、指示代词、疑问代词、动词、形容词和副词、介词和连词等。但是，基本上没有对概念的学术界定。词类划分的依据似乎不是十分的明确。就汉语而言,是根据语词在语句中的位置确定语词的类别呢,还是根据语词的类别确定语词在语句中的位置呢？词类之间在多大的范围、多大的程度上具有兼容性或交互性呢？那么,词类是语言的直接现实呢,抑或是逻辑分类的结果呢？词类是纯粹的结构分析结果呢,抑或是纯粹的语义分析结果呢,抑或是二者结合的分析结果呢？每一类词有别于其他类词的特征是什么？语音在词类划分中起到怎样的作用呢？难以想象抛开语音的词类划分具有什么样的语言实在性。

在"形容词和副词的发展"一节,王力先生有如下的话语表达：

在汉语里,形容词和副词的界限在某些情况下不是十分清楚的。为了叙述的便利,就并在一节里讨论。①

在"介词和连词的发展"一节,王力先生有如下的话语表达：

在汉语里,介词和连词的界限不是十分清楚的。我们给它们一个总名,叫作联结词,所以并在一节加以叙述。②

我以为,假如形容词和副词的界限在某些情况下不是十分清楚,首先似乎应该考虑形容词和副词的划分依据是否存在问题；其次,似乎应该考虑区分形容词和副词的结构价值。假如介词和连词的界限也不十分清楚,那就真的应该考虑：是不是要用西方的语法概念来框定我们的古汉语了。语法高度抽象,而语言现实则生动具体,有所丢失,是一种必然。而如若西方的语法与古汉语多有不吻合,偏又要执着于西方语法规则的相关界定,则有冒险之嫌了。

在"词在句中的临时职务"一节,王力先生指出：

有些词,在词典里并不属于某一词类,但是,在句子里它能有这一词类的

---

① 王力:《汉语史稿》(重排版),北京:中华书局,1980年版,2004年第2版,第365页。
② 王力:《汉语史稿》(重排版),北京:中华书局,1980年版,2004年第2版,第385页。

职能。我们把这种职能称为词在句中的临时职务。①

王力先生的出发点显然是词典概念而不是实际语句。倘若我们转换视角,从语句出发,那么,我们对词在语句中的认识则更切合实际:是词在语句中的位置帮助我们认识它的意义价值和结构价值。例如:②

夫固国者,在亲众而善邻。
[使国巩固]

儒者在本朝则美政,在下位则美俗。
[使政美,使俗美]

在汉语词汇发展的过程中,吸收了外族词语。这些词语已经成为汉语的基本词汇。王力先生在第 593—594 页给出了具体的例证,包括:"世界";"现在";"因果";"结果";"庄严";"法宝";"圆满";"魔鬼";"十八层地狱"等等。如果要对现代汉语的词汇进行"纯种血缘"测试的话,估计"纯种"汉语词汇在整个现代汉语词汇中的比例不容乐观。这似乎是我们不太情愿但又必须面对的客观事实。在这种语境中,"坦然面对"或许算是一个不错的基本原则。

词汇中最有趣的部分是它历时的变迁,包括语音的流变、词义的变迁、语词的更替。在追索变化的流程中,透过语音、语义、结构,可以贴近汉族先民的认知能力和认知范围,可以触及异族概念的本土化程度,可以分享词汇概念之上的世界观体系,可以寻觅民族思维方式的流变和民族感知方式的更革,可以指认词汇所承载的民族意识形态和民族文化底蕴,可以推导民族文化的具象形态包括宗教、民俗等活动。

按照西方词汇学的惯常说法,词义的变迁大体有三种情况:词义扩大、词义缩小、词义转移。但是,实际的词义变迁要复杂得多、有趣得多。千回百转,连绵不断。若能涵泳其中,必定享受至极!

《汉语史稿》这本书是卢盛江先生寄给我的。

---

① 王力:《汉语史稿》(重排版),北京:中华书局,1980 年版,2004 年第 2 版,第 433 页。
② 王力:《汉语史稿》(重排版),北京:中华书局,1980 年版,2004 年第 2 版,第 434 页。

今年春节过后，难得遇见的大雪封门的日子已经渐渐远去。南京城的风柔软了许多。一切都变得轻盈起来，秦淮河边的柳条在微风中飘摇着，尽管还没有新绿，已经看得见它们点点的春意萌动。街边的花坛有各样的花花草草，我为它们能够如此坚强地挺过世纪大雪而高兴，值得为它们高兴的！我书房里的海棠，从春节陆续开放至今，满枝的花朵，依然浓浓密密，盛极了！我每天都会用面颊亲近它们，感受我清清淡淡香香甜甜的呼吸。多好的海棠！一天，正这么享受着，可视门铃响了，是门卫师傅给我送邮件。接过来一看，是卢盛江先生寄来的。竟是《汉语史稿》（王力）。有一点点意外！然而，在我阅读这本书时，非常真切地感受到他所有的欣赏与鼓励。这便断断说不出"谢谢"二字了。

在整个阅读古汉语的过程中，我总是与王力先生相遇又相遇！

20 《汉语与中国文化》/ 申小龙

申小龙，《汉语与中国文化》，上海：复旦大学出版社，2003年版。

在前言部分就不断地遭遇一些平常熟悉却并没有太在意的概念："思维客体"和"思维主体"（第2页）、"文化母体"（第2页）、"文化心理"（第3页）、"科学主义意识"（第3页）、"认知方式"（第5页）、"文化发展"（第6页）、"通约"（第6页）、"通约性"（第8页）、"不可通约性"（第9页）。我想，或许应该非常准确地了解这些概念的定义，我才能够进入申小龙先生的话语体系。

似乎已经很久没有与申小龙先生联系了。发邮件告诉他，想着给他寄去我去年出版的《梵语通论》（北京：人民出版社，2007年版），却收到他从爱丁堡发来的邮件。便回件告诉他，我正在阅读《汉语与中国文化》，有一些问题要向他请教。

申小龙先生为什么认为：

> 如果说西方语言是思维客体化的产物，那么汉语是思维主体化的产物。[1]

我以为，无论哪一种语言，它们与思维的根本关系应该是一致的。对于"思维客体化"和"思维主体化"且不能理解。

---

[1] 申小龙：《汉语与中国文化》，上海：复旦大学出版社，2003年版，第2页。

我的问题:可以解释一下思维客体化与思维主体化吗?

申小龙答:思维客体化即主体和客体二分,思维主体化即主体和客体的统一。

我的问题:文中多处出现的"通约"有什么确切的术语意义吗?

申小龙答:通约就是具有通约性,两者具有 common denominator。

原本我还猜测"通约"是不是借用了数学上的"通分母"概念。英文中的 denominator 具有三种意义:分母;共同特性;标准或一般水准。

我的问题:"人类文化发展的单线进化论"的确切意义是什么呢?

申小龙答:单线进化指这样一种观点:人类文化的差异是共同发展路径上的时间上的差异。

读到了申小龙先生的基本观点:

汉语与中国文化之间存在着内在形式格局的一致性。①

按照我的理解,他要表述的是:汉语与汉文化之间存在着内在形式格局的一致性。通常,在非诗化的语言中,国家所传达的是一个狭义的政治概念,而此处似乎应该需要一个民族的概念。但是,倘若使用"汉文化",汉文化在中国范围内弥漫性的渗透样态便被轻易地忽略了。这样看来,便应该是"中国文化"了。

申小龙先生论及两个层面:其一,汉语和中国文化;其二,不同文化之间。

第一个层面,汉语和中国文化的结构通约。②

我在想,汉文化始终是处于流变状态之中的,它或许和汉语同步流变,或许与汉语在时空结构中发生暂时的错落,但是,从总体看来,它们结构通约。

第二个层面,不同文化之间具有不可通约性。③

就我现在的阅读基础,我理解:从某一时间和空间结构的静态片断来看,这样

---

① 申小龙:《汉语与中国文化》,上海:复旦大学出版社,2003年版,第6页。
② 申小龙:《汉语与中国文化》,上海:复旦大学出版社,2003年版,第6页。
③ 申小龙:《汉语与中国文化》,上海:复旦大学出版社,2003年版,第9页。

的论点具有真实的存在基础。那么,这种"不可通约性"会导致怎样的结果状态呢？突然想到：衡量两种文化是否通约,是不是要对通约的依据、条件和标准做出预先的规定呢？比方,文化是否具有它内在的"认知结构"？是否具有它潜在的"文化语法"？是否具有"文化文本"的符号规范？等等。再从另一个角度来看,文化是流变的。不同的文化在流变过程中,彼此之间是否会发生交流呢？外族文化元素的入侵是否会导致本族文化发生局部的、表面的、零星的或者是全面的、深刻的、系统的变化呢？是否会有同化或异化的发生呢？那么,在不同文化之间是否有可能存在某一局部或某一层面的或某一阶段的暂时的或长久的可通约性呢？可通约性或显在或潜在地存在着,似乎可以从文化的动态中能够追索文化的一般性规律呢！

关于这些想法,请教了申小龙先生。他回复如下：

> 每一种文化都有自己的思维方式,它是对世象的一种结构性的呈现,它表现在这种文化的各种形式中,包括语法。
> 一种文化的范畴,不可能作为衡量另一种文化的标准。
> 文化之间的相互影响能否改变一种文化的性质,这要由特定文化的事实调查来说明。这并不影响我们的一般结论。

标准其实是相对存在的,标准制定的依据以及标准的可适用性都难以做到避免从本族文化出发。

再换一个角度来看看"不同文化之间的不可通约性"。或者是由于交流,或者是由于其他原因,可以期待不同文化之间既有可通约的一面,又有不可通约的一面。我的理解,不同文化之间,既有不可通约的一面,又有可以通约的一面。因为有可通约的一面,不同的文化才可以在交流的过程中相互理解并形成共识。又因为有不可通约的一面,不同的文化才可能在交流的过程中发生彼此无法抵达的共识而形成文化冲突。之所以会有可以通约的一面,是因为,不论何种文化,归根结蒂都是"人类"文化。作为人类文化,就必然有其共性,表现人类共同的生活特点和需求、意识。之所以会有不可通约的一面,是因为任何文化,都是在一定的具体的环境,包括自然环境、历史环境、民族环境中形成的,在一定环境中形成的特有的文化,在另外的环境中,必然会表现出难以适应、难以融入的一面。应当说,这种难以适应、难以融入的一面,就是不可通约性形成的根本原因,再加上利害关系,处理不好,就会发生文化冲突。

这个问题既简单，又复杂。说简单，是因为上文所说的，任何文化归根到底都是"人类"文化，都表现人类的共性，也就必然会有可通约性。说复杂，是因为，从历史和现实来看，很多文化之间确实存在着难以通约甚或不可通约的事实，或者说，文化的很多方面，在很长一段时间内，很难通约，很难达成顺畅的交流。应当说，申小龙先生所看到的是不同文化之间最为本质的部分。

我以为，从全球视野来看，一个民族的文化或许也正是在与其他民族文化交通的过程中自觉地意识到自己相对独立的存在。换句话来说，恰恰是其他民族文化帮助本民族文化实现了真正的自我指认、自我理解。

第一章是"欧洲文化的语言视界"。

关于语言研究的文化视角，申小龙先生指出：

> 在人类语言研究历史上，用"文化的"观点看待语言、研究语言、阐释语言的传统源远流长。这种语言人文主义传统由于各文化区域、社会历史条件不同，形成不同的类型。其中主要有欧洲语言人文主义、美洲语言人文主义和中国语言人文主义。欧洲语言人文主义是同哲学联系在一起的，带有很强的思辨性；美洲语言人文主义是同人类学联系在一起的，带有很强的实践性；中国语言人文主义是同经学联系在一起的，带有很强的释义性。这三大语言人文主义传统有各自深厚的文化哲学。它们从各自不同的角度阐述了人类各民族对语言与文化相互关系的具有深刻一致性的丰富思想。尽管它们各自出现的历史条件不同、哲学背景不同、研究范式不同，但它们都关注语言的人文精神，都从不同的角度揭示了语言的人文性和人的语言性。[①]

无论是专业论文还是大众媒体都目睹了"文化"从一个时尚名词变成了时尚名词中的一棵常青树。似乎隔着个十年八年的，就得来一次"文化热"。那么，什么是"文化"呢？按照《现代汉语词典》的解释，"文化"是：

> 人类在社会历史发展过程中所创造的物质财富和精神财富的总和，特指

[①] 申小龙：《汉语与中国文化》，上海：复旦大学出版社，2003年版，第2页。

精神财富,如文学、艺术、教育、科学等。①

查阅《说文解字注》:②

  文 错画也。象交文。凡文之属皆从文。
  化 教行也。从匕从人。匕亦声。

"文"为"纹饰";"纹理"。"化"则为"变"。"匕"从反人,即背离人本性而转变。我们现在仍有"教化"及"驯化"等表达。"文化"的本意应该是:在本体上附加纹饰以改变的过程。比方,最初的陶罐上是没有纹饰的,以后则有了由简到复杂的纹饰,从而形成了一个文化的过程。"文化"因此成为意识形态。

语言研究在欧洲、美洲和亚洲的确表现出不同的类型特征,但它们彼此之间似乎并不存在相互排斥的关系。相反,在欧洲语言研究的思辨性、美洲语言研究的实践性、亚洲语言的释义性之间存在着一个共性特征,即都是在尝试认识并总结语言流变的规律。区别则在于对语言流变规律系统建立的自觉意识与不自觉意识。

阅读第一章的过程中,想到了两个问题:

第一,在思想和语言之间究竟存在着怎样的关系?

第二,在认知过程中,究竟是认知在修理语言呢,还是语言在修理认知呢? 或者彼此相互修理呢?

第一个问题似乎让我走入了一个怪圈,弯来绕去的。总算是找到了一个可清理自己思路的切入点:假如语言是表达思想的工具,那么,不同的民族就可以采用不同形式的工具来表达思想。这样,思想就是一种超越语言的存在,它不受制于任何一种语言,可以选择各样的语言进行表达。这里似乎出现了一个差错,即"思想"对应"民族语言"。"思想"可以不受制于任何一种语言,但是,任何一种语言都可以对它进行个性化的拆解与组装。确切地说:应该是"民族的思想"与"民族的语言"相适应。其实,还应该考虑:整体性的思想对应整体性的语言。这才具有学理上的严密性。推展开来,论及文化与语言,那么,文化的系统性与语言的系统性相适应,

---

① 中国社会科学院语言研究所词典编辑室(编):《现代汉语词典》(2002年增补本·大字本),北京:商务印书馆,2002年版,第1318页。
② [汉]许慎撰,[清]段玉裁注:《说文解字注》,上海:上海古籍出版社,1988年版,第425页,第384页。

而不是文化的片断与词汇的零星对应。

第二个问题仍然是需要反复琢磨的。认知是人类认识客观事物并获得知识的活动，它包括知觉、记忆、思维、学习、言说以及对问题的理解和解释等过程，是人类对外界信息积极采集和加工的过程。论及"认识"，往往会涉及事物的本质。问题在于：被我们指认的"事物的本质"究竟是事物本质的原貌呢，抑或是被我们抽象化了的"事物的概念"呢？认知与语言从来都是交织在一起的，被认识了的事物就是一个被解释了的事物，而被解释了的事物就是被语言构建了的事物。事物被认识恰恰发生在事物被语言构建的过程中，那么，认识与语言便是不可分离的。它们之间彼此依存，在协同行为中完成彼此的适应、彼此的调节、彼此的修理。

文化乃至我们认识的整个世界都是被语言构建起来的。

第二章是"美洲文化的语言视界"。

我需要对如下三个问题求得精解："所有的语法都有漏洞"（第79页）、"民族的语言与该民族的思维方式是同构的"（第100页）、"精神图像"（第102页）。

关于语法漏洞的问题：

> 萨丕尔认为，一切语言都有语法，那不过是普通地表达一种感觉：类似的概念和类似的关系最宜于用类似的形式做符号。假如有一种完全合乎语法的语言的话，它就是一部完善的表达概念的机器。不幸，也许正是大幸，没有一种语言是这样霸道地强求内部一致的。所有的语法都有漏洞。这显然是因为各种语言所依赖的本民族的心理感觉不同。所谓语法的"漏洞"，也就是旧语法对观念世界的重组而呈现出的与逻辑的不一致。而萨丕尔所说的语文"感觉"，也就是一种语言的结构"模型"所依据的心理现实，或者说一种语言的"模型"直觉。①

倘若要设定有一种完全合乎语法的语言，那么，一定要先设定语法，后生产语言。而语言的普遍事实则是：语言在先，语法则是对语言的滞后总结而已。那么，我们便无从期待抽象的语法能够对语言进行完全的、栩栩如生的描写。我以为，语

---

① 申小龙：《汉语与中国文化》，上海：复旦大学出版社，2003年版，第79页。

法的"漏洞"这一命题实际上是无从成立的。此外,语言的现实目的是人与人之间的交流,从来就不是因为逻辑的目的而诞生、而成长的。

对于语法漏洞的问题,我也把自己的想法告诉了申小龙先生。

> 申小龙答:语法有两个含义,一个是语言内在的结构规律,一个是对这个规律的研究。后者就是语法学。你说的是后者,萨丕尔说的是前者。
> 我的问题:可是,如果是语言内在的结构规律,"漏洞"便无从谈起了。可以这样理解吗?
> 申小龙答:……萨丕尔说的语法的"漏洞",是指没有一种语言的语法结构是和概念结构一致的,"漏洞"就是和概念结构不一致的地方,是一种比喻。

这个问题值得把玩。

人们总是说:语言的语法部分是最稳固的。其实,语法是对语言基础结构的抽象。语言基础结构像一株大树的树根和主干,我们更容易观察到的则是发生在大树枝叶部分的因时因地的语言流变现象,如词语、语义等。这个部分才是语言最富生命力的表现所在。

关于"民族的语言与该民族的思维方式是同构的":

> 沃尔夫认为,在语言和文化之间,存在整体上的"平等交换"关系,而这种"交换关系"的实质,是语言对文化的建构性的影响。因而一个民族的语言与该民族的思维方式是同构的,并由此形成每个人用以衡量和理解宏观世界的"微观世界"即"思维世界"。[①]

如何理解此处的"同构"呢?或许就是"相适应"吧,包括相关方面一切要素的相互依存和相互渗透。语言,无论是哪个民族的语言都是对客观世界的反映。每个民族所处的时间和空间的独有的客观实在必将反映在这个民族的语言之中。被反映的客观实在同时也是思维的对象或结果。思维则是在表象以及概念的基础上所进行的分析、综合、判断、推理等认识活动,这个活动过程因民族生存的时间和空间环境不同而有形式上的一定差异,但是,就其本质而言,人类的思维是共同的,没

[①] 申小龙:《汉语与中国文化》,上海:复旦大学出版社,2003年版,第100页。

有根本性的差异。当然,思维方式存在着一定程度上的差异。广而论之,人类的语言与思维是相适应的。

关于我对"同构"的理解,申小龙先生回复:

"但是"后面的话,只是一种假设。

他总是这样的深刻、这样的犀利!不知道要经过怎样的严格训练才能够具备这样的学术能力呢!我还在表面或者过程中游移的时候,他已经从容地站在终结地等着了。

关于"精神图像":①

沃尔夫指出,当欧洲人设想某棵实际的蔷薇树时,他们并没有假定他们的思想也来到这棵树旁萦绕盘旋,像探照灯光那样照亮他,而是很自然地认为自己的意识正在处理一个"精神图像"。这个图像不是蔷薇树,而是树的精神替身。

在霍皮语构筑的思维世界中没有精神替身,没有虚拟空间,霍皮语没有为"精神图像"留出任何位置,无法把处理真实空间的思想安顿在除了真实空间以外的任何地方,于是也就不能把真实空间与思想的影响隔离开来。……在霍皮语的规范下,一个霍皮人会很自然地假定他的思想和他思考的对象即实际的蔷薇树或田里的庄稼发生了交易,思想在田里的植物上留下了一些踪迹。

此处的"精神图像"是不是指"抽象概念"呢?语言的本质就在于其抽象,可以说,没有抽象便没有语言的存在。萨丕尔(Edward Sapir,1884—1939)如果否定霍皮人的抽象能力,那么,他就从根本上否定了语言的本质,而他由此所得出的结论就值得怀疑了。

第三章是"中国文化的语言视界"。

在阅读《尔雅》的时候,最让我困惑的就是同义互训。总觉着隔膜,像是把握不

---

① 申小龙:《汉语与中国文化》,上海:复旦大学出版社,2003年版,第102页。

到词义的本真。在我的印象里,就词义解释而言,同义互训是一种不得已而为之的最后选择。同义词之所以存在就是因为它们之间存在细微的差异,倘若它们的语义完全重叠或覆盖,那么,它们便失去了共时并存的理由。而同义互训忽略了这种细微差异的存在,轻易地在同义词之间画了等号。我期望《尔雅》有最少的同义互训,不用同义对付训释,而是在深究词义的过程中寻得精确与生动,并安排层次与界定。遇见同义互训,我总忍不住要追问:这两个或多个同义词是如何诞生的呢?它们在言语中如何表现各自的个性的呢?它们各自有着怎样相同的或者不同的语用价值呢?于是,就要在有能力查找到的文献中探寻它们的诞生语境以及它们的共性与个性。可是,对有些同义互训的疑惑至今还郁积于胸。

而申小龙先生则对同义互训有着另样的理解:[1]

> 在古代中国人对世界的语义阐释中,同义现象的汇通与辨析成为一种独特的方式。汉民族有机整体的宇宙观使古人认识到事象之间你中有我,我中有你,相互联系,相互转化的辩证关系。这种认识渗透在语言的"世界图景"中,就是丰富的同义词之间的聚散离合。

> 古代中国人对世界的这种变化而又统一的认识方式,不但表现在对事象的具体感知中,而且进一步抽象为语义的同义互训。

申小龙先生这般理解同义互训让我贫弱的汉语知识基础即刻滋生出一种紧张感。或许我还没有真正懂得汉语认识的方式,只是在词语层面遇见了词语之间边界的模糊,要纯粹的解释,要严格的界定。而这样的模糊感阻滞我将同义互训归入汉语世界观,或者说,我还不能够胜任从语言到语言人文的话语转换,也还没有找到思索汉语文化语言视界的路径。其实,我是走入了文化语言学,而似乎还带着普通语言学的立场。

对于"同义互训"的问题,申小龙先生回复:

> 严格的同义词其实是没有的,所以同义词是对世界认识的丰富化的表现,中国文化的特点在于有机统一的宇宙观,也就是说事象不是割裂的,而是相互

---

[1] 申小龙:《汉语与中国文化》,上海:复旦大学出版社,2003年版,第117—118页。

联系的,同义互训就是从联系性上看同义词的丰富。在欧洲文化看来,事物的界限是清晰的,尽可能的分析才是认识的真谛;在中国文化看来,事物的联系才是事物的本质,尽可能的综合才是认识的真谛。同义互训就是中国文化思维方式的非常典型的表现。

此时,想到了中医和西医。中医将人体看作是一个统一体,讲究脉、络、气;西医则分析人体的各个部位,分为脑科、口腔科、内科、外科等等。

在"语言哲学的民族本位"一节读到了张世禄的思想精华:

> 张世禄教授就是其中之一,他在汉语语音的研究上广泛吸收了西方语音学原理和分析方法,认为语音在语言诸要素比较的意义上,是不具有强烈民族倾向的,学习西方语音学的先进理论方法,是传统音韵研究科学化的必由之路。在汉语语法的研究上,他却反其道而行之,认为世界各民族在思维形式上各有其独具的特色,语法是具有强烈的民族性的。汉语语法的研究应该从汉语语言思维的特点出发建立民族的理论体系。这种对汉语语言性质和研究方法的独到理解,使张世禄形成学术思想的鲜明特色:即在音韵研究上从一般进入特殊,在语法研究上从特殊走向一般。[①]

这样的思想才具有华彩!这是一种观点,这是一种态度,这是一种能力!这应该是汉语语言研究中了不起的历史事件。张世禄先生以独立思想的尊严直面语言事实,他的思想应该成为汉语语言研究思想的唤醒者和引导者。事实上,他已经呈展了一份智慧的事业。从这个意义上来看,我们这些后来者都应该对他存有一份深深的感激,都应该因为他的唤醒与引导而幸运地成为他的追随者。如果我们能够在他所思想的汉语语言研究中进行测度、积累、分析和构建,那么,由此而升华的汉语语言思想体系才是有力量的、有生命的。这将是汉语语言研究史所能显示的巨大的价值。我在先前的汉语阅读中,感慨汉语语法学家以欧洲语法体系对汉语语言进行削足适履的分析,却不能够思索其本质原因所在。张世禄的"语法是具有强烈民族性的"则是字字铿锵!

在随后的文字里,读到张世禄先生的"语序论"(第140页)、"语气论"(第143

---

① 申小龙:《汉语与中国文化》,上海:复旦大学出版社,2003年版,第138页。

页)以及他"对形式逻辑在汉语语法中适用性的否定"(第146页)等等。此时,我特别想读到张世禄先生的《古代汉语》(上海教育出版社,1978年版),相信可以从他那里学会智慧地、舒展地、豪放地思考。

撩开一点窗帘,看窗外天空星星点点。刚刚凌晨四点。上午要给研究生讲两节课的普通语言学,之后才能去学校图书馆。把写好书名和出版社的便签夹在借书证里,期待上午能把张世禄先生的书借回来,而这样的期待让我变得舒服而愉悦,似乎窗外已经洒满阳光,而我的书房顷刻间已经充满了初春的暖意!

申小龙先生是张世禄先生的关门弟子,从申小龙的学术路径和学术话语可以明明白白地看到学术精英分子的传承与发展。

第四章是"汉语建构的文化精神"。

"气的思维与气的语言"(第207页)对我而言是新鲜而陌生的。"气"似乎是一个极具包容性的概念。读完这一节,"气"的概念仍然在漂浮着,我没有能够抓住它精准的意义,或许,它并没有一个被规范或框定了的意义。随着时间的流变,它不断地被赋予新的解释、新的意义,处于一种生命的浮游和积淀状态。不过,偏偏就忍不住要问:究竟什么是"气"呢?

想当然的理解:"气"指"气体"或"气息"。而此时,这样的理解似乎是风马牛不相及了!

查阅《说文解字注》中的"气"[①],似无所解悟。于是,找到了《辞海》中对"气"的解释:

> 通常指一种极细微的物质,是构成世界万物的本原。东汉王充提出:"天地合气,万物自生。"(《论衡·自然》)北宋张载认为:"太虚不能无气,气不能不聚而为万物。"(《正蒙·太和》)认为"气"是世界的物质本原。南宋朱熹则提出"理先气后"说,认为:"未有天地之先,毕竟也只是理。……有理便有气,流行发育万物。"(《朱子语类》卷二)认为气是由世界的精神本原派生出来的。[②]

---

① [汉]许慎撰,[清]段玉裁注:《说文解字注》,上海:上海古籍出版社,1988年版,第333页。
② 夏征农主编:《辞海》,上海:上海辞书出版社,1989年版,第1644页。

那么,"气"是一种怎样细微的物质呢？它是如何构成世界万物本原的呢？并没有得到解释。便转而反向来理解：倘若"气"是世界万物之本原,那么,整个客观世界的各种形态便是要以"气"作为终极解释的了。如此这般,"气"便具有了一种巨大而丰厚的囊括能力,它涵摄在世界上作为客观存在的所有的人、人对客观世界的所有理解以及对人本身及客观世界的全部解释和表达。"气"即是本原,那么,世间万物的整体平衡与布局、部分的生存与死亡、相对的流变与静止便也应该归结到"气"之上了。当宇宙万物统摄于"气"的时候,"气"便获得了个性化的场合,或者说,它对个体事物具有本体性的支撑作用。于是,便有了诸如"人气"偶像；"文气"十足；"语气"平和；"元气"满满；"精气"不足等。又有了"气势"如虹；"气韵"；重乎"气质"；"气氛"友好；"气韵"不俗；"气焰"嚣张等。

申小龙先生指出：[1]

> 在中国传统哲学看来,世界的本原是非形非质而贯通于一切形制之中的"气"。"气"是无形的存在,万物之形由气变化而来。……更重要的是,"气"经常处于变化之中,具有运动性。……运动变化之气是汉民族的一种世界观。
>
> 中国古代气的学说作为一种世界观,反映了汉民族基于物质运动源泉而形成的一种基本的思维方式。

从古代文人的话语中,我们可以感受到气的学说如何作为一种世界观在主导文人个体的思想和创作。

孟子称：

> 我知言,我善养吾浩然之气。[2]

韩愈称：

> 气,水也；言,浮物也；水大而物之浮者大小毕浮。气之与言犹是也,气盛

---

[1] 申小龙：《汉语与中国文化》,上海：复旦大学出版社,2003年版,第207—208页。
[2] 《孟子·公孙丑上》,朱熹《四书集注》,北京：中国书店,1994年版,第210页。另见陈学广：《词学散步》,黄山：黄山书社,2004年版,第299页。

则言之短长与声之高下者皆宜。①

汉文化的一切形态,包括水墨画、书法、语言等似乎都具有运动变化之"气"的理据。

"汉语语法的虚实构建"(第232页)一节以西方语言"团块"的写实原则为参照物,凸显了汉语的"疏通"写意原则。中西方的思维习惯和语法规范形成强烈的反差,按照申小龙先生的理解,这是一种文化差异。申小龙先生指出：

> 中国古代哲学在探究宇宙本原和本体(实体)时,提出了"有无相生"的概念、"有"即有形、有名,"无"即无形、无名。老子云："天下之物生于有,有生于无。"(《老子》第四十章)宇宙中的一切事物都由于人的意义取向和价值取向而赋予称谓,成为有形、有名之物。因而这种"有"来源于"无名""无形"。这个"无"便是"道"。②

在汉文化的观念中,"任何事物都离不开它的生存空间,任何事物又都是虚实相资的统一体。"③

申小龙先生了不起地从中国画入手,分析中国文化中的虚实相资：

> 有无相生与虚实相资,在中国文化的各种表现形式上都体现出来。中国画在结构上往往呈虚实之态。它不像西方绘画以色彩、笔触占据全幅画纸,而是在线、皴、擦、点之外留下许多空白,造成疏密、浓淡、聚散的对立协调。中国古代画论认为："虚实者,各段中用笔之详略也。有详处,也要有略处,虚实互用。疏则不深邃,密则不风韵,但审虚实以意取之,画自奇矣。"(董其昌《画论》)④

---

① 韩愈：《答李翊书》,徐中玉主编《古文鉴赏大辞典》,杭州：浙江教育出版社,1989年版,第692页。另见陈学广：《词学散步》,黄山：黄山书社,2004年版,第299—300页。
② 申小龙：《汉语与中国文化》,上海：复旦大学出版社,2003年版,第233页。
③ 申小龙：《汉语与中国文化》,上海：复旦大学出版社,2003年版,第234页。
④ 申小龙：《汉语与中国文化》,上海：复旦大学出版社,2003年版,第234页。

这让我想起曾经读到胡小石先生在"书艺略论"中关于书艺的精彩话语：

> 三论布白。结众画为一字曰结体。结众字为一体，而布白之说生。结体为点画与点画间之关系；布白则为字与字间之关系。一纸之上，每字各有其领域。著字处为墨，无字处为白。墨为字，白亦为字。书者须知有字之字固要，而无字之字尤要。……布白之妙，变化万端，运用之际，口说难详。譬诸人面，虽五官同具，位置略异，人我便殊。又如星斗悬天，疏密错综，自然成文，久观益美。明乎此，可以言布白矣。[1]

即便是执笔的方式，也讲究个"指实掌虚"。真的是妙不可言！

汉语呢？也是有无相生、虚实相资的！

汉语语句结构中的"虚"渗透在语句的各个层面。申小龙先生给出不少的例证，并区分了"有形之虚"和"无形之虚"：[2]

"有形之虚"。如：一个人（）一斤。（第235页）
"无形之虚"。如：这家饭店是上海老板。（第239页）
吕叔湘先生认为"虚"是一种语法上的默契，在汉语句子结构上是不少见的。[3]

在我看来，"有形之虚"是结构层面的"虚"，我们借助逻辑分析，发现了它们在语句中的"虚位"。而问题的关键则在于这样的"虚位"并不是"虚位以待"。"无形之虚"则是语义层面的"虚"。同样是借助了逻辑分析，我们发现了它们在相对完备的语言结构中所表现出的"虚文"本相。如果这样的"虚"是汉语中常见的现象，或者说，它是汉语语言的常态，那我们就需要考虑如何描写并解释这样的语言现象：一是从语言本身的角度进行描写和解释；另一个则是从民族文化的角度进行诠释。

倘若就语言本身来考虑，首先要确认：这种语言现象是不是普遍存在的？是不是语言的原本状态？是不是特殊的内在或外在因素所导致的？假如它是一种普遍的汉语语言现象，那么，至少可以有三条路径去认识它：第一，语句的用气；第二，语

---

[1] 胡小石：《胡小石论文集》，上海：上海古籍出版社，1982年版，第217页。
[2] 申小龙：《汉语与中国文化》，上海：复旦大学出版社，2003年版，第235页，第239页，第238页。
[3] 申小龙：《汉语与中国文化》，上海：复旦大学出版社，2003年版，第238页。

句要素的结构;第三,语流中的停顿。比方,在"一个人( )一斤"中,细微的停顿不会发生在两个"一"之后,也不会发生在"个"之后,而是在两个相对独立的名词词组之间。从语言现象本身出发,就意味着排斥逻辑介入,不可设定:在两个相对独立的名词之间应该有一个谓语,否则这个没有谓语的语句便不符合逻辑了。

在"汉语语法的意合建构"(第269页)一节,申小龙先生论及"言不尽意与得意忘言":

> 汉语语法的线性次序与经验结构和概念结构同构,这在本质上是汉语语法"以意为主"、"以神统形"的结果。汉语的意义既可以"模铸"形式,以形式为其"实象",也可以游离于形式之上,以形式为其"虚象"。这时候,形式就表现出灵活变化的特点。这种灵活变化之所以不会引起误解,也正是"得意忘言"、以神统形的结果。根据中国的语言哲学,意义最终是难以言喻的。语言形式在表达意义世界时有难以逾越的局限,因为意义是丰富而不可穷尽的。……正是这种意义的主导作用,使汉语的句法编码可以容受多变之形而不以辞害意。神形异构而统形之神不变。①

的确,当整个客观世界的生存状态坐落在运动流变之"气"上,语言形式注定要在"气"的统摄之下不断地纵横捭阖,在大化流行的"气"场中与客观世界相互缠绕,同步虚虚实实,焕然出新。它也因此彰显自由、淡定与活力。

申小龙先生提供了汉语语法神形异构的典型例证,即主宾易位(第279—281页)。反义替换(第281—282页)实际也是主宾易位现象,只是从语义角度切入。

这里所有的主宾易位例证都是非常常见的汉语语言现象。读完这个部分,我有了两点想法:

第一,申小龙先生在论及"主宾易位"之时一定预设了一个标准的汉语语词位置秩序,即我们普遍接受的"主语-谓语-宾语"。否则便不会有"易位"之说。那么,我们需要追问:"主语-谓语-宾语"规则是不是对汉语一般性的描写?如果是,那么"主宾易位"就不是汉语的常态或普遍现象。它便不足以支撑汉语的文化精神,也便不足以支撑汉语文化与汉语语言同构。然而,申小龙先生所提供的"主宾易位"是汉语中的普遍现象,我可以在他给出的例证后面加上十倍的甚至更多的语句例

---

① 申小龙:《汉语与中国文化》,上海:复旦大学出版社,2003年版,第278—279页。

证。可是,这种现象为什么没有获得一般性的描写和解释呢?倘若将此归结为欧洲语法研究的影响,现在看来似乎也没有什么实际的意义了。所以,我们不妨从认识方式出发。

第二,我们需要重新审视"主语-谓语-宾语"规则:它是对汉语的特殊描写呢,还是对汉语的一般性描写?它描写的对象是被书写的语言呢,还是口说的语言?它是在欧洲语言研究成就影响下的主观意志结果呢,还是在对汉语语言现象普遍研究之后获得的客观结论呢?因为这一规则的存在,与这一规则不吻合的语言现象便被归入特殊或者例外的范畴。这其实是一种本末倒置的认识。倘若所谓的"特殊"或者"例外"的语言现象大大地淹没了这样规则,我们是不是可以暂时抛开这一规则,而重新认识汉语语言现象,而且应该也只能从语言现象本身出发。我们可能观察到的语言规则或许是:"主语-谓语-宾语"规则和"宾语-谓语-主语"规则并存,或者是其他的规则。这样,我们或许能够让自己在实际的仰俯观察中寻得独立的语言范畴解读。获得一般性的规则指认,便可以更进一步:表面看来语词在语句中位置的改变与更替具有一定的任意性,那么,我们就从这表面现象出发,分析它的结构规则和语义规则以及两种规则的融合规则等等。也还可以深入到语句的底部,探究是什么在支撑它们位置上的改变,这种支撑是暂时的还是恒定的,这种改变是以通则的方式还是变例的方式存在?是什么使得这种支撑成为可能?

在"汉语语法的弹性建构"(第293页)一节中,申小龙先生论及"道器不离的领悟空间":

> 中国哲学认为,天人本来合一,物我本属一体,内外融为一片,在这样一种综合性的宇宙观指导下,中国哲学将事物之外象与其内理统一起来,认为"道之外无物,物之外无道"(程颢《语录》四)。[1]

由此生发了汉语丰厚的暗示。按照冯友兰的理解:

> 富于暗示,而不是明晰得一览无遗,是一切中国艺术的理想,诗歌、绘画以及其他无不如此。[2]

---

[1] 申小龙:《汉语与中国文化》,上海:复旦大学出版社,2003年版,第293页。
[2] 申小龙:《汉语与中国文化》,上海:复旦大学出版社,2003年版,第297页。

那么,汉语独有的丰厚暗示,又怎么才能被其他的语言妥妥地呈现呢?想起了翻译。

对于两种现象,即古文经典今译和诗歌翻译,我一直持有消极抵触情绪。说是消极,因为并不反对,只是自己很少尝试如此这般的翻译而已。就如同我说自己是消极的动物保护主义者,因为并没有去积极保护动物。这是出于一点考虑:担心自己没有保护动物的实际体力和能力。比如,我没有体能保护野生动物,就像我没有体能保护地球一样。每每在街边遇见四处野跑的狗,我都吓得魂飞魄散。消极保护,只是怜惜动物的生命而不食用动物肉体而已。

对诗歌翻译,说是消极抵触的"情绪",是因为对自己的作为或不作为并没有形成非常成熟的解释。申小龙先生这个部分的阐释似乎让我为自己的"情绪"找到了文化的依据。

想着要通读经典,首先自然想到要选择李泽厚先生的《论语今读》。可是从今译中,总也读不出能够让我沉浸其中的快乐感。例如:①

子曰:"君子坦荡荡,小人长戚戚。"
[译]
孔子说:"君子心怀宽广,小人老是烦恼。"

"唐棣之华,偏其反而。岂不尔思?室是远而。"子曰:"未之思也,夫何远之有?"
[译]
"蔷薇花啊!摇来摆去;难道不想你?是住得太远了呀。"孔子说:"没有真想呀,远什么呢?"

今译自有它的存在价值。可是,对于气韵生动且涵摄丰厚的古汉语,所做出的今译总难免让人觉得就差那么一点点充沛与疏爽,就差那么一点点理融与情畅。"气"不对?"气"不顺?"领悟空间"不当?

---

① 李泽厚:《论语今读》,北京:生活・读书・新知三联书店,2007年版,第221页,第272页。

至于诗歌,自己在剑桥大学诗刊上发表的中文诗、英文诗,我似乎也无法找到令我满意且甚为妥帖的翻译。

您能看见我吗?[①]

您能看见我吗
在这样一大片的人群里
和其他的女人一样
我也有黑色的长发
可是
我的长发
　没有抹上几缕阳光的颜色
所以
　我不会靓丽地被您看见

您能看见我吗
在这样一大片的人群里
和其他的女人一样
我也有高挑的身材
可是
我的身上
　没有浸染几许海洋的风韵
所以
　我不会浪漫地被您看见

等我很老很老的时候
　等人很少很少的时候
　　等天很晚很晚的时候
　　　等我的月亮幽蓝
　　　　等我的炉火纯青
　　　　　等我的雪地银白

[①] PEI WEN,"您能看见我吗?" *Inprint*, University of Cambridge, 2005.

那时
   我可以被您看见吗
我可以骄傲地被您看见吗

About My Poem[①]

No
It is not like that
I don't mind telling you
I know my poem very well
It is deep in primeval still
   Like the November lawn
   Dotted with leaves
     Scalloping under a bare chestnut tree

    总觉得诗歌不可翻译,曾经在课堂上与博士生们探讨这个问题。当时在向他们介绍美国诗人罗伯特·弗罗斯特(Robert Frost,1874—1963)。我特别喜欢他的诗。他的诗,我是可以彻底沉浸并几乎全部背诵的。也因此特别喜欢他的言说:"诗即迷失于翻译之物。"(Poetry is what is lost in translation.)我告诉博士生们:"如果诗歌是玫瑰,翻译会让她芬芳不再。如果诗歌是飞鸟,翻译会让他羽翼散落。如果诗歌是生命,翻译会让它灵魂飘零。我的观点是:诗歌不可译。"我给出了几个典型的例证,其中包括毛泽东先生的"我失骄杨君失柳,杨柳轻扬直上重霄九……"能不能用意大利歌剧来表达我们的江南小调?能不能用欧洲的油画表达我们的水墨?能不能用巴西的审美定式表达我们的宋瓷审美取向?能不能用交响乐表达我们的戏曲四大声腔之一——高腔?能不能用英语表达我们的唐诗宋词?可以想象会发生怎样的扭曲、折磨和难堪!

    或许是认为我太过偏激,没过几天,一位博士生便送了本程曾厚先生翻译的《法国诗选》(上海:复旦大学出版社,2004年版)。他坚持认为诗歌是可以翻译的,而且还出版了呢!突然感觉他和我谈的并不是同一个话题。这便告诉他,我主张诗歌不可译,因为我追问:这些翻译出来的诗歌气质与原作是不是差别有些太大了呢?这些翻

[①] PEI WEN,"About My Poem", *Inprint*, University of Cambridge,2005.

译出来的诗歌所呈展所隐含所规避的强弱、轻重、厚薄、方圆、枯润、松紧、虚实是否能与原作有些许吻合呢？毕竟，在原作者的语境构建和读者的语境构建之间还夹着一层翻译者的语境构建！毕竟，我们读到的是用方块字译就的外国语诗歌！

以他给我的这本《法国诗选》翻译为例：①

睡美人

西风，你给我住口，你的喧哗声太响，
可别把美人吵醒，她此刻正在休息；
请你绕开卵石滩，淙淙而流的小溪，
如果风声已停下，你也别吵吵嚷嚷。

心儿啊，屏息静气，我们跪下来欣赏
她的珊瑚红小嘴，小嘴才半开半闭，
吐出甜甜的芬芳，这是清纯的呼吸，
胜过茉莉和玫瑰，胜过琥珀和麝香。

啊！那一双阖上的眼睛可仍然迷人！
我们看着半露的酥胸起伏多平稳！
我们看这垂下的玉臂舒展多优美！

众神啊！她醒来了，爱神谁在她身边，
怒气冲冲的爱神已经挽起了弓箭，
惩罚我无礼放肆，惩罚我胆大妄为。

说实在的，从这些诗行里，我找不到法文诗原有的节奏，又未见中文诗该有的韵律。且不说形式美、音乐美、格律美，原诗中备受呵护的睡美人，在汉译里似乎已经被风干了，似乎又像是泡在药水里的标本，着实难以感召共情的阅读与理解。法语诗的"气"消失殆尽，而又全然不是汉语诗的"气"。

想到了汉语的吴歌经典被了不起地翻译成英语（《吴歌精华》，汪榕培等主编译，苏州大学出版社，2003年版），我因此对汪榕培先生产生了十二分的钦佩。可

---

① 程曾厚：《法国诗选》，上海：复旦大学出版社，2004年版，第149页。

是,当方块字表现的汉语单位变成一览无余的拼音字线性序列,就觉得它们像是海洋生物的标本,尽管依然美丽,却没有了海洋盛水的摇荡,没有了海洋暗流的穿行。突然想起北冰洋的天使水母。当我们阅读诗歌的时候,我们的视觉注定会有文化的欲望。这样的欲望会因为文字系统转换过程中必然发生的文化要素失落而终将不得满足。即便在同一文字系统的古今转换过程中,文化要素的失落也是一种必然。

瑞典斯德哥尔摩当地时间二〇二〇年十月八日下午一点,瑞典文学院将年度诺贝尔文学奖颁给美国诗人露易丝·格里克(Louise Glück),颁奖词为:"for her unmistakable poetic voice that with austere beauty makes individual existence universal."目前,至少看到了对颁奖词的两种翻译:其一,"因为她那毋庸置疑的诗意声音具备朴素的美,让每一个个体的存在都具有普遍性。"其二,"她精准的诗意语言所营造的朴素之美,让个体的存在具有普遍性。"且不论她的诗作汉译,就这一颁奖词,中文官媒、网媒似乎应该可以提供更为精准而得体的汉语翻译。至于露易丝·格里克的诗作汉译,我看了二三首。说实在的,非常希望汉译版能够附上英文原诗,方便读者寻得原有的诗韵、诗味、诗性,哪怕是那么一点诗的形式呢!毕竟,当下的阅读者有不少都是学过英文的。

十月九日,就是在获悉露易丝·格里克获诺贝尔文学奖的第二天,与陈学广先生有了一次相关话题的长谈。对于诗歌的翻译,我们的观点不谋而合:诗歌不可译。当晚,他把先前发表的一篇论文转给我,即《从语际翻译看文学语言的特性——也谈诗的可译与不可译》。

陈学广先生开篇便指出:

> 文学翻译是文学交流和传播的一条重要途径,对于文学生产和文学研究都起到了非常积极的作用;然而,语际翻译毕竟是两种不同语言符号系统之间的转换,如何达到不同语言之间转换的对等,求得等值,以不失其"保真性",一直是语言学家、翻译界和比较文学研究者们共同关注的问题。对于文学翻译来说,这一问题尤显突出,因为文学是语言的艺术,既有与标准语言或实用语言相同的共性,又有着不同于标准语言或实用语言的"文学性"方面的特殊要求。文学翻译中存在的问题,集中体现在关于诗的可译与不可译的问题上。[①]

---

① 陈学广:《从语际翻译看文学语言的特性——也谈诗的可译与不可译》,《中国中外文艺理论学会年刊》,2010年卷,河南大学出版社,2010年版,第98页。

他首先从语言的文化层面进行分析,进而提出如下的观点:

> 语言表征着民族文化并参与民族文化的建构,本身就是民族文化的一个组成部分。文学语言自然也不例外,因为它并不是一种游离于一定语言系统和语言集团之外的特殊语言,从文化层面来看,文学语言与非文学语言想必更富于文化色彩和文化意味。20世纪以来西方翻译界关于翻译的"归化"与"异化"的争论,如果撇开文化政治方面因素的考量,则让我们看到,语言的文化因素是语言与生俱来的不可忽视的因素,无论遵循何种翻译原则采取何种翻译策略,只能缩小而不能从根本上抹平不同语言之间的文化差异,在这方面,文学翻译也是如此,自然,文学语言的文化属性更应该结合其在艺术和审美方面的特点来加以考察,这样才能进一步深入地解释文学语言所具有的文化特性。①

接着,他从语言的形式层面进行分析:

> 而对于文学语言的翻译来说,仅强调意义等值是远远不够的,因为文学语言尤其是诗歌语言非常注重语言及其表达形式上的"文学性",它不是对语言词典意义的简单照搬,而是要借助特定的语言形式传达诗性的信息和审美的语义,惟其如此,语言形式对于文学来说就不是可有可无的,而是至关重要的。它是一种"有意味的形式",是"声文"和"情文"即音形义的统一体,所以,语言形式之于文学就不能简单地被视为意义的载体,它是审美对象整体中的一个组成部分,是文学获得审美效果的一个组成部分,同样,是文本诗性信息和审美语义不可分离的一个组成部分,参与着文学意义的创造,如果离开或无视语言的能指形式,作为审美对象的文学文本就面临着被肢解的危险,其审美效果就无从谈起。由此而言,文学翻译就不能忽视语言能指形式及其审美效果一致和对应,"得意不能忘形",仅仅是意义等值并不能达到审美功能和艺术效果上的等值,换言之,意义上的等值不等于审美上的等效。②

最后,他尝试论证完全翻译与有限翻译。他所得出的结论是:

---

① 陈学广:《从语际翻译看文学语言的特性——也谈诗的可译与不可译》,《中国中外文艺理论学会年刊》,2010年卷,河南大学出版社,2010年版,第100—101页。
② 陈学广:《从语际翻译看文学语言的特性——也谈诗的可译与不可译》,《中国中外文艺理论学会年刊》,2010年卷,河南大学出版社,2010年版,第101页。

由上可知，诗的不可译性主要体现在语言形式上，这是由文学语言特别是诗歌语言的审美特性所决定的。所以，拉夫尔强调："如果文学作品的译者，尤其是诗歌翻译家没有达到美学的要求，那他其他方面的成就也就变得毫无价值了。"[1]说到底，文学作品的翻译毕竟是给那些不懂原语的读者看的，在文学作品，特别是在诗歌中语言形式已经不仅仅是单纯的形式了。[2]

这篇论文是在中外文艺理论学会的年刊上发表的，之前并未读到。对他的探讨思路，颇为认同。

我理解的"诗歌不可译"是：两种语言诗性表达之间的隔阂是深刻而永远的存在。我以为，对这一论题的研究有两个基本的路径：其一，文化；其二，语言。可以考虑从这两个路径进行延展性的深入追问与探究。以语言路径为例，可以从以下方面逐一切入：语言的本质、言语体系事实、语言的内部要素与外部要素、文字的形式、音位学与语音学、语言符号、语言的价值、横向组合关系与关联聚合关系、类比与联想等等。惟其如此，"诗歌不可译"才可以获得语言层面的根本性终极论证。

我以为，当人们声势浩大地指认"民族的就是世界的"之时，似乎也还应该以一个本真的态度从一个现实的角度指认：民族的就是民族的！

说起翻译，又想到一件有趣的事情。二〇〇八年三月的一天，南大外院一位领导告诉我，外院学术委员会对我的《梵语通论》有些看法。他说："好些专有词、术语，人家都已经有译法了，延续下来了，你为什么要另外翻译呢？"

我笑而不答。

是哦，为什么要另外翻译呢？

以《爱经》为例。记得曾经在一本文化杂志上读到这样的文字："不仅要让少年儿童熟记中华民族的《诗经》《三字经》《道德经》，还要让他们学习印度的《爱经》、意大利的《爱的教育》，让他们在爱的滋养中……"

作者是将《爱经》与《爱的教育》视作同一类了吗？如今想来，仍然心有余悸。我敢肯定，那位作者并没有读过他或她所提到的《爱经》，望文生义而已。

《爱经》是 Kāmasutra 的旧译，此处的"爱"不同于对民族的"爱"、对祖国的"爱"、

---

[1] 转引自郭建忠（编著）：《当代美国翻译理论》，湖北教育出版社2000年版，第215—216页。
[2] 陈学广：《从语际翻译看文学语言的特性——也谈诗的可译与不可译》，《中国中外文艺理论学会年刊》，2010年卷，河南大学出版社，2010年版，第106页。

对父母的"爱"、对子女的"爱"、对土地的"爱"等等,更不是指"喜欢"或者"爱惜"或者"很深的感情",它专指人类的"性爱"。大多数人是读不懂梵语的,倘若翻译为《爱经》又不加以说明,那么,读者因此便永远不能抵达原文的本真。我另作翻译,那是因为我想还原文本的本相,并直接传递给读者。

在更多的时候,我尽可能地采用了直接的、准确的意译,而不是音译。

再如,我更愿意清晰还原已经被音译的语词本义:

梵语词	本义	音译
Amita(a 无 + mita 量)	无量光/无量寿	阿弥陀佛
Ksana	一念有 90 刹那,一刹那有 900 生灭	刹那
Brahmā	梵名、离欲、清净	梵
Buddha	觉者,知者	佛陀,浮屠,浮图

就重新翻译这件事情,有学者认为这样更好,因为它呈现本义,更清晰。也有学者认为这样不好,因为它有标新立异、自我炫耀之嫌。

想想,翻译的目的是什么?读者是不是会更愿意读到语义清晰的汉译?为保持从前的汉译而顺手拿来且置清晰表达于不顾,这肯定不会是我的选择。比如,我将之前翻译的一对语言学术语"能指"和"所指"直接按照法文原义翻译为"施指"和"受指"。一"施"一"受",一主动一被动,语义清晰而明快,两者之间的对立统一关系得以彰显。而标新立异或者自我炫耀都不会在我的考虑范围。

说来有趣,关于翻译,外院学术委员会对我还提出了另一个看法:你是英语专业的,翻译英语肯定没问题,干嘛翻译法文著作呢?干嘛还接连翻译两部呢?加起来得有六十多万字吧?……你论著对德文的引用,为什么直接引用、翻译德文原著?为什么不引用现成的汉译本呢?更何况汉译者是德语界的权威呢?而且翻译的差别也不是太大啊?你引用他,他也高兴啊。你这不是把人给得罪么?……

我也只笑而不答。

他们似乎并不知道,我翻译的法文著作已经成为包括北京大学、复旦大学在内的多所大学语言学课程的教材、读本。

我呀,想翻译就翻译了。至于是英文、法文还是德文、意大利文,我不在意的。

我呀,可以不吃拌着他人唾液嚼过的饭,更不想假装吃,更不想还假装吃得津津有味的。倘若能够读原文,有谁会选择阅读翻译呢!

不精通多种语言,便不具备研究普通语言学的基本条件。此乃常识。把不同语种的研究者集中在一起进行语言比较研究,就目前来看,多半是流于语言的形而下研究,或者说,更多的是为了机器翻译、智能翻译等实际功用型研究。而普通语言学研究是哲学层面的高屋建瓴,似乎不是也不应该是多种语言研究相加之和。

不知怎么的,当时就觉着外院学术委员会的教授们特别特别地可爱。

其实,在文学院读博士的时候,似乎也总是会遭遇类似的问题:"你是英文专业的,为什么到中文系来读博士呢?"我要么笑而不答,要么回答:"好玩儿的呀!"

我的第一部长篇小说《高等学府》出版后,文学院的一位教授问我:"你不是英语专业的吗?怎么写起中文小说来了?"我回答:"写着玩儿的!"他接着说:"是哦,你们搞外语的不像我们这边科研要求高,有时间写小说。"等我的第二部长篇小说《文人》出版,之后第二次印刷,之后,我又在《钟山》文学杂志(2019年第4期)发表短篇小说《改名》,在一次聚会上再遇见那位教授,他说:"搞得不得了了,你哪里是写着玩儿的,分明是气我们文学院没得什么人,又写长篇又写短篇!你还不知道吧,我们早几年就把省作协副主席引进来了,在我们这里当特聘教授,我们也是有作家的哦,文学院没有作家像什么话……哎,你不要什么时候把我讲的话写进你小说里啊!写也行,不要把我名字写上就行……"

呵呵,好玩儿的!

二○二一年二月,有出版社联系我。他们说,我的《剑桥语言学笔记》影响力非常大,希望跟我面谈购买版权事宜。

以上是在阅读申小龙先生"汉语语法的弹性建构"(第293页)一节时联想到的。汉语真的是"富于暗示,而不是明晰得一览无遗……"其他任何一种语言又何尝不是如此呢?

第五章是"汉语交际的思维方式"。在这一章第一节"汉语交际与直觉思维",申小龙先生对思维和语言的关系进行了指认:

> 思维和语言是人类各民族表现原始生活经验的两种方式。一个民族的原

始生活经验决定了该民族语言表达的方式,而语言表达的方式又同时规定了该民族的思维方式。就原始思维的发生而言,语言的选择就意味着思维方式的选择。然而就思维的发展来看,一个民族典型思维方式又对语言表达方式产生深刻的影响。例如各民族都有其特有的思维反映现实要素的顺序,因而各民族语言的组织法则就有很大的不同。在世界各大语言体系中,汉语具有独特的、难以为西方民族所理解的面貌。这同汉语民族的思维特征有直接的联系。[1]

汉语交际的思维方式体现在汉语的语句表达和词组表达之中,各个民族交际的思维方式也都大体如此。对于一个民族来说,语言交际是思维方式的自我释放。不过,我也常常可以体认语言的陷阱,它按照一定的构词规律,以时尚和经济原则挑拨甚至颠覆传统的思维方式。结果,我可以指认传统思维方式的生命力已经孱弱如游丝。它不像我从前想象的那样具有精神的火焰,具有心理的热望。比方,在刚刚过去的十多年里,我看见汉语交际隐隐约约地与传统的思维方式发生了剥离,从内涵到形式,似乎都在流变与稳定之间挣扎着。在与国际接轨的大潮中,看得见是谁在以谁的思维方式交际,看得见是谁在言说,看得见被张扬的和被遮蔽的,看得见被链接的和被隔断的。作为汉族人,我们有民族的归属。作为汉族人,我们不能没有民族的归属。汉语交际的思维方式正在以一种未曾被预期的方式发生流变。

第六章是"汉字的文化内涵"。

关于文字,我一直接受的是这样一个语言学理念:文字是记录口说语言的。

申小龙先生在开篇便指出:

汉字的研究,在中国已经有两千多年的历史。一部中国古代语言学史,本质上就是文字学史,即对汉字的音韵、构形、语义及组合规律进行研究的历史。这在世界语言学史上是一种十分特别的学术规范。

---

[1] 申小龙:《汉语与中国文化》,上海:复旦大学出版社,2003年版,第361页。

然而,在中国现代语言学研究中,承载我们数千年文化的汉字,却被西方的语言学理论定义着。翻开我们通行的语言学教材,对文字的定义,都按照西方标准表述,即:首先,"文字是记录有声语言的书面符号系统",它仅仅是口语的书面再现;其次,文字是"辅助与扩大语言交际作用的工具",它仅仅是口语的附庸。这个定义,表述的是西方拼音文字的性质,体现的是西方文化中源远流长的"语音崇拜"。①

读完这个部分,我的思想就开始停留在对西方文字和汉字的比较上,我不要钻牛角尖,但是,我要把问题想想清楚:不同类别的文字体系究竟有着怎样的本质区分? 就功能而言,欧洲各民族的文字与我们汉民族的文字在本质上是一致的,即承载口说的语言。口说的语言在言说之时便消逝,它必然受制于时间和空间。被书写的语言,即文字则是视觉形式,它可以留存,并超越时间和空间的局限,因此可以辅助、扩大并加深语言交流。就内涵而言,欧洲各民族的文字是表音、表意的系统;我们汉民族的文字也是表音、表意的系统。就这一层面来看,它们仍然是语音和语义相结合的体系,否则,它们便无从完成交流。就形式构成而言,欧洲各民族的文字是由拼音构成的,这就从根本上决定了它的表音特性,但并不完全排斥它的表义能力;而我们汉民族的文字则是由笔画构成的,是从象形文字演变,到现在仍有象形特性的残留,这就决定了汉字的表意本质,但并不完全排斥表音。就历史过程而言,无论是欧洲各民族的文字还是我们汉民族的文字都以各自的方式历经了深刻的流变。

论及文字的性质,申小龙先生指出:②

总之,中国古代的书面语言中,字是根本。它与句子的语音、语法、语义的关系是"振本而末从,知一而万毕"。所以,中国古代的语言学以汉字的研究为核心,《说文解字》之学始终处于小学的主导地位。如许国璋所说:"从语言的书写形式出发,去研究语言,这是汉语语言学一开始就有的特点。"③"汉语的文字学即是研究古汉语演变的历史语言学。"④

---

① 申小龙:《汉语与中国文化》,上海:复旦大学出版社,2003年版,第398—399页。
② 申小龙:《汉语与中国文化》,上海:复旦大学出版社,2003年版,第407页。
③ 转引自许国璋:《许国璋论语言》,外语教育与研究出版社,1991年版,第74页。
④ 转引自许国璋:《许国璋论语言》,外语教育与研究出版社,1991年版,第75页。

其实,要研究本民族的语言历史,任何一个民族都只能选择书写的语言,只有书写的语言部分地记录了语言的流变。别无选择。先民已经不复存在。也正是因为欧洲语言研究过多地依赖书写的语言,索绪尔为了矫正而特别地强调了口说语言与书写语言的根本区分。

申小龙先生提供了汉字的文化定义:

> 汉字是汉民族思维和交际最重要的书面符号系统。①

是否可以理解为:汉字是汉民族用以思维和交际的最重要的书面符号系统。如果是书面符号系统,它基本上应该不会介入思维过程。可以这么理解吗？可是,在之后的文字中读到:

> 我们尤为关注的是表意文字的文化功能,尤其是赖以实现其功能的表意文字的文化形态。因为这种文字能以形达意,与思维直接联系,直接反映思维的内部语言代码,而无须通过语音的音隔带。②

或许在造字的初级阶段,这些字符与图画同源,却不同于图画。同一个字符散见于不同的器物载体,是通用的且是约定俗成的形象。一个字符可以表示一句话、一个事件、一个场景、一个过程,它们具有了抽象概念的雏形,直接与思维发生联系。但是,此时的字符还不能够算作是一个体系,因为字符与字符之间并没有形成相互制约、相互联系的完整统一体。我们也因此不能称其为我们现代概念体系中的"文字"。

当汉字完成了从纯象形逐步发展到形声字的过程,汉字的体系才得以建立。文字与音义结合体相对存在。倘若没有语音,汉字是否还能够如此承载交流的功能呢？是否还能如此涵摄表意系统呢？是否还能将各样的笔画统一为一个体系呢？

我想,有必要追问一个核心的问题:汉字为什么会从象形字发展成为形声字？这样的发展过程和发展结果提升了汉字区别性存在意义。从汉字体系的角度出发,象形文字只是文字的偶然特征,形声字的形成是一个精细化、抽象化、规则化的

---

① 申小龙:《汉语与中国文化》,上海:复旦大学出版社,2003年版,第413页。
② 申小龙:《汉语与中国文化》,上海:复旦大学出版社,2003年版,第415页。

过程,形声文字才是文字的本质特点,它的本质特点在于它是一个高度组织化的实体,它承载和传递的文化要素超过任何一种语言媒介,包括个体言说。当文化流变而复杂,汉字也因其表达功能的多样性而游刃有余地蕴涵、传递、揭示更多有关文化的问题。正是通过文字的精细化结构,创造性的文化才得以成为现实,文化的普及才能得以成为现实。

汉字原本大多是竖写的,且多为从右至左,从上至下,无论是在青铜器上,还是在甲骨上,无论是在竹简上,还是在宣纸上。为什么呢?除了在一定的程度上受制于文字载体,这样呈现文字的惯例是否也彰显汉民族文化的某种意象呢?我于是从书橱里取出《明解增和千家诗注》,一边小心翼翼地翻看,一边仔仔细细地体味。用毛笔竖写的汉字,漂亮!精神!不能不醉其芳馨!不能不赏其神骏!方块字一块一块地叠加,升华出一种昂扬的艺术气质,渗透出一种矗立的生命感觉,像是具有破空杀纸的能量,阳刚至极!倘若用毛笔横写的字,字数不能多,多了便有一种集体性的瘫软如泥的感觉。再看看英文、法文和德文,竖着写,它们只能是躺着的。好不煞风景!不知道当下的书法家们和汉语语言学家们会如何看竖写的汉字,但愿有机会能聆听他们关于汉字的言说。

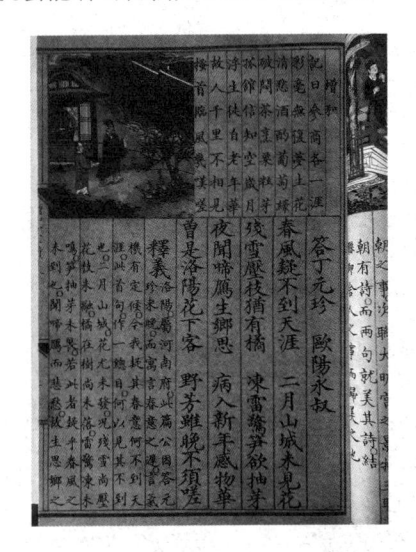

比较时尚的说法是将文化区分为"大文化"和"小文化",前者包括思维模式、行为方式、基本价值观、政治制度等,后者包括民间风俗、礼仪时尚、饮食服装、歌舞音乐等。

从读这本书的第一页开始，便开始与申小龙先生的文字有了愉悦的对话。享受观点一致所带来的快乐，也享受观点不一致所带来的争论。不一致，多半是因为我还没有进入他的话语体系，还没有重塑他的思想语境，或者是因为还没有以同样的视角分析同样一个问题。从理论语言学进入文化语言学，各样的小障碍其实都是预料之中的，倒都是非常有益的尝试。

隔着千山万水，却可以通过网络与申小龙先生随时交流，怎能不心存感激！

他推荐我读郭绍虞先生的《汉语语法修辞新探》《照隅室语言文字论集》、张世禄先生的《古代汉语》、启功先生的《汉语现象论丛》、陈望道先生的《文法简论》、许国璋先生的《论语言》等等。

也与他就国画、艺术方面多有交流。他是书画家的后人。我呢，平日里喜欢收藏点古玩字画什么的。

这本书是申小龙先生于二〇〇六年十一月寄赠给我的。看着他的书，忍不住想说：我该怎样感谢您呢，一位愿意负担与我对话并引导我的人！

21 《说文五百四十部首正解》
/徐 复 宋文民

徐复、宋文民,《说文五百四十部首正解》,南京：江苏古籍出版社,2003年版。

读完整本书,滋生了一种强烈的感觉,即附加在文字上的观念性的东西似乎实在是太多,文字研究似乎不那么干净,也因此负重累累。

这本书里并没有充分地显示著作者本人的观点和分析。它似乎是一个开放式的容器,储存并罗列各家之说。对于一些专业的研究者而言,它应当是具有一定的资料价值的。

我读书,喜欢看观点,看思想,看论辩。

徐复先生曾师从黄侃,专攻文字、音韵和训诂,后又成为章太炎的学生,著有《语言文字学丛稿》《语言文字学论稿》《后读书杂志》等。宋文民则是徐复先生的高足弟子。

起初,当《说文五百四十部首正解》到我手上的时候,因为扉页上有徐复先生的签名,书的主人便提出了一个要求：不能在上面随意打标记。借期不能长,到时间得还。我其实可以做到阅读的时候不在书上做标记。但是,有这么个要求在先,生怕阅读的过程中下意识地画上两笔,那可就对不住了。还没有读它便赶紧地还了去。现在这本则是辗转从出版社讨来的,可以永远拥有,且可以随意做标记。要谢谢江苏古籍出版社的姜嵩先生了！

22 《古代汉语》
/ 张世禄

张世禄,《古代汉语》,上海:上海教育出版社,1979年版。

在引论(第1—11页)中,张世禄先生强调要读懂和解释古文,必须要了解文化知识,包括作者的背景和作品内容所牵涉到的当时经济情况、政治形势、民情风俗、哲学派别、典章制度等。

这本书共分四章,先后顺序为:文字、音韵、词汇、语法。倘若从语言学理论出发,文字应该是放在最后,作为附带的篇章。想必张世禄先生这么安排是极有布置的。首先,就古汉语而言,我们能够获得的资料都是被书写的语言,文字是我们研究古汉语最为重要的且几乎是唯一的依据。其次,音韵、词汇和语法研究必须建立在古汉语文字之上,古音韵系统的恢复、古词汇系统的重建、古语法的推衍等无一可以离开古文字。最后也是最直白的,研究古汉语,首先面对的就是文字。所以,从文字切入古汉语是最自然的路径。

文字部分指出了汉字的特点和造字的原则,特别强调了"字不离词"(第25页)的原则。这是一个值得思考的问题。在口说语言中,我们指认"词"的存在,而在书写语言中,我们却指认了"字"的存在,在"词"和"字"之间究竟存在着怎样的关系呢?按照张世禄先生的观点,在口说语言和书写语言之间存在着既相互适应又相互矛盾的关系。而在"词"和"字"之间似乎就不是那么容易抽象了。

音韵重建的问题是我比较有兴趣的。张世禄先生强调古今音韵系统的变化,例举上古音的声母以及上古音的韵母和声调。有所启发,只是,对于我而言,读起来似乎并不过瘾。

在词汇一章,张世禄先生论及词的形式和构造,包括单音词和多音词、联绵词和迭音词。分析词汇的意义以及方言词汇所带来的"同实异名"现象。从词的意义角度出发,词汇区分了两大类:实词和虚词,前者即表达概念的具有词汇意义的词,后者即表达概念之间关系的具有语法意义的词。

最后一章语法近乎占了全书的一半多的篇幅,也是我以为比较精彩的一个部分。比方,关于"量词":

> 古汉语里"量词"的运用不显著,就不应当把它列成一类。大概真正的量词到中古时期才开始普遍地应用,在上古的汉语里只有度量衡的单位名称和借用名词作为计量的单位,没有真正的量词"个"……"一车炭""千余斤""一仗绫""一行白鹭",还是上古汉语表示数量的方法。①

又如,关于"句子"和"结构":

> 我们要把"句子"和"结构"严格地分开来,要把句子认为是语言交际中表达意思的单位,具有一定的语气,因而声音上具有一定的"句调"的,把"结构"认为是语言结构的单位,用来表示一定的关系,而并没有一定的语气和一定的"句调"的,这样才符合于汉语的实际。②

是不是可以将"句子"理解为言语层面的事实,而"结构"则是语言层面的事实呢?

再如,关于"词性活用":

> 哪一种词,经常充当语法结构中的哪一种成分,是比较固定的,这就说明了词有"常性"。但有些词往往在实际的语法结构中临时充当别的成分,和它

---

① 张世禄:《古代汉语》,上海:上海教育出版社,1979年版,第112页。
② 张世禄:《古代汉语》,上海:上海教育出版社,1979年版,第115页。

们经常的用法不合的,这叫做"词性活用"。……在现代汉语里,就比较少见,不能任意"活用",而有种种限制。我们看中古以来语言里"词性活用"的逐渐减少,可以认定实词词性的固定化是汉语语法发展的一种趋向。[①]

在南京大学图书馆借到了这本张世禄先生的《古代汉语》。这本书在开架阅览的书架已经不占有任何位置了。它已经属于书库。二〇〇七年三月十二日,去图书馆想找到这本书,恰巧从前的一位研究生在阅览室负责借阅。她热心地从书库取来这本书,向我走来的时候笑眯眯地问:"就是这本吗?很老了哎!"

就是这本很老的书,看上去非常的简单、小巧,海蓝底色衬出白色的四个字"古代汉语"。翻看封底,定价为 0.55 元。

全书复印,并存放在我的书橱里。

[①] 张世禄:《古代汉语》,上海:上海教育出版社,1979 年版,第 139—140 页。

23 《中国传统文化和语言》
/ 沈锡伦

沈锡伦,《中国传统文化和语言》,上海:上海教育出版社,1995年版。

第一章是"文化和文化科学"。

这一章开篇便有如下陈述:

> 世界上任何事物都是可以被人类认知的,人类在认知某一个事物以后就可以给它下一个定义。①

沈锡伦先生是乐观的。我以为,如果要断言世界上的任何事物都是可以被人类认知的,那还真的是要看在怎样长的时间单位里。至少,到目前为止,世界上没有被人类认知的事物远远超过已经被人类认知的事物,也还存在着大量近乎被认知却难以界定的事物。

第二章是"汉语和汉民族心理"。

沈锡伦先生从民族心理切入,分析汉语语言心理。他所分析的民族心理包括:中庸心理(第25—28页)、攀比心理(第28—31页)、大一统心理(第31—34页)、封闭心理(第34—35页)、认同心理(第35—38页)、表达心理(第38—40页)、随从心理(第40页)。涉猎面广泛,我却不太适应。首先,这些心理是不是汉民族特有的?

---

① 沈锡伦:《中国传统文化和语言》,上海:上海教育出版社,1995年版,第1页。

如果其他民族也有着相似的民族心理，为什么其他民族没有形成如汉语一般的语言呢？其次，各样心理所导致的语言结果没有呈现规律性的样态，易言之，这些语言现象相对于语言体系而言是各个层面零星的样态，不足以证明它们是民族心理所致。最后，这些民族心理之间又存在着怎样的关系呢？它们之间的彼此矛盾或一致是否会协同导致一些特别的语言现象呢？

第三章是"汉语和汉民族传统价值观念"。

价值观念体系的形成历经与汉民族同步的诞生与流变。它不仅具有历史的特征，更有区域的特征。如何衡量能够作为汉民族传统价值观念体系的存在呢？我以为，这个问题似乎应该在解释语言现象之前就要界定清晰的。

第四章是"汉语和民族文化交流"。

这个命题值得深究。我其实非常期待能够读到：民族之间文化交流给汉语带来的影响以及汉语给汉民族以外的其他民族带去的影响。这种双向的影响分别渗透到语言的哪些层面和哪些关系部门？这种双向的影响导致语言发生了怎样的规律性或非规律性的流变？

第五章是"宗教传播对汉语的影响"。

这个命题是可以做得非常有趣的。遇到这个题目，我基本上会考虑：什么是宗教？外来宗教的特性和宗旨是什么？它们之间有着怎样的联系？如果宗教给汉语语音的研究方法带来了改变，那么，它对汉语的语音系统是否产生了任何颠覆性的改变呢？宗教的传入是不是语句结构变化的唯一解释呢？却发现这一章主要是外来语的罗列，犹如字词表。小遗憾！

第六章是"汉语和中国历史地理"。

是不是可以将这一章的题目理解为对中国方言的历时流变和方言动态分布的描写和解释呢？是否需要共时研究成果来予以支撑呢？是否还应该提供一个汉语和中国历史地理的全景图呢？

读完这一章，我合上书，看着封面上的题目"中国传统文化和语言"。不免觉得有些优柔，有些沉郁。

"传统文化"在任何一个话语体系中都是一个具有优越感的术语。问题是，这个被称为"传统文化"的东西其实还没有获得一个精确的指认。它只是知识范畴中的文本"传统文化",是话语范畴中的优先"传统文化"。人们用各自的方式拼装"传统文化"框架内的知识元素,用各样的风格实践"传统文化"框架内的话语规则。我以为,更多的则是材料的收集与铺排。

是否可以尝试考察"传统文化"形成的过程以及形成的原因,描写并解释"传统文化"是如何在"知识"和"话语"的收放中被固化、风化、文化的呢?"传统文化"本身并不拒绝被文化,也不拒绝被文化之后的再度被文化。"传统文化"的构成相当庞杂,至少应该包括精神和物质两个方面。如何理解并安排这两个方面的关系呢?又该做如何的勾连呢?对"文化"的定义在"传统文化"中可以起到基本的支撑作用吗?我们所谓的"传统文化"价值究竟是作为一种能力而存在呢,还是作为一种知识、一种信念而存在呢?

我有疑问的。比方,当"汉民族传统价值观念"被切割为"自我价值"(第41—43页)、"褒贬价值"(第43—47页)、"地位价值"(第47—50页)、"男女价值"(第50—54页)这四个断面的时候,我看到了"汉民族传统价值观念"遭遇了有意或无意的调侃。这四个方面被虚构了具有同谋的关系,却没有呈现彼此之间的相互制约和相互支撑。"汉民族传统价值观念"在客观现实中作为一个整体而存在,而此处对它剖析的目标不是对它实现整体性的认知,而是为肢解而肢解,为宰割而宰割。这四个断面可以算是对"汉民族传统价值观念"挑挑拣拣的结果,而那些被忽略、被遗忘、被无视的部分或许在他人的话语体系中被发掘出来。是否能够被发现或被发掘似乎是一件与"命运"相关联的事情了。可这并不是问题的根本。是什么在决定哪些方面能够被选择出来呢?我们似乎应该考虑是怎样的一个出发点或者标准让一些方面被关注而另一些方面则被遗忘呢?为什么我没有在此读到对"汉民族传统价值观念"修复性的建设呢?关键还在于对"什么是汉民族传统价值观念"这一问题的认识——认识的层面、认识的角度、认识的方式、认识得全面与否、认识得彻底与否、认识得细致与否。由此所得出的终结性的结论必定是相去甚远的。是不是可以在讨论之前检讨衡量汉民族传统价值观念的基本原则呢?

再比方,"宗教传播对汉语的影响"。仅仅提供片段的描述丝毫不能够让我们对"宗教传播对汉语的影响"形成一个完整的认识。宗教在中国的传播有着怎样的历程?是什么使得佛教、基督教、伊斯兰教在中国的传播成为可能?是什么使得它们可以在"中国传统文化"中占有一定的地位?它们在多大的程度上消解中国原有的宗教?它们最初在怎样的范围传播?它们是如何获得了传播或蔓延的能力?它们在中国传播的同时是否与中国原有的宗教建立了联系?外来的宗教与原有的宗教是否发生任何层面的或任何部分的交通、冲突或者融合？宗教的传播又是以怎样的途径在怎样的程度上影响汉语的呢？在影响汉语的过程中，不同的外来宗教是否形成了同谋关系呢？它们有没有给中国带来区域性的或长期或短期的语言流变？应该从部分细节的罗列中挣脱出来，让"宗教传播对汉语的影响"在不受任何压抑的状态中得以生动而丰富地进入知识体系和话语体系。所有这些背后的支撑要素是什么呢？我应该可以期待看到"宗教传播对汉语的影响"的全景图——它应该是交错、圆通、高潮迭起的自然化呈现。

我倒是遭遇过一个更为具体的例证。在一次聚会上，遇见一位理科的大学教师。她说自己是虔诚的基督徒。我于是特别愿意跟她聊《圣经》，她却推证，她并没有看过《圣经》，只是特别愿意用基督的善良为他人祈祷。听说有谁要动手术了，便给人发上一大篇微信，以基督的名义，保佑他人。听说谁在等着一个特别好的工作机会，便又给人发上一大篇微信，以基督的名义，算定他人一定能得到机会。我往往会因为诸如此类的信徒而困惑于"名"与"实"之间的冲突，抑或并无干系？

第七章是"姓氏和称谓"。

其实，并不想通过这一章了解中国有各样的姓氏。倒是挺想知道古老的姓氏是如何发生的？又是如何分裂的？在姓氏和称谓的问题上，有着怎样的约定俗成的规约，而这些规约又是如何形成的？

在陈述"姓的由来"时，沈锡伦先生指出：

> 但是在上古时代，姓氏情况和现代大不一样。姓氏是原始社会前期母系社会的产物。母系社会是"女尊男卑"的社会，宗族大权由妇女执掌，妇女地位显赫，氏族中人"只知其母不知其父"。这一社会这一时期只有妇女才有姓，而地位卑贱的男子尚未取得拥有"姓"的资格，汉字的"姓"字由"女""生"两部分组成，从字形上证实了"姓"和"女"的联系。①

"姓"是一个会意兼形声字，按照《说文解字注》：

> 姓，人所生也。……古之神圣人。母感天而生子。故称天子。……生

---

① 沈锡伦：《中国传统文化和语言》，上海：上海教育出版社，1995年版，第114页。

亦声。①

由同一个女人所生的后代被指认为同一个"姓",这个女人所生的女性后代便带着这个"姓"的标记不断地繁衍后代。男性的身份标志则为"氏"。

研究姓氏应该根据文字资料来研究。从中原区域来看,在有文字遗留的殷商时代,已经进入了父系社会,已经没有了母系社会的资料。如何推证母系氏族社会就已经有姓的存在了。单凭字形来推断,是否有冒险之嫌?

甲骨文上的"姓"字已经是较为成熟的语言符号了。在殷墟甲骨以前,"姓"字是怎样的呢?在文字从诞生到成熟的过程之前,在尚无文字之初,被我们称作"姓"的东西是否存在呢?简单地回顾一下"姓":在甲骨文中,"姓"左边为"女",右边为表示草木发芽生长的"𡳿",表示女人所生。② 金文中的"姓",左边为单立人"亻",右边加了一个短横,为"𡉉"③。从文字上来看,"女"被"亻"颠覆,按照一些学者的理解,这意味着母系氏族制度遭遇瓦解。④ 这个变化其实存在着诸多变素,包括工匠的操作,器具的风化等。其实,当时有小篆的"姓"与之共时并存,即"𡉉"。当秦始皇既并六国,便开始推行以秦文字为标准的"书同文字",小篆为秦文字。标准化的小篆采用的是"姓"字。之后的"姓"与"氏"发生了"翻烧饼"式的完全颠覆,在二十世纪初,"姓"是男人的身份标志,而更多的女人则随丈夫的"姓"。例如:张刘氏、陈郭氏、杨周氏等等。如此变迁,我们似乎不能够过于自信地推断在殷墟之前"姓"的状态。

第八章是"避讳和禁忌、委婉心理"。

不同的民族有不同的避讳、禁忌以及委婉语。人们为什么要避讳呢?人们是如何应对禁忌的呢?委婉语是如何实现遮蔽的呢?追究起来,各样的文化形式,包括宗教、社会制度、群体好恶、时尚趋向等都对避讳和禁忌起到了催生和促进的作用。一些民族避讳鬼神、超自然的力量、疾病、死亡,也避讳政治、排泄、金钱、战争。由于避讳和禁忌,委婉语便自然应需而诞生。

沈锡伦先生例举了不少的例证:

---

① [汉]许慎撰,[清]段玉裁注:《说文解字注》,上海:上海古籍出版社,1988年版,第612页。
② 唐汉:《汉字密码》(上册,下册),上海:学林出版社,2002年版,第485页。
③ 唐汉:《汉字密码》(上册,下册),上海:学林出版社,2002年版,第485页。
④ 唐汉:《汉字密码》(上册,下册),上海:学林出版社,2002年版,第485—486页。

长沙人忌讳"龙""虎",就管"龙"叫"蛟",管"虎"叫"猫"。据《语文知识》1954年三月号报道,过去长沙市有一条"府正街",当地人写是这样写,说起来却说成"猫正街"。其原因是长沙话 h、f 不分,"府""虎"同音,长沙人就把与"虎"同音的"府"也改说成"猫"了。①

想知道:为什么长沙人忌讳"龙"和"虎"呢?
民俗的例子读起来是挺有意思的,偏就觉得这些例子都轻飘飘地浮着,汉民族文化点点滴滴的表象没有被厚重的文化根基支撑着。

委婉语的稳固与流变并不完全顺应避讳和禁忌的稳固与流变。它的主要功能就是淡化所避讳的和所禁忌的。然而,在实际的语言交流中,委婉语表面的柔和却深藏了所避讳和所禁忌的概念。也正因为如此,委婉语会随着使用频率的提高而逐步遭遇被抛。当一个词被借用指代另一个词,它便与另一个词的语义价值重叠,一个民族承受这种重叠的心理能力往往是相对有限的。换句话来说,语言现实是相对比较残酷的。无论换成什么语音结构,只要是指向同一个带有避讳或禁忌的语义,往往都是短暂的。毕竟,集体的心理能够接受暂时性的名与实的遮蔽,终究是躲不过原本语义带来的长久的刺激与不适感。

近乎每一个民族对"死亡"都抱有敬畏与恐惧。随着时间的流程,对"死亡"有着不同的表达,也就是说,不断有新的语音结构覆盖先前的语音结构,尽管其意义指向"死亡"并没有发生任何的改变。也还存在着不同阶层对同一语义指向的不同语音结构表达。如疾病、死亡以及底端劳动行业等也是如此,都随着时间、阶层的不同而形成了不同的语音结构。以"死亡"为例。

汉语:走了
　　　去了
　　　逝世
　　　过世
　　　与世长辞
　　　命归黄泉
　　　翘辫子
　　　蹬腿儿

---

① 沈锡伦:《中国传统文化和语言》,上海:上海教育出版社,1995年版,第147页。

溜了

享福去了

归西

升天

长眠

咽气

不在了

薨；驾崩

挂了

英语：join the majority（随大溜）

answer the final summons（最后一次应召；见上帝）

be called home（被喊回家去了）

be home and free（回家自由去了）

be in heaven（升天了）

be gone（走了）

depart（离开）

pass away（逝世）

go west（归西）

breathe one's last（咽气）

kick the bucket（踢翻水桶上吊自杀）

decease（逝世）

buy a one-way ticket（买的单程票）

be washed out（被淘汰）

curtains（落幕，完蛋）

hang up one's harness（把自己的马具给挂起来了，挂了）

demise（驾崩；让位）

第九章是"婚姻、家庭、亲缘的汉语观照"。

这个题目倘若挖掘得充分，应该能够成为汉民俗全景图的。

沈锡伦先生罗列亲属名称，并从中分析出汉民族重视宗族关系（第166页），重视男女双方亲属名称的区别（第167页），重视长幼有序（第167页），更重视父系亲属名称（第167页），重视亲疏有序（第167页）。那么，为什么呢？为什么会对这些方面如此重视呢？没有读到特别期待的解释。

第十章是"汉语表达中的性别因素"。

想知道：是什么让汉语表达具有了性别因素？这样的性别因素导致了怎样的语言现象和规律？它与其他具有性范畴概念的语言有什么终极体制上的不同？

想到我自己写的著作《语言性范畴》。[1] 改天拿出来再看看。

第十一章是"汉语和民俗、民生文化"。

民俗文化由两个部分支撑着：区域文化和集团文化。区域文化决定了它的多元性，集团文化决定了它的丰富性。想知道：汉民俗文化的区域性特征与汉文化之间存在的关系以及各自的流变规律是什么？在汉族的历史上，集团文化是否发生了扩展和收缩？是否发生了融合与背离？

第十二章是"语言图腾和语言联想"。

想知道：汉语图腾是如何诞生的，又是如何传播的呢？是什么在支撑语义联想，并确定语义联想的方向呢？

第十三章是"汉语所反映的中国文化哲学"。

想知道：天人观是如何缘起的呢？鬼神观是否还在语言中延续呢？汉民族审美的取向，即"圆""对称""正"是否具有时间上的恒定性、空间上的稳固性呢？

第十四章是"汉字文化"。

想知道：汉字与汉文化有着怎样的关系？汉字本身又形成了怎样的文化蕴含能力？

第十五章是"汉语结构体现的文化特点"。

想知道：什么是文化特点？汉语结构指的是语句的结构吗？是否包括词组的结构以及词的结构呢？汉语结构体现文化特点是否具有语境限定？如果有，那么，是不是语境赋予了语言结构的文化内涵呢？语言结构是不是在反映语境而它本身并不具有体现文化特点的能力？

---

[1] 裴文:《语言性范畴》，北京：世界图书出版公司，2009年版。

第十六章是"从汉语看社会-文化现象"。
想知道:语言昭示了怎样的社会-文化现象?

第十七章是"汉语文化研究的历史和现状"。
这个题目,我想了好长一段时间。觉得自己几近厘清却又陷入模糊之中。好些问题看似不容置疑,却有着它们根本性的弱点。

我期待从这本书里获得更多。突然想到:我为什么不放开一点呢?为什么要受制于这本书文字的牵扯呢?我应该把自己当作是著作者的同伴,应该与他一起开始构思,一起思考,一起观察,一起点评,倘若我能够看到被架空了的文化现象投射到地上的影子,那么,我也便算是获得了一份阅读的自由。

昨晚在院子里一面荡着秋千,一面抬头看圆圆的月亮。我从来不在没有月亮的晚上荡秋千的,却第一次疑惑:为什么汉族人赋予月亮如此多的乡愁呢?
或许是因为汉族人对家乡、对亲人特别的倚重。或许是因为晚上人静下来的时候更易于遐想,而遐想需要一个媒介来联系被遐想的对象,这个媒介应该是身处家乡、身处他乡都可以见得到的,那便是月亮了。月亮这个媒介穿越空间联系遐想与被遐想的对象。这是一个修饰的过程,是人对最本原的心理加以修饰的过程。如此的修饰便带来了一个文化元素。

沈锡伦先生的这本《中国传统文化和语言》是从南京大学图书馆三楼开架阅览室借出的。经过学者们近十三年的摩挲翻读,前面的二十二页已经几近脱落。书是值得爱惜的,想把它修理好,摆弄了半天也不知道该从哪里修起。先生见我如此笨拙,便接了过去,分分钟便给粘贴好了。我平日里读书喜欢用铅笔写写画画的,也喜欢用铅笔随时记录我的零星想法。偏就削不好,卷笔刀削出来的笔芯用起来又不舒服,自动铅笔的塑料外壳又没有木质的温润。每隔三两个星期,先生便会给我削几支铅笔,每次削好,他总要说上一句:"你要是哪天会削铅笔,我睡着都会笑醒咯!"对于我的笨拙,他很是绝望的。

在对此文做最后校读的时候,顺手在网上查找作者信息,却见沈锡伦先生不幸于七年前,即二〇一三年一月七日逝世的信息,不觉泪眼迷蒙。

24 《中国音韵学研究》
/ 高本汉

高本汉,《中国音韵学研究》,北京:商务印书馆,1995年版。

最初想读高本汉,是因为在阅读古汉语的过程中总能看到他。后来犹豫了,毕竟他的研究已经有了明显的年轮印记。再后来,发现这本书竟是他在二十六岁时完成的,却是由中国一代语言学大家合作翻译的。在古汉语,尤其是音韵研究领域,似乎没有能够绕开他的。他可真是写了一本奇书!

根据出版说明,这本书是研究汉语方言与汉语古音的重要著作,它的主要贡献在于:第一,考订古音的音类,构拟古音的声母和韵母的音值;第二,说明语音的分类和性质,第三,比较方音。

这本书共包括四卷:古代汉语、现代方言的描写语音学、历史上的研究、方言字汇。

第一卷是"古代汉语"。
书中的"古音"其实是隋唐时代切韵所代表的"中古音"。
借助西方的音韵研究,高本汉先生对于古代汉语的音韵理论分析似乎有了另一个视角:

这两种材料——反切跟韵表——在外国人研究汉学的书里所有的研究已经够使大家都知道是怎么一回事了。但是我相信直到现在还有人犯着太把它们混而不分的错误。从方法上看,这两样东西中间有一个根本不同之处,必须细心分辨。反切的方法是关于各字音本身的方法,他只讲单个的字,就是把每字所由成的音素整个地说出来。至于讲到"韵"跟"母"的系统的方法,那就刚刚相反了;它们是一种概括的,实用的方法。这种分类系统演变的结果就生出各种韵表来。"母"跟"韵"并不是声母韵母的意思,因为它们不能就把一个字的读音全部表示出来,必须看这个字在表里的地位,才可以看出它整个的"音"(morphème)。①

关于反切的问题,高本汉先生指出:②

  我应该附加一句话,用反切来注单字音,保存着他的一点幼稚性,就是"没有方法的方法"("méthode non-méthodique")。其实对于三十几个字母每一"母"用两个就够了,一个是切纯粹声母的(例如 k……),一个是代表 j 化声母的(kj)。同样,每一个韵有四个字就够了,第一个当 a,第二个当 ia,第三个当 ua,第四个当 uia。可是反切并没有照这个方法作,这无疑的是因为人不愿意拿一个字来注它自己。所以我们互相比较起来就可以看出'郎','当','冈','刚'都是同切字,这些字是互相切的,而且它们又可以切好些别的唐韵开口字;同样,'光','黄','旁'是唐韵合口的同切字。用互相比较的方法,大概总可以切实的决定哪些是同切字,哪些很清楚是另成一类的同切字。例如:

  唐韵 ang

  开口:真韵母 ang,同切字,'郎,当,冈,刚'。

  合口:真韵母 uang,同切字,'光,黄,旁'。

以上是从方法上来讲韵表跟反切。从各韵表跟各种反切的系统可以看出中国语言史的各方面,不过近代的反切材料对于语言研究上是颇可疑的。中国学者既然有那么守旧的精神,而且韵书又那么多派,所以很难决定一个反切所注的音到底是写的人哪个时代的音呐,还是他故意从广韵集韵玉篇之类引用一个比较古一点的音,用来代表他所认为好的读音呐。至于讲到更古一点的读音就不然了,这时候的材料详细而只限于反切一种,可以免除泥古的危险,因为这个时候没有更古的注音可以借了。所以假如我们要知道一套完整的真汉语,那么最靠得住的方法就是推溯的越古越好;因为越往古推溯由方言

---

① 高本汉:《中国音韵学研究》,北京:商务印书馆,1995 年版,第 15—16 页。
② 高本汉:《中国音韵学研究》,北京:商务印书馆,1995 年版,第 17—18 页。

分歧而误入歧途的危险就越少。关于有反切的最古的字书,……

高本汉先生不是从语言材料入手,而是从方法论入手,俯瞰语言现象。这是我喜欢的角度。

第二卷是"现代方言的描写语音学"。

在这一卷中,高本汉先生介入了实验仪器(第146—149页)即音浪计的小鼓(tambour enregistreur)和假颚(faux palais)。同时,介入了普通语音学的概念,包括:语音的声学、语音的解剖学以及语音的生理学,即发音作用(第149—160页)。对汉语方言的语音按照发音方法进行分类。

高本汉先生对描写语音学有一个基本的界定:

> 描写的语音学包括两大部分:关于定性的部分,就其各种音本身性质的理论,跟关于节律的部分,就是音与音相对的关系的理论。对于汉语的节律方面,就是说关于节奏跟声调方面,……①

汉语研究者历来只区分"韵",却没有形成清晰的"元音"和"辅音"的概念。

定性描写是一项颇为艰巨的工作:要确定一个音在字音中的位置是声母还是韵母,是阴韵还是阳韵。不仅如此,还要确定这个音的地理分布,在各个区域出现的频率等等。

节奏牵涉两个方面:强度和响度。前者即气流受阻的力量,后者即听觉的感受。长度跟声调同步变化,而声调则决定一个字的调形和调性。

第三卷是"历史上的研究"。

高本汉先生对三十三处方言进行收集、分析,对3,125个字进行描写。他研究古代声母、声调以及韵类的演变,再从现代方言中的声母、声调以及韵类进行回溯。由此获得对现代方言的分类。提供按照韵来排列的方言字汇。记录例外语音现象、两读现象以及语音缺失现象。每一个字在古代音韵分类中的位置以及它们各自在三十三种方言中的不同读音一目了然。

---

① 高本汉:《中国音韵学研究》,北京:商务印书馆,1995年版,第161页。

第四卷是"方言字汇"。

高本汉先生提供了三十多处方言中韵母、声母的全部资料,是字字对照式的注音表,是共时语音描写,没有表现语音的流变。

粗略地读了这本书,相信译者不会在意高本汉先生所做的细节罗列和细节描写。他们之所以会选择翻译这本书,我以为,多半是因为他们在这本书里看到了不同于以往任何时代的汉语研究方法。这本书只能粗读,否则极有可能陷入细节的泥潭。而关注方法及方法论,则可以看到它的命脉所在:它带来了一个方法论体系。

用西方语言学方法研究汉语,将汉语置于西方的话语体系之中,或许恰恰就是肇端于此了。

高本汉(Klas Bernhard Johannes Karlgren,1889—1978)先生于二十六岁便完成了这本书。它由赵元任先生、罗常培先生、李方桂先生合译,傅斯年先生作序。一九四〇年出了第一版。

25 《汉语现象论丛》
/ 启 功

启功，《汉语现象论丛》，北京：中华书局，1997年版。

　　这本书的前言尤其特别，说是"前言"，实际可以算作是一篇完整的论文。让我印象最深的是"今之汉语，犹古之汉语也"①。

　　这本书收录了八篇论文。有两篇特别值得仔细阅读。一篇是《古代诗歌、骈文的语法问题》；另一篇是《有关文言文中的一些现象、困难和设想》。

　　"古代诗歌、骈文的语法问题"

　　一看到这个题目，就觉得比较有意思。通常，诗歌和骈文不同于日常交流的语言，它们讲究韵律，讲究对仗，讲究平仄、讲究程式。尽管它们是以日常交流语言为基础的，但是，无论是在概率方面还是在规范方面，它们所体现的语言结构规则不同于日常交流语言所体现的语言结构规则，而启功先生偏偏就选择它们作为语法分析的对象，要解决什么问题呢？要说明什么问题呢？是为了说明古汉语一般的语言结构规则呢，还是为了就古代诗歌、骈文本身进行深入的研究吗？古代诗歌、骈文中存在哪些语法问题呢？

　　论文标题之下是五个小标题，分别是：汉语"语法"是什么；汉语中的一些现象

---

① 启功，《汉语现象论丛》，北京：中华书局，1997年版，第3页。

和特点;诗句、骈文句中的修辞问题;声调、声律是哪里来的;小结。

都是不小的问题。有些好奇:为什么第一个小标题上的"语法"被打上了引号了呢?既然是对语法的研究,那么,为什么又要涉及修辞的问题呢?声调和声律难道不是自然之声吗?

启功先生归纳汉语中词所具有的种种特点:[1]

1. 一字一音:一个字有几个"音素",但读成的效果,终归是一字一音。
2. 一个词只用一字或两字:汉语的词,除了外来的,也即是由于翻译而来的词汇外,没有两个字以上的。
3. 一词多义,多词同义,同词反义:前二项是所谓多义词和同义词,后一项是训诂学上所谓反训。
4. 词义的丰富、变化,常凭增、减、复合……
5. 虚字无定性、无确解、无专一用途:古代所谓虚字,包括今天所谓动词、形容词、副词、介词、叹词等等。
6. 虚字有表意、表态之分:所谓表意,是指发言人的意图,也就是虚字在语句中所起的表达意图的作用。表态是指表达发言人所要表达的态度,或事物在语句中所具有的状态。
7. 词是一种多面功能的零件。

不过,对于古代诗歌、骈文的语法问题似乎并没有系统化的呈现。

另一篇,"有关文言文中的一些现象、困难和设想"。

启功先生首先解释"文言文":

首先作个解题,"文言文"是二十世纪前半期对古代的汉语的称谓。那时初行"白话文",翻回来,称它的对立面为"文言文"。[2]

"字"与"词"的界限一直以来都是一个争议的话题。启功先生指出:

---

[1] 启功:《汉语现象论丛》,北京:中华书局,1997年版,第8—9页。
[2] 启功:《汉语现象论丛》,北京:中华书局,1997年版,第24页。

一种意见是：一个字的叫作"字"，两个字以上的叫作"词"。另一种意见是：从一个字起，至几个字，都可以叫作词。我的理解，从文言文讲，一个字的也是词。古代一个字的名称，从人名、地名、物名，以致称谓、语气词等等，不可计数。即现代汉语中，也并非没有一个字的词。①

我在想：为什么要划分"字"和"词"的界限呢？倘若是按照西方语言学概念，"字"是书写系统单位，"词"是语言系统符号。前者表现"词"或"词素"。在"字"和"词"之间并没有平行并存的界限，只有层面的差异。以字的数量为基准来判定"字"和"词"的区分，似乎是缺乏理据，也有幼稚之嫌。倘若按照汉语语言学概念，"词"这个字并不是指西方"语言系统中最小的自由单位"，而是指"虚词"，如"不可矣！"中的"矣"为"词"，即"虚词"，也就是"语气词"。其实，启功先生这里提出的"字"和"词"并不是同一概念体系中两个相对的存在：一个来自汉语语言，另一个则来自西方语言。总不至于将两者混为一谈又煞有介事地再加以区分吧？

我担心，如果不首先明确指认汉语原本的语言学概念如"字""词""虚字""实字"而又不加区别地将西方语言学概念杂糅进来，那么，我们的汉语研究很有可能遭遇不必要的阻滞。

在"文言文中'句''词'的一些现象"和"从单字词的灵活性谈到旧体诗的修辞问题"这两篇论文里都有"字"与"词"的缠绕。不禁想起了徐通锵先生提出的"字本位"！

汉语古老而又丰富，至今仍然充满活力，影响盛大。我应该学会考虑尝试用一种有益于理解汉语语言现象本身的方法去观察汉语，并在此基础上描写和解释汉语语言结构规则。我想，可以主要从如下三个主要方面来研究：

1. 声、韵、调的规则；
2. 语句结构规则；
3. 语义构建规则。

启功先生是位广博学人。著有《古代字体论稿》《诗文声律论稿》《启功丛稿》等。

---

① 启功：《汉语现象论丛》，北京：中华书局，1997年版，第27页。

26 《比较文字学初探》
/周有光

周有光,《比较文字学初探》,北京：语文出版社,1998年版。

前些日子想看闲书,在自己的书橱里找出了周有光的《百岁新稿》。封底是关于周有光的介绍：

周有光,1906年生人。著名语言学家。本书是他近十几年来所思所感,有对人类文化发展线索的简单概括,有对前苏联从崛起到最终解体的脉络分析,有关于东西方文明特征及其融合和冲突,还谈到语言文字的形成、发展及其具体应用等问题。短短十几万言,让我们看到一位世纪老人的时事关怀和人生感悟及其深厚的学术修养,简洁的文风中透露出作者的清醒、睿智和从容澹定,字里行间发散着作者"历史进退、匹夫有责"之情怀。[1]

其实,很多时候,读书读的都是一种感觉。这本书淡黄色的封面,清爽！数行封底介绍,简洁！利用封底介绍作者和书的内容颇为常见,但最怕看到如同西方小说封底的格式：几家头牌媒体的闪亮评价,几位大牌评论家的极致恭维。一看便知那些都是根本不会落地的以不变应万变的套语。

在《百岁新稿》中读到了关于比较文字学的思考。第二天便到南京大学图书馆三楼借阅室,在书架上找到周有光的两本书《世界文字发展史》和《比较文字学初

---

[1] 周有光:《百岁新稿》,北京：生活·读书·新知三联书店,2005年版。

探》。曾在剑桥的古旧书店买到了大卫·戴林杰的《文字：人类历史的见证》，翻看周有光的《世界文字发展史》似乎并没有更多的内容，便只借来《比较文字学初探》。其实，文字史和比较文字学，两者的差别只在于前者呈现一种或多种文字的繁衍、变迁，而后者则寻求一种或多种文字繁衍、变迁的规律。前者的方法是追溯，后者的方法是比较。

十九世纪欧洲语言学有两大趋势：比较语言学和比较文字学。前者狂飙激进，为欧洲乃至世界语言学的发展做出了空前的贡献，而后者却相对柔弱不前，直到现在几乎还是它诞生之初的状态。这是一个非常有趣的现象。

周有光先生在前言中便有精彩话语：[①]

比较引起分类，分类形成系统，比较、分类、系统化是知识进入科学领域的重要门径。只知道一种语言是不可能产生语言学的。两种或更多语言相接触，就会进行比较，发现规律，逐步向科学的道路前进。语言学是从比较开始而发展的，文字学也只有从比较开始而发展。

要使文字学进入科学的领域，文字类型学的研究是一项关键工作。

众所周知，科学的规律便是"比较增进知识，分类构建系统"。但是，对于比较和分类，我仍然表示一定程度的担心：比较的方法不同，分类的依据不同，都将导致完全不同的分析路径和结论。被纳入科学范畴内的"比较"和"分类"却常常带来模糊和混乱，究其原因，则发现：比较的方法和分类的标准时常发生游移和改变。而哪一种比较或分类更具有本体论意义，似乎也难以做出准确的判断。

每一个人都有自己强烈的文字归属感，当我们用其他民族的语言与汉语做比较时，汉语很容易上升为一种理想而自然的存在。而其他民族的语言由于一定程度的陌生感终将面临不够充分的指认。是否会存在一定程度的文化信息丧失？是否会存在一定的文化信息放大？是否会被有所强加？是否会被有所忽视？也就是说，其他民族的语言是否与我们的汉语站在同一认知的平台上供我们分析和选择？这是一个值得思考的问题。文字的个性如何在比较中得以明晰，而文字的共性又如何在分类中形成一个整体。我们所寻求的文字的共性规律能够在多大的程度上取得共享的条件呢？文字的共性与个性又在以怎样的方式相互依存呢？文字共性

[①] 周有光：《比较文字学初探》，北京：语文出版社，1998年版，第1—2页。

与个性又分别为了这份相互依存负有怎样的责任呢？文字共性的概念预设了一种文字作为个体参与到集体之中的结果，它是通过个体不同的途径所获得的，因此，它必定是动态的且是同一或一致的。那么，转换一个角度来看，每一种文字都可以在一定的程度上代表集体的特性。文字共性的本质在于每一种文字所蕴涵和构建的各自的一般化和传统化的选择性总合。每一种文字作为个体参与多种文字共性的保存、流变和期待。而这种文字的共性又不能够完全覆盖单一文字体系的个性化特点。

我从前还真是没有在意过比较文字学。周有光先生这本书的题目引起了我的好奇和关注。我将跟随他的话语进入他勾画的比较文字学，我有一种非常强烈而又温暖的感觉：比较文字学应该是一个迷人的领域。

走出书房，站在阳台，侧身向西面远望，天边竟是一枚圆圆的可以用裸眼端详的太阳，橙色的，只有底部透出深红。

全书分为六卷。

卷一是"总论"。

这一部分包括三个方面的内容：第一，什么是比较文字学；第二，文字学的轮廓画；第三，文字类型学新说。

从"什么是比较文字学"，看出了周有光先生对比较文字学的基本思路和构架：①

> 比较文字学主要比较各种文字的形体和结构，传播和发展，应用功能，历史背景，从而得到人类文字的发展规律。比较的目的不仅是阐明相互之间的差异性，更重要的是阐明相互之间的共同性。
>
> 形体和结构的比较。
>
> 关于形体。例如，通过比较研究，知道文字有三类书体：图形体、笔画体和流线体。丁头字有图形体（古体）和笔画体（丁头体），缺少流线体。圣书字有图形体（碑铭体）和流线体（僧侣体、人民体），缺少笔画体。汉字有图形体（大篆、小篆）、笔画体（隶书、楷书）和流线体（草书、行书），汉字的书体最齐全。阿拉伯字母只有流线体。拉丁字母有笔画体（印刷体）和流线体（手写体）。

---

① 周有光：《比较文字学初探》，北京：语文出版社，1998年版，第5—6页。

关于结构。例如，通过比较研究，知道文字能够无遗漏地按照语词次序书写语言是文字是否成熟的分界线。分界线以下是原始文字，分界线以上是古典文字和字母文字。原始文字主要表形和表意，称为"形意文字"。古典文字主要表意和表音，称为"意音文字"。字母文字主要表音，称为"表音文字"。

通过比较研究，又知道文字有三个侧面，叫作"三相"：符形相（包括图符、字符、字母），语段相（包括语词、音节、音素）和表达相（包括表形、表意、表音）。利用"三相"可以进行文字的科学分类。

传播和发展的比较。

关于传播。例如，通过比较研究，知道文字都是从文化较高的地方流向文化较低的地方。文字的体制不决定于语言的特点，而决定于文字的传播。朝鲜和日本的语言跟中国的汉语不是同一系属，由于传播相同而同样采用汉字。汉语和藏语同属汉藏语系，由于传播不同而文字体制不同，汉文用汉字而藏文用字母。

关于发展。例如，通过比较研究，知道文字在传播中不断发生变化，语词文字变为语词和音节文字，又变为音节文字。丁头字从苏美尔传播到亚述，形声组合逐步增加；传播到埃兰，成为半音节文字；传播到波斯，成为音节文字。汉字从中国传播到日本，产生音节字母假名；传播到朝鲜，产生音素字母谚文（合成音节单位）。古典文字的传播，一般都可以分为学习、借用、仿造和创造等四个阶段。

应用功能的比较。

例如，通过比较研究，知道"意音文字"都是符号众多，而且一符多形，一音多符，表音方法复杂而纷乱，因此学习困难，使用不便。又知道，辅音字母文字的元音表示法不完备，不如音素字母文字简单明了，学用方便。

历史背景的比较。

例如，经过历史背景的比较，知道汉字不是最古的文字，丁头字和圣书字的成熟比甲骨文还早2000年。又知道，字母的创始不是晚于汉字，而是跟甲骨文几乎同时，但是在丁头字和圣书字成熟之后2000年。字母不是忽然从地平线上蹦出来的，而是在古典文字的母胎中长期孕育然后诞生的。

读完这一个部分，我对比较文字学充满想象：它应该有两条基本的线索——时间线索和空间线索。前者要对文字进行历时和共时线性和平行的比较和追索，后者要对文字进行地域分布全面的俯瞰，获得文字全景地理图。文字是怎样诞生的？

又是怎样流变的？它经历了怎样的时间和空间的跨越？它经历了怎样的交通和融合？回到最基础的问题上：什么是文字呢？恐怕要在对全球文字纵横研究之后，才能够对被我们称作"文字"的存在做出一个客观而周全的一般性界定。突然间滋生了一股冲动：我愿意在文字这个活力四射的世界里中背着行囊独自徒步远行。

想起了陈介祺十钟山房金文拓片。

在"文字学的轮廓画"这个部分，周有光先生认为：

> 文字学是中国首先创立的一门学问。许慎在公元100年（东汉和帝永元十二年）写成《说文解字》，阐述造字和用字的六书原理。……①

我以为，说"文字学是中国首先创立的一门学问"似乎需要再做推敲。许慎的研究不能算作是"文字学"，应该是名副其实的"汉字学"。对一种语言的文字所进行的研究似乎不足以构成一般意义上的"文字学"的。

文字是怎样诞生的呢？

周有光先生认为（第8—9页）："象形"是文字起源的主要途径，其次是指事符号。对文字起源至少有两种通行的看法：第一，文字是按照民族语言特点而形成并演变的；第二，文字具有自身演化的规律。

关于文字是怎样诞生的，我想只有一条：为了进一步满足人类交流的需求而突破或超越时间和空间的限制进行信息传播，这便诞生了文字。

我粗略地想到了如下三个方面：

第一，诞生的条件：人类社会化的生活；

第二，诞生的动力：传播事件、场景、过程等；

第三，诞生的目的：记录语言。

就在十九世纪这个比较文字学诞生的年代，研究者寻找文字的流变规律，并形成了一定的论断，而这一论断至少到目前为止还没有被否定，尽管不能完全排除它的假设性质：

---

① 周有光：《比较文字学初探》，北京：语文出版社，1998年版，第7页。

六书同样可以用来说明丁头字和圣书字的造字和用字。跟人们的想象相反,这三种古典文字竟然属于同一类型。丁头字从苏美尔经过阿卡德、巴比伦和亚述,传到诶兰和波斯,发生从表形到表意到表音的演变。汉字从甲骨文、篆书变为隶楷,传到日本发展出假名音节字母,也是从表形到表意到表音的演变。东巴文中间包含语句符号和音节符号,又产生哥巴音节文字,这是在一个民族内部自行发生从表形到表意的演变。这类例证,在比较文字学的研究中一再发现。①

从表形到表意到表音的规律性演变规则似乎适用于大部分文字。文字为什么会呈现出这样一种规律呢?我也只能想到一条:为了进一步满足对语言的精准记录。语言的本质特征在于语音,那么,文字发展的目标必定是与语音相对应的语音表达。

语言与文字不是同步诞生,也不是同步发展的。两者之间也没有天然的联系,不是彼此相生的,也不是彼此相资的。比方,藏语借用梵语的字母文字;日语借用了汉语的形声文字。这些现象至少从一个侧面反映语言与文字的可脱节性。易言之,一种语言与一种文字的结合并不是与生俱来的,两者的最初结合存在一定程度的偶然性。

几乎所有的文字学研究者都意识到对文字进行分类的必要性。周有光先生列出了先前学者的八种分类(第27—32页):泰勒分类法、迪龄格分类法、格尔伯分类法、希尔分类法、桑普森分类法、德范克分类法、依斯特林分类法、王凤阳分类法。各有各的主张,各有各的分类标准,分类的结果也就迥然各异。这是可以预见得到的。问题在于:他们分类的目的是什么?他们的分类解决了什么问题呢?他们的分类是否能够还原文字的本原状态呢?仔细看看他们的分类,实在是难以揣测他们所能提供的启示。

周有光先生将所有这些分类看作是平面分类法,他本人提出一种立体分类法:

观察文字,可以从三个不同角度着眼:1. 符形角度、2. 语音角度、3. 表达法角度。三个角度观察到文字的三个侧面,称为文字的"三相"(three phases)。②

---

① 周有光:《比较文字学初探》,北京:语文出版社,1998年版,第26页。
② 周有光:《比较文字学初探》,北京:语文出版社,1998年版,第32页。

在对"三相"加以逐一解释之后,周有光先生指出:①

> 任何一种文字都有"三相"。"三相"的综合聚焦,就是这种文字的类型。实际存在的文字大都是跨类的,常见的基本类型有如下五种:
> (A) 形意文字:图符或字符＋章句或语词＋表形兼表意。
> (B) 意音文字:字符或字母＋语词或音节＋表意兼表音。
> (C) 音节文字:字符或字母＋音节＋表音。
> (D) 辅音文字:字母＋音节或辅音＋表音。
> (E) 音素文字:字母＋辅音和元音＋表音。

这样的分类并不排除例外。

读完卷一,意外产生一种被抛的感觉。我是要想进入周有光先生的话语体系的,我是想通过阅读他的话语去接近他的思考,却在猛然间感觉被生生地弹了出来。

分类是一个非常有趣的问题,转而又想:与其说它有趣,不如说它微妙。《辞海》有如下解释:

> 分类　划分的特殊形式。划分的对象是概念,其目的是解释概念的外延;而分类的对象是事物,其目的是使事物系统化。划分一般比较简单,可以简单到采取二分法;而分类一般比较复杂,是多层次的,即由最高的类依次分为较低的类、更低的类。划分大都具有临时性,而分类则具有相对的稳定性,往往在长时期中使用。②

我想,为了避免分类标准的不断改变,在对文字进行分类之前,是不是可以尽可能地思考文字学最为可靠的定义呢?是不是可以重温先前学者在文字学内部设立的概念体系呢?是不是可以清楚地解释文字学得以存在的基本理由呢?首先,我们可以考虑对文字学的基本轮廓有一个非常清晰的认识;其次,我们可以考虑文

---

① 周有光:《比较文字学初探》,北京:语文出版社,1998年版,第35页。
② 夏征农主编:《辞海》,上海:上海辞书出版社,1989年版,第311页。

字学在整个人类知识领域中的合理地位以及与其他学科的关系;最后,我们可以考虑建立有关文字学性质的事实,并在此基础上加以分类。文字学的目的显然在于认识文字,不在于认识文字内部一系列自然或非自然之中的单一现象,而在于认识文字作为整体的存在,认识它在内部要素之间的相互组合、相互冲突和相互交通,认识这些要素如何形成我们所能够感受到的文字表面的多种形态、制度和文化。

如果我们在对多种文字进行共性分析的时候,保留它们之间的差异,由此建立文字的共性规律,而此处的"共性规律"并不是"个性规律"的对立,只是对后者的暂时忽略而获得的。如果我们能够更进一步关注多种文字之间的"个性差异"以及"个性差异"之间的相互关联,寻求相互关联的差异性,并考虑时间要素和空间要素,动态要素和静态要素,我们或许能够理解文字学存在的唯一目的,即通过各种文字参与构成的共性与个性的所有相关现象来理解文字的特性。

各种文字都具备的一个基本点:即文字与语言关联。文字现象的多样性以及文字与语言的相关性决定了文字的本质特点,通过这个本质特点的研究,文字学便获得相对的独立性和统一性,成为一个相对自成一体的知识领域。

那么,我们应该如何完成对文字统一体特性的解释呢?不能够就整体探讨整体,而是要对整体的组织结构进行合理分析,并在此基础上进行分类,分类的结果彰显统一体的特性。可是,如何对整体的组织结构进行合理的分析呢?应该采取怎样的路径进入呢?应该采取怎样的标准进行选择呢?最终又应该采用怎样的标准来加以终结性的衡量呢?

我们是不是可以考虑对文字进行两种路径的分析:作为物质化的自然体文字,作为精神化的人文体文字。从物质化的自然体文字,我们观察到是文字形、意、音等诸多方面的生理特征,而从精神化的人文体文字,我们观察到的则是文字自身不间断的文化积累和创造。前者是后者的基础。只有当两者结合起来,文字学才能够还原或接近还原文字的本真。

倘若是就文字本身来研究文字,仍然存在着对这样两个路径的选择。我倾向于两种路径的结合,毕竟文字学是我们人类作为文字使用者对文字的研究。因此,我愿意这样来界定文字学:文字学尝试对人类的文字加以描写和解释,对人类文字所表现出来的特性进行全面的指认。

人类、语言、文字三者是包裹在一起的,认识文字,不能排斥对人类和语言的认识。从这个意义上来说,文字学需要在人类、语言和文字的全景图中指认文字现象,而这个全景图又必定包含时间结构和空间结构。

卷二是"形意文字"。

在这一卷中,周有光先生对两种形意文字进行比较:尔苏族的沙巴文和纳西族的东巴文。前者大约始于12—13世纪,后者大约始于300年前。这两种文字既不是文字画也不是形声字体系,不能够"按照语词次序完备地书写语言"(第41页),但都是自源体文字。

卷三是"意音文字(上);卷四是意音文字(下)"。

周有光先生在卷三中对丁头字、圣书字、汉字、马亚字、彝文以及东巴文进行对比。在卷四中对汉字和汉字型文字进行对比。

卷五是"表音文字(上);卷六是:表音文字(下)"。

表音文字有三个层次:音节文字、辅音文字和音素文字。

这本书给我带来值得思考的问题和见解。周有光先生(1906年1月13日—2017年1月14日)的学识令我景仰,他的健康长寿令我羡慕,他的思想、论述令我觉醒。

周有光先生活得有光有彩!

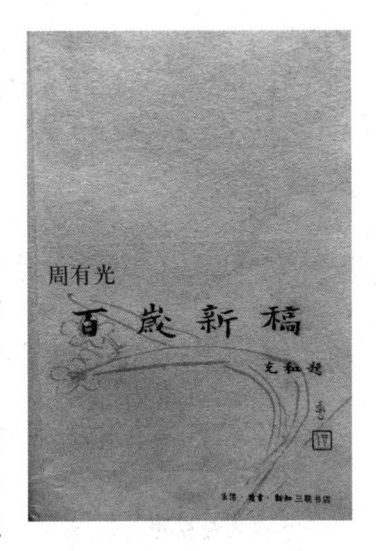

27 《俗语佛源》
/ 中国佛教文化研究所

中国佛教文化研究所,《俗语佛源》,上海:上海人民出版社,1993年版。

赵朴初先生在前言中解释了书名:

> 一是关于"俗语"的界定。一般把流行于民间的通俗词语(包括方言俚语)说成为"俗语"。而本书所收俗语的范围要适当广泛些,包括进入文学、哲学、史籍等领域的佛教语。"俗"是相对于"僧"而言的。二是关于"佛源"的标准。有些词语如"报应""觉悟""祝愿"之类,虽偶一见于秦汉典籍,但其广泛流行,当在佛教弘传之后,故本书也少量收列。[1]

佛源词语在汉语的日常交流中使用广泛,如"一笔勾销""一厢情愿""十八层地狱""念念不忘"等都具有佛源。就连听上去本土味十足的"女大十八变"中的"十八变"也来自《法华经·提婆品》。

我们平常总会听到人们说"一念之差"。偏就这"一念"也有佛源:

> 极短促的时间,称为"一念"。"一念"短到什么程度?《仁王经》说,"一念"中包括九十刹那,一刹那中又包括九百次生灭。《往生论经》说,"一念"中包括六十刹那。佛家提倡从"一念相应"下手修行,即抓住一闪念,与清静自性、禅

---

[1] 中国佛教文化研究所:《俗语佛源》,上海:上海人民出版社,1993年版,第2页。

定智慧等互相契合。又提倡"一念不生",即凝心息虑、不生一念妄心。佛家还认为,空间、时间都产生于"一念"心中,所谓"一念三千(世间)""一念万年",皆指此。①

回到这本书"前言"中赵朴初先生的一段话:

现在许多人虽然否定佛教是中国文化的一部分,可是他一张嘴说话,其实就包含着佛教成分。语言是一种最普通最直接的文化吧!我们日常流行的许多用语,如世界、如实、实际、平等、现行、刹那、清规戒律、相对、绝对等都来自佛教语汇。如果真要彻底摒弃佛教文化的话,恐怕他们连话都说不周全了。②

还真是这样的。平时很少看电视,偶尔打开便听到这么一句电视剧台词:"那就一刀两断,免得以后啰唆……"不曾知道,"一刀两断"源于《五灯会元》卷十二:

"一刀两段,未称宗师。"意谓虽能干净利落地判断是非邪正,但未能圆融一体,和光同尘,也称不上"宗师"。后亦作"一刀两断"。多比喻干净利落。③

想想有谁不会说"无边"呢?它也是道地的佛源词:

意为广大而无边际,是佛家描述空间及数量概念的一个常用语。佛教认为,宇宙和生命是无边无际的。《起信论》:"虚空无边,故世界无边;世界无边,故众生无边;众生无边,故心行无边。"④

仔细看看,汉语中的佛源词语还真是不少呢!

"入流"来自梵语 srotaāpanna,意为紧跟时流,或列入流品(第 21 页)。

"大我"来自梵语 pormātmān 或 mahatman,意为远离"我执""我见"而达到自由自在境界的最高"我"(第 28 页)。

"无量"来自梵语 aparimāna,是古代印度计算极大数目的名称。大而无可计算

---

① 中国佛教文化研究所:《俗语佛源》,上海:上海人民出版社,1993年版,第9页。
② 中国佛教文化研究所:《俗语佛源》,上海:上海人民出版社,1993年版,第1页。
③ 中国佛教文化研究所:《俗语佛源》,上海:上海人民出版社,1993年版,第3页。
④ 中国佛教文化研究所:《俗语佛源》,上海:上海人民出版社,1993年版,第45页。

(第47页)。

"妄想"来自梵语 vikalpa,意为以虚妄颠倒之心,分别诸法之相。亦即由于心之执著,而无法对事物确切了解,遂产生谬误(第109页)。

"抖擞"来自梵语 dhāta,意为僧人修持的一种苦行。被借用为鼓励的语气,意思是振作、奋发等(第121页)。

"忍辱"来自梵语 ksanti,"忍辱如大地",能承受一切(第137页)。

"定力"来自梵语 samādhi,意为专注心一境,不散乱(第159页)。

"奇特"来自梵语 aścarya,意为超异,不寻常(第167页)。

"觉悟"来自梵语 bodhi,意为开悟智慧(第186页)。

"烦恼"来自梵语 kleśa,意为能令人心烦、恼火(第203页)。

"解脱"来自梵语 mukti 或 moksa,意为解除妄想烦恼的束缚,脱离生死轮回的痛苦,获得自在(第249页)。

一方面,难以想象,没有这些佛源词语,我们该怎样言说?另一方面,好奇之前的同义表达为什么会遭遇被抛?

在《粤海风》(2008年第1期第3—8页)发表了《当汉语遭遇入侵》,描写语言之间相互入侵、相互渗透的现象,解释为什么会发生语言入侵以及语言入侵的目的,描写并解释语言入侵的结果状态。不曾想,有北京的学者读了之后怒发冲冠,激昂撰文,贬斥我为"自甘堕落的汉奸",扬言要将我"赶出学术界",声称"积极维护汉语的纯洁"。我于是上网搜索"汉语纯洁",诧异地发现有那么多的人、那么大牌的官媒都在呼吁"捍卫汉语的纯洁性",呼吁保护"汉语的纯洁"。学术界居然活跃着如此可爱的一群人!

且不论"自甘堕落的汉奸"这一结论是不是需要经过充分的界定与论证,且不论这位学者是不是有能力将我"赶出学术界",且不论在将我"赶出学术界"与"积极维护汉语的纯洁"之间是不是存在任何逻辑关系,只想就这位学者提出的"积极维护汉语的纯洁"做一个简单的、表层的追问。

什么是"汉语的纯洁"呢?就我现在搜索到的资料,没有找到对"汉语的纯洁"所做出的任何学理上的界定。所谓"纯洁",其基本指向是:对外来语的拒绝。果真是拒绝一切外来语吗?可是他们的行文中出现了不少的外来语词呀!如果不是拒绝一切外来语,那么,是有选择地进行外来语的引进吗?如果是有选择性的,那可就需要给出一个或若干或一系列的选择标准了。而且,在此之前,就需要明确:选择本身的目的与价值是什么呢？与此同时，还需要谨慎思考：是不是进行有选择地引进，汉语就能够保持其纯洁了呢？如果说一个外来词语被汉化了，汉语仍然是纯洁的，也就是说，被汉化的词语都在纯洁之列。那么，什么是"汉化"呢？"汉化"本身是不是有范围和程度上的差异呢？所有这些问题，在我读到的有关保护"汉语纯洁"的论文或文章之中都没有寻得相关的答案，或者说，主张"汉语纯洁"的学者并没有将这些显在的、表面的问题纳入他们的思考范围。喊口号式的论文或文章写作方式，不知道能够让这些学者获得多少的学术力量与自信呢？而我以为，只要有外来语进入，那汉语的纯洁性就只能免谈了。承认语言流变吗？只要流变，语言便必定有它无常的、偶然的变异状态，语言便不可能"纯洁"。我于是用了一个上午的时间，稀里哗啦地写了篇《汉语无纯洁可言》。写的过程中，却不停地反问自己：这是一个需要讨论或者值得讨论的问题吗？且由着他们去意淫"汉语纯洁"吧！

想到"文字因缘"：

　　作为本体的"实相"，是没有文字的。然而，不凭藉文字，便无以诠释"实相"。比如说，花草不等于春天；而没有花草，也就感觉不到春天了。禅宗所说的"不立文字"，并不是摒弃一切文字，而是不执着文字，要因文字而悟"实相"。通过读经、印经、作文、写字等同佛法结下善缘，均可成为"文字因缘"。[1]

又想到"头头是道"：

　　原是禅语，指开悟以后的境界：心境融合，内外打成一片，乃至吃饭穿衣、挑水打柴、一举一动、开口闭口，无一事不与"妙道"冥合。所谓"头头皆是道，法法本圆成"（《续传灯录·慧力洞源禅师》）。[2]

"无常"也是一个外来的词语（第48页）：

　　梵语 Anitya 的意译，谓世间的一切事物忽生忽灭，迁流不住。从运动变化的角度来看，称为"刹那无常"；从相对持续的角度来看，称为"相续无常"。《无

---

[1] 中国佛教文化研究所：《俗语佛源》，上海：上海人民出版社，1993年版，第61页。
[2] 中国佛教文化研究所：《俗语佛源》，上海：上海人民出版社，1993年版，第84页。

常经》谓:"未曾有一事不被无常吞!"①

如此这般的汉语怎么才能够保持所谓的纯洁呢？当有学者坚持继续呼吁要维护汉语的纯洁,那便真的是不可思议了！

"不可思议"也有佛源:

> 《大智度论》指出:"不可思议"是大乘佛教的特征。"心思路绝",故"不可思";"言语道断",故"不可议"。《五灯会元》卷十六载,光孝禅师临终时只说了"不可思议"四个字,便合掌而逝。一般认为"佛力"是最"不可思议"的。②

似乎应该回到一个本原的问题:语言是什么？语言是音义结合的符号系统,它是民族用以交流的工具。它所承载的是民族的思想、思维、习俗等民族文化要素。倘若我们的文化是开放的,是与外族文化交通的,是与世界各样文化通融的,我们又岂能宰制我们民族的语言,让我们民族的语言在文化通融的语境中成为一丝不挂的、超尘不染的洁净之物呢？已经不能没有外来词语的入侵,已经不能没有外来词语的移植,就如同外民族的语言已经不能没有汉语词的侵入,已经不能没有汉语词的移植一样。

要维护"汉语的纯洁"反映一部分学者在语言问题的思考上存在着否定语言历史现实的虚无主义。世界是相互联系的,思想是相互碰撞的,观念是相互渗透的,政治制度、道德标准尚且要与时俱进,奈何就要我们民族的语言作为固态的纯洁而存在呢？只要汉语在这个世界上作为交流的工具而存在,就不能期待它拒绝外来语的入侵。

说到"世界",就连"世界"这个词语也是梵语 lokadhātu 的翻译,它的本义是"日月照临的范围"。

对我的观点,申小龙先生表示赞成。他同时又提出了另外的问题:

> 我赞成你的观点,许多人在说汉语危机,其实汉语"有容乃大",历史上就是如此,外来词无论是音译、意译还是不译,都在丰富汉语的表达,网络语言也

---

① 中国佛教文化研究所:《俗语佛源》,上海:上海人民出版社,1993年版,第48页。
② 中国佛教文化研究所:《俗语佛源》,上海:上海人民出版社,1993年版,第50页。

是如此，一种新的语言形式能够产生或引进，并流行开来，一定有它的价值，其实，这几乎也是不用讨论的，因为语言随社会发展而不断丰富，吸收外来新的形式是挡也挡不住的。不过我把这些看作语言工具性的一面，语言还有人文性的一面，这是更为本质的一面，它体现在语言的语音和语法系统上，以及语言与文字的关系上，在这些方面，我们需要一种深刻的人文关怀，要不断丰富我们民族千年传承的精神世界，而不是简化我们的精神世界。

你举的任意性的例子不能说服人，索绪尔这样说我觉得他有很大的"刻意为之"的成分，不同的民族用不同的声音说"树"，那是因为有各自不同的视角，但不能因为我们或今人不了解这些视角，就否认这些声音都是有理据的。至于巴依说语言不能"赋予事物以准确无误的名称"，这个问题非常复杂，首先事物因语言之"说"而"显现"，这里没有什么"准确无误"的问题，其次，任何"准确无误"的名称都在语言的限度内。"任意性"完全遮蔽了语言对人的根本意义。

其实，我一直不能够坦然面对"语言任意性"的问题。目前在做的"语言性范畴比较研究"课题算是我寻找的一个接近"语言任意性"问题的路径。语言学界几乎一致地认为语言性范畴是语法的标记，一个词语与一个性范畴对应具有根本上的任意性。而我则尝试考察梵语、法语、德语、意大利语等语言性范畴形成的语境，并走到语境的背后，寻找是什么在支撑这样或那样的语境，它们又是如何让特定的语境成为语言性范畴分配的基础的。如果能够证明语言性范畴具有理据，我则可以更进一步，考察声音与概念结合的理据。

索绪尔在声音与概念的最初结合中指认了所谓的"任意性"。我曾经尝试做出这样的假设：声音和意义的最初结合是有理据的，比方一种声音和一种意义范畴总是相对应的，例如汉语中的/gang/音和英语中的/s/音，可是，由此，我便一定会遇到如下的问题：

第一，无从证明这样的对应符合原始语言的声音；

第二，无从追索原始语言的声音，而我们所用的古音已经包含了被构拟的要素以及其他不确定的因素，包括雅言、方言及变体等等，这些古音是否还可以作为可靠的基础资料；

第三，声音和概念的结合在时间和空间结构中发生必然或者偶然的流变，无从回溯每一种声音与意义范畴结合或分离的过程轨迹；

第四，如果我们能提供声音种类与意义范畴相对应的全景图，我们的论证才有可能是有意义的；

第五，或许最初是一种或多种因素的共同作用导致一种声音与一种意义范畴相对应，这其中有没有可能存在偶然性；

第六，在声音和意义相碰撞的那一刹那，是否还有可能存在不可知因素，而这种不可知因素所带来的小小改变是不是有可能导致一系列的颠覆性的变化；

第七，假如没有更多重大的人类学发现或者考古发现，除了做理论上的推断或构拟，是否可以承认有些事实在一定的历史时期是暂时或永久不能够被人们证明或认识的，或者只能在一定的程度上、一定的范围内被人们部分地指认。

第八，当人们把更多的研究建立在理论构拟或假设之上，比方，印欧源始祖语构拟，人类进化论等等，将来会不会面临可能发生的釜底抽薪之灾，将来会不会面临可能发生的多米诺之覆；

第九，暂时承认始祖语构拟，暂时承认进化论假设，暂时承认任意性推论，因为暂时还没有更好的选择；

第十，在我查找过的 152 种语言中，几乎每一种语言里的"妈妈"都有/m/音，"爸爸"几乎会涉及/p/音或者/b/音或者/d/音。绝大部分语言里的"花"都是开口音。能不能尝试从各种语言中寻找声音和意义范畴对应的共性和个性，然后，再来一个漂亮的转身，回到汉语或英语或法语或德语，没准，我们能有意想不到的发现呢；

第十一，想到了一个世俗的问题：一个男人和一个女人从相识到分手或者成为夫妻的过程，这其中包含了多少非限定性的因素和限定性的因素，而偶然性和必然性在每一对男人和女人的结合或分离过程中都可能有所体现，但概率不同。

第十二，在考虑声音和意义结合的时候，是否还应该考虑概率等诸多问题。

第十三，从现代音出发，完善对声音与意义结合的论证。相信万变不离其宗.然后，用回溯的方法，一点点地往前推证。应该是挺好玩的。

要是将来有一天，我长白头发了或者读书需要戴眼镜了，那肯定是给语言"任意性"问题折腾的。我偏就是喜欢。我曾经想要霸道地熟悉全球各样的语言，以完成我对"语言任意性"问题的思考。声音与意义的最初结合或许是任意的，但有它任意的规则。倘若能够在它任意性规则的基础上系统地证明声音与意义结合的理据或非任意性规则，那就将从思想的最深处动摇现代语言学奠基人索绪尔的理论基础，重塑一代人的语言意识。可是，谈何容易！申小龙先生却轻松回复：

熟悉全球的语言，就像熟悉全球的音乐、熟悉全球的文化那样不可能，可见说到底,语言学是一门人文科学,它应该、也可以使用人文科学的方法,它应该是一门让人感到温暖和幸福的学问,即使白了三千烦恼丝。

有的时候就觉得不知道该走向何方,也不知道该止于何处。似乎应该构建一个国际团队,来自各个民族的语言学家们一起协作,完成这一语言学重大课题。

就汉语而言,如果真是要进入"语言任意性",恐怕要对汉文化有一个全面而清晰的认识,这就需要我在阅读汉文化的过程中能够穿透颂赞与驳诘、真实与附会,能够去除遮蔽之物、喧嚣之物,能够指认谁是言说者、谁是言听者,能够辨析什么是本土的、什么是外来的,能够捕捉事实的暗示、事件的联系,能够探明文化的冲撞与释放,能够推衍文化流变的轨迹并触及到文化的本体层面。

想想,还真是不能不带着惶惑阅读汉民族文化。汉民族的文化不断地被改写,被重写,加之统治者的操纵与框定,压迫、宗教、种族、迷信、成见、文字狱、空谈心性等等,被记录下来的汉文化具有深刻的不确定性。从历时的角度来看,它的边界不同,内涵不同,形态不同。我以为,汉文化在历代文人和学者的手里传来播去,主宰驱遣,如同一块收放自如的变形软泥。

前些日子找闲书,竟遇到顾颉刚先生撰写的《秦汉的方士与儒生》。读完之后,颇有感悟。顾颉刚先生在"序"中指出:

中国的文化,从书本材料来说,是胚胎于夏、商而化成于两周;以后二千余年,为了过分尊重经学的缘故,骨子里虽不断地创造,表面上总是承继着两周。至于叙述和说明夏、商、周三代的文化,最重要的有三个时期。第一时期是两汉,他们的目标既在曲解经书来适应于当前的统治集团的利益,把古代史实勉强拉来和当时的东西相比,他们的方法有牵缠于阴阳五行的附会,处处要使得人事和自然界应弦合拍,在这样的主观愿望之下,势不能不流入于武断的玄学,所以名为整理而实际却是棼乱,使得我们要整理三代文化时逼得先去从事于两汉文化的探索,多出了几重麻烦。第二时期是梁宋,他们的目标是内心的修养，用了全力去寻求古圣先王的传授心法，这当然也是一个水中捉月的主观愿望，可是他们的治学方法却因部分地接受了禅宗的"呵佛骂祖"的精神，敢于打破久踞在学术界宝座的偶像，又因有了刻板，古籍容易传布，见多自能识广，因此辨伪考证之风大兴，在整理方面得出了一个比较能客观研究的新境界。第三期是清代，除了它的后期之外，一般学者的目标只是希望认识古代，既不想把古代的学术思想应用在当前的政治上，也不想把它应用在内心的修养上，而只是以周还周，以汉还汉，以宋还宋，洗刷出各个时代的本来面目，他们用了细密的手腕去搜罗材料，钩稽异同，其态度的严谨在史料学上的成就都超过了汉、宋两代。只是他们太偏于客观主义，注重积聚材料而轻视理论，好像尽造砖瓦，不打建筑图样，自然也造不起房子来；结果流于繁琐细碎……①

我们要从每个历史时期的社会语境中去认识汉民族文化，要认识阴阳、五行、谶纬、宗教的来源，如顾颉刚先生在"序"中所言：

  阴阳、五行，虽给方士和儒生们利用了它闹得乌烟瘴气，可是追本溯源，究竟它的本质含有素朴的唯物主义成分。我们祖国的古代人民长期观察物质世界的结果，直到世界上有正、反两种力量，叫它做阴、阳；有五种广泛存在的物质，叫它做金、木、水、火、土五行；物质与物质相接触之后会起着新生和灭亡两种作用，叫它做尅：这种唯物主义的分析在我国科学史上占有重要的地位。又如谶纬，我虽敢说它十分之九是妖妄怪诞的东西，但终有它十分之一的可宝贵的资料，尚书纬考灵曜说："地互动不止而人不知，譬如人在大舟中，闭户而坐，舟行而人不觉也"，这不是发现了地球是一颗行星，足以打破天动而地静的旧学说吗？这位一千九百年前无名的科学家的发现是多么该受我们的珍视！谶纬书里尚有这类的好材料，可见只要肯到沙砾中去搜寻自会拣到金子……②

然而，要真正做到如此，那可真是件不容易的事情。

能够让我们追本溯源的可靠文本极其有限。甲骨文是零星的，钟鼎文是碎片的，《诗经》已经不可吟唱，《易经》占卜色彩过于浓重，《礼经》和《礼记》充满着在当下

---

① 顾颉刚：《秦汉的方士与儒生》，上海：群联出版社，1955年版，第12—13页。
② 顾颉刚：《秦汉的方士与儒生》，上海：群联出版社，1955年版，第14页。

看来过于拉杂的礼节,《春秋》等多部经书则是话语权的彰显。

最近读《诗经》,有几个版本在手上。想读到《诗经》的诞生背景,包括它是如何被整理、编辑的。也想读到《诗经》中每一篇诗歌的小语境和大语境,前者包括每篇诗歌的文本和创作事件,后者则包括《诗经》贯穿的从公元前十一世纪到公元前六世纪的每一个历史阶段。更想读到《诗经》中字里行间所记忆的文化个性要素和美学一般意义。

《诗经》有个别名,即"葩经"。一方面,它体现当时的道德规范取向,是为"正"。如《毛诗序》中所言:"先王以是经夫妇、成孝敬、厚人伦、美教化、移风俗。"另一方面,它体现当时的诗歌艺术美学取向,是为"葩"。韩愈《进学解》:"《诗》正而葩。"即《诗经》义正而词美。两者结合,注定是应该昭示当时的文化情景的。然而,有些原本是对生殖器的崇拜,是对性爱的向往,却被附会,浓厚的政治意味渗透其中。汉民族的蒙昧时代似乎被遮蔽了。就孔子而言,为什么要将《关雎》作为首篇以体现他的政治动机与倾向呢?整理出来的三百零五篇作为一个整体带来了怎样的文化暗示呢?他对《诗经》的观察视线是否能够获得基本的解读呢?后人有没有对他的价值判断进行创造性的转化呢?这其中是否包含了当时或后来国家意识所规定的立场和观点呢?这其中所反映的汉民族普遍意识和人性的自觉文化意识是否遭遇扭曲或戕害呢?

倘若"就诗论诗"或"就诗读诗",不做任何文化的追究,那脱离了语境的诗歌便了无情趣了。

如此这般,读通《诗经》便要颇费一番心思了,可不是简单的"精华"或"糟粕"能够定论的,实在也是不敢轻易说出何为附会,何为真实,更不敢断言哪一篇是对黑暗社会的批判,哪一篇是对劳动者的歌颂。而要认识其中所蕴涵的文化,那就不仅仅是用功阅读的问题了。

我尝试将《诗经·王风》中的一篇转换为现代汉语:

黍 离

彼黍离离,	还是那一道又一道的黍子,
彼稷之苗。	而高粱却已经长出了青苗。
行迈靡靡,	我徐徐走过,
中心摇摇。	心中已是无尽的飘摇。

知我者谓我心忧，	理解我的人说我满心的忧患，
不知我者谓我何求。	不理解我的人问我有何所求。
悠悠苍天，	那君临万物的苍天可曾知道，
此何人哉？	是谁让我变得如此这般？
彼黍离离，	还是那一道又一道的黍子，
彼稷之穗。	而高粱却已经抽出了穗子。
行迈靡靡，	我徐徐走过，
中心如醉。	心中已是无尽的迷茫。
知我者谓我心忧，	理解我的人说我满心的忧患，
不知我者谓我何求。	不理解我的人问我有何所求。
悠悠苍天，	那君临万物的苍天可曾知道，
此何人哉？	是谁让我变得如此这般？
彼黍离离，	还是那一道又一道的黍子，
彼稷之实。	而高粱却已经结出了米粒。
行迈靡靡，	我徐徐走过，
中心如噎。	心中已是无尽的苦闷。
知我者谓我心忧，	理解我的人说我满心的忧患，
不知我者谓我何求。	不理解我的人问我有何所求。
悠悠苍天，	那君临万物的苍天可曾知道，
此何人哉？	是谁让我变得如此这般？

转换之间，必定是有所增减的。

汉代人在宗教、思想、政治以及日常行为中都以阴阳、五行为准绳。阴阳之说统辖天地、男女、昼夜等自然现象以及尊卑、动静、刚柔等社会概念。五行之说则统辖时令、节气、方向、音律、服饰、食物、德行乃至社会制度及国家体制。这些似乎对我们当下之人遥远至极，不仅仅是因为年代久远，还因为外族文化的流入。然而，稍作仔细观察，我们仍然可以从政治、学术、思想等方面看到阴阳、五行之说的深刻渗透及变异。问题是：阴阳、五行是如何产生的呢？它们又产生于什么年代呢？是谁在记录并总结、积累、传播呢？

天地有变之时，汉民族便表现出躁动与不安。编年体史书《春秋》便是以自然季节之变而命名。其中记录的更多的是星历而不是民族的历史事件:"日有食之""恒星不见""行阴如雨""有星孛入于北斗""有星孛入于大辰"等等。汉民族因着天变而安排了各样的活动和祭典,包括变更服饰、变更饮食、变更常规等等。问题是:为什么汉民族会将天星看作是一个体系呢?为什么会将天与人看作是密不可分的呢?随天而变是不是就避免了灾难了呢?汉民族为什么会愿意因着天变而遵循各样的拘牵和忌讳呢?

因为"天人合一"的理念,"春生、夏长、秋收、冬藏"便支配着汉民族的各样活动,在万物生长的春季不可伐木或者打猎,在万物肃杀的秋季才可以出兵打仗。不能够做违背季节规律的事情。倘若季节时令出现了反常,便会发生诸如大旱、瘟疫、兵灾等灾难。由此看来,名为"天人合一",实际却是人顺应天,人处于完全被动的境地。"天不变,道亦不变"便是一个充分的印证。

纯粹汉民族文化是一条线索,汉文化与外族文化的相互交通、相互排斥、相互渗透又是一条线索。文化的中心是一个维度,文化的边缘又是一个维度。要能够在二十一世纪的今天构建出汉文化的精神脊梁,谈何容易啊!

《俗语佛源》一书收录了五百余条俗语,足见佛教与汉民族文化的深刻交融。问题还在于佛源词语从语言的层面进入,与汉民族文化交融,必定发生交融后的交融以及交融后的脱落。或者转而从汉语的角度来看,汉语为什么在庞大的佛语词汇中仅仅吸收并选择了其中很小的一部分呢?在吸收的过程中,有些得以长期保存,流传至今,有些则已经在历史的流变过程中消逝。从前我总是喜欢阅读基督教方面的文献,包括《旧约全书》《新约全书》《圣经》《摩门经》《颂歌》等等。学习梵语以后,便开始对佛经有了兴趣。在与朋友们聊天的时候,总是会感慨:如果要认识汉魏以来的汉民族文化,不能不对佛教进行共情的认识、思考和解释。

喜欢读书,便勉励自己既要勤于思考,又要勤于读书;既要勤于游历,又要勤于笔记。以此切实广阔自己的学术视野。当然不可以狭隘得回到"登泰山而小天下"的时代。

赵朴初先生(1907—2000)是著名的诗人、作家、书法家、佛教人士。据说,五十年代出生的那一代人大多都会诵读他的《哭三尼》。为什么呢?要找机会向先辈们细细地请教。

这本书是从南京大学图书馆三楼的图书借阅室借的。

28 《中国历代语言文字学文选》/洪 诚

洪诚,《中国历代语言文字学文选》,南京:江苏人民出版社,1982年版。

  这本书中的一些篇章从前读过的。现在,选择阅读这本文选,一方面要通过重新阅读,整理一下自己关于中国古代汉语语言的知识。另一方面,阅读洪诚的选文和注释,以期获得新的认识和见解。

  论及语言,无外乎语音、语法、语义、文字、方言。古代汉语中并没有"语言学"的专门术语,对汉语语言却有着各个层面的深入研究和分析。从《尔雅》可见语义研究,从《说文解字》可见文字研究,从《方言》可见方言研究,从《广韵》可见音系研究。虽然没有系统的语法专论,却有关于语言结构规则的分析性话语散见于各类文献,如《夏小正·传》《墨子·经上》等。虽然没有系统的语言理论,却有关于语言本质及原理的精彩话语见诸《墨子·经上》《庄子》《逍遥游》等,多少都有论及语言的假定性和社会性。虽然没有系统的方法论,却有解决具体问题的实际有效方法,如音韵研究、训诂研究等等。没有系统的研究,自然也就不能够形成"学",而没有"学"的形成,便难以对研究产生全面的促进。是什么让汉语研究没有成为系统呢?或者,是什么让汉语只具备了具体的方法而没有方法论的通则呢?

  洪诚先生有一个基本的观点:

  中国上古语言学和名学有难分的关系,语言学的发展是随名学发展而发展的。伟大的语言学家就是伟大的名辨家。他们在语言理论方面有许多卓越的见解。①

正是从这一观点出发,洪诚先生选择了《论语》(选录一,子路)。"论"意为"编辑"或"记录","语"意为"话语","论语"即"被记录、编辑的话语"。这里所选的子路一章是关于政治问题的。洪诚先生认为它与中国古代语言学的发展有着重要的关系。

《论语》这一章有一段最为著名的言说:

  名不正,则言不顺;言不顺,则事不成;事不成,则礼乐不兴;礼乐不兴,则刑罚不中,刑罚不中,则民无所措手足。②

洪诚先生将"名"解释为荀子所说的"刑名、爵名、文名"之名。他认为:

  孔子看得很清楚,名言如不能反映实际,言论苟且,名实混乱,表现在政治上也就必然要产生苟且混乱的现象。这是政治上很大的危机。③

洪诚先生用一些选文印证孔子的正名思想对名学乃至语言学的影响:

  读下面附录的《尸子》《尹文子》《公孙龙子》《吕氏春秋》选文,可以看到孔子正名思想对名学所起的影响,了解《荀子·正名》篇产生的条件和远源;读《春秋繁露》选文,可以知道《公羊》《谷梁》之所以有语法学萌芽,直接与孔子正名思想有关;读程瑶田《螟蛉蜾蠃异闻记》,能认清清代小学家考证名物和名家学说不同,不能引名家相比。④

后人有一种近乎本能的敏锐,能够非常自如地运用名学思维,这让名学完美地融入了学人的智慧。名学成为思维的支点,他们的诡辩或者言说却都是以语言的

---

① 洪诚:《中国历代语言文字学文选》,南京:江苏人民出版社,1982年版,第9页。
② 洪诚:《中国历代语言文字学文选》,南京:江苏人民出版社,1982年版,第23页。
③ 洪诚:《中国历代语言文字学文选》,南京:江苏人民出版社,1982年版,第25页。
④ 洪诚:《中国历代语言文字学文选》,南京:江苏人民出版社,1982年版,第26页。

结构和词语的意义为分析基础的,对语言现象做出归纳,并形成合理的观点,由此进入考辨,并写就文章,让语言思维的特殊性得以最终定型。

选录《尸子》:①

> 天地生万物,圣人裁之。裁物以制分,便事以立官。君臣、父子、上下、长幼、贵贱、亲疏,皆得其分曰治,爱得分曰仁,施得分曰义,虑得分曰智,动得分曰适,言得分曰信,皆得其分而后为成人。

尸佼,鲁人。鲁灭于楚,故亦谓楚人。生卒约在公元前390年到330年之间。曾为商鞅客,商君被刑,逃蜀。

选录《尹文子》:②

> 大道无形,称器有名。名也者,正形者也。形正由名,则名不可差。故仲尼曰:必也正名乎。名不正则言不顺也。
>
> 大道不称,众(形)必有名。道生于不称,则群形自得其方圆;名生于方圆,则众名得其所称也。(诚案,称,指而名之也。)
>
> 有形者必有名,有名者未必有形。形而不名,未必失其方圆黑白之实;名而无形(二字孙诒让校增),不可不寻名以检其差。故亦有名以检形,形以定名,名以定事,事以检名。察其所以然,则形名之与事物,无所隐其理矣。
>
> 名有三科,法有四呈(程)。一曰命物之名,方圆黑白是也;二曰毁誉之名,善恶贵贱是也;三曰况谓之名,愚贤爱憎是也。一曰不变之法,君臣上下是也;二曰齐俗之法,能鄙同异是也;三曰治众之法,庆赏刑罚是也;四曰平准之法,律度权量是也。
>
> 名者,名形者也;形者,应名者也。然形非正名也,名非正形也,则形之与名,居然别矣。不可相乱,亦不可相无。无名,故大道不称;有名,故名以正形。今万物具存,不以名正之则乱;万名具列,不以形应之则乖。故形名者,不可不正也。

---

① 洪诚:《中国历代语言文字学文选》,南京:江苏人民出版社,1982年版,第27—28页。
② 洪诚:《中国历代语言文字学文选》,南京:江苏人民出版社,1982年版,第28—29页。

尹文子(公元前350—270年之间)见《庄子·天下篇》。《吕氏春秋·正名篇》高诱注云:齐人,作《名书》一篇,在公孙龙前,公孙龙称之。

选录《公孙龙》:①

白马非马,可乎?曰:可。曰:何哉?曰:马者所以命形也,白者所以命实也。命实者,非命形也。故曰白马非马。

公孙龙,战国末赵国人,生卒约在公元前325年到250年之间。

选录《吕氏春秋》:②

名正则治,名丧则乱。使名丧者淫说也。说淫,则可不可而然不然,是不是而非不非。故君子之说也:足以言贤者之实,不肖者之充而已矣;足以喻治之所悖,乱之所由起而已矣;足以知物之情,人之所获以生而已矣。凡乱者,刑名不当也。

《夏小正》读来特别有趣。它不厌其烦地解释一个词语在文本中为什么呈现这样的语词顺序而不是那样的语词顺序,同时,又辨析词与词之间的细微差异,以解释为什么选择这样特定的语词顺序。

选录《夏小正》:③

正月。启蛰。雁北乡。缇缟。传曰:雁北乡。先言雁而后言乡,何也?见雁而后数其乡也。乡者何也?乡其居也。

三月。鸣鸠。传曰:鸣鸠,言始相命也。先鸣而后鸠,何也?鸠者,鸣而后知其鸠也。

---

① 洪诚:《中国历代语言文字学文选》,南京:江苏人民出版社,1982年版,第29—30页。
② 洪诚:《中国历代语言文字学文选》,南京:江苏人民出版社,1982年版,第30—32页。
③ 洪诚:《中国历代语言文字学文选》,南京:江苏人民出版社,1982年版,第68—70页。

《夏小正》，原属《大戴记》中的一篇，记夏历的月令。齐梁间有单行本(王筠说)。书分《经》《传》。《经》文四百六十三字(王筠计)，很古，估计是公元前一千年周初遗文。《传》文，宋傅崧卿说是汉戴德撰，误。洪震煊、朱骏声考订必不出于秦汉人之手。小正的正字旧有征政二音，王筠以为即政字。《国语·周语》引"夏令"，政即令。

　　实际上，《夏小正》是对事物名称的描写和解释，尽管解释得还不算足够精细，但是，已经见其基本的语言观和辨识语言、掌控语言的角度及能力。

　　《春秋谷梁传·公羊传》则更为精细，解说语句中的语词顺序，分析文理，描写语词在词语或短语中所表现出的功能意义。
选录《春秋谷梁传·公羊传》：①

　　僖公十六年，春王正月戊申朔，陨石于宋五。是月，六鹢退飞，过宋都。谷梁传：先陨而后石何也？陨而后石也。于宋四竟之内，曰宋。后数，散辞也，耳治也。……六鹢退飞，过宋都，先数，聚辞也，目治也。

　　定公二年，夏五月，壬辰，雉门及两观灾。　公羊传：其言雉门及两观灾何？两观微也。然则曷为不言雉门灾及两观？主灾者两观也。主灾者两观，则曷为后言之？不以微及大也。

　　哀公三年，五年辛卯，桓宫僖宫灾。　公羊传：何以不言及？敌也。

洪诚先生指出：

　　作传的人为了解说微言，精研文理，发现这些语法上的道理，在中国语言史上有重大的意义。可惜没有扩大研究范围，发展成为专门之学。②

　　我认为，其实，还不能说他们已经发现了语法规律，因为规律具有普遍性和重

---

① 洪诚：《中国历代语言文字学文选》，南京：江苏人民出版社，1982年版，第71—79页。
② 洪诚：《中国历代语言文字学文选》，南京：江苏人民出版社，1982年版，第78页。

复性,它所揭示的应该是语言发展过程中的本质联系和必然趋势。而古人所做的是对具体语言现象的具体分析,并没有从现象分析进入一般性的分析,从而做出理性的规律总结。

钱大昕先生(1728—1804)的《古无清唇音》(节录)是一个标志性的成果。在钱大昕以前,古音学家大体只研究韵。他指出:

凡轻唇之音,古读皆为重唇。①

这已经成为定论。在这篇论述中,他枚举了各样的例证,既有精义披纷的智慧,又有对谬误的深沉解析。这让凝固的文字有了在时间流程中的动态表现:②

古读弗如不。《广韵》不与弗,同分勿切。《说文》:吴谓之不律,燕谓之弗,秦谓之笔,笔弗声相近也。
古读方如旁。……
古读封如邦。……
古文妃与配同。……
古读无如模。……
古读房如旁。……

文中有一段陈述特别具有启发性:

梵书入中国,翻译多在东晋时,音犹近古,沙门守其旧音不改,所谓礼失而求诸野也。③

"沙门"是佛教名词,是对梵语śramana(息心、勤息)的音译,指勤修善法、熄灭恶法。以后专门用来指称依照戒律出家修道的人。

---

① 洪诚:《中国历代语言文字学文选》,南京:江苏人民出版社,1982年版,第234页。
② 洪诚:《中国历代语言文字学文选》,南京:江苏人民出版社,1982年版,第234—237页。
③ 洪诚:《中国历代语言文字学文选》,南京:江苏人民出版社,1982年版,第236页。

洪诚先生有相关注释：

"礼失而求诸野"，语出《汉书·刘歆传》。用在这里，比喻古音不存，可以从佛典翻译音求之。①

记起梵文汉译，古音踪迹清晰可辨。例如："南无阿弥陀佛"中的"南无"是对梵语 namas（归敬，归命）的音译，"无"应读作/mó/，而现代音将"南无"读作/nán wú/，这显然不是对梵语 namas 的音译，而是"无"在汉语普通话中发生流变，由重唇音变为轻唇音。单看现代汉语而不加以溯源，恐怕就真是不知道"南无"何所旨了。"阿弥陀佛"则是对梵语佛教佛名 amita（无量）的音译，a（阿）为"无，没有"，mita（弥陀）为"量"。即"无量寿"或"无量光"。"南无阿弥陀佛"意即对无量寿佛的归敬。

钱大昕的《舌音类隔之说不可信》（节录）是古音研究的又一标志性成就：

古无舌头舌上之分。②

他提供了各样的例证：③

知、彻、澄三母，以今音读之，与照穿床无别也；求之古音，则与端透定无异。《说文》："冲读若动。"
古音直如特。
古音竹如笃。……《后汉书·杜笃传》："推天督。"注："即天竺国。"然则竺、笃、毒、督四文同音。
古读抽如搯。

我们现在将"天竺"读作/tiān zhú/。它原本却是对来自梵语 Sindhu（印度）的布波斯土音 Thendhu（印度）的音译，古音读作/tiān dú/。又译"天毒"或"天笃"或"天督"等。

---

① 洪诚：《中国历代语言文字学文选》，南京：江苏人民出版社，1982年版，第237页。
② 洪诚：《中国历代语言文字学文选》，南京：江苏人民出版社，1982年版，第238页。
③ 洪诚：《中国历代语言文字学文选》，南京：江苏人民出版社，1982年版，第238—240页。

钱大昕先生否认舌音类隔之说,他举证之后指出:

> 古人制反切,皆取音和,如方、府、甫、武、符等,古人皆读重唇,后儒不识古音,谓之类隔,非古人之意也。依今音改用重唇字出切,意在便于初学,未为不可。但每韵类隔之音甚多,仅改此二十余字,其余置之不论,既昧于古音,而于今音亦无当矣。①

洪诚先生有关于音和与类隔的注释:

> 《切韵指掌图·检例下》云:"凡切字,以上者为切,下者为韵。取同音、同母、同韵、同等四者皆同,谓之音和,取唇重、唇轻,舌头、舌上,齿头、正齿,三音中清浊同者,谓之类隔。"②

根据钱大昕先生的研究:

> 后世读轻唇音的非、敷、奉、微四母,在汉魏以前都读重唇音,轻唇音产生于六朝以后;舌上音知、彻、澄三母,古读端、透、定,这种说法已成定论。③

由此,想到了轻唇音"分"以及与"分"相联系的形声字:掰(/bāi/)、颁(/bān/,/fén/)、朳(/bā/)、扮(/bàn/)、坌(/bèn/)、盼(/pàn/)、盆(/pén/)、贫(/pín/)等等。似乎是可以从这些字里追溯"分"原本是重唇音的。

曾经向董志翘先生请教这一类问题,他说起他下放农村时发生的一件趣事:生产大队播音员在广播里说:"早也分,晚也分……"其实,应该是"早也盼,晚也盼……"可见"分"音的影响。当然也可以想象,当时他们那一代在乡村的知识青年多么地希望早上也分粮、晚上也分粮呀!

然而,我们在现代汉语中可以找到与"分"相联系却读作轻唇音的形声字:份、扮、纷、忿等等。它们在汉魏之前有着怎样的发音呢?

---

① 洪诚:《中国历代语言文字学文选》,南京:江苏人民出版社,1982年版,第240页。
② 洪诚:《中国历代语言文字学文选》,南京:江苏人民出版社,1982年版,第241页。
③ 洪诚:《中国历代语言文字学文选》,南京:江苏人民出版社,1982年版,第241页。

于是,求助于《说文解字注》:①

  份 文质备也。……从人。
  分声。……论语曰。
  文质彬彬,古文份。

再查《说文解字注》:②

  分 别也。从八刀。会意。
  刀 以分别物也。此释从刀之意也。甫文切。十三部。

不能确定,此处段玉裁先生所注之音是古音还是今音。

在《说文解字注》中查到"坋":③

  坋 尘也。……从土。
  分声。房吻切。十三部。

至此,就必须查到"房"音了。于是在《说文解字注》中查到"房":④

  房 室在旁也。
  ……从户。
  ……方声。符方切。十部。

仍不明确,又继而在《说文解字注》中查到"符":⑤

  符 信也。汉制以竹。长六寸。

---

① [汉]许慎撰,[清]段玉裁注:《说文解字注》,上海:上海古籍出版社,1988年版,第368页。
② [汉]许慎撰,[清]段玉裁注:《说文解字注》,上海:上海古籍出版社,1988年版,第48页。
③ [汉]许慎撰,[清]段玉裁注:《说文解字注》,上海:上海古籍出版社,1988年版,第691页。
④ [汉]许慎撰,[清]段玉裁注:《说文解字注》,上海:上海古籍出版社,1988年版,第586页。
⑤ [汉]许慎撰,[清]段玉裁注:《说文解字注》,上海:上海古籍出版社,1988年版,第191页。

分而相合。
……从竹。
付声。

只好继续,在《说文解字注》查到"付":①

付 予也。
……从寸持物以对人。寸者,手也。方遇切。

还是得继续,在《说文解字》查到"方":②

方 并船也。
……象两舟省总头形。……府良切。

再继续,在《说文解字》查到"府":③

府 文书臧也。
……从广。
付声。方矩切

原本想把这个音查得清清楚楚,却不曾想竟在兜着圈子转。这样的注音与同义互训颇有几分相似。
只能求助《辞海·语词分册》:"房"有两个注音:/fáng/(如:楼房)和 /páng/(如:秦有阿房宫)。④
其实,只要能够确认一个字音,其他的就可以迎刃而解。而问题正在于此。
此时,又想起了"方便"。它是对梵语 pāyā(随时设教、随机应变的权智)的音译。可见,"方"的声母与/p/音相对应,是重唇音。应该还有更多的梵、汉翻译的例证可以表明现代的轻唇音原本是重唇音。最为典型的例证莫过于"梵"字了。

---

① [汉]许慎撰,[清]段玉裁注:《说文解字注》,上海:上海古籍出版社,1988年版,第373页。
② [汉]许慎撰,[清]段玉裁注:《说文解字注》,上海:上海古籍出版社,1988年版,第404页。
③ [汉]许慎撰,[清]段玉裁注:《说文解字注》,上海:上海古籍出版社,1988年版,第442页。
④ 《辞海·词语分册》(修订稿),上海:上海人民出版社,1977年版(内部发行),第1673页。

我们不妨观察更多的梵、汉翻译例证：

梵语	古汉语	现代汉语	古音对应	意义
bodja	波咤	折磨	b：波	苦难
brahmā	梵摩	梵	b：梵	清静
brahma-rsi	梵仙	梵形仙人	b：梵	婆罗门圣者
buddha	佛，佛佗	佛，佛佗	b：佛	觉醒者
buddha-jñāna	佛乘	佛智	b：佛	佛佗的智慧
madhya	末佗	一万兆	m：末	中间数
Mañju-śrī	文殊	文殊	m：文	菩萨名
pāramitā	波萝蜜多	到彼岸	p：波	功德圆满
veda	吠陀	吠陀	v：吠	智慧

古无舌头舌上之分，我们也可以在梵、汉翻译中获得更多例证：

梵语	古汉语	现代汉语	古音对应	意义
miti	密致	密致	t：致	菩萨地
turuska	都罗香	土耳其人	t：都	土耳其人
taksaka	得叉	木匠	d：德	切割之人
sandhatā	扇搋	去势者	d：搋	无法性交者
dāna	檀那	给与	d：檀	奉献
dhyāna	禅	静虑	d：禅	思维

通过比较，非常容易观察到：在梵语的语音系统中，没有 / f /、/ w /、/ zh /等音，在古汉语语音系统中，没有 / f /、/ w /、/ v /、/ zh /、/ ch /等音。

如果汉魏之前真是没有轻唇音与重唇音的对立，那么，原本是怎样诵读《诗·齐风·甫田》中"无田甫田"的呢？①

无田甫田，

---

① 金启华：《诗经全译》，南京：江苏古籍出版社，1984年版，第218页。

维莠骄骄。
无思远人,
劳心忉忉。

无田甫田,
维莠桀桀。
无思远人,
劳心怛怛。

婉兮娈兮,
总角丱兮。
未几见兮,
突而弁兮!

再试想,如果汉魏之前真是没有舌头音与舌上音的对立,那么,古人曾经是怎样诵读《诗·周南·桃夭》的呢?①

桃之夭夭,
灼灼其华。
之子于归,
宜其室家。

桃之夭夭,
有蕡其实。
之子于归,
宜其家室。

桃之夭夭,
其叶蓁蓁。
之子于归,

---

① 金启华:《诗经全译》,江苏古籍出版社,1984年版,第14页。

宜其家人。

倘若能尝试按照古音诵读《诗经》，录制下来反复听，或许能够找到古音、古韵的感觉，没准还能发现所诵古音、古韵不够顺畅、不够调和之处呢！想想都觉得有趣！

为什么汉魏以前会只有重唇音而没有轻唇音呢？为什么汉魏之后保留了重唇音却又产生了轻唇音呢？重唇音是如何获得轻、重唇音分裂对应的呢？

汉魏之前音　　　　汉魏之后音

/b/　　　　　　　　/b/ ：/f/
/p/　　　　　　　　/p/ ：/f/
/m/　　　　　　　　/m/ ：/w/

为什么汉魏之前没有舌头音和舌上音的区分呢？为什么汉魏之后却又产生了舌头音和舌上音的对立呢？

汉魏之前音　　　　汉魏之后音

/d/　　　　　　　　/d/ ：/ch/或/zh/
/t/　　　　　　　　/t/ ：/ch/或/zh/

从什么样的路径可以找寻它们流变的原因和流变的轨迹呢？可以想见，流变的原因是复杂的。比方，可能是由于外来语音的介入，也可能是前后相邻语音彼此牵连。流变的轨迹是多样的。比方，有些重唇音保持不变，而有些变成轻唇音。感觉应该是一个比较有趣的课题。再次想到钱大昕先生的"所谓礼失而求诸野也"。可是，担心仅仅是从佛典的翻译，恐怕太过狭隘，难以实现对语音进行全面或完整的追溯。

曾与董志翘先生谈起上古音的构拟。记得他当时笑着说出汉语界的流行话语："上古音拟建是画鬼。牛马不好画，可是，鬼很好画。反正谁也没见过……"由此可见学者对上古音构拟的无奈。

"王圣美'右文说'"颇有意趣,也颇有启示,短小而足见其精到:

> 王圣美治字学,演其义以为"右文"。古之字书皆从"左文"。凡字,其类在左,其义在右。如木类,其左皆从木。所谓"右文"者,如"戋",小也,水之小者曰"浅",金之小者曰"钱",歹而小者曰"残",贝之小者曰"贱"。如此之类,皆以"戋"为义也。(《梦溪笔谈校正》492页)①

王圣美是王安石同时代的人,名王子韶,北宋熙宁时人。
洪诚先生提供了两个注释:②

1. 戋:解释为少的意思音 jiǎn,解释为伤残的意思音 cán。
2. 歹:不是好歹的歹字,音五割切(曷韵疑母),剔肉余骨的意思。

在训诂学上影响极大的正是右文说。它主张字义起于字音,也就是,形声字的声旁兼有意义。这一观点以及大量支撑这一观点的例证颠覆了宋代之前的"左文",即字义在于形声字的形旁。

以后历代的文字学家和训诂学家已经找出更多的例证以支持"右文"。纵观汉字,"左文"和"右文"兼而有之,甚至在同一个字中,也表现出"左文"和"右文"的并存。我随时可以想到的例证有:"江"与"河"。两个字意义的核心点都落在"水"上,这是两个字的共同之处。而"工"(/gōng/,古红切)意为"直",水直则为"江";"可"(/kě/,肯我切)意为"弯",水弯则为"河"。这便可以解释诸多文字,例如:木若直则为"杠"(横木);木若不直则为"柯"(木叉,树枝)。石若直则为"矼"(石桥),石若不直则为"砢"(乱石)。

从中可以看到音、义结合的理性基础。形声字的形旁表示意义的范畴,而声旁则可以是对意义的具象界定。就构架而言,汉字包含左右结构、上下结构、内外结构。从中可以尝试指认声旁对意义的界定。

---

① 洪诚:《中国历代语言文字学文选》,南京:江苏人民出版社,1982年版,第266页。
② 洪诚:《中国历代语言文字学文选》,南京:江苏人民出版社,1982年版,第266页。

洪诚先生(1909—1980)是南京大学的教授,专攻训诂学和汉语史。作为曾就读于南京大学中文系的我来说,没有能够追赶上他的年代,没有能够认识他并聆听他,不能不说是一种遗憾。读完这本书,更是觉得错过他是一种莫大的遗憾。这本书让我开始对汉语历代语言学、文字学有了一个基本的线性理解,它呈现汉语重要的语言学、文字学论述,它以深入浅出的讲解和注释将我带入动态的汉语研究情景之中。这是一本让我视野尽情开放的书,它让我开始有了广阔的学术联想。

此时,我的书桌上有他三本书:《中国历代语言文字学文选》《训诂学》《洪诚文集》。书房的案几上插着一束新鲜开放的白玫瑰。每年的清明,我都会面对白玫瑰,远远地盘腿而坐,以这样安静的方式祭奠已故的祖辈、朋友以及恩泽于我的学界先辈。我会轻轻地呼唤他们,并让我的心留住我的呼唤。

今天是清明,特别地感念这位让我蒙福享受学术滋润的了不起的学者——洪诚先生。

29 《十驾斋养新录》/ 钱大昕

钱大昕,《十驾斋养新录》,南京:江苏古籍出版社,2000年版。

在洪诚先生的《中国历代语言文字学文选》中读到了钱大昕先生。感觉他是一位思想活力四射的学者。就古音研究领域,他关注声母在语音中的转变。他所采用的四种方法,即根据异文或声训、从谐声偏旁、从类隔切、从译音字等进行研究,已得到后来学者的积极传承。应该更多地读到他呢!

《十驾斋养新录》"出版说明"有介绍:

> 钱大昕(1728—1840),字晓征,号辛楣,又号竹汀居士,是清代乾嘉学派的一代宗师。清人江藩《汉学师承记》云:"先生学究天人,博综群籍,自开国以来,蔚然一代儒宗也。"以"儒宗"许之,可谓允切,堪称的当。

最后两个字"的当"(/dí dàng/)引起我的兴趣。

现代汉语中"的"用的比较多的是轻声"的"(/de/)。首先,作用于句末的语气词,如"这不是虚构的。"其次,用作指称词,如"红的是桃花,粉的是杏花"。此外,用作形容词的标记,如"此时的窗外是滂沱的大雨"。

同时,在现代汉语中,"的"(/dí/)与"确"连用,构成"的确"。"的"(/dì/,箭靶的中心)则除了在诸如成语"有的放矢"及"众矢之的"中出现,很少用于其他语境。

而古汉语中"的"的意义则较为丰富。它原本写作"旳"。在《说文解字注》中有

对"旳"的解释:①

旳,明也。旳者,白之明也,故俗字作的。……从日。勺声。都历切。……易曰。为旳颡。

"的"(旳)具有"明亮"之意,"的确"则为"明确"。由"明亮"延伸出"鲜明""显著",而具有"鲜明"特性的"白色"和"红点"便被涵盖进来。所以,额部有白色斑块的马即"旳颡",以丹注面为"的"。

阅读《十驾斋养新录》卷第一,便感受到钱大昕先生的广阔视野和批判精神:②

观

古人训诂寓于声音,字各有义,初无虚实动静之分,好恶异议起于葛洪《字苑》,汉以前无此分别也。"观"有平去两音,亦是后人强分。《易·观》卦之"观"相传读去声,《彖传》"大观在上,中正以观天下",《象传》"风行地上,《观》",并同此音,其余皆如字,其说本于陆氏《释文》。然陆于"观国之光"兼收ㄑ去两音,于"中正以观天下"云:"徐唯此一字作官音。"是"童观""窥观""观我生""观其声""观国之光"徐仙民并读去声矣。六爻皆以卦名取义,平则皆平,去则皆去,岂有两读之理?而学者因循不悟,所谓是未师而非往古者也。魏了翁《观亭记》云:"《观》卦《彖》《象》为观示之观,六爻为观瞻之观,窃意未有四声反切之前,安知不皆为平声乎?"斯可谓先得我心者矣。《大学》"国治"之"治"陆德明音直吏反,而"先治其国"之"治"无音,则当读平声,此尤可笑。夫齐家家齐、修身身修、正心心正、诚意意诚、格物物格,皆不闻有两音,而独于"治"字辨之,曾不审上下文、不几于菽麦之罔辨乎?

而处处又可见他的精益求精:③

---

① [汉]许慎撰,[清]段玉裁注:《说文解字注》,上海:上海古籍出版社,1988年版,第303页。
② 钱大昕:《十驾斋养新录》,南京:江苏古籍出版社,2000年版,第4页。
③ 钱大昕:《十驾斋养新录》,南京:江苏古籍出版社,2000年版,第6页。

力少而任重

《系辞传》:"德薄而位尊,知小而谋大,力小而任重。"三句中用两"小"字,似觉偏枯,当从唐石经作"力少而任重"为正。

伤于外者必反于家

《序卦传》"伤于外者必反于家",唐石经及岳氏本并同,今本作"必反其家"。《周易本义》咸淳本亦作"于"字。

论及"造"字:①

造

"造""次"为双声,故"造"可转为"次"音。《诗》"小子有造"与"士"韵,"蹻蹻王之造"与"晦""介""嗣"韵,是也。《春秋传》"使(佐)[助]藐氏之箧","箧",次室也,是"造"有"次"义。

从古音的角度来看,这一篇颇值玩味。从古代汉语到现代汉语,"造"和"造次"都没有发生意义流变。前者意为"制作";"前往"。后者意为"匆忙";"仓促";"鲁莽";"轻率"。但是,"造"的声音发生了改变,从原本的/cào/(通"猝")音变为/zào/音。"造次"已不再是双声词了。是什么导致了它的语音发生了流变了呢?当然,这是从现代汉语普通话为出发点而发出的疑问。在当下的重庆方言中,"造"音仍为/cào/。

在《说文解字注》中找到了"造"字:②

造,就也。造就叠韵。广雅。造,诣也。从辵。告声。七到切。古音在三部。

---

① 钱大昕:《十驾斋养新录》,南京:江苏古籍出版社,2000年版,第20页。
② [汉]许慎撰,[清]段玉裁注:《说文解字注》,上海:上海古籍出版社,1988年版,第71页。

《十驾斋养新录》卷二，论及"感即憾字"：①

感即憾字

宣十二年"二憾往矣"，成二年"朝夕释憾"，唐石经初刻皆作"感"，后乃加心旁，惟昭十一年"唯蔡于感"不加心旁，盖刊改偶未及耳。《说文》无"憾"字，"感"即"憾"也。此初刻之胜于后改者。

"感"和"憾"原本是相通的。《说文解字注》有解释：②

感，动人心也。许书有感无憾。左传、汉书憾多作感。盖憾浅于怨怒，才有动于心而已。从心。咸声。古禫切。古音在七部。

这让我想到了另外一个字"撼"。在《说文解字注》中也没有查到。该怎样理解这三个字呢？还是从它们共同的部分入手吧。先在《说文解字注》中查到"咸"字：③

咸，皆也。悉也。咸，皆也。见《释诂》。从口。从戌。会意。胡监切。古音在七部。戌，悉也。此从戌之故。戌为悉者，同音假借之理。

应该进一步查找"釆"(/biàn/)字和"悉"字。许慎的《说文解字注》似乎并没有令人满意的完整解释：④

釆，辨别也。象兽指爪分别也。……凡釆之属皆从釆。读若辨。蒲苋切。十四部。

悉，详尽也。从心釆。会意。息七切。十二部。

---

① 钱大昕：《十驾斋养新录》，南京：江苏古籍出版社，2000年版，第36页。
② [汉]许慎撰，[清]段玉裁注：《说文解字注》，上海：上海古籍出版社，1988年版，第513页。
③ [汉]许慎撰，[清]段玉裁注：《说文解字注》，上海：上海古籍出版社，1988年版，第58页。
④ [汉]许慎撰，[清]段玉裁注：《说文解字注》，上海：上海古籍出版社，1988年版，第50页。

许慎的《说文解字注》将"心"解释为：①

　　心，人心。土葬也。……在身之中。象形。息林切。七部。博士说以为火葬。

读这一条解释应该需要一些基本的风土人情常识。

"悉"是否可以被理解为：动物指爪在人心里留下的印迹，或者说，人心对动物指爪印迹的辨别、指认和详尽的了解。

"咸"表示"全部"，与"悉"相通。那么，"感"便是表示：一切全部都在心理留下印迹，或者说，人心对一切都有了把握。它最初应该是一种直觉，由于直觉而延伸出一种心灵的触动。当这种触动留存于心，便滋生出一种情绪的激动。"动态"是"感"的存在基本点。

"憾"则在"感"字的左边添加了忄旁，这个偏旁或许有意强调了人心的动摇，在语义表达上偏离了"感"字原本的积极意义，转而指向：与"情绪激动"相对的"情绪消沉"。是一种感觉上的悸动。最初相通的两个字选择了各自的意义表达内涵。

"撼"在"感"字的左边添加了扌旁，这个偏旁或许强调了人有意而使之动摇的意义，是用手让人心遭遇情绪上的激动。

在当下看来，若说"心"，那是动物体内的一个器官。若说"人心"，则变为一个抽象名词，指向人们的感情和愿望。当社会中出现为欲望而竞相奔忙的人们，为欲望而不择手段的人们，我们便不无遗憾地看到了流离失所的"人心"。

二〇一〇年六月二十六日，有上海的学者到南京来讲《三字经》，涉及传统与现代的问题。他认为，建国后历次政治运动最后都归结为批判传统文化。我只是想着，在中国的大地上，历朝历代的战争、人为劫难以及诸如地震、干旱、洪涝、疫病等自然灾害延绵数千年，对于饱经风霜仍旧坚强奋进的国家而言，这位先生如果能够追问：他所指认的"传统文化"是如何界定的？它包含哪些要素或内容呢？建国后历次的政治运动为什么如此地对"传统文化"进行批判呢？或许，他就能够触及到问题的实质，而不那么流于浅表。有关这个问题，当天我便与杨闳炜先生颇有一番交流。他认为，我们的思想和灵魂失语，缺少信仰，这应该是根源所在。我表示赞

---

① ［汉］许慎撰，［清］段玉裁注：《说文解字注》，上海：上海古籍出版社，1988年版，第501页。

同。我以为,究其原因,应该是我们缺乏价值体系。英国有"自由贸易",所以统帅十九世纪;美国有"自由民主",所以引领二十世纪。仔细想想,历次的政治运动所凸显的一个问题:我们有什么呢? 一无所有,所以折腾。

近日读到《南方人物周刊》李泽厚的一段话语:①

中国人缺少信仰。蔡元培、王国维在上世纪 20 年代提出"美育代宗教",过去快有 100 年了。我认为这是很重要的问题。现代生活中偶然性增大,人会感觉到命运没法掌握,人生意义没法知道。或者就是为了赚钱? 赚了钱之后怎么办呢? 为什么活这个问题很多人解决不了。

什么都不信仰的人是危险的,为了自己的利益任何事都干得出来。知识分子完全信宗教的不会太多,因为宗教有很多非理性的东西。我提倡信仰"天地国亲师",结合传统,再加以现代解释。它不会像基督教、佛教那么快发展,因为我提倡的信仰不会有那种组织力量。我反对有的人搞儒教把孔子变成神,既没有可能也没有必要。上帝、佛祖都是人格神。我是爱因斯坦那种信仰,就是相信宇宙本身。这和儒家讲的"天地"是一样的。

我因此对"人心"更多了几分琢磨。

《十驾斋养新录》卷第四论及字义及字音:②

《说文》本字俗借为他用

《说文》本有之字,世俗借它用者,如"扮,握也,读若粉",今人读布患切,以为"打扮"字;"拓,拾也",或作"摭",今人读如"橐",以为"开拓"字;"赈,富也",今借为"振给"字;"俺,大也",于业切,今借为自称之词;"靠,相违也",今借为"依倚"之义;"挨,击背也",今借为"忍痛"义,又借为"比附"义;"缎,履后帖也",本与"鞎",今借为"紬段"字;"赶,举尾走也",今借为"追逐"义。

这里所提及的《说文》本字俗借他用,并没有说明这些俗借事实发生在什么区

---

① 《南方人物周刊》,2010 年 6 月 14 日,第 20 期,总第 213 期,第 35—36 页。
② 钱大昕:《十驾斋养新录》,南京:江苏古籍出版社,2000 年版,第 67 页。

域。在钱大昕先生的时代,"书同文"早已根深蒂固。而从根本上来看,俗借不过是对说文本字的语音借用。就世界范围来看,借字不仅可以发生在同一语言系统内部的通用语言和地方语言之间,而且还可以发生在不同语言体系之间。借字包括语音借用、语义借用和书写符号借用。比方,日语最初的文字借自汉字,逐渐在日本形成日语汉字。吉备真备(693—775)借楷书偏旁创制片假名;空海(774—835)借草书之形创制平假名。从书橱中取出《英和大辞典》(大修馆书店,2001年版)便看见处处是"汉字",如"経済"(经济)、"財政"(财政)、"社会""法律""文化""生活""習慣"(习惯)、"会計"(会计)、"標本"(标本)、"顔面"等等,只是意义不尽相同了罢了。而这些"汉字"带着别样的意义又进入到了现代汉语之中。

钱大昕指出"畜有好音"(第72—73页)、"旭有好音"(第73页)。不知道为什么"好"(呼浩切)没有发生语音流变而与"好"同音的"畜"(/xù/)和"旭"(/xù/)却发生了一致的流变。陆德明释文引王叔之云:"畜畜,恤爱勤劳之貌。"[1]《太玄·从》:"方出旭旭。"司马光注:"旭旭,日出之貌。"[2]

《十驾斋养新录》卷第十描写了一些典型的官场及社会体制,比方,关于"左右":[3]

左右

唐宋左右仆射、左右丞相、左右丞皆以左为上。元左右丞相、左右丞则以右为上;科场蒙古色目人称右榜,汉人南人称左榜,亦右为上也。明六部左右侍郎、左右都御史、左右给事中、左右布政使仍以左为上。

这一卷没有对语言的直接描写或解释,但是,钱大昕先生所呈现的文化语境则意味着重要的语义指向。在我看来,这对深入理解汉字及古汉语文献至关重要。

《十驾斋养新录》卷第十一呈现中国的地理语境。

---

[1] 《辞海·语词分册》,上海:上海人民出版社,1977年版(内部发行),第1929页。
[2] 《辞海·语词分册》,上海:上海人民出版社,1977年版(内部发行),第1475页。
[3] 钱大昕:《十驾斋养新录》,南京:江苏古籍出版社,2000年版,第215页。

《十驾斋养新录》卷第十二介绍了姓氏、人名及人物,对宋人同姓名者进行甄别。

《十驾斋养新录》卷第十三是对重要论著的分析和介绍。比方,关于《永乐大典》:①

永乐大典

朕嗣承洪基,勔思缵述,尚惟有大混一之时,必有一统之制作,所以齐政事而同风俗,序百王之传,总历代之典,世远祀绵,简编繁伙,恒嘅其难一。至于考一事之微,泛览莫周;求一物之实,穷力莫究;譬之淘金于沙,探珠于海,戞戞乎其不可易也。乃命文学之臣,纂集四库之书,及购募天下遗籍,上自古初,迄于当世,旁搜博采,汇聚群分,著为奥典。以气者天地之始也,有气斯有声,有声斯有字,故用韵以统字,用字以系事,揭其纲而目必张,振起始而末具举,包括宇宙之广大,统会古今之异同,巨细精粗,粲然明备。其余杂家之言,亦皆得以附见。盖网罗无遗,以存考索,使观者因韵以求字,因字以考事,自源徂流,如射中鹄,开卷而无所隐。始于元年之秋,而成于五年之冬,总二万二千九百三十七卷,名之曰《永乐大典》。

《十驾斋养新录》卷第十六论及诗歌及韵律。有一条颇值赏玩:②

唐人辨声韵

唐人喜辨声韵,虽寻常言语亦不苟。胡曾《戏妻族语不正》诗:"呼十却为石,唤针将作真;忽然云雨至,总道是天因。"阴如因也。

汉语中的同音字从来就给汉族人带来快乐的语言联想。当然,它也给人们带来心理的避讳。比方,股市中的人们忌讳喊"爹",因为"爹"与"跌"(/diē/)同音韵。官场中的人们忌讳"下台",因为"下台"有两种语义指向:其一,从舞台上、讲台上、手术台上下来;其二,卸去公职。也还有另一类的联想:因为反贪局、检察院办案总

---

① 钱大昕:《十驾斋养新录》,南京:江苏古籍出版社,2000年版,第285页。
② 钱大昕:《十驾斋养新录》,南京:江苏古籍出版社,2000年版,第346页。

是会请相关当事人"喝茶","喝茶"成了心理的避讳。当下官场中人,要么拿"喝茶"调侃,要么改口"喝咖啡"。

《十驾斋养新录》卷第十八的第一篇题为"道":

> 《中庸》,言道之书也。曰:"天命之谓性,率性之谓道。"是道本于天也。又曰:"天下之达道五:君臣也,父子也,夫妇也,昆弟也,朋友之交也。"是道不外乎五伦也。唯道不外乎五伦,故曰"道不远人",又曰:"道也者,不可须臾离也。"道不虚行,有天地而后又天地之道,有圣人而后有圣人之道。学圣人者,为君子之道;反是,则小人之道,非吾所为道矣。孟子曰:"夫道若大路然,岂有索之虚无以为道者哉!"唯《老氏》五千言始尊道于天地之上,其言曰:"有物浑成,先天地生。吾不知其名,强名之道。人法天,天法道,道法自然。"于是求道于窈冥恍惚,不可名象之中。与孔、孟之言道,枘凿不相入也。①

《庄子·在宥》:"至道之精,窈窈冥冥。"②

书橱里有南怀瑾的《论语别裁》(复旦大学出版社,2006年版),有张居正的《论语别裁》(陕西师范大学出版社,2007年版),还有李泽厚的《论语今读》(生活·读书·新知 三联书店,2007年版)。

> 子曰:"道千乘之国,敬事而信,节用而爱人,使民以时。"③

此处的"道"字被解释为"治理"。

被解释为"管理"或"治理"或"引导"的"道"字时有出现,例如:④

> 子曰:"道之以政,齐之以刑,民免而无耻;道之以德,齐之以理,有耻且格。"

---

① 钱大昕:《十驾斋养新录》,南京:江苏古籍出版社,2000年版,第378页。
② 《辞海·语词分册》,上海:上海人民出版社,1977年版(内部发行),第1936页。
③ 张居正:《论语别裁》,西安:陕西师范大学出版社,2007年版,第3—4页。
  李泽厚:《论语今读》,北京:生活·读书·新知 三联书店,2007年版,第31—32页。
④ 李泽厚:《论语今读》,北京:生活·读书·新知 三联书店,2007年版,第49—50页,第342—343页。

子贡问友。子曰:"忠告而善道之,不可则止,毋自辱焉。"

而"道"字在更多的语境中都被解释为"事物当然之理"或"准则",如:①

子曰:"士志于道,而耻恶衣恶食者,未足与议也。"

子曰:"君子道者三,我无能焉:仁者不忧,知者不惑,勇者不惧。"子贡曰:"夫子自道也。"

我们其实可以尝试从根本处来理解:"道"字"从行从止",在战国铜器铭文中,用"十字交叉路上的一只脚来表示所行道也。""⿱"即行走之路。以后,这个"道"字被赋予了丰富的精神要素,它的意义内涵从物理空间的"道路"延伸出诸多解释,如"道理";"思想";"事物的普遍规律";"物质性气的变化过程";"宇宙的精神本原"。通俗地说,"道"是"道路",是"规律"。符合规律的则是"道",不符合规律的则为"无道"。"道"于是成为一种标准,用于不同的情景,则有不同的内涵和外延。用于政治,它意为"清明";用于社会,它意为"规则";用于家庭,它意为"伦理";用于妇人,它意为"德行",如此等等。倘若把这个"道"字当作是丰富的思想存在,并由它进入一个巨大的思想体系,我们或许能够指认汉民族的精神坐标。当世,知识界和学术界都特别地热衷于谈论"道"。这么一个言说,即"道可道,非常道"。几乎成了家喻户晓的"顺口溜"。但愿"道"字不要遭遇时尚的任意揉捏,不要遭遇时尚的囚徒困境。已经被高度抽象化了的"道"字是能够在精益求精的解释和分析中获得清晰的解释或解读的呢,抑或它会更适应"不涉理路,不落言诠"的禅宗文化预设呢?

从"古语多有本"读到了钱大昕先生的广博、深邃与严谨:②

古语多有本

"后之视今,亦犹今之视昔。"人知为王羲之《兰亭序》,不知本于《京房传》。房云"今之视前"。"胆欲大,心欲小,智欲圆,行欲方。"人知为孙思邈语,不知本于

---

① 张居正:《论语别裁》,西安:陕西师范大学出版社,2007年版,第47—48页,第225页。
② 钱大昕:《十驾斋养新录》,南京:江苏古籍出版社,2000年版,第392—393页。

《文子》。《文子》云"心欲小,志欲大"。"孔席不暇煖,墨突不得黔。"人知出韩愈《争臣论》,不知亦本《文子》。孔子无黔突,墨子无暖席。"求忠臣必于孝子之门。"人知为韦彪语,不知本于《孝经纬》。"非澹泊无以明志,非宁静无以致远。"人知为诸葛亮语,不知本于《淮南子》。《淮南》"志"作"德"。

"安身莫若无竞,修己莫若自保。守道则福至,求禄则辱至。"《宋史》以为李孟传语,不知本于王辅嗣注《易》。"独行不愧影,独寝不愧衾。"《宋史》以为蔡元定语,不知本于《刘子》。刘云"独立步惭影,独寝不愧衾"。

这体现了钱大昕先生的治学之道。

从"文字不苟作"读到了钱大昕的透脱、清淡与率真:①

文字不苟作

顾宁人曰:"文须有益于天下后世。若怪力乱神之事,无稽之言,剿袭之说,谀佞之文,有损于己,无益于人,多一篇多一篇之损矣。"

处患难者,忽为怨天尤人之言;处贵显者,勿为矜己傲物之言;论学术勿为非圣悖道之言;评人物勿为党同丑正之言。

从"文人勿相轻"读到钱大昕的真诚、厚道与坦荡:②

文人勿相轻

杜子美诗所以高出千古者,"不薄今人爱古人"也。王、杨、卢、骆之体,子美能为而不屑为;然犹护惜之,不欲人訾议。

这些应该就是钱大昕为学为人之道。

这本书是由陈文和、孙显军校点的。他们的工作是值得我感恩的。因为他们的工作,我便与钱大昕先生有了这么一次愉快而温暖的交流,并感受到他透脱的胸

---

① 钱大昕:《十驾斋养新录》,南京:江苏古籍出版社,2000年版,第393—394页。
② 钱大昕:《十驾斋养新录》,南京:江苏古籍出版社,2000年版,第394页。

襟和深邃的见解。读完这本书,对钱大昕先生的知识结构有了一个基本的认识。不过,除了对《十驾斋养新录》的文字层面的理解,似乎还体会到与他若即若离的禅宗之风。无论是他的话语方式,还是他的性理之路,都让我忍不住想起三祖僧璨的言说:"故知圣道幽通,言诠之所不逮。"[①]

---

① 释净觉《楞伽师资记》卷一,《大正藏》第八十五卷。

30 《尔雅音训》
/黄 侃

黄侃,《尔雅音训》,北京:中华书局,2007年版。

《尔雅》是我国解释词义最早的专著。前些时候读《尔雅》,就把它当作词义解释汇集,当作训诂学的起源,当作研究用语言解释语言的方法和规则。训诂包括:(1) 同训,即用同一个字或词解释两个或者更多的同义词或者近义词;(2) 互训,即同义词或者近义词相互训释;(3) 递训,即前后字、词依次递进相训释;(4) 反训,即用反义字、词加以解释;(5) 申训,即提供两种或者更多的解释;(6) 声训,即用声音相同或者相近的字、词加以训释;(7) 义界,即以概念范畴的分类来格义。① 当时,没有特别地在意声训,倒是对同义互训颇多疑问,不停地追问,不停地思考,不停地查阅资料,到现在也还没有能够停得下来。最终能不能获得一个圆满而合理的解释,已经显得不那么重要了,因为在这一过程中已经逐渐习惯于选择多个视角,包括字形、语音、文化、民族等等。多个角度的理解和指认至少可以确保逻辑路径不发生错位。

二〇〇八年四月十一日,在唐人书店遇见黄侃先生的《尔雅音训》。先前,只是在黄侃先生的《黄侃论学杂著》(上海古籍出版社,1980年版)中阅读过《尔雅略说》。对于《尔雅》的研究以及对这一类研究的研究,称之为"浩繁"一点点都不夸张:有注本,有义疏,有辑佚,有校勘,有注音,有释例,如此等等。印象最深的应该是刘歆、郭璞、陆德明、黄侃、陈玉澍、王国维等。

---

① 参阅顾廷龙、王世伟《尔雅导读》,成都:巴蜀书社,1990年版,第37—43页。

随着阅读面的扩大,开始越来越关注汉字的声韵。

"尔雅音训序"为黄侃先生之侄黄焯先生所作。黄焯先生(1902—1984)是了不起的语言文字学家。他指出:[1]

> 治《尔雅》之要,在以声音明训诂之由来。盖古人制字,义本于声,即声是义,声音训诂固同出一原也。夫文字滋生,声从其类。故今日文字、声音、训诂,古曰字读,读即兼孕声音、训诂二事。……尝诲焯曰:"《尔雅》解释群经之义,无此则不能明一切训诂。《说文》解释文字之原,无此则不能得一切文字之由来。盖无《说文》,则不能通文字之本,而《尔雅》失其依归;无《尔雅》则不能尽文字之变,而《说文》不能致用,如车之运两轮,鸟之鼓双翼,缺一则败矣。"

《释诂》第一

《释诂》是用雅言解释从前典籍中的字、词。黄侃开篇便指出:[2]

> 广雅诂、言也。然则诂与言对言有别、通言不殊。

《释诂》第一原文的第一条是:

> 初、哉、首、基、肇、祖、元、胎、俶、落、权舆,始也。[3]

读完《释诂》第一,才真正意识到黄侃先生的学问做得有多么的仔细、有多么的智慧。黄侃先生不是对单个字加以逐一的解释,而是以音来考证这些字的意义以及这些字之间的相互关系,从而在根本上解释这些字的同义基础,他所呈现的是以义为核心的字的关系网络图。他的研究关键词是:字音、字义、字与字之间的关系。他了不起地触及了汉语语言的根本——音与义的结合以及音义结合的结构关系:[4]

---

[1] 黄侃:《尔雅音训》,北京:中华书局,2007年版,第1页。
[2] 黄侃:《尔雅音训》,北京:中华书局,2007年版,第1页。
[3] 胡奇光、方环海:《尔雅译注》,上海:上海古籍出版社,第1页。
[4] 黄侃:《尔雅音训》,北京:中华书局,2007年版,第1—2页。

初、始也。始与胎义近,其语自已以来。故说文云、始、女之初也。初与裁声近,其语自才来、亦自且来、初与裁一语而变易、犹语词之哉与且一声而通转、裁受音於才、初受音於且、才且二字义得相通。

哉、始也。哉声通在、下文云、在、终也、是相反为训。声又通载、释天唐虞曰载、注取物终更始、是哉、在、载兼包终始二义。哉又与蓄通、蓄即栽植之本字、故哉又与栽通、下文田一岁曰菑。广雅菑、业也、业亦始也。又考工记轮人先郑注泰山平原所树之物为菑、此即栽植义矣。草木之初为才、初栽草木则为菑、论衡初稟草木出土为栽蘗、东京赋寻木始于蘗栽、是栽亦有始义。……

胎、始也。胎与始义近、皆受音於已弖。胎始声通、胎始殆危、相反为训。肧胎连言。说文肧、妇孕一月也、衃、凝血也、坏、瓦未烧也、皆同意。肧声转为甫、甫亦始也。

俶、始也。俶下文云、作也、俶通俶、皆受于音于首、肇亦首之变也。

落、始也。落与路同声、路、道也、道即首也。道从辵从首、馗从九从首、古文以首为道见于此矣。

有这般生动的呈展,同训异字在理性的逻辑框义中显得新鲜、温润而妙趣横生。

进入到现代汉语,胎(/tāi/)、始(/shǐ/)、殆(/dài/)的发音已经有了明显的差异。而肧(/pēi/)、妚(/pēi/)、衃(/pēi/)、坏(/pēi/)却没有显在的改变。

由此又联想到带有"不"音的字"阫"(/pēi/,/péi/),它指的是"墙"。"不"字多音又多义。例如:

(1) "不"(/bù/):

表示否定。如"知我者谓我心忧,不知我者谓我何求。"(《诗·王风·黍离》)。

表示"无"。如"不德而有功。"(《左传·襄公二十三年》)。

表示"未"。如"直不百步耳。"(《孟子·梁惠王上》)。

(2) "不"(/pī/):

通"丕",表示"大"。如"不显成康,上帝是皇。"(《诗·周颂·执竞》)。

(3) "不"(/fū/):

表示"柎",即花蒂。如"常棣之华,鄂不韡韡。"(《诗·小雅·常棣》)。

关于最后一个意义,我应该再进一步阅读,寻找更多的例证,因为人们对这句诗中的"不"有不同的解释。例如，金启华先生在《诗经全译》将此处的"不"解释为否定词，将"鄂"解释为反诘语。值得注意的倒是"柎"字在上古音中不是清唇音，"不"通"柎"时也就不应该是清唇音了。①

汉字的语音流变颇为有趣。想到了以"台"(/yí/)参与构成的汉字，有怡、贻、诒、饴、眙、耛、瓵，又有抬、苔、邰、鲐、跆、骀、炱、枱、坮、胎、咍等，还有迨、怠、治、冶等。这些字的现代发音相去甚远，却依然可以追索它们先前的相互语音关联。

作为声旁的"台"(/yí/)似乎发生了两个方向的变化，一个从/yí/，另一个从/tái/。这其中应该包括假借的现象。

究竟是什么样的语境导致了声母和韵母的变化呢？

以"诒"为例：

"诒"(/yí/)通"贻"，指"遗留""赠送"。如"丰水有芑，武王岂不仕？诒厥孙谋，以燕翼子。武王烝哉！"(《诗·大雅·文王有声》)②

"诒"(/dài/)则指"欺骗"。如"骨肉相诒，朋友相诈。"(《中论·考伪》)③

显而易见的事实是：同一字符，语音不同，语义也不同。现代语言学术语将这种现象称为：同形异音异义。就"诒"字，它是语音裂变的结果呢，还是假借的结果呢？

与"诒"(/yí/, /dài/)不同，"殆"(/dài/)呈现出不同的流变结果现象：它指"危险"及"不安"。如"民今方殆，视天梦梦。"(《诗·小雅·正月》)④它通"怠"(/dài/)，指"松懈"。如"农者殆则土地荒"(《商君书·农战》)。⑤它还通"迨"(/dài/)，指"趁"；"及"。如"摽有梅，其实七兮。求我庶士，迨其吉兮！"(《诗·召南·摽有梅》)⑥而"迨"(/dài/)与"逮"(/dài/)又是相通的，表示"及"；"到"之意。有趣的是，

---

① 金启华译注：《诗经全译》，南京：江苏古籍出版社，1984年版，第360页。
② 金启华译注：《诗经全译》，南京：江苏古籍出版社，1984年版，第661—663页。
③ 引自《辞海·语词分册》，上海：上海人民出版社，1977年版，第376页。
④ 金启华译注：《诗经全译》，南京：江苏古籍出版社，1984年版，第449—453页。
⑤ 引自《辞海词语分册》，上海：上海人民出版社，1977年版，第1430页。
⑥ 金启华译注：《诗经全译》，南京：江苏古籍出版社，1984年版，第42页。

"逮"本身又是多音字。例如,"逮"(/dǎi/)指"捉";"逮逮"(/dì/ /dì/)则与"棣棣"(/dì/ /dì/)相通,指"雍容娴雅的样子"。现代语言学术语称这种现象为:同音异义。

关于"迨",黄侃先生有如下训释:①

> 迨、及也。迨作隶、逮、鯠俱通。七月迨及公子同归连言、故此以及释迨。迨与下文二逮声转。迨今日逯、俗字作搭。

"逯"字有两音,读/dài/,通"逮";读/tà/,通"沓"。

关于"逮",黄侃先生有如下训释:②

> 逮、逯也。逮下文云、及也、逯及义同。逮与逯一声之转、逯今作搭。故此下云逮及也、方言云、迨、逯、及也、迨逮亦声转。逯亦作沓、汉书礼乐志骑沓沓、注沓沓、疾行也、疾行亦相及之义。又说文眔、目相及也、譶、语相及也、声义并相近。

> 逮、及也。说文唐逮、及也、又隶、及也,又鯠、及也、又及、逮也。

《尔雅》原文中的"台"字在多处出现。总结起来,基本指向三种意义:其一,"我";其二,"高处";其三,"莎草"。

《释诂》第一原文:卬、吾、台、予、朕、身、甫、余、言,我也。
《释言》第二原文:阇,台也。

"阇"(dū)即城门上的高台。
《释宫》第五原文:

> 阇谓之台,有木者谓之榭。

---

① 黄侃:《尔雅音训》,北京:中华书局,2007年版,第43页。
② 黄侃:《尔雅音训》,北京:中华书局,2007年版,第45页。

室有东西厢曰庙，无东西厢有室曰寝，无室曰榭，四方而高曰台，陕而修曲曰楼。

《释草》第十三原文：台，夫须。

"夫须"即"莎草"。

读黄侃先生这部书的过程中，产生了三个疑问及相关思考：

第一，黄侃先生为什么不将《尔雅》原文单列出来呢？仔细想想，这本书应该是为那些可以背诵《尔雅》的人而作的。或者说，在过去，读这本书的人应该是早已将国学经典倒背如流了。倘若将原文单列出来，对于他们来说就显得多余了。

第二，文字之间多有交互缠绕，黄侃先生通篇没有提供例证，只专注于解释。他为什么没有提供声义的诸多例证呢？从辞书的角度来看，这部《尔雅音训》已经完备。但是如果能有各样的例证，阅读与理解或许会更有把握一些。

第三，黄侃先生为什么没有呈现同义字的细微差异呢？如果《尔雅》本身只承担基本意义的界定，黄侃先生似乎可以更进一步以音训界定各个同义字的语义区分和语义来源。我希望能够读到同义字之间细微的差异，没有细微的差异，同义字便失去了存在的价值和依据。它们之间或是有语境的区分，或是有程度的区分，或是有行为者的区分，或是有方式的区分，或是有本义与延伸义的区分，等等。比方：

《释诂》第一：

迄、臻、极、到、赴、来、吊、艐、格、戾、怀、摧、詹，至也。
仪、若、祥、淑、鲜、省、臧、嘉、令、类、绥、縠、攻、谷、介、徽，善也。
怡、怿、悦、欣、衎、喜、愉、豫、恺、康、妉、般，乐也。

"般"读作/pán/。

我一个字一个字地查找资料，这才感受到了同义字的精妙之处。我原本就如闲云野鹤，现在读书，更是随心所欲。有的时候，整个一天都在一个字里进进出出。早晨，有朋友打电话，问我在干什么，我回答说："在看黄侃先生《尔雅音训》里的'豫'字。"下午再打电话问我时，我还在看这个"豫"字。他嘲笑我并善意警示："可别让'豫'字把你给弄成字痴啦！"其实呢，我倒是觉得《尔雅音训》是很养人的，它清平我心,调畅我气。这般在《尔雅音训》的字里行间消遣,怎能不悠哉游哉!

总之,是我自己国学基础缺失,现在应该更加地仔细:逐条阅读,并广泛查找各类各样的例证,要做出细致甄别和理解。

在《释言》第二的开篇,黄侃先生指出:

> 释言专释六艺成言。释诂顺衍而下、如云古所谓初、今所谓始也。释言逆溯而上、如云今所谓中、古所谓殷也。又释诂字大氐本义、释言字大氐非本义而引申。①

我因此对《释诂》和《释言》的性质和特点获得了最为清晰的区分性理解。读到《释言》第二,又看到与"逮"相通的字"遏"(/è/)和"遾"(/shì/):②

> 遏、逮也。遏与曷通、褐训逯逮、则逯逮亦可训曷。又与盍通、诗日月逝不古处、毛传训逮、逮亦曷也。则犹言曷不古处耳。有杕之杜噬肯适我、毛传训逮、逮亦盍也、则犹言盍肯适我耳。今人以与为和、如云我和你、此和当为遏。
>
> 遾、逮也。遾正作逝、往也、说文无遾字。

"杕"读作/dì/。

在阅读的过程中,不时地在想:这般有趣的阅读会将我带向何方? 能不能像理解代数一样来理解这一类语言现象,比方,a = b, b = c, c = d,那么,可以推出 a = b = c = d。汉语是不是也能够做出这般简单的推断呢? 我在想,这样的推断一定是以细微语义丧失为基本前提的。

突然想到二〇一〇年六月十二日杨闷炜先生发给我的一条好玩的短信:

> 数理视角下的男人和女人如何才能不变成猪:人=吃饭+睡觉+上班+玩,猪=吃饭+睡觉,即人一玩=猪+上班,结论是:不懂玩的人=会上班的猪。男人=吃饭+睡觉+挣钱,猪=男人-挣钱,所以,男人不挣钱=猪。女

---

① 黄侃:《尔雅音训》,北京:中华书局,2007年版,第34页。
② 黄侃:《尔雅音训》,北京:中华书局,2007年版,第35—36页。

人＝吃饭＋睡觉＋花钱，猪＝吃饭＋睡觉，代入上式得：女人＝猪＋花钱。移项得：女人－花钱＝猪。结论是：女人不花钱都是猪。综上：男人为了女人不变成猪而挣钱，女人为了让男人不变成猪而花钱！否则，男人＋女人＝两头猪。

仔细琢磨便看出：貌似严谨的"＝"符号其实陷阱重重。

现在，常听人口上挂着个"爽"字。据说，先前是因为台湾人喜欢用"爽"表示"快乐"。见《尔雅》中的"爽"字，似乎与"快乐"无缘。关于"爽"，黄侃先生有如下解释：

> 爽，差也。爽，忒也。爽差同训，犹甑瑳同训也。《说文》甑，瑳垢瓦石。爽谓差错，犹甑厝义近也。《说文》厝，厉石也，引诗可以为厝，今鹤鸣篇作错。江赋云奔溜溜所甑错，磔甑同。爽，差也。爽，忒也。与下文基，经也，基，设也，一例。皆同上一字而异训。①

瑳(/cuō/)即"如玉色之鲜明洁白"，又通"磋"。

在现代汉语中的"爽"，真的是有那么一丝"差错"之义残存，似乎也有那么一点点"忒"的意味残存，尤其是在一些固定短语中，如"爽约"；"屡试不爽"等。它们则清晰地呈现了"差"与"失"之意。而"爽"的主体意义则是"畅快"；"清明"。我想，它应该是"忒"意义的延伸。"忒"本身有两个意义指向："差误"；"太"；"过甚"。后者应该是表达"畅快"之义的"爽"的前身。

在《释训》第三中，我们所能读到的是以通释表示事物情貌的词语为主体，这些词语大体来自《诗经》，以叠音词为主。黄侃先生指出：

> 洪颐煊说、释训一篇专为释诗而作、其间有不在今诗者、盖三家传本有异同也。案诸诸、偶偶、简简、庸庸、懰懰、泂泂以及零暨鬼（诗有鬼方与此义不合）。诸条皆诗文所必无者、洪说亦未可固执也。②

---

① 黄侃：《尔雅音训》，北京：中华书局，2007年版，第36页。
② 黄侃：《尔雅音训》，北京：中华书局，2007年版，第55页。

前半部分的叠音词读起来真是觉得非常享受,叠音词形成对视觉和听觉的双重冲击,生动而绵延,令人过目不忘,黄侃先生的语义解释似乎也显得更为精到。不过,我愿意读到更多的音训。比方:

> 條條、秩秩,智也。皆智思深长。條條舍人作攸攸、攸攸即悠悠、下云悠悠思也、又儵儵罹祸毒也、樊本亦作攸、声义并与此条近。舍人此文释诗悠悠我思、故郭亦云智思深长。秩秩、下文云清也、清明义同、明智义近、是清智义近也。①

"條條"(条条)描写"通达"之貌,如"声气远条"(《汉书·礼乐志》)。现在读来,"秩"与"智"同音。而回溯"秩秩",至少可以看到它的多义现象:首先,它描写水流的样子,如《诗·小雅·斯干》中的"秩秩斯干,幽幽南山。"②毛传:"秩秩,流行也;干,涧也。"可以查到:干、间、涧古时同音并通用。现在一些方言区域如广州、上海、扬州、丹阳等地对这些音仍有保留。例如,当下扬州方言的"一间"读作/ieʔ1 kæ/③。这是一种有趣的现象,可以在这个现象的后面增加一连串的例证。其次,"秩秩"又描写明理而足智多谋的样子,如《诗·秦风·小戎》中的"厌厌良人,秩秩德音。"④毛传:"秩秩,有知也。"朱熹:"秩秩,有序也。"

关于 g 音向 j 音的流变,即刻想到如下现象:

上古音	现今音	意义	上古音	现今音	意义
gā	jiā	家	gà	jià	嫁
gāi	jī	鸡	gāi	jiē	街
gān	jiān	间	gān	jīn	斤
gǎng	jiǎng	讲	gāng	jiāng	姜
gǒu	jiǔ	九	gǒu	jiù	旧

问题是:g 音并没有消逝,j 音原本存在。例如:

---

① 黄侃:《尔雅音训》,北京:中华书局,2007 年版,第 55 页。
② 金启华译注:《诗经全译》,南京:江苏古籍出版社,1984 年版,第 432 页。
③ 李荣主编:《扬州方言词典》,南京:江苏教育出版社,1996 年版,第 395 页,第 228 页。
④ 金启华译注:《诗经全译》,南京:江苏古籍出版社,1984 年版,第 270—271 页。

上古音	现今音	意义	上古音	现今音	意义
gāng	gāng	冈	gè	gè	个
gòu	gòu	够	gǔ	gǔ	鼓
jiǎng	jiǎng	剪	jiàn	jiàn	简
jìn	jìn	晋	jǐng	jǐng	井

在 g 音和 j 音两者之间如何就发生部分的沟通了呢？

读《诗经》的时候，《释训》第三是必要的参考。

《释亲》第四分为宗族、母党、妻党、婚姻四类。黄侃先生指出：

此篇视亲属称谓多与丧服经传同。①

黄侃先生在这一部分并没有提供音训。

以上为尔雅音训卷上。

尔雅音训卷中包括从《释宫》第五到《释水》第十二。

尔雅音训卷下包括从《释草》第十三到《释畜》第十九。

与南京大学中文系的几位博士生聊起黄侃先生，无不感慨。这位出生于成都的了不起的学者，历任北京大学、东南大学、武昌高等师范、金陵大学等校的教授。他精通音韵、文字、训诂、文学，被他的老师章太炎玩笑地封为国学"天王"。就是这位"天王"人物，竟然买了一张夺命的航空彩票。他在南京逝去的瞬间必定是极度欢欣的，只是那张彩票给国学界留下了深深的遗憾。他的"宏通严谨"让后人无比佩服。在他不足 50 年的生命里，学术上多有创见。他的重要著作有：《集韵声类表》（上海开明书店，1936 年版）、《文心雕龙札记》（北京文化学社，1927 年版；中华书局，1962 年版）、《反切解释》（上编，中央大学出版组，1929 年）、《日知录校记》（中央大学

---

① 黄侃：《尔雅音训》，北京：中华书局，2007 年版，第 67 页。

出版组,1933年)、《黄侃论学杂著》(上海古籍出版社,1964年版)、《说文笺识四种》(上海古籍出版社,1983年版)、《字正初编》(武汉大学出版社,1983年版)等。

想起了已经属于世界的荷兰画家梵高(Vincent van Gogh,1853—1890)。他早年经商,以后又热衷于宗教活动。1880年以后才开始学习绘画。仅仅近十年的艺术生命,却充满了不可思议的天才画作。曾在大英博物馆看到过他黑色调的《食土豆者》和《塞纳河滨》,这两幅作品在我的心里留下的印迹如雕刻一般。还看到过他的《向日葵》《包扎着耳朵的自画像》《邮递员鲁兰》《麦田上的乌鸦群》《星月夜》《咖啡馆夜市》等等,他孤独、凄凉的悲剧状态瞬间便将我牵入深深的飘零、沧桑之境地。《欧韦的教堂》原本朴素、安静、小巧,却被他描画得高入云天,不由得体味到梵高对人作为卑微存在的指认。梵高这十年的艺术家生命是在用灵魂作画,他所有的不幸、所有的磨难伴随着他完成了两百多幅伟大的作品。

又想起了已经属于世界的萨尔兹堡作曲家莫扎特(Wolfgang Amadeus Mozart,1756—1791)。他在三十五年的全部生命历程中写下了后人无可逾越的伟大作品,无论是在数量上,还是在品质上:他创作了至少四十一部交响曲,二十六部弦乐四重奏,十部器乐五重奏,十七部钢琴奏鸣曲,四十二部小提琴奏鸣曲,二十七部钢琴协奏曲,四十部小夜曲、嬉游曲,四十二部咏叹调,十九部弥撒曲以及大量的歌曲。我喜欢《唐璜》(1787),它是完美的、清明的,它给莫扎特带来了一个评价"唯一一具有天才技艺和技艺天才的作曲家"。也喜欢《竖笛与弦乐的五重奏》(1788),它是平衡的、纯粹的,它被认为是举世无双的音乐;更喜欢《魔笛》(1791),它是壮阔的、自然的。这部庞大的幻想作品让音乐评论家感到词语的贫乏与无力。时常听《安魂曲》(1791),感受它无边的哀伤、无边的优柔。就因为它是莫扎特的最后一部作品,我感受到一种绝对的精神自由状态。在我看来,莫扎特三十五年的生命有着无可比拟的灿烂,尽管他活着的时候饱受排挤、饱受冷遇!

不由得打开音响,听莫扎特的《安魂曲》,一面翻看梵高的画册,《离骚》的片段竟自然而然地从我的唇间流出:

……

 　　阽余身而危死兮,
 　　览余初其犹未悔;
 　　不量凿而正枘兮,

固前修以菹醢。

曾歔欷余郁邑兮，
哀朕时之不当！
揽茹蕙以掩涕兮，
霑余襟之浪浪！

跪敷衽以陈辞兮，
耿吾既得此中正。
驷玉虬以乘鹥兮，
溘埃风余上征。

……

不过，黄侃先生这位"天王"人物实在是性情中人，喜怒笑骂都无拘无束，且不论场合、时宜。据说，与同事相处，他还是颇有一些霸气的。然而，他治学圣洁，为人耿直，这在他的著述中即可读到：

六畜。六畜释文不见石经、脱、邵晋涵、钱大昕皆谓据石经补、非也、其实石经无此题。严可均说、篇名释畜、复云六畜、于文为复出、石经不题为是、又说……所说皆缪。①

只是，他的生活却拥有太多的色彩。传言他的多次婚恋招致颇多议论，就连章太炎先生的夫人汤国梨也不无愤慨地说他是"小有才识足以济其间"。那么，为什么会有多位女性因为他而前赴后继呢？他必定有着他超绝的可爱之处吧。

最后一篇是黄侃先生所作《日知录校记序》。通篇没有标点，读来别有一番韵味。

黄侃先生(1886—1935)，原名乔馨，字季刚。是章太炎的学生，在音韵、文字、训

---

① 黄侃，《尔雅音训》，北京：中华书局，2007年版，第188页。

诂等方面著述丰厚。《文心雕龙札记》《文字声韵训诂笔记》《黄侃声韵学未刊稿》等都已经成为我的下一步阅读内容。

有的时候，我就在想：可以读到大家的思想、研究、学养，真的就像是可以感受到身边有一堆兴旺的篝火，它既能让冰凉的我取暖，又能照亮我身边幽深的黑暗。倘若错过这般富有灵性的文字，我便没有这般充满梦想的幸运！

《尔雅》是值得一读再读的，而黄侃先生的《尔雅音训》则让我读出了《尔雅》的深邃、丰富与灿烂。

31 《训诂学》/ 洪 诚

洪诚,《训诂学》,南京:江苏古籍出版社,1984年版。

最近在读《楚辞》,总觉得还应当再读一读洪诚先生的《训诂学》。
在绪论中,洪诚先生指出:

> 训诂学是为阅读古代书面语服务的一门科学。它研究如何正确理解古代书面语的语义,以求了解它的思想和内容。[1]

他由此界定了训诂学的功能地位。

我的理解是:训诂是为了通顺古文意义。它有三个基本的工作途径:声、韵、形态。它有三个基本研究单位:字、语词、语句。而训诂产生的惟一理据是:语言流变。

洪诚对右文说作出简单的介绍和分析,只是他的分析似乎与我近来形成的认识有所不同。右文说即其类在左,其义在右,字义统于字音。洪诚先生分析认为:

> 右文说虽然在文字语言的声义关系上有所发现,但是,只可以说明一部分同源词,不能看作是必然规律;因为声符相同的字,意义不一定都相通。如江

---

[1] 洪诚:《训诂学》,南京:江苏古籍出版社,1984年版,第1页。

与杠,同从工声,杠是床前横木,河与柯,同从可声,柯是斧柄,意义各部相联。①

是不是可以这么来推测:我们首先要从语言的层面来进入这个问题。第一,在语言这个层面,先民采用相同的声音表达相同的概念。在这个阶段,尚不存在文字。第二,先民造字,采用同样的文字形态表达相同的声音和相同的概念。第三,在文字形态日趋成熟的阶段,先民介入类旁;或者说,因为类旁的介入,文字形态日趋多样并逐渐丰满、成熟。

就声符相同的字来看,意义基本上是相通的。洪诚所举的两例也是相通的:"工"声为"直","可"声为"弯"。水直则为"江",木直则为"杠";水湾则为"河",木弯则为"柯"。"柯"为草木的"枝茎",即旁逸斜出的部分。"斧柄"是"柯"的延伸意义。再如,声旁"丁"。查阅《说文解字注》:②

丁　夏时万物皆丁实。丁实小徐本作丁壮成实。律书曰。丁者言万物之丁壮也。律历志曰。大盛于丁。郑注月令曰时万物皆强大。

象形。当经切。十一部。

丁承丙。象人心。

……凡丁之属皆从丁。

在所有含"丁"声的字中,如"盯"和"叮","丁"声有一个共同的基本意义:"强""紧"。眼睛紧跟为"盯",语言紧追为"叮"。

这样的现象是常见的,例如:

"戋"声为"小",为"少"。水小或水少则为"浅";钱少则为"贱"。

"分"声为"别",为"散",为"离"。水别则为"汾",丝散则为"纷"。

"壬"声为"善",为"大"。丝优质、完善则为"纴",女体大则为"妊"。

"止"声为"下基",为"草木滋生之貌"。以土为下基地则为"址"(基地),从水中滋生之下基则为"沚"(水中小洲)。

"句"声为"小"。犬小者为"狗";马小者为"驹"。

这些表达意义的声旁是以文字符号的形式记录语言的音义结合体。这让我再次想到语言任意性和非任意性的问题。语言选择同一个声音与同一个概念范畴相

---

① 洪诚:《训诂学》,南京:江苏古籍出版社,1984年版,第17页。
② [汉]许慎撰,[清]段玉裁注:《说文解字注》,上海:上海古籍出版社,1988年版,第740页。

对应以完成语音与语义的最初结合,并恪守这一最初的结合,不断地延伸、扩散,此时,我能够观察到的只能是极其有限的任意性和相对无限的非任意性。

与分别来自物理系、社会学系和计算机系的硕士生、博士生聊起任意性与非任意性。语言作为社会交流的符号具有其无可避免的、深刻的暴力特性。他们说,所有的人都遭遇了两种暴力:一种是在毫不知情的语境中被出生,基本上就不能选择自身的愿望。另一种是在毫不知情的语境中被命名。就几乎所有的个体来说,基本上都是让这个被给定的名字伴随自己的一生。我倒认为,这个问题可以这么来考虑:对于被出生的人而言,这两种现象似乎是具有了暴力的成分,是任意性的。而对于生产者,他们对一个生命的诞生基本上都是有准备的,是非任意的。当然,还有事情的另一面:被出生应该是被出生者积极进取的结果,这种夺取生命机会的意志或许只是潜存于被出生者的意识之中。而名字的给与,对于被出生者而言,是强制性的,是任意的。但其实,在很大的程度上也是一个非任意的过程。命名要按照民族家族谱系的传统方式,并依据民族语言的规则来完成。事实上,如果从语言的角度来看人类所遭遇的暴力,还应该增加一种:人在毫不知情的语境中就别无选择地被输入了生存地的语言。

从不同的角度和层面,可以观察到不同的现象和不同的理据。当不同的媒体在争论报道死亡人数究竟是十三人还是一百三十人的时候,我们可以表示忽略而只认定一个基本的事实:有人在事件中死亡了。当不同的媒体在争论为了汉语的纯洁究竟是要抵制外来语还是让外来语本土化的时候,我们大可不必再讨论汉语纯洁与否这个低级的话题,而只认定一个基本事实:汉语在流变过程中早已发生了混杂。当媒体在争论科学、非科学、伪科学的时候,我们可以稍稍思考一下它们各自的定义、它们之间共时状态下的模糊边界以及它们历时状态中的有趣共核,这其中必然有任意性和非任意性的纠缠。对于我们而言,参照先辈绘制的专业研究版图,选择我们自己研究的兴趣目标,寻找自己认识世界的有效路径,确定自己解决问题的思维方式。这样,我们便拥有了一种自在而愉悦的平民生命方式。

任意或非任意,有的时候并不像看上去的那么简单。一些字,初看上去可就不那么非任意了,似乎也道不出它的任意来。是一种对任意性和非任意性并时的悖逆。例如:"暗"字。这个字含有两个"日"部,似乎最不应该与"不明"或"不亮"相关联。而细细查看,却发现它竟然也具有深刻的非任意性。而这种非任意性恰恰又体现在语音和概念的结合方面。

《说文解字注》有如下解释:①

  晻 日无光也。集韵、类篇皆以晻、暗为一字。依许则义各殊。明之反当用晻。暗主谓日无光。
  ……从日。音声。……

在《说文解字注》中查到了"音":②

  音 声生于心有节于外谓之音。十一字一句。各本声下衍也字。
  乐记曰。声成文谓之音。

又查到了"立":③

  立 侸也。侸各本作住。今正。人部曰。侸者、立也。与此为互训。浅人易为住字。亦许书之所无。
  从人在一之上。在各本作立。今正。铉曰。大、人也。一、地也。会意。力入切。七部。
  凡立之属皆从立。

想到了一个有趣的字"昱",不妨从《说文解字注》中再看看这个字:④

  昱 日明也。
  ……从日。
  从立。……

由此,我便可以这样来理解:"立"为人站立在大地上。"音"字会意,指示人站立在大地上,而太阳已经落入地下。"音"与"阴"音、义相通。"昱"字也会意,指示人站在大地上,太阳却高高地在天上。"昱"与"明"字义相通。

---

① [汉]许慎撰,[清]段玉裁注:《说文解字注》,上海:上海古籍出版社,1988年版,第305页。
② [汉]许慎撰,[清]段玉裁注:《说文解字注》,上海:上海古籍出版社,1988年版,第102页。
③ [汉]许慎撰,[清]段玉裁注:《说文解字注》,上海:上海古籍出版社,1988年版,第500页。
④ [汉]许慎撰,[清]段玉裁注:《说文解字注》,上海:上海古籍出版社,1988年版,第306页。

口为"音"则"喑"（哑然）；心为"音"则"愔"（安闲之貌）；日为"音"则"暗"（无光）。火有光焰明亮为"煜"（照耀）；火无光焰则为"煴"（火势微弱）。

根据我现有的观察和理解，汉字并时具有较强的表音特征和表意特征。然而，我们的先民在古文献中所留下来的注音方式似乎并不易于我们领会。究其原因至少有三：第一，汉语的语音已经发生流变；第二，直音法和反切法都借助汉字本身注音而没有借助一套辅助语言或元语言体系，这就直接导致汉字注音能力几近缺失，或者说，汉语其实并没有相对应的注音工具；第三，汉语语音并没有形成规则性的描写或总结。在汉语音韵方面，至少到目前为止，还没有能够取得如公元前四世纪帕尼尼（Pāṇini）《语言结构规则》（Aṣṭādhyāyī，又称《帕尼尼经》）所取得的成就。至少，我可以看到帕尼尼研究的三大创举：①

第一，以形式化的语言描写、解释梵语，成就人类科学发展史上第一部也是最为经典的一部形式化的语言论著。

第二，指认语言有两种存在形式，即韵律文本语言和日常口说语言，并对两者进行区别性的描写和解释。

第三，指认语言流变，对梵语的语境和语言所发生的流变进行追溯、描写和解释。

而这三个方面都是在完整语言研究体系中完成的。

关于语音的描写，帕尼尼以他独有的方式让语音成为整个《语言结构规则》的描写基础。首先，他按照发音的部位和发音的方法排列梵语字母，形成元音在先，辅音在后的规则顺序。这样既方便他本人的描写和研究，又便于研究者或读者参考、查阅。其次，他界定语音的基本概念，包括同类音、基本级、加强级、最强级、连读音变等等。在此基础上描写语音规律和非规律现象。最后，从语词的语音切入，描写语词之间的语音规律，进而描写语句的语音规律。②

研究汉语音韵，似乎可以尝试考虑三个问题：第一，如何完整而系统地呈现汉语的发音部位和发音方式？第二，如何全面而细致地考察汉语发音的基本特征和基本规律？第三，在区分韵文与白话文的基础上，如何客观而有效地追索汉语语音在语词、语句中的稳定性和流变性？

---

① 参见裴文《梵语通论》，北京：人民出版社，2007年版，第190—200页。
② 参见裴文《梵语通论》，北京：人民出版社，2007年版，第210—211页。

要解决这些问题,最为关键的是方法论。

古汉语中的一字多音、一字多义似乎并不鲜见。问题是对于这些现象的解释往往有多个版本。而各大名家偏偏又各执一词。我当然知道:声随义转,也知道要由义取声,再由声断义。我也知道注音会因辨义而变调,也知道注音会因破字而确立,还会因流变而更革。问题是:然后呢?

读梵语文献的时候,总是担心自己不够周全、不够严密、不够彻底。可是,读古汉语文献的时候,倒是要时时提醒自己:学会随机,学会圆融,学会模糊。看来,不研读《易经》恐怕是万万不能的了!

研究梵语的过程中,稍不留神就会进入高度抽象的形式化分析;而研究古汉语的过程中,随时都在进入细节,乃至细节之中的细节。而牵动汉文化姿态的恰恰又是一个又一个细节之中的细节。

一字多音的现象是存在的,而不同发音的存在就是为了区分概念或意义。洪诚先生举有一例:

> 如主动词的"伐",长读;被动词的"伐",短读,见《公羊传·庄公二十八年》何休注。传到六朝的时候,因语音有演变,方言有差异,传授的人很多,各人的读音也不一致;而陆德明撰《经典释文》,把各种读音综集起来,就显得复杂了。[1]

像"伐"这样既表示主动又表示被动的词还有:"恶""借""分""侵""袭"等。
这样的注音现象在整个的汉语注音状态中有多大的弥漫度呢?是不是仍然可以通过回溯的方法对上古音进行合理的重建呢?

从结构上来看汉语的字和词:字是单音节的,词则可以是单音节和多音节的。后者包括前者。从语义的角度来看汉语的字和词,汉语体系中相对独立的意义单位分布在单音节词或多音节词上。从音与义结合的角度来看汉语的字和词:有同义异音的词,有同音异义的词,有同音近义的词等等。从语音的角度来看,汉语中的每一种音位在汉语语音体系中都具有不可替代的本性,而系统中的每一种音位彼此之间都存在着相互支持、相互对照的关系,由此形成一个关系体系。在这个关

---

[1] 洪诚:《训诂学》,南京:江苏古籍出版社,1984年版,第55页。

系体系中,每一个音位有着它们各自的变体。

不同种类的语言有着不同的音位体系。

那么,我们该怎样来认识这个语音体系呢?这个语音体系是以怎样的结构方式来施指或指称概念的呢?为了完成语音与概念的结合,语音体系内部的音位有着怎样的分配规则与合作规则呢?

站在客观事物的角度来看,语音是一种任意的存在,它与任何一个具象的客观事物之间的任何关联都是任意的,都是外在的,都是绝对不可以被论证的。而站在客观事物概念的角度来看,语音相对于概念是一种非任意的存在。在语音与概念之间必定存在着某种自然契约关系。恰恰是这种自然契约关系支配了语音与概念之间的分配规则。我们要尝试探讨的正是这种自然契约关系的存在依据以及这种自然契约的全部规定性内容。

首先,语音与概念之间存在着双向的供需关系。这是它们彼此存在的基础和依据。

其次,语音与概念之间必须遵守经济规则。语音资源有限,而概念则无限。这势必减少以一对一的模式,而相对增加同音、同义的概率。而以什么样的语音应对什么样的概念则应该是经济规则选择的结果。

最后,语音与概念并时预设自然契约双方无可回避的游戏规则,接受包括时间因素、空间因素、传统延续、时尚追求、内部再造性循环、外部介入性干扰等因素。

洪诚先生在语音和语义一节中指出:[1]

> 音义结合的关系是偶然的。某一种意义,该用什么音去表示,没有客观合理与不合理的必然关系,完全由人们共同约定形成。

> 语音和语义既然没有必然关系,为什么会有大量声近义通的现象呢?就语言发生的起点看,音义的结合关系是偶然的,就词汇发展的过程看,很多是非偶然的。因为一定的事物之间有联系,有共同点;声音单位与声音单位之间有联系,有共同点。人们既用某种声音规定为某种事物的名称,因而对与此相关的事物,也用与此名称相近的声音来表示。

---

[1] 洪诚:《训诂学》,南京:江苏古籍出版社,1984年版,第69—71页。

在一定的限度内,用几种相近似的声音,表示几种相近似的意义;在一定的发展过程中,音义相因而转变,汉语词汇发展史中确有这种情况。声近义通,实际上是由于义近故声近。义近声近起因于声音与声音、事物与事物各有其联系性。前人所谓声同义近的道理在此。因为义近,所以造字用的声符常常共用一个字表音。谐声字声符相同的字,每每在意义上有共同点,原因也在此。

在阅读古汉语文献之前,我完全接受我所得到的专业理论教育:音义的最初结合是任意的。但是,随着阅读的一步步深入,我不断地需要重新思考这一定论,而每一次重新思考都要对语言的基本面做出一定的观照。反反复复地考虑这个问题,寻找更多的汉语语言细节。在这个问题上的反复,有一个明显的挣扎过程。读到以上洪诚先生的话语,不禁又一次进入音义结合偶然性的问题。

从现象上来看,可能发生这样的一个状态:当一个声音最初与一个概念结合,它便逐步开始横向扩充,与诸多同类或近类概念结合。这个时候必须预设:同类或近类概念没有得到并时的指认。也可能发生另样的一个状态:一个声音与一群同类或近类的概念相结合,与概念结合的声音已经是范畴化了的语音。再就是一种中间状态,是历时结合与共时结合的混杂。而从一个发音来看,它与概念的结合方式可能是多样态的。这其中有偶然的发生,也有必然的发生,还可能包括由于口误而造成的没有任何根基的鬼词。

可是,什么是偶然呢?什么又是必然呢?当我们用概念框定概念的时候,当我们尝试越来越趋于严谨的时候,当我们把现象紧紧地攥在手里的时候,现象与本质是不是会从我们的指缝中被不经意地挤压出去了呢?

经过反复思考,我以为:如果我们不能够彻底地证明音义最初结合的任意性,至少可以暂且不要做出断言,让它成为一个开放性的问题,让它成为一个可以讨论的问题,这或许可以让我们在理解语言的过程中有更多选择的可能性。

另一个让我重新认识的问题是词汇的意义。在阅读古汉语之前,从时间、空间、社会等方面对词汇意义的收缩、扩展、转移、更替、并存、死亡进行分析。其实,有一个非常值得重视的问题:词汇是对人类认识客观事物的纪录,词汇是由内涵与外延、核心与边缘、单元与多元、对立与统一等多边交错所构成的关系系统,这个系统是对人类认识能力和认识过程的描写和解释。词汇意义流变的根本在于人的认

识。洪诚先生提供了一些例证:①

　　　　洗发叫沐(莫卜切),洗脸叫沫(荒内切),洗身叫浴,洗手叫澡(上声,子浩切),洗足叫洗(上声,稣典切)。现在统叫洗,洗身叫洗澡。

　　　　月白为皎,日白为皢(呼鸟切),人白为晳(先击切),鸟白为雊(胡沃切),霜雪白为皑(五来切),草华白为皅(普巴切),玉石白为皦。(见《说文》七下白部)现在统称白。

　　洪诚先生论及古汉语的句法规律。关于古汉语句法结构规律的研究,我始终存有疑问:句法结构规律的基本依据是什么? 是不是可以考虑尝试区分语体呢? 毕竟,诗、歌、谣、口说语言、被书写的语言有着各自非常显著的语言结构规则独立特征。当然,它们各自的结构规则特征恰恰是它们作为相对特殊语体存在的依据。将它们糅合在一起加以分析,恐怕就不那么容易获得古汉语一般结构规则了。我的观点是:当我们对古汉语结构规则做一般性研究的时候,必须将所有的韵文排除在外。

　　春天终究是来了! 这些日子,出门便看见屋前屋后满满的杜鹃花美丽而安静。细雨中,去护城河边的小桃园流连。燕子在无边的桃花丛中充满活力地游戏芬芳,并让我看见它们迷人的蓝白相间的尾翼。雨后去秦淮河边漫步,看见水波里大群大群的小鱼集体性地向着长江方向优游着、摇摆着,它们毫不反抗地把自己交给了欢乐与自由。岸边密密的柳树枝叶与微风缠绕,柳叶下的鸢尾花湿润着、俊俏着,可以听得见它们充满梦想的清唱。

　　不能不喜欢金陵这座城!

　　这本书是二〇〇八年春节期间从上海辗转传递给我的,颇感珍贵!

---

① 洪诚:《训诂学》,南京:江苏古籍出版社,1984年版,第101—103页。

32 《诗集传》
/苏 辙

苏辙,《诗集传》,北京:书目文献出版社,1990年版。

　　《诗经》(公元前11世纪—前6世纪)一向被认为是中国诗歌的源头,包括三百〇五篇。分为《风》《雅》《颂》三个部分。《风》是诸侯国各地民间传诵的歌谣,包括十五国风,共一百六十篇;《雅》包括《大雅》三十一篇和《小雅》七十四篇,是周天子建都的王城附近、周王朝直接统治区域的所谓正声;《颂》是庙堂歌曲,包括周颂、鲁颂、商颂,共四十篇。

　　十三岁开始学诗,背诗。第一首便是《关雎》,终究是没有忘记。现在细读起来,才发现自己从前如小和尚念经——有口无心。当初还随口编出:"汪汪小狗,在院之口。唧唧家雀,在树之梢。"讨得一阵善意的嘲笑。现在重读《国风·周南·关雎》,还真是有不少的问题需要追问:

　　第一节第一个词"关关"是水鸟的叫声呢,还是水鸟鸣叫的行为呢?几乎所有的版本大体都将其解释为"水鸟相和的鸣声"。诗的语言是允许这般先声夺人的。我倒觉得应该是后者,那么,"关关雎鸠,在河之洲"就顺畅了:雎鸠在河洲之上鸣叫。很美的一幅场景,尽管没有告诉我们洲上有多少雎鸠,它们是什么颜色的,它们有着怎样的姿态,它们的鸣叫声是否此起彼伏。语言的寥廓甚至可以激发细节的想象。这有些像国画,没有五颜六色,却光彩饱满,完整的气象、完整的情境全在笔墨之外。可是,这样理解"关关"似乎太过逻辑了。倘若诗的语言都这么的刻板而丝丝入扣,恐怕诗的张力便要荡然无存了。类似"关关雎鸠"的诗句还有《国风·秦风·黄鸟》中的"交交黄鸟"。有版本将"交交"解释为"通咬咬,鸟鸣声",有版本则解释为"飞而往来之貌"。

《诗经》给我留下了一些让我不能释怀的问题。于是,去校图书馆三楼开架借阅室。在书架间游走了好半天,选择了叶舒宪先生的《诗经的文化阐释》。回家的路上就在想:但愿这是一本我必须遇到的书。

听同门师姐王晓娜说,叶舒宪先生是一位极其用功的学者,为了节省时间,专心研究,常常吃方便面。其实,在我们的同时代,还真是有不少值得学习的榜样。前些日子读到王世襄(1914年5月25日—2009年11月28日)的《锦灰堆》(北京:生活·读书·新知三联书店,1999年版)。他是燕京大学文学学士、硕士,竟可以把他所喜爱的家具、髹漆、竹刻、民间游艺等把玩得那般出神入化,颇觉激励。

最怕读到诗歌赏析之类的文字,截然不同的语义解释倒在其次,比方,《国风·王风·扬之水》中的"扬之水"中的"扬",有的版本将其解释为"水流很急貌"[①]。有的版本则将其解释为"水缓流之貌"[②]。主要是不太能够承受以物理的方法将包括《诗经》在内的韵文作为自然剖析的对象,同时又加以自我满足式的欣赏、盆景制作式的扭曲、独裁话语式的宰制,担心这种穷理式的阅读方式注定是以强制的意志肢解《诗经》以获得自我满意、自以为是的理解。却也需要对诗歌背景有所了解。尴尬中决定,暂且偏离"志本乐末"以及"诗乐一致"。暂且疏忽"放郑声"及"思无邪"。暂且淡忘"赋、比、兴"及"现实主义",选择剥离附加在《诗经》之上的,甚至侵入《诗经》机体的所有外在之物,选择以简单、真诚、快乐的方式与《诗经》的语言相伴,因为在我看来,所有的被视为背景的资料或文献或争议都还有待于追究确凿的证据。那么,能不能尝试让我们的直觉进入《诗经》的意境和意象呢?能不能尝试让《诗经》融入我们自己的直觉呢?能不能让我们把《诗经》诵读成为我们自我情性的吟咏呢?尽管我们的直觉已经是意识化了的,尽管《诗经》的意境和意象是永远无从确定的,尽管我们的自我情性吟咏是一种限定性的复制行为。总之,我想把自己完全地交给《诗经》,与《诗经》共情,它的笑容便是我的笑容,它的泪水便是我的泪水,它的记忆便是我的记忆,它的期待便是我的期待,尽管我知道,《诗经》的阅读根本就是没有最后归宿的,根本就是永无抵达的。

---

① 程俊英主编:《诗经赏析集》,成都:巴蜀书社,1989年版,第111页。
② 金启华:《诗经全译》,南京:江苏古籍出版社,1984年版,第155页。

唯一能够让直觉入境的有效方式便是一遍又一遍地诵读。正是在反反复复的诵读之间，突然觉得《关雎》的节奏感好强。在我的感觉里，诗似乎应该是色泽温润、性情柔婉、品行敦实、内涵厚重。至少从表象上来看，《关雎》不止是"音节铿锵"，它有太过强硬的节奏或音节，似乎更像是歌谣，而少有我以为的那份诗性。例如，《国风·陈风·月出》颇有诗的韵味和神气：

月出

月出皎兮
佼人僚兮
舒窈纠兮
劳心悄兮

月出皓兮
佼人懰兮
舒忧受兮
劳心慅兮

月出照兮
佼人燎兮
舒夭绍兮
劳心惨兮

在《诗经》中，这是惟一以月起兴的诗，读起来很有诗的美感。只是，这首诗在不同的版本里有不同的句读。

版本不同，诗经的句读竟然有明显的差异：一种情况是：同样的一个诗句，或是被添加了感叹号，或是被添加了句号，或是被添加了问号。句读的不同表情将诗句的意象引向不同的语境。另一种情况则是：同样的一个语段，或是被添加了两个句读。或是被添加了三个句读，彼此足以颠覆对方的情感

意义。比方,《诗经赏析集》中的《国风·王风·扬之水》是"怀哉！怀哉！曷月予还归哉！"①而《诗经全译》中却是"怀哉怀哉！曷月予还归哉？"。②这让我联想到两个方面的问题:第一,我们的先人为什么不标注句读呢?当时的阅读者依据什么来判断写作者的句读呢?当时有怎样的句读规则呢?第二,我们引进的西方语句概念与古汉语的句读是基本吻合或一致的吗?以梵语为例,一个语句可以包含数十个主谓结构,可以包含数十乃至数百个字符,可以占有长达数页的篇幅。

从理论上来分析,句读形式上的缺位蕴含了无数的可能性。诗人的创作是从一种情境生发的,而读者的解构则有可能与原有的情境擦肩而过,构建出另样的境界。

再次回到训诂学。

此时已是午夜,窗外的雨伴着大风尖锐地击打着我书房的玻璃窗。带着句读的问题步入卧室,却时醒时睡,迷迷糊糊地琢磨古人言说的表情,想展开想象,飞向远古的时代,结果是:我可以挣扎着扑打翅膀,却不能够飞翔。

早晨,慵懒地打开电脑,却有申小龙先生的邮件,不禁为之一震:

> 汉语研究一个很大的困难就是认识西方语言学的分析理论和中国传统的语言分析理论究竟是一种什么样的关系,例如,古人的"句读"和西方语言学的"句子"究竟是什么关系?现在的汉语研究,用西方的"句子"来分析汉语,这是便捷的,在中国现代语言学,这是一种"政治正确",但真正要回答我上面的这个问题,是非常困难的,难在几乎没有人认识到这是一个问题。吕叔湘看了我的博士论文后,对我说,他六十年代就向他的学生提出了这个问题,但他的学生没有回答好这个问题,我想这是历史的局限。"语言学"这个概念,在西方,几乎是一个自然科学的概念,它的合法性几乎就在于它的抽象性,这样一种科学主义的意识形态,严重束缚了现代西方人和中国人对汉语、汉字的认识。

不敢问他是如何想着跟我谈论句读的问题,或许,他最近在考虑句读的问题,或许,他相信我在古汉语阅读中注定要遭遇句读?回复的时候,我写道:

---

① 程俊英主编:《诗经赏析集》,成都:巴蜀书社,1989年版,第111页。
② 金启华译注:《诗经全译》,南京:江苏古籍出版社,1984年版,第155页。

太巧了，昨天看训诂方面的书，我就想到了句读的问题。我好奇：为什么我们的先人不标示句读呢？后人是不是有可能以自己当下的语境去标注呢？找出一张拓片，看了又看，不得其解。读《诗经》《楚辞》，也注意到不同的版本有不同的标注，句读肯定是个问题，不过，我没有您思考得那么深刻。

昨天还遇到一个问题：古汉语中的"伐"，有主动与被动之分，而这种区分是靠着音的长短，是这样吗？如果是的话，那应该不止一个这样的词吧？比方，"分""侵""袭"等等。不知道这样的语音描写是否有可靠的依据。

申小龙先生回复：

句读的概念是和汉语的特点联系在一起的，这个特点就是汉语句法的音乐性，因为音乐性，所以汉语可以用字像积木一样排列起来，不需要标点符号，在阅读或诵读的时候，凭着对声气的感觉，自然地判断音句，以音句为基础，理解义句。

上古汉语中，一个字经常同时具有名词和动词、主动和被动的功能，不同的功能在那时有没有声音的变化，谁都不知道，后人在读古文时，为了分辨一个字的不同的功能，就用"读破"的办法，就是变化声音，以区别意义。要真实了解"读破"在上古有没有可能，现在最多只能从方言和汉藏语其他语言中寻找例证。其实，我们现在看古文，完全可以习惯从上下文判断一个字是被动义还是主动义，所以"读破"云云，我看只是一种阅读技巧。

我以为，因为阅读经历和阅读语境，不同的阅读者对声气的感觉有可能会不尽相同，各自所判断的音句就有可能不同的。

说到音乐性，想到了古琴。相信申小龙先生所说的音乐性如古琴曲谱所表现。如果汉语句法具有这样的音乐性，那么，它一定应该允许句读形式上的缺位，就如同古琴字谱不具有五线谱上的音节或音句一样。而这种缺位就蕴含着无数的可能性。第一种可能：我们的先民不是不能标示句读，而是不必作为。汉语有天然的音节，并无固定的板拍。当时的人们以当时的文化便可自然通达，自悟自得。第二种可能：当时的文字或许只是起到备忘录的作用，并不如当下的文字作为交流的一种主体形式而存在。更多的是依赖口耳相传。第三种可能：句读缺位是汉文化自由人文精神所致，文字本无规定性的句读，句读来源于心灵，只有心灵自由，文字才能够保持人文的弹性与张力。第四种可能：文字记录思想，而思想是流动的，宛若一条河流。在思想流动的过程中，似乎应该只有顺势的流淌而没有停顿。第五种可能：文字记录的不是文字本身，而是语言。无论是在言说者一方还是在言听者一方，都没有显在的可以被记录的句读，或者说，文字并不记录没有被言说或言听的信息。停顿、音高、节奏、时值、速度等等都不在文字记录的范畴。

其实，还可以想到更多。于是把自己的想法告诉了申小龙先生。他很快给了如下回复：

> 你的理解很正确，中国文化的思维方式产生的东西，都是不切割的，连续性的，这是中国人的有机整体的宇宙观，语言既然是一种文化现象，汉语、汉字当然都应该具有中国文化的这种"通约性"。而这种文化通约性在西方语言理论的视角下，是无法解读的，西方人（包括跟随西方的中国人）用自己的方式来分析汉语汉字，许多中国人认为这是可行的，中国的现代语言学就是这样建立和发展的，而且形成了一种意识形态，正是在这一点上，文化语言学的产生和发展有了重要的意义。

> 用"现代语言学"的思维看传统训诂，《诗经》的注解应该是有"确诂"的，就是一定有一种解释具有真理性，但这句话本身就是矛盾的，因为"解释"本身是一个人文性的概念。也因此，中国古代的语言研究，在"现代语言学"眼里，是不科学的。文化差异，这种空间性的多样性，被西方人（包括跟随西方的人）时间化了，所谓"文明冲突"，我想很大程度上是由这种"义无反顾"的时间化造成的。……当然，最终的判断，是由自己独立完成的，这就是所谓"我注六经"。

面对书桌上四个不同的《诗经》注释版本，颇觉不爽。语义解释别别扭扭的。是历史流程中的时间已经阻断了《诗经》篇章语义的完整传递吗？缺乏想象力的赏析、缺乏历史语境的分析，我实在是不情愿就这么读下去。此时窗外正艳阳高照，决定去书店找一本《诗经》原版影印，想进入它文本的初语境，体验它原初的感觉和意象，却无功而返。倒是，在数日后的一个落雨的下午，在朋友聚会上，我意外地获得苏辙《诗集传》线装影印本。一套三本，柔软宣纸，遒劲木刻，至少算是找到了读古书的感觉。若是倚着躺椅，左手握着书卷，右手执着小楷毛笔，蘸上红墨，不时标注句读，那样的阅读该有多么的令人着迷！

刻本说明如下：

> 詩集傳原一套四本五十二年正
> 月三十日
> 暢春園發下改一套三本係宋鈔
> 轍所著淳熙七年其曾孫詡
> 重校刻
> 宋板

书目文献出版社有影印说明：①

《诗集传》二十卷，宋苏辙撰，南宋淳熙七年（一一八〇）苏诩筠州公使库刻本，北京图书馆藏。宋人解《诗经》者，不下数十家，而苏辙《诗集传》独树一帜，颇具新意。今见苏辙《诗集传》通行为十九卷本，北京图书馆藏二十卷本则是传世最早的版本，也是目前所知的海内外孤本，为世人所鲜知，在学术、版本、文物等方面有很高的价值。

此书原装一套四本，初为毛氏汲古阁旧物，清初辗转入内府，藏于畅春园，并由内府工匠改装为一套三本。为保存祖国文献，满足国内外研究与收藏的需要，我社特限量以石印线装的形式出版此书，并保持清内府一套三本之旧式。

苏辙（1039—1112）是北宋散文家，字子由。与父苏洵、兄苏轼合称"三苏"，一并被列入"唐宋八大家"。另著有《栾城集》。

回到家便开始阅读《关雎》的注释，颇见其独有见地。我迫不及待地一页页地读下去，直到越来越清脆、密集的鸟叫声。已是清晨！苏辙的《诗集传》正是我在原野中期盼遇见的那缕阳光！

---

① 苏辙：《诗集传》（线装影印本），北京：书目文献出版社，1990年版。

只是,眼睛奇痒,好不舒服!这套书终究是有近三十年了,被人收藏却无人翻阅,必定滋生了不少的细菌,且有腐旧的气味熏得我不时地打喷嚏。

换了身休闲装,穿上步行鞋,便出门了。地上是湿的,抬头看天,层层阴云,或浓或淡,僵滞在上空。围墙边散落密密的蔷薇花瓣。在长长的香樟木林荫道里,享受难得的湿润幽馨。走到秦淮河边,却有风兴浪作。昨天早晨醒来的时候突然问自己:"我怎么还活着呢?还要这么活多久呢?活下去不过是再多写两本无所谓有无所谓无的书而已,不是吗?"今天,虽是整夜无眠,又是阴云密布的早晨,看到平日里我本不屑的秦淮河上人造船队、人造荷花、人造青蛙,倒也不觉扎眼。大步流星,像阳光一样快乐,像风一样自由,像自然一样轻松。活着真的是好,活着可以读书,可以读近千年前的文字,可以惦记活在近千年前的苏辙并与他对话,这是怎样的一种时空交通呢!

我所读到的其他版本都将《关雎》断为五章,而苏辙将其断为:三章,一章四句,二章章八句。(诗一,七良)

  关关雎鸠,
  在河之洲,
  窈窕淑女,
  君子好逑。

  参差荇菜,
  左右流之,
  窈窕淑女,
  寤寐求之,
  求之不得,
  寤寐思服,
  悠哉游哉,
  辗转反侧。

  参差荇菜,
  左右流之,

窈窕淑女,
琴瑟友之,
参差荇菜,
左右芼之,
窈窕淑女,
钟鼓乐之。

前面读到的版本,第一章"君子好逑"中的"君子"都被分析为这个分句的行为者,即如"哥儿想和她配成双"。①而苏辙则将其分析为受事者,即"可以配君子"(诗一,六良)。我认为,苏辙的分析是得体的,按照他的解释,第一章的语义读起来才顺畅。苏辙对第一章的解释如下(诗一,六良):

关关和声也。雎鸠,王雎鸟之挚者也。物之挚者不淫。水中可居者曰洲。在河之洲言未用也。逑,匹也。言女子在家有和德而无淫僻之行可以配君子也。

这段解释让我顿觉彻底领悟的畅快。"窈窕"通常解释为"美好貌",也可拆解为:心美则窈,形美则窕。"淑"则为"善"。美丽又善良的女子才能够配得上君子的。苏辙对下面两章的精到的文字解释、诗的章法以及背景的呈现让我真正开始学会欣赏并喜欢上了《关雎》的意境(诗一,六良):

荇接,菜也。左右,助也。流,求也。服,事也。后妃将取荇菜以供宗庙,必有助而求之者,是以寤寐不忘以求,淑女将与共事也。

芼,择也。求得而采,采得而芼。先后之叙也。凡诗之叙,类此。窈窕淑女,不可得也。苟其得之,则将友之以琴瑟,乐之以钟鼓。琴瑟在堂,钟鼓在廷。以此待之。庶其肯从我也。此求之至也。

将政治意味剥离开去,《关雎》便是一首纯粹的民歌。

---

① 金启华:《诗经全译》,南京:江苏古籍出版社,1984年版,第2页。

读到了《扬之水》(诗四,三清):

　　扬之水
　　不流束薪
　　彼其之子
　　不与我戍申
　　怀哉怀哉
　　曷月予还归哉
　　……

苏辙对扬之水的解释是(诗四,三清):

　　扬之水非自流之水也。水不能自流而或扬之,虽束薪之易流,有不流矣。水之能自流者,物斯从之,安在其扬之哉?

戍守在外的士兵在空荡荡的野外,孤单单地站立河边。萧瑟的秋风裹着士兵所有的思归之心,让无望呼喊飘零。让人心疼!

我以为,就语词的解释和意境的再现,苏辙的《诗集传》应该是《诗经》解读的最后版本!

钱大昕先生有关于"扬之水"的解读:

　　《诗·王郑唐风》"扬之水"今本"扬"皆从手旁。臧镛堂云:"洪氏《隶释》载汉石经《唐风》第三章'扬'作'杨'。"予所见《隶释》"既见君子,云胡其忧","忧"下空一格,下有"杨"字,不作木旁,当更考之。……①

没有句读的宋刻本,我阅读起来却非常的舒服,毫无文字理解上的障碍。此时,记起自己一九九八年出版的诗集《永远的秋水》(南京:江苏文艺出版社,1998年

---

① 钱大昕:《十驾斋养新录》,南京:江苏古籍出版社,2000年版,第15页。

版),诗文没有用标点符号。二〇〇五年在剑桥诗刊上发的"*About My Poem*""您能看见我吗"(2005 Inprint,Cambridge)也没有用标点符号。就我个人的体验,写诗的时候不用标点符号,似乎感觉还是比较舒服的。"句读"的问题突然间变得非常的可爱。

汉语或许像音乐一样更讲究审音。听各样的语言,似乎汉语最具有密集的颗粒感,非常的饱满,"和"与"润"的意味也因此特别的浓郁。

每天吟诵《诗经》便是我往返于远古往事与当下未来的时刻,我藏起自己的表情,愿意被《诗经》这个世界怀抱,并悄然侧耳倾听这个世界里缕缕不断的风声,这是我的幸福!人在幸福的时候总是容易不知深浅地追问,我也是这样。蓦然间想要问:是什么让文字符号变成了一首诗呢?文字符号是如何具有了诗的神、气、韵、意象、妙悟的呢?是什么让声韵铿锵、音步参差、音节错落的呢?是什么在充盈着诗的时间和空间连绵不绝的构建?是什么让诗可以像生命一样的律动,并像生命一样具有爱的能力,会想象,会赞美,会悲愁呢?是每一个相对独立的文字符号吗?我竟然在《国风·陈风·泽陂》里不断地停留:

泽陂

彼泽之陂
有蒲与荷
有美一人
伤如之何
寤寐无为
涕泗滂沱

彼泽之陂
有蒲与蕳
有美一人
硕大且卷
寤寐无为
中心悁悁

彼泽之陂

> 有蒲菡萏
> 有美一人
> 硕大且俨
> 寤寐无为
> 辗转伏枕

我为什么可以如此深切地感受到诗人的愁苦呢？是诗的节奏和韵律所致吗？是一个个文字符号的贡献吗？我越是想通过文字来靠近这首诗，就发觉自己越是远离诗人、远离诗人的悲怆、远离诗人的苦难心灵。我的阅读变成了一份遥望。这首诗分明是藉着文字符号构建起来的，分明是藉着文字符号在言说的，我看到的却是在动与静、虚与实、远与近、清与浊之间深情和悲恸交融的画面，这个画面甚至还没有来得及获得题跋，便在无言中渐渐地消散开去。

当文字凸现无言，当语言凸现沉默，什么是文字？什么是语言？在这样的情境中，我仍然是在阅读吗？我仍然是在言听吗？抑或，我只是在模仿？只是在回顾？只是在重复？

当我所阅读的文字不再是文字本身，文字便完美地实现了它的价值。真的就是这般的妙不可言！

忽然想问：什么是建筑？是什么让砖块构建一座房屋的呢？是什么决定砖块与砖块之间的位置和关系的呢？是什么在决定房屋的风格呢？为了这座房屋，有没有砖块需要被修整、需要被雕琢、需要被埋没呢？如果我们看到的是一座完整的房屋，那是因为每一个砖块没有作为一个相对独立的存在而实现它们各自的价值。它们之间的关系形成了建筑以及建筑的风格。还想问：什么是音乐？是什么让音符组成一部交响乐的呢？是什么在决定音符与音符之间的位置和关系呢？是什么在决定音符的表情？又是什么在决定整部交响乐的主题呢？是什么在勾连音符与表情呢？如果我们听到一部完整的交响乐，那是因为每一个音符不是作为独立的存在而实现它们各自的价值。真是这样的，整体是以构建要素的消弭为基础的。关键之关键则是关系。

当我看着《诗经》的时候，就像是作为《诗经》怀抱里有灵的生命在看着我自己！这是一种让我不安的际遇！《诗经》里的人们那么的遥远，我却在不觉中仿佛与那么遥远的人们有了一份亲缘，无论是对他们的痛苦还是对他们的快乐，无论是对他们的恬淡还是对他们的窘迫,我都有足够丰富的想象,我都有足够真切的感受。他们不停地吟着诗、唱着歌。遥远的他们会不会等待听见数千年后的我追随着他们继续吟唱他们的歌谣呢？就犹如当下的我满怀感恩地遥望数千年前的他们。

《诗集传》已经化作我生命的时光！

33 《楚辞补注》/ 洪兴祖

洪兴祖,《楚辞补注》,北京:中华书局,1983年版。

屈原(约公元前340—约前278)名平,字原。战国楚人。《楚辞》是以屈原作品为代表的一部古代诗歌总集。

我之前大体已经形成了一个基本的印象:《诗经》所传达的中原文化与《离骚》所传达的楚文化有着明显的品性差异。前者是恢宏的、朴实的,后者是细致的、浪漫的。但是,依然可见前者对后者的影响。

对《离骚》有题解:

> 忧心烦乱,不知所愬,乃作《离骚经》。离,别也。骚,愁也。经,径也。言己放逐离别,中心愁思,犹依道径,一云陈直径,一云陈道径。以风谏君也。①

屈原在长期流放的岁月里完成了他的不朽诗篇。

阅读《离骚》,感觉屈原特别的悲情,诗行里充满了个人的幽怨和不平。否定词"不"的频繁使用给我留下了非常负面的印象。联想到孟子:"万物皆备于我。"相比之下,屈原似乎是少了几分豪迈、从容和洒脱。

---

① 洪兴祖:《楚辞补注》,北京:中华书局,1983年版,第2页。

在洪兴祖的补注中可以读到：①

　　汩余若将不及兮，汩，去貌，疾若水流也。不，一作弗。[补曰]：五臣云：岁月行疾，若将追之不及。汩，越笔切。《方言》云：疾行也，南楚之外曰汩。恐年岁之不吾与。言我念年命汩然流去，诚欲辅君，心中汲汲，常若不及。又恐年岁忽过，不与我相待，而身老耄也。[补]曰：恐，区用切，疑也，下并同。《论语》曰：日月逝矣，岁不我与。

　　荃不察余之中情兮，荃，香草，以谕君也。人君被服芬香，故以香草为谕。恶数指斥尊者，故变言荃也。察，一作揆。中，一作忠。[补]曰：荃与荪同。《庄子》云：得鱼而忘荃。《音义》云：七全切，崔音孙，香草，可以饵鱼。……反信谗而齌怒。齌，疾也。言怀王不徐徐察我忠信之情，反信谗言而疾怒己也。齌，一作齐。……反信谗人，与之同怒于我。

　　余既不难夫离别兮，近日离，远日别。一无"夫"字。伤灵修之数化。化，变也。言我竭忠见过，非难与君离别也。伤念君信用谗言，志数变异，无常操也。五臣云：伤，惜也。[补]曰：数，所角切。化，音花，下同。

　　曾歔欷余郁邑兮，……哀朕时之不当。……自哀生不当举贤之时……

　　怀朕情而不发兮，余焉能忍与此终古。言我怀忠信之情，不得发用，安能久与此闇乱之君，终古而居乎？意欲复去也。一本"忍"下有"而"字。

显而易见，这些是屈原的个人情感宣泄。

重读《离骚》之前，查阅杨白桦的《楚辞选析》（南京：江苏古籍出版社，1987年版），更多了解屈原所处的历史时代背景。再读屈原，感觉他的呐喊、他的悲愤、他的遭遇为时代留下了一组最强的声音。他让九州颤栗，让世界心疼。但是，我仍然觉得《离骚》这部自传体诗作更多地是宣泄屈原自己的不幸。他表达对神明的敬畏，表达对君王的忠诚；他痛诉自己遭遇排挤，痛诉自己遭遇迫害；他渴望重新获得信任，渴望重新施展抱负。我不敢说他是愚昧忠诚。然而，他为什么不选择起义呢？他为什么不选择抗争呢？至少，他在《离骚》中没有表达任何为进步、为正义而战的勇气。他选择死亡，我不敢说他死得狭隘、懦弱，或者他死得光荣、坚贞。从《离骚》的题名到诗最后的"乱曰"，足见他选择了逃避，选择了放弃，选择了无助，选

---

① 洪兴祖：《楚辞补注》，北京：中华书局，1983年版，第6页，第9页，第10页，第25页，第35页。

择了停止，选择了愁苦。他是否具有典型的时代性悲剧，是否与祖国休戚与共，我还需要再继续阅读，继续追索。但我始终不能够将投河自沉与一位伟岸的男人框定在同一个画面里。

中国历朝历代的知识者似乎总是看着君王的脸色战战兢兢地为官，一旦失去宠幸，便自我放逐。而在自我放逐的过程中，仍不失时机向君王表白忠诚。异化了的情感凸现！从这个意义上来看，屈原代表了一种社会群体的生存状态，这种社会群体历时地存在着，并重复着屈原的生命表达。个体的表达或许就这般被集体所指认，并用来解释且隐喻社会群体的感情。

一直都喜欢看油画，喜欢细腻的色彩和精巧的结构，喜欢逼真的印象和充沛的感情。也一直喜欢听交响乐，喜欢美妙的和声、流动的节奏、自由的旋律、不协和调性、层层叠叠的音色和游来荡去的曲式。对国画没有太多的感觉，对民乐也没有太多的偏好，尽管从小就跟着艺术学校的老师学习弹琵琶，只是习得了琵琶弹奏的工匠技能而已。后来，却因为喜欢文字而喜欢了书法，又因为喜欢了书法而喜欢了国画。再后来，却对琵琶、古琴、二胡无比地着迷。或许，我还真就是属于那种比较迟钝的人。不过，到现在，仍然不能欣赏焦墨画，觉得它黑乎乎的，干瘪而乏味。那么，我需要顺着书画评论家的话语去看焦墨画，学着看出它的精彩。其实，我也需要顺着文艺评论家的话语去看《离骚》，学着看出这一作品的伟大之处。

《离骚》或是叙事，或是抒情，自由而激荡！屈原的文字，我喜欢。如：

芳与泽其杂糅兮
唯昭质其犹未亏（第 17 页）

夫孰非义而可用兮
孰非善而可服（第 24 页）

路曼曼其修远兮
吾将上下而求索（第 27 页）

时暧暧其将罢兮
结幽兰而延伫（第 30 页）

>　　何所独无芳草兮
>　　尔何怀乎故宇（第35页）

这部诗作不拘于传统的韵律规则,一行多则九字,少则五字,也有两字、三字。文字随情感的潮水游走。楚国口说语言词汇比比皆是,地方色彩浓郁。是否可以算作自由诗作呢？

按照大多数学者的理解,《九歌》应该是神话中的乐曲名称,而《楚辞·九歌》是一部用于祭祀的歌词或组歌。楚国巫风盛行,并以恋歌祭祀,娱乐神明。出自屈原之手的《九歌》有多少是对民间祭神歌辞的传承以及有多少是他独立的创作,这仍然是人们在探讨和争论的问题。不过,在我看来,这个问题的争论已经没有意义了。屈原早已作为楚文化的一个部分而存在,而且是楚文化中的一个大写的符号。

《九歌》的第一篇是《东皇太一》,"东皇太一"是楚人信仰中最为尊贵的天神。《东皇太一》描写盛大的祭典,人与神同时在场（第56—57页）：

>　　灵偃蹇兮娇服
>　　芳菲菲兮满堂
>　　五音纷兮繁会
>　　君欣欣兮乐康

用 ABAB 韵,第二句和第四句用字对应工整。
最后一篇是《礼魂》,是祭典的结束语（第84页）：

>　　成礼兮会鼓
>　　传芭兮代舞
>　　姱女倡兮容与
>　　春兰兮秋菊
>　　长无绝兮终古

其余九篇,每一篇的题目都是楚之神的名称。读完之后,似乎有一种非常强烈的印象：篇篇都在沉痛地倾诉幽怨。时光是残酷的,春梦是虚幻的。天地不接,神人悠隔。人与神之间各样美丽的情感遭遇压抑,或是擎天动地,或是情思绵邈,竟然都归入最终的虚无。如果说,它们就是不折不扣的"哀歌",应该不算夸张。

《云中君》是人对神的爱恋悲歌(第58—59页):

> 灵皇皇兮既降
> 猋远举兮云中
> 览冀州兮有余
> 横四海兮焉穷
> 思夫君兮太息
> 极劳心兮忡忡

"云中君"即"云神丰隆也。"(第95页)

《湘君》和《湘夫人》似乎是上、下篇,湘君和湘夫人都是情深意浓却又痛苦欲绝。被抛到江心的是玉玦与佩囊,被宣泄的却是悠悠情深所带来的幽怨。两篇的结尾分别是:

> 捐余玦兮江中
> 遗余佩兮醴浦
> 采芳洲兮杜若
> 将以遗兮下女
> 时不可兮再得
> 聊逍遥兮容与[1]

> 捐余袂兮江中
> 遗余褋兮醴浦
> 搴汀洲兮杜若
> 时不可兮骤得

---

[1] 洪兴祖:《楚辞补注》,北京:中华书局,1983年版,第63—64页。

聊逍遥兮容与①

我以为，既然是在祭典中的唱诵，被颂扬者必定是"神"。但是，似乎前人颇有一番争议：有人认为"湘君"是湘水之神，"湘夫人"为尧二女。王逸执此一说。也有人认为"湘君"为娥皇，"湘夫人"为女英。洪兴祖执此一说。②

读完《九歌》，闭上眼睛，便看到，在祭典的歌声里，有成群的鬼魂，他们随着祭典的结束而与歌声一起消退。所有唱颂歌的人们轻轻松松地清点他们的礼乐和彩装。刚刚过去的是一个节日，是一次盛会，是一场洗礼！在回家的路上，他们已经成为没有哀怨、没有忧伤、没有往事的快乐灵魂，却注定要在将来的某一天把那个已经被送走的多情幽怨再度揽入心怀。就这么从一个年轮走入又一个年轮，在轮转中指认了康乐与幽怨的杂糅。

《天问》读来让人感觉异常痛快、异常爽快。它拷问天、拷问地、拷问人、拷问事，淋漓尽致！洪兴祖的《楚辞补注》中有如下题解：③

> 《天问》者，屈原之所作也。何不言问天？天尊不可问，故曰天问也。……《天问》之作，其旨远矣。盖曰遂古以来，天地事物之忧，不可胜穷。欲付之物言乎？而耳目所接，有感於吾心者，不可以不发也。欲具道其所以然乎？而天地变化，岂思虑知识之所能究哉？天固不可问，聊以寄吾之意耳。楚之兴衰，天邪人邪？吾之用舍，天邪人邪？国无人，莫我知也。知我者其天乎？此《天问》所为作也。太史公读《天问》，悲其志者以此。柳宗元作《天对》，失其旨矣。王逸以为文义不次序，夫天地之间，千变万化，岂可以次序陈哉。序，一作叙。

其实，王逸从语词顺序着手分析也未尝不是一种理解路径。

看《天问》，不禁对"天"字有了好奇。文学作品中的"天"不同于自然科学论文中的"天"，但有一点是共同的，即非人力所能为者。在古典文献中，可以读到"天"即"命"。如孟子梁惠王下："吾之不遇鲁侯，天也"。这仍然是对人力所不能为的一种指认。常有"天命"或"天道"等表达。屈原似乎是在向天命发问，向天道发问，却丝毫没有对问题答案的任何期待。我可以非常真切地感受到整篇从自然到人文的拷问具有深刻的哲学意味，具有浓烈、盛大、圣洁的人格独立精神。我尤其喜欢"厥

---

① 洪兴祖：《楚辞补注》，北京：中华书局，1983年版，第68页。
② 洪兴祖：《楚辞补注》，北京：中华书局，1983年版，第64页。
③ 洪兴祖：《楚辞补注》，北京：中华书局，1983年版，第85页。

严不奉,帝何求",不仅仅是因为它出自楚文化的话语体系。

不知怎么的,总感觉《天问》与《离骚》实在不像是出自同一个人之手。如果屈原有《天问》的思索和精神,他便不能够写出唯唯诺诺的《离骚》。把《天问》和《离骚》同时归为屈原,那就好像一个佩带长剑、骑上快马、时刻准备冲锋陷阵的人却一个遛弯,来到了江边,投江,自沉。想象中,这不能够是一个自然的过程。抑或,《离骚》只是屈原自沉前病态的表达?

按照时间来算,《离骚》不应该是屈原的第一部作品,却被放在了第一篇。是因为后人对它文学价值、地位的指认?

从语言上来看,所有的诗作凸现了特别典型的汉语诗歌语言特性:一是主语代词后缩,二是叠韵词连用。

首先,主语代词后缩,退居诗行的第二个字位。例如:

《离骚》:纷吾既有此内美兮(第 4 页)
　　　　汩余若将不及兮(第 6 页)
　　　　耿吾既得此中正(第 25 页)
　　　　朝吾将济于白水兮(第 30 页)
　　　　溘吾游此春宫兮(第 30 页)
　　　　忽吾行此流沙兮(第 44 页)

《大司令》:纷吾乘兮玄云(第 68 页)

《招魂》:汩吾南征(第 213 页)

其次,叠韵词连用,强化诗歌的韵律和节奏。

《云中君》:灿昭昭兮未央(第 58 页)
《河伯》:波滔滔兮来迎,鱼鳞鳞兮媵予(第 78 页)
《山鬼》:雷填填兮雨冥冥 / 风飒飒兮木萧萧(第 81 页)
《抽思》:魂识路之营营(第 140 页)
《怀沙》:滔滔孟夏兮,草木莽莽(第 141 页)

《招魂》:湛湛江水兮(第215页)

《招魂》的作者尚无定论,司马迁认为是屈原,而王逸认为是宋玉。
这本书是由白化文、许德楠、李如鸾、方进点校的。

洪兴祖(1090—1155),字庆善,号练塘。《楚辞补注》是补东汉王逸所注《楚辞章句》而作。能够这样与近千年前的学者交流,该对文字抱有怎样的感激呢?

34 《中国句型文化》
/申小龙

申小龙,《中国句型文化》,长春:东北师范大学出版社,1988年版。

当下的中国,有关文化与语言的著述如汗牛充栋!无论是语言学专业的还是社会学专业的,抑或是文艺学专业的、传媒专业的、哲学专业的,大家似乎对"文化与语言"这个主题都产生了浓厚而看似经久不衰的兴趣。从根本上来说,这样的现象就是对恩泽学界的申小龙先生致以最高的尊重和感恩。是他让二十世纪末叶的知识界和学术界开始有了对"文化与语言"的热情觉悟和自由依赖。

前些日子,遇见一位行政管理专业的学者,他在研究文化、语言与管理之间的关系,听来颇觉有趣。

他说:最难的部分就是文化,文化的问题解决了,语言与管理的问题就不成问题了。

我说:文化的问题可是不太容易的。首先就要碰到界定的问题,你考虑怎么界定文化呢?

他说:是的,是的。网上搜索文化,有几百上千条定义,这个题目不好做。

文化,定义它不易。而要厘清它与语言的关系似乎就更加地不容易了。

"文化"让我想起一件有趣的事,与我的名字"文"有关。在哈佛的时候遇见燕京的琼斯(Jones)。他刚一认识我,便称我"culture"(文化),我于是知道他是一位略通汉语的学者。他突然问我:

"你父母肯定知道'文'与'蚊子'的'蚊'同音吧?有没有人给你起绰号叫'蚊

子'呢？"

中国的父母通常会将一份美好的期待寄托在孩子的名字上。我的父母寄希望于我的则是："文质彬彬"。"文"即"文采"，"质"即"质地"，"彬彬"即"配合得体、适宜"。永远都记得住父亲让我倒背如流的"质胜文则野，文胜质则史，文质彬彬，然后君子。"现在知道，这段话来自《论语·雍也》。然而，很不幸，大多数的时候我并不斯文，小的时候，相当淘气，各样的闯祸，各样的逃课，没少给父母添堵。大了之后，又如无衔之马，游历四方。而更不幸的是，我的乳名就是"文子"。所以，当有人抱怨"昨晚给蚊子咬死了，搞得我一夜没睡！"我便会莫名地满脸通红，环顾左右而言他，像是有负罪的感觉。当有人喊"蚊子，在那！快打！"我便浑身的不自在。如果场合允许，我便要玩笑说："你们杀死了那么多的牛、羊、鸡、鸭、鱼，尚且没有被处罚。蚊子只不过吸了你们一丁点的血，你们的皮又不薄，它们经常还未必吸得着，就被你们夺了命去。太残忍了吧？"说来也怪，我一生从没有打过一只蚊子，似乎也没怎么被蚊子侵扰过。有点妙不可言呢！

虽是趣事，却有思维方式惯性隐匿其中。

曾经参加江苏省作协的采风活动，因为蚊子引发了一场不小的争议与欢声笑语。二〇一九年七月二日，张晶校长在他的公众号"了无书院"发表了如下的文字记录：

善　良

十多年前，一个高校的作家朋友参与采风。因她真而纯的言行，常常让世俗污染的我们捧腹。

她是素食者，反对杀生。

她说，蚊子即便吸了你的血，你也不要把它打死。挥挥手，把它赶走就行了。那些吸血的都是母蚊子，它们也要养育后代啊！

大家笑问，赶走的蚊子再来怎么办啊？

她说，你们傻啊，再来再赶走，不就得了！

于是，大家笑得前仰后合，直到笑出眼泪。

我至今还没有见过不吸血的蚊子。

那些吸血的蚊子，是不是母蚊子，也不得而知。

但是，我的悲天悯人的情怀，还没有到对蚊子一类的害虫放过一马的程度。

当然，善良总是需要的，更需要光大。甚至说，我们当下的社会，善良已经成为稀有之物。我们每一个人都需要善良，每一个人都期待别人的善良。

善良，犹如黑暗中的一抹亮光，让我们看到方向；
善良，犹如狂风暴雨里的灯塔，让我们有了希望；
善良，犹如心如死灰时的一根稻草，让我们勇敢地面对希望。

我们呼唤善良，我们自己更需要善良。

读到这些文字，不觉会心一笑。不过，还是想找机会向他讨教："蚊子怎么就成了害虫一类了呢？因为它们会咬人？因为它们会传染疾病？想想人与人之间的杀戮，想想人对动物的伤害，想想人传人的疾病……"当然，一定是在他穿便装的时候。他穿着警官制服，我会有一种说不清道不明的敬畏，不敢玩笑的。

说来有趣，我和张晶先生总是以某种方式不断地相遇。二〇一五年《钟山·长篇小说》(B卷)，同时刊发了我的长篇小说《文人》节选和他的非虚构文本《监狱者说》。二〇一六年七月十五日，先锋书店为我的《文人》举办"文人谈"，张晶校长是主评嘉宾。二〇一七年十月十二日，去江苏警官学校做讲座："分享生命的态度"。张晶校长是主持人，我是主讲人。

关于文化，我特别想知道：申小龙先生在以怎样的方式进入思维的？汉语的主体意识如何在他的视界里获得生命？而他思维的结果则是我想知道的另一个层面的事情。

申小龙先生为什么选择句型呢？他所要追问的是不是：汉语是否具有典型的句型？如果有，这些句型是如何诞生的呢？它们是如何获得了典型意义的呢？它们经历了怎样的形成过程呢？它们如何与汉文化缠绕？它们的相对稳定是否与文化的相对停滞关联？或者，它们的流变是否与文化流变关联？或者，它们与文化之间存在着交错而偶然的命定关系吗？

我理解，申小龙先生从汉语句型追索汉文化与汉语言的契合点。整个的语言历史未必总是能够与整个的文化史形成连贯性的对应。不过,他从汉语中的相对稳定句型切入,却鲜明地表达了他语言学思考与文化思考的密集与得体。那么,什么是他思考的底层或背后的问题意识呢?他在用什么来表达支撑他思考的历史知识、时代知识以及人文精神的呢?

第一章是"中国语文研究的句法学传统"。
开篇便是:①

"句法",在汉语中是一个比较古老的概念。研究上古汉语《左传》的句型,我们遇到的第一个问题就是:什么是古汉语的句子?而为了解决这个问题,我们又需要首先了解:古人的"句法"分析传达了一种什么样的句子观?拿启功先生的话来说,也就是:"中国文言文里,一个句子内部的条件和外形的状态,与'格朗玛'有什么异同?"
汉语的"句法"概念,出自宋代文人对上古语言材料的分析、理解和阐释。从当时一些文论来看,"句法"这一范畴涵盖四个方面,即:结构繁简之法,结构对应之法,结构气韵之法,结构句读之法。

的确,什么是"句子"呢?看似简单却不易界定。它困扰着几乎所有的语言学研究者。倘若从语言系统来看,"句子"只是一个语言的概念,没有实验事实。倘若从言语层面来看,"句子"是话语的基本构成单位。倘若从描写的角度来看,"句子"是介于子句和段落之间的可以独立使用的单位。倘若从语义的角度来看,"句子"是表达一个相对完整意义的语言单位。在定义上进行推敲,总会显得那般不尽如人意,就像"词"的界定一样。申小龙先生可就不同了,他走到了"句子"的背后,他要追问:是什么使得人们所认定的"句子"成为"句子"。"句子观"这三个字的出现即刻让我感受到他学术的个性选择,我便能够指认:他关注的焦点在于思想,在于观念。他是在尝试解释,而不是在尝试描写。我也因此在随后的文字中看到:他是在如何思想、如何言说、如何追问的。

关于"结构繁简之法":

---

① 申小龙:《中国句型文化》,长春:东北师范大学出版社,1988年版,第1页。

可见,汉语结构之繁,是左右时间流水贯通之繁。这种以时序(包括实际动作发生次序和逻辑上动作应有的因果次序)展开的流水句之所以可能,就是因为汉语句子不存在动词的单个中心,于是叠床架屋的空间关系构架化作连贯铺陈的时间事理脉络。①

在"结构对应之法"一节(第3—7页),申小龙先生开头的一句:古人"句法"意识的流露,往往见于辞句的对照映衬之中。其中的"流露"二字颇有意味。那么,古人对"句法"有一个明确的意识吗?抑或有一个理性的直观?能不能将其视为局限性的相关表达呢?抑或是不言而喻的语言自觉?

关于"结构对应之法",申小龙先生从汉族人对世界价值判断的方式、辩证思维的外化形态、方块字个体形态以及古代文章不加标点等方面进行了解释。最后部分指出:②

这种由形到意的结构对勘之法,实质上传达出古人对汉语句法的一种约定俗成的语感,即汉语的句子组织必然是节奏匀称而辞意对应的。这显然是把握住了汉语立言造句的一个基本方略。……而我们的古人却从长期的语言实践中找到了一条观察把握汉语句法的独特途径——结构对勘。当对勘顺通之时,就获得一种"句法齐整"的美感;当对勘阻滞之时,又顿觉一种"句法参差"的不安。这种建立在直感基础上的"句法"范畴,同中国古代语言学建立在声学基础上的"轻""清""重""浊"等音韵学范畴一样,形象而又贴切地传达了汉语组织规律的"脉动"。

关于"结构气韵之法":③

因此,汉语的结构之法,本质上是一种气声之法。

文句合于气韵的结构形式,最终是由句子的表达功能决定的。形式以声气为依托,而最终由表情达意的宗旨来控制。

---

① 申小龙:《中国句型文化》,长春:东北师范大学出版社,1988年版,第1—2页。
② 申小龙:《中国句型文化》,长春:东北师范大学出版社,1988年版,第6—7页。
③ 申小龙:《中国句型文化》,长春:东北师范大学出版社,1988年版,第7—10页。

关于"结构句读之法":①

　　结构的繁简长短及其所依托的声气节律,最终都是从"句读"上体现出来的。古人一个句读,意味着文气运行中一个音义共存的自然单位的形成。在这个意义上,"句法"又是"句读"之法。
　　句读,本质上是文章音节运行中一种暂时的休止。……古人最初意识到的造句法则,正是这种声气止息的法则。

　　义句之读首先着眼于汉语句子组织的文意完整性,并以此区分句读。
　　义句之读又着眼于句子的顺序性。……而所谓"顺序",在我们看来,一是时序,二是逻辑事理。两者又是一致的。

这里,申小龙先生呈现古人两种句读之法,其一是结构,其二是语义。

由此诞生了"句读本位,逻辑铺排,意尽为界"。这是一个纯粹的文化话语方式,却是以大量的句型文本为依据。所有的语句来自先秦汉语最具代表性的书写资料《左传》。这显示了申小龙先生的智慧,他的思维方式再度形成显在的个性。可以毫不夸张地说,例举式的举证从来就是汉语研究的软肋,而被例举的语句通常享有极高的被引率,它们被学者们重复引用的直接后果是:思维方式的局限、话语方式的局限以及问题意识的局限。
　　这一章,其实这本书的全文都有一条贯穿始终的方法论线索,即比较。通过比较,汉语的民族个性得以更为清晰地展现。这一方法论线索使得汉语的民族性成为开放的图景而化入世界民族总格局和世界学术全景之中。那么,他的分析就更具有彰显知性和伸张理性的能力。
　　至此,可以期待汉语民族语独立的句型理论。
　　然而,他所思考的是句型发生的问题,这是一个实证的问题,同时也是一个理论问题。比方,在初步论及施事句和主题句的时候,他指出:②

　　一定的句型是同一定的语言心理相联系的。施事句和主题句各有不同的

---

① 申小龙:《中国句型文化》,长春:东北师范大学出版社,1988年版,第10—17页。
② 申小龙:《中国句型文化》,长春:东北师范大学出版社,1988年版,第38页。

心理框架。

像"句子"的界定一样,对"句型"的描写和解释也是非常棘手的。历代学者做过多种尝试。十九世纪,马建忠模仿拉丁语法的范畴写就《马氏文通》。此后,中国的汉语分析便开始具有了开放性,极端的引进、移植相当地普遍,而嫁接拉丁语言语法范畴和模式成为一种思维定势。事实上,迄今为止似乎还是没有走出拉丁语语法范畴和模式的框架结构。

在对句型加以归纳的时候,他对汉语有一个基本的指认,这是归纳句型的基本观点:①

> 汉语是一种重逻辑事理顺序的语言。句子成分的组合没有形态的限制而讲究逻辑搭配。不仅关系句是靠逻辑关系组合起来的,就是施事句、主题句的各成分间也必然存在着逻辑联系。只是有些逻辑联系是隐含的,有些逻辑联系是用关联词语表现出来的,二者没有本质的区别。

汉语语句的参与构建成分没有形态的变化,这就从根本上决定了:汉语语句不能够按照拉丁语语法的范畴和模式来描写了。申小龙先生论及"句本位":

> 当然,传统语法的分析方法有许多是值得我们借鉴的,其中最有价值的是它的句子观,即它把句子的组织看成是不同表意功能段的线性组合。这至少是符合说汉语的人的语言心理的。造句总是把一个个离散的表意功能块临时组织起来,前言搭上后语地说出来。听话时也总是边听边整理表意功能块、边理解的。这种离散的板块按某种格局的线性组合,反映了汉语造句动态延伸的特点。撇开"六大成分"不论,这种句子观正是传统语法方法轮的精髓。②

申小龙先生的句型理论是从表达功能出发的实验性论证,他指出:

> 这个句型系统的基本原则——即从表达功能立论,辅以构造方式的特点,建立句型;以句读段为句子的基本活动单位;以句读服务于不同表达功能的不

---

① 申小龙:《中国句型文化》,长春:东北师范大学出版社,1988年版,第112—113页。
② 申小龙:《中国句型文化》,长春:东北师范大学出版社,1988年版,第125页。

同辅排律为句子的基本格局；以各类句子的世纪运用频率确认其在汉语句子常态中的价值——及句型系统本身能够适应汉语句型发展的历史过程和现时的共时系统，这正是我们想要研究的。①

在对《左传》进行句型穷尽性分析之后，申小龙先生确定了汉语的句型，并观察到这些句型在现代汉语中的发展态势。他揭示了"句型文化"的本真。我想，这个"句型文化"应该已经是专门属于他的一个标志性的文化语言学范畴。

由于他研究深入而广泛，涉及大量的语句和语句形式分析，环环紧扣，密不透风，要非常仔细地阅读，才能跟得上他的思想路线。一路读过来，不敢有所错过，总算是对他才气如虹的创建有了一个基本的理解，总算是知道我先前并不知道而又必须知道的句型语境，总算是知道我应该能够知道的且又知道如何能够知道的句型语境的前景与背景。

那么，他在确认"句型文化"的时候有着怎样的语言学意识呢？或者说，他是在以怎样的文化观念和语言学方法来阐释民族的语言呢？

读到第九章"汉语句型与民族语言心理视点"：②

《左传》句型研究深刻启示我们：汉语是一种具有很强的人文性的语言。

《左传》句型研究所引起的对汉语语言观及其方法论的文化反思可以归结为汉语句子知解的心理视点和汉语的主体意识与文化性征两个层面。

为什么会有汉语的主体意识呢？它以怎样的方式存在呢？它存在的依托又是什么呢？汉语主体意识被思考的方式、被言说的方式表明他的创立与选择。

是不是可以区分"句型文化"和"文化句型"呢？在区分的基础上是不是更容易看到汉语主体意识的存在呢？从言语的层面来看，汉语"句型"的诞生应该经历了一个可以想象的典型化的过程。当它们将个性积累到一定的程度，便让人们有机会表现出知识的能力，指认它们的存在。于是，"句型"成为一个语言的概念。那么，在"句型"逐步走向典型化的过程中，会发生怎样的功能适应性变化呢？文化是否正是在这样一个过程中被"句型"所涵化了呢？文化可以被句型选择、被句型构建、被句型修理吗？如果可以，这是"句型"的自觉呢，抑或是人文的自觉呢？

---

① 申小龙：《中国句型文化》，长春：东北师范大学出版社，1988年版，第363页。
② 申小龙：《中国句型文化》，长春：东北师范大学出版社，1988年版，第442页。

或者,还是先想想"文化"吧。文化的积累是怎样从背景转化为前景的呢?又是在怎样从前景转化为背景的呢?这样的转化有没有一定的内在规律呢?一个偶然的突发事件是否会打破文化的惯性呢?在句型的典型化过程中,我们能否沿途找到答案呢?

"文化"需要滋生的土壤,培植中国文化的是中国人文。是不是可以将汉语"句型"视为中国人文自我生长、自我表达的起点和终点呢?文化的历史与现代在汉语"句型"这个交汇点上是否可以逻辑地、自然地成为一种统一的抽象呢?而汉语"句型"本身是否又可以成为一种文化资源呢?

申小龙先生以其温厚的人文精神,开辟独到的文化路径,把汉语的主体意识表现得淋漓尽致。

再来看文化和语言:文化可以是一个单元,这个单元里的文化,或者说,构成这个单元的文化往往是自足的、多样态的,也是相对稳定的。和任何一种语言一样,汉语存在两个层面,即语言和言语。语言是一个体系,它相对稳定;言语则是以流变的状态存在。言语构成要素中的任何一个方面都有可能是短暂的、缺漏的。而也正因为如此,语言体系的完整性只能是相对的,而它的不完整性才能是绝对的存在。那么,是应该在文化框架里探究语言呢,还是在语言框架里追寻文化?是否可以从文化中获得语言的渊源呢?是否可以从语言中发掘文化的完整单元形态呢?

从第十章"中国文化通观下的汉语句法本体论和方法论",便能够看到,申小龙先生所关注的重点不是文化通则,而是文化通则之下的句型文化的主体意识。他在尝试从流变的言语中寻找相对稳定的句型体系,从而描写并解释被文化了的句型。

什么是文化语言学?申小龙先生指出:

> 以汉语的人文性为本体论,以汉语的文化性征和中国语文传统的科学分析与阐释为方法论的两翼,这样一种新的语言学范式,我称之为文化语言学。文化语言学并不是社会语言学、心理语言学意义上的一种分支科学。它是因中国现代语言学原有规范的和公理的危机而产生的新的科学革命所导致的新的潜科学,是中国语言学由"描写型"走向"人文型"的一种尝试。[1]

---

[1] 申小龙:《中国句型文化》,长春:东北师范大学出版社,1988年版,第491页。

申小龙先生在邮件里告诉我：

说到文化语言学，其实内涵很不一样，一种是美国社会语言学在中国的"变异"，一种是方言研究和历史地理学的结合，一种就是我的从语法与民族思维方式的联系中创造或者说重建汉语研究的文化理论和方法。

跟陈学广先生常有交流。二〇二〇年四月的一天，我们在电话里谈到申小龙先生和文化语言学。他说，他在南京大学做博士论文的时候就读了申小龙。在他看来，申小龙是非常独到而有深度的，尤其是他的单篇论文，影响非常之大。他形容申小龙在学术上是"极其的厉害"，是"绝对的聪明，不过，也不是一般的狂傲"。他认为中国的文化语言学是不可能绕过申小龙的。然而，他记得当时有人提醒他："引用申小龙，要小心。"

这让我记起：二〇〇八年四月的下旬，在江苏省社科联十七楼大会议室举办了一次语言学研讨会，学者们也谈到了申小龙先生。

一学者说：现在看来，研究汉语，还就是申小龙的文化语言学有价值，汉语研究还就是必须本土化，西方的语法体系，现在看来，真是很不适用……

另一位说：对对对，现在看来是这样。哎，上海的那个申小龙原来名气很大的，现在怎么好像没有声息了呢？

又一位说：是哎，这次总结二十世纪中国语言学，里面没有提到申小龙，也没有提王希杰。

我　　说：那得看是谁在总结的呀！如果是权威平台，那就看是什么人在掌控着这个平台呀！大可不必在意的。

就是在这次研讨会上，我才知道，有权威平台总结二十世纪中国语言学的书竟然只字没有提及申小龙先生，也只字未提在修辞学界堪称泰斗的王希杰先生以及其他几位了不起的语言学研究大家。我也才知道，中国大陆语言学界学者之间的踩踏与诋毁、吹捧与推销从来就没有消停过。不去北方拜一下码头，哪怕是被吕叔湘先生这样的大家褒奖过、提携过，也躲不过码头帮的"斧头"。但凡是拜过码头的，无论如何都会得到一些资源和一定的话语权。又因为有了这些资源和话语权，加之码头帮帮主的荫庇，便能在当地或学校谋得个一官半职，由此获得更多的资源和话语权。上个世纪五十年代，中国大陆语言学界分为南北两派，两派之间的斗争堪称激烈。从先前的一些论文，包括方光焘先生、王希杰先生、黄景欣先生等人的著述与言说，可以看出当时的斗争锋芒。① 但至少，我从言辞激烈的论文中看到了学术思想，看到了学术水准，看到了就学术而学术的纯粹。现在，王希杰先生回忆起来，仍然怀念那个时候的学术批评。在方光焘先生文集里，每篇论文的最后都标注出来的时间1952、1954、1959、1963……每每读到，总是心存向往。那个时候，南京大学是中国大陆语言学研究的一大重镇。

那么，为什么总结二十世纪中国语言学的书只字不提申小龙先生和他的文化语言学呢？不知道那总结采取了怎样的标准和依据。是依据影响力吗？包括被研究的深度和广度？被引用的频率？抑或是其他？当然，每一位学者都可以有自己的判断和选择，只是，如果他判断和选择的结果与客观学术事实之间有较大的错位或缺漏，那他的总结事实上就不具备承担历史价值的能力了，不是吗？当然，也正因为如此，在学术界，才会有后来的更为周全、更为深入的总结性言论和著作存在的理由。

当下，常有各样的国内顶级语言学家榜单排名。只好奇他们有没有想过：数十年数百年之后的学者，是看榜单排名呢还是看论著及论著的品质呢？

二〇〇八年十月，收到岑运强先生的邮件：

裴老师：感谢赐书稿供我先睹为快。我想虽然我现在忙而懒，但我相信大作一定对我有很大帮助或启发。我院真需要你这样的人才。去年我曾对我们院长提到争取你调来的建议未果，不知你还有兴趣和可能来吗？大作阅读后如有问题再讨教，祝好！岑运强 10—23

后来听说，因为多位学者的多次推荐，便有人感觉十分地不爽。当然，我知道，更多的是因为我不谙世事，不懂得拜码头。确切地说，不屑俗事，不屑码头。于是，

---

① 参见方光焘：《方光焘语言学论文集》，北京：商务印书馆，1997年版。

我成了他们某一时间段的目标。呵呵！有学者从出版社编辑的办公桌上把我的书稿"给弄丢了"；也有学者去印刷厂恰巧看到我的著作正在装订中，他离开之后，那批书便硬生生地少了一个印张。对此，我只一笑而过，总编、编辑、厂长都说佩服我性格好、修养好。其实，那与性格、修养无关，根本也就算不上是个什么事情。有底稿在的，有胶片在的，书稿终究都完好无缺地出版了呀！殊不知一位教授为了掌握另一位教授的研究进展，居然派自己的弟子去那位教授的办公室抱走了他的电脑主机。那才叫一个崩溃呢！两位教授在同一个学院任职，我都认识且相当熟悉。殊不知一位学者为了阻止另一课题组的实验，居然深更半夜跑到实验楼，亲自拉闸断电。第二天早上八点上班时间，课题组所面对的便是历经数月的细胞培养实验彻底的失败。那才叫一个悲摧呢！学术界、高等院校并不是我从前以为的象牙塔——学者们踏踏实实地、全心全意地做科研，学生们认认真真地、勤勤恳恳地学习。它们是社会，是比一般意义上的社会更有故事的社会，总有一些不干不净的人，总有一些不明不白的事。想起了《红楼梦》里的那对石狮子！

记起曾经应北京生活·读书·新知三联书店之邀做审稿人。是一部有关语言学的著作。无论是出版社、杂志社的评审邀约，还是各类项目的评审邀约，我给出的意见都不会是空洞而宽泛的评语，一定是有对具体问题的逐条罗列。仔细阅读之后，我逐条罗列了具体而详实的批评意见，建议修改后才能出版。本以为我的意见对于作者一定是会有帮助的。可结果，得到编辑的反馈："作者说你导师跟他导师是学术上的死对头，说是评审意见不能采用……"就学术研究本身而言，我相信，作者应该无法拒绝我的批评意见。这才突然发现，我拿到的书稿并没有作者的姓名，而我也极不擅长在评审之前去打探被评审人的学术关系及背景，没有这样的时间，也没有这样的兴趣。至于"死对头""兄弟会"之类的，我从不理会，也很是不屑。凡事喜欢简单。

还有一次令我印象深刻的评审，是国家社科基金项目后期资助项目申报。不知道申报者如何知道我是评审，也不知道申报者有没有看到我所列出的一条一条的具体的问题及相关依据，包括梵语的注音、拼写、结构等等。我所看到的申报材料及书稿，作者的姓名、单位是隐去的。不过，国内真正研究梵语的学者似乎为数不多，掐指一算，也就知道个大概了。我倒是不必对此百思不得其解。被评审者在暗处，我这个评审者倒是在明处。我至今也并不知道那位申报者姓甚名谁，供职于哪所大学或机构，而我却被知道个明明白白。只是听说被评审者放出话来，我成了所谓"学术不合"阵营里的。听闻此言，我呵呵一笑，抬头侧脸对着车窗外的风嘀咕了一句："咱能讲点儿逻辑不？"

这种不惟学术惟关系的本末倒置的学术语境,我是彻底遭遇了。想起日本小说家太宰治的言说:"活着,那是多么忍辱负重、奄奄一息的伟大事业。"直逼灵魂!

江苏省一位领导在走访了省内各大高校之后,在一次高层会议上说:"我看江苏就南京大学、东南大学还像大学……"尽管是走马观花,但他能说出这番话来,一定是深有感触的。"像"即意味着"不是"。他未见得知道大学里的普通学生、教师在教务处、人资处等学校行政管理单位所频频遭遇的"脸难看,事难办",但我相信,他一定感受到了浓厚的官场气息,一定是听到了"官大一级压死人"或"教授盘剥学生"的案例,一定是看到了校领导之间、院领导之间、教师之间不惜一切代价的争权夺利。

在我看来,从大学教育的本质而言,大学行政单位存在的价值就是服务于教学与科研,大学领导存在的价值就在于所设计的制度能够最大限度地激励人才自主开拓、创新。而当下呢?

回到对二十世纪国内语言学的总结,我以为,对于学术历史过程中曾经在场的,任何人都没有指认它不在场的权利与自由。而且真正的读书人大多阅读广泛,不会受制于任何一本或几本书,当然也会形成自己的判断。

我认为,申小龙先生的建树至少有三个方面:第一,他关于汉语特点的思考,对汉语研究是了不起的启示;第二,他所创建的汉语文化语言学路径是汉语言研究不可多得的财富;第三,他所提出的汉语人文性思想是对汉语本体论和方法论的彻底重塑。无论是从思想还是从学术,申小龙先生都当得起中国文化语言学的先驱者,虽远在传统之尾,却深重地感受并领悟古汉语思想的光芒和西方语言学的冲击。他的了不起在于他敢于承担历史并敢于担当开辟道路的先行者。

试想,在二十世纪末叶的中国语言学的领域,有谁没有读过申小龙呢?

《中国句型文化》这部书历经三十多年,仍然具有它挡不住的学术冲击力。它一方面让申小龙先生成为我学术怀念中的人,另一方面又让他成为我学术期待中的人。想对他说,他的智慧、功力、真诚、勤勉都被包括我在内的读者们记忆并感悟。其余的,如果还有什么不能够的或不如意的,且由它们去吧!

智慧如申小龙先生,对传统有着如下的看法:

传统不管我们愿意不愿意,就先于我们。它是我们存在和理解的条件。

在我们意识到任何传统存在之前,我们已被置于一个传统之中。我们有不理解传统、与传统决裂的自由,但没有不生活在传统中、不在传统中开出新生活的自由。这种认识上的"自由"是肤浅的,而存在上的自由才是本质的。①

我反复玩味的最是这段言说。

阅读申小龙先生,我的思想便快乐地活跃着。他独有的言说给我更多的启示和空间,帮助我更为仔细地思索各种句型之间因结构的变化而导致的种种不同的文化意味。这样,我的心里便有了一份命定的收藏!人们对知识分子有各样的期待,因此,便对"知识分子"这个概念有了各样的描述和解释。其实,在学校里教书的未必都是知识分子,在科研机构做研究的也未必都是知识分子。他们中间更多的是知识的传播者或者科学的探索者。我心目中的"知识分子"是:独立、深邃、通达。我从这本书里所了解的申小龙先生就是这样一位知识分子。

为了申小龙先生的《中国句型文化》,曾三次去图书馆都没有借到。一次课间,烦劳博士生宋红霞替我去图书馆,谁知,她竟然十分钟不到就回到教学楼,把这本书交到我手上了。她热情、朴实、直爽。看到天边红红的云霞,能不想到她!

现在,我的书橱里已经有了《中国句型文化》,且有申小龙先生的笔墨。

今天,南京的阳光是灿烂的,窗外有浓浓的树荫,抬头望见香樟树梢上似乎却依然留存着昨日雨露的湿润。

有位老先生种了两大盆的太阳花,每每经过,我都要驻足赞叹一番。去年,他答应今年送给我一些小苗苗。果然,他今天看到我便说:"来吧,给你几棵。"他给了我七棵小苗苗,我把它们排成个圆圈种在了花盆里。浇水的时候,我就在想:这小小的花草竟然有那么大的名字!从这些一寸长的小苗苗,实再看不出它们将滋生那么多的色彩。倒是他们挺挺的样子,神气十足!给它们喷洒水的时候,却又是摇摇晃晃的,忍不住爱怜依依。

这部书的封面,橄榄绿中的一抹黄色似乎有一份禅那(dhyāna)的传递,隐隐地,让人在不知不觉中将散乱的心念集于一处。

---

① 申小龙:《中国句型文化》,长春:东北师范大学出版社,1988年版,第511—512页。

35 《宋词举》
/ 陈匪石 编著

陈匪石编著，《宋词举》，南京：金陵书画社，1983年版。

近日里，成天散淡，闲云野鹤。倒是日日诵读宋词，颇觉舒服、畅快。

"词"又称"曲词"或"曲子词"，原本是配乐的歌词。当时，有各样的乐谱，各样的音乐风格，每一种风格都有一个特定的名称，后来人称之为"词牌"。例如，"鱼子歌""念奴娇""菩萨蛮""浪淘沙"等等。在唐宋时代，词人往往是按照乐谱的节律填词的，所以，写词又称为"倚声"。只是后来的人抛开了音乐而专注于词本身，按照前人填词的字句平仄写词，词由此而成为诗的别体。

词因为音乐而产生，之后脱离音乐而走向独立。这让我联想起我们的先民：歌、乐、舞浑然一体的姿态。

从表面看来，诗与词最为明显的不同是：诗的语句工整，而词则有长短句。即刻想到一诗、一词：

　　无　题　　　　　　　　**诉衷情**
　　（唐）李商隐　　　　　　（宋）黄庭坚

　　相见时难别亦难，　　　　一波才动万波随。
　　东风无力百花残。　　　　蓑笠一钩丝。
　　春蚕到死丝方尽，　　　　金鳞正在深处，千尺也须垂。

蜡炬成灰泪始干。
晓镜但愁云鬓改，
夜吟应觉月光寒。
蓬山此去无多路，
青鸟殷勤为探看。

吞又吐，信还疑。
上钩迟。
水寒江净，满目青山，载月明归。

突然觉得，这诗有一股宏大的叙事力量，多层次的意境、多层次的意象、多层次的意致，这诗的语境壮阔而厚重。可这词却大大地不同了，它只不过是细腻、微妙的那么一幅小景：渔父垂钓。这词的语境狭小而精巧。

诗有严整的韵律，词也有韵，只是没有诗那般的规范，倒是更加的逍遥自在了。

浏览《宋词举》的目录，竟没有我最熟悉的李清照。其实，在所有的词人中，惟有她的词，我是可以全部随时脱口而出的。

如梦令

昨夜雨疏风骤，浓睡不消残酒。试问卷帘人，却道海棠依旧。知否？知否？应是绿肥红瘦。

武陵春

风住尘香花已尽，日晚倦梳头。物是人非事事休，欲语泪先流。
闻说双溪春尚好，也拟泛轻舟。只恐双溪舴艋舟，载不动，许多愁。

蝶恋花

暖雨和风初破冻，柳眼梅腮，已觉春心动。酒意诗情谁与共？泪融残粉花钿重。
乍试夹衫金缕缝。山枕斜欹，枕损钗头凤。独抱浓愁无好梦。夜阑犹剪灯花弄。

竟然也没有我熟悉的欧阳修、陆游。

这应该是一本不一样的宋词选。卷上是南宋六家，即张炎、王沂孙、吴文英、姜夔、史达祖、辛弃疾。卷下是北宋六家，即周邦彦、秦观、苏轼、贺铸、柳永、晏几道。为什么选择他们？这应该是一个选择标准及选择视野的问题。

卷上之中，对于"南宋六家"的选择有如下的论述：

> 选南宋词者，戈顺卿取史、姜、吴、周、王、张六家，周稚圭取姜、史、吴、王、蒋、张六家，周止庵则以辛、王、吴为领袖。夫张炎之妥溜；王沂孙之沉郁；吴文英极沉博绝丽之观，擅潜气内转之妙；姜夔野云孤飞，语淡意远；辛弃疾气魄雄大，意味深厚：皆于南宋自树一帜，流风所被，与之化者各若干人。然蒋捷身世之感同于王、张，雕琢之工导源吴氏，周密附庸于吴，尤为世所同认，姑舍周、蒋而录张、王、吴、姜、辛，意实在此。至此五家者，相因相成，往往可见，然各有千古，不能相掩也。史达祖步趋清真，几于笑颦悉合，虽非戛戛独造，而南渡以降，专为此种格调者实无其匹，故效戈、周之选，不敢过而废之。初学为词者，先于张、王求雅正之音、意内言外之旨，然后以吴炼其气意，以姜拓其胸襟，以辛健其笔力，而旁参之史，藉探清真之门径，即渴望北宋之堂室：犹是周止庵教人之法也。①

这篇文字道出了选录的标准及其实用价值。

每一首词的后面附有三项内容：校记、考律、论词。校记即校对异文，校对版本。考律则稽考韵律，解释格律、协韵、撞韵等。论词则就词的语词、语句做意义、语境等方面的分析。

校记只是记录版本的异文，没有更多的解释，对我而言却是非常的重要。需要思考：异字或者异词的出现是纯粹的偶然，抑或是有本有据的通假字、词呢？

陈匪石先生首先介绍南宋最后一位词人：张炎。炎字叔夏，号玉田，又号乐笑翁，西秦人。在介绍张炎的生平的同时，选录历代文人对他词作的评价，如：②

---

① 陈匪石编著：《宋词举》，南京：金陵书画社，1983年版，第1页。
② 陈匪石编著：《宋词举》，南京：金陵书画社，1983年版，第2页。

35.《宋词举》/ 陈匪石 编著

郑思肖曰：玉田一片空狂怀抱，飘飘征情，节节弄拍。

舒岳祥曰：张玉田词，有周清真雅丽之思。

赵昱曰：玉田生词清空秀逸，远出宋季诸名家上。

戈载曰：玉田以空灵为主，但学其空灵而笔不能深，则其意浅，非入于滑即入于粗。玉田以婉丽为宗，但学其婉丽而句不炼精，则其音卑，非近于弱即近于靡。

忽然想到齐白石先生的一句话："学我者生，似我者死。"

那么，什么是"有周清真雅丽之思"？什么是"清空秀逸"？什么又是"空灵"呢？

一些青铜造器的纹饰流转，一些书法作品的运笔旋律，不由得我们不说"空灵"。我以为，青铜厚重，但见其造型简约、空灵。林散之先生用笔用墨，但见其笔触空灵、飘逸。

根据《辞源》（北京：中华书局，2006年版，第2323页），"空灵"即"超逸灵活，不着迹象"。对"空灵"的常识是：灵活而不可捉摸，飘逸而不可捕捉。它是一种纯粹的感觉刺激吗？抑或是一种社会性的主观加工？它具有成熟形态的标准吗？那么，它具有怎样的审美价值和取向呢？

首先，被"空灵"描写的对象林林总总。例如，造型艺术的关键因素在于线条和色彩，律诗艺术的关键因素则在于韵律和对称，曲词艺术的关键因素则在于节奏和交错。它是博大而宽容的吗？"空灵"是一个审美范畴。

其次，似乎，"空灵"调动了感觉刺激，而感觉刺激里面又有理性的积淀、社会的信仰与期望。它终究成为一种审美意识。是对审美对象从内容到形式的抽象指认，它包含了情感、观念、想象。当它成为一种概念，便具有了符号的内涵，却不能够被规范化。"空灵"的核心便是它的运动形态。它具有现实的生命气质和力量气质。而指认这种现实的生命气质和力量气质的恰恰是民族的性格和文化的心理。

最后，词以概念化的文字为材料，它在时间过程中展开，并诉诸想象。这份想象包含了个体的感性与理性，包含了社会的直觉与认知，包含了心理的历史与先验。"空灵"或许正是在这份想象中得以最终存在,并在过去、现在、将来这三个向度上延伸。

"空灵"能够给人最大的想象空间。

带着对"空灵"的粗浅理解,开始阅读张炎的《高阳台》《解连环》《八声甘州》。或许,读完之后,应该能够对"空灵"有更多的感受。

按照常理,词分为小令、中调和长调。不超过五十八字的为小令,超出九十一字的为长调,五十九字至九十字之间则为中调。填词对字数的精准要求或许来自音乐的规约。陈匪石先生提供的三篇均为长调:《高阳台》(一百字)、《解连环》(一百零六字)、《八声甘州》(九十七字)。

陈匪石先生提供校记:[①]

【校记】龚刻夹注:"接叶巢莺"一作"暗柳藏莺","平波"一作"明波","更"一作"最","知"一作"归","续"一作"结"。
王刻"荒烟"作"寒烟",《宋四家词选》同。

值得把玩!似乎是因为点出杜甫的"接叶暗巢莺",两种刻本都有其合理之处。如果首句为"暗柳藏莺","明波"则更为顺畅一些。

张炎的词似乎是散淡而随意的,所有的词句都是不经意间的流露,却又不失思辨的深沉。细腻的视觉、听觉感受,微妙的心境、情绪。他时有叹息却掩饰不住一种生命的力量。进入我情感深处的终究是它的空灵以及它的空灵所带给我的充沛力量与内心共鸣。在我看来,最是张炎的如下作品:

高阳台·西湖春感

……无心再续笙歌梦,掩重门、浅醉闲眠。莫开帘,怕见飞花,怕听啼鹃。

[①] 陈匪石编著:《宋词举》,南京:金陵书画社,1983年版,第3页。

解连环·孤雁

　　楚江空晚。怅离群万里,悒然惊散。自顾影、欲下寒塘,正沙净草枯,水平天远。……

八声甘州

　　……折芦花赠远,零落一身秋。向寻常、野桥流水,待招来、不是旧沙鸥。空怀感,有斜阳处,却怕登楼。

　　如此平实的语词,却构建出这般的绝妙神韵。怎能不与他共情!
　　从作品的整体来看,语言表达具有三个基本层面:语音层面、结构层面、语义层面。
　　首先是语音层面。三首词作并没有诗作那般严整的对仗、押韵,倒是长句、短句的缠声、协韵有机结合造就了强势的节奏音响效果。词的长、短句原本就是为了配合音乐的旋律、音调、节奏而填写的,或者说,音乐的旋律才是词作的本体特征。例如:

高阳台·西湖春感

　　接叶巢莺,平波卷絮,断桥斜日归船。韵 能几番游?看花又是明年。协 东风且伴蔷薇住,到蔷薇、春已堪怜。协 更凄然,万绿西泠,一抹荒烟。协 ……(第3页)

解连环·孤雁

　　楚江空晚。韵 ……谁怜旅愁荏苒?协 漫长门夜悄,锦筝弹怨。协 想伴侣、犹宿芦花,也曾念春前,去程应转。协 暮雨相呼,怕蓦地、玉关重见。协 未羞他、双燕归来,画帘半卷。协 (第5页)

八声甘州

　　记玉关踏雪事清游,韵 寒气脆貂裘。协 傍枯林古道,长城饮马,此意悠

悠。协 短梦依然江表,老泪洒西州。协 一字无题处,落叶都愁。协 ……(第7页)

其次是结构层面。三首词作以"(主语)＋谓语＋宾语"为基本结构,包括诸多衍生结构,即:名词＋名词,动词＋动词。例如:

　　自　顾　影、欲下　寒塘,正　沙净　草枯,水平　天远。《解连环·孤雁》
　　主-谓　宾　谓　　宾　副　主-谓　主-谓　主-谓　主-谓

　　接叶巢莺、平波卷絮、断桥斜日归船。《高阳台·西湖春感》
　　名-名　　名-名　　名-名-名

　　掩　重门、浅醉闲眠。莫　开帘,怕见飞花,怕听啼鹃。《高阳台·西湖春感》
　　谓　宾　　动-动　　副　谓宾　谓-宾　　谓-宾

所有这些都是在规范的语言表达范畴之内,没有对语言规范表达刻意的反动或背离,却拥有强大的表现力度。守音协律、中规中矩的词作却如此的妙趣横生。虽说比不上唐诗的豪放与辽阔,游戏笔墨,简单、朴素而可爱、真实,倒也不失为别样的情怀与格调。当下,我们有不少的文学创作者和文艺评论家都在主张新潮的写作理念,追求一种奇异、一种陌生、一种断裂的语言表达方式,让背离规范的支离破碎的语言表达方式成为陌生化文学意象的必然手段。是在跟汉语语言较劲的节奏吗? 这与古人的境界之间似乎产生了一种令人难堪的差距。先人可以不动声色,一句深过一句,情之至,意之至,愁之至,怨之至。"无意不可入,无事不可言。"

最后,在语义层面。应当说,语音与结构的结合是语义诞生的基础。这里的语音包含每一个单字的语音,这里的结构包含每一个语词的结构。语义传递出的意境与情感延绵不断,缠绕心际。他所创造的一种美感让人如临其境、如见其人、如闻其声。陈匪石先生提供了精到的语义分析。

关于《高阳台·西湖春感》的论词:

【论词】起两句,陆辅之列入"奇对",以体物与琢句之工,玉田本色也。合全篇观之,从春暮景物说起,为归船所见者。承以第三句,"断桥"点出西湖,"归船"拍到自身,"斜日"是船归的时候。下即突起紧接"能几番游"两句,盛时

不再,无限低徊,语义极悲,笔力绝大,谭献以"运掉虚浑"称之,其笃论矣。……①

关于《解连环·孤雁》的论词:

【论词】此为咏物之作。南宋人最讲寄托,于小中见大,如《乐府补题》所载者。玉田尤以刻画新警为工。首句侧入。"怅离群"九字,神来之笔,亦全篇作意。"自顾影"三句,"惊散"后情境,借"顾影"写"孤"字之神,浑涵得妙。"写不成书"二句,再极力摹绘"孤"字,妙在有情。……②

关于《八声甘州》的论词:

【论词】……"一字无题处",承"此意悠悠",意不可吐,故曰"落叶都愁"。词意十分沉痛,文气十分充沛,使唐人题叶故实,化顽艳为悲凉,又可悟死典活用之法。过变就尧道乍来又别说,留佩、弄影,有所作为之意,既无人留之,在沈只得载云而归,在张只有折花以赠。"零落一身秋"五字,人与芦花合写,亦凄断,亦隽永。"野桥流水",由芦花想出。向寻常之地,见寻常之人,招得沙鸥,定非旧侣:足音空谷,寥落晨星,言外见之;离别情怀,畸零身世,更不待论;寄赵之意亦在焉。……③

在我看来,张炎的词作因为音乐的丢失而成为"残片",犹如舞蹈纹陶盆或者燕尾纹陶罐的残片,只有局部,却依旧美丽。或者是因为它的残缺,更大的审美空间偏偏就给造就出来了?

因为喜欢了张炎的词作,便对张炎其人大感兴趣。回过头,重读陈匪石先生对张炎的介绍:

著《词源》二卷,论作词之法,曰雅正,曰清空,曰妥溜。④

---

① 陈匪石编著:《宋词举》,南京:金陵书画社,1983年版,第4页。
② 陈匪石编著:《宋词举》,南京:金陵书画社,1983年版,第6页。
③ 陈匪石编著:《宋词举》,南京:金陵书画社,1983年版,第9页。
④ 陈匪石编著:《宋词举》,南京:金陵书画社,1983年版,第2页。

"雅正"为作词法之首。根据唐圭璋先生的《词话丛编》，张炎有关于"雅正"的界说："词欲雅而正，志之所以，一为情所役，则失其雅正之音。"①似乎没有界定内涵，却是对外延的论述。根据商务印书馆出版的《辞源》，"雅"的主要意义包括：正确，规范；高尚，文明；美好；平素。②"正"的基本意义包括：正中、平直；正直，端正。③那么，"雅正"应该指作词的规范。它所涉及的内容因此便不可避免地包括语音、结构、语义这三个层面与音乐配合的所有规范。

"清空"为作词法之二。根据唐圭璋的《词话丛编》，张炎有关于"清空"的界说："词要清空，不要质实。清空则古雅峭拔，质实则凝涩晦昧。"④同样没有对内涵进行界定，只是对外延加以铺陈。根据商务印书馆出版的《辞源》，"清"的主要意义包括：清澄；高洁；纯净。⑤而"空"的主要意义包括：空虚；天空；虚构；广大。⑥"清空"是否可以理解为清澄而广大，清新而空灵？

"妥溜"为作词法之三。根据商务印书馆出版的《辞源》，"妥"的主要意义包括：安坐；安稳；稳当，合适；⑦"妥"即妥帖。而"溜"的主要意义包括：水泻之状；连串；滑动，圆转；⑧"妥溜"之意显而易见，即妥帖、顺溜。

我特别喜欢兼有理论素养和文学创作素养之人。理论家的心灵往往是：追求本质却不失对细节的敏锐感觉力，陶冶浩然之气却不失游戏笔墨的姿态。他们的文学作品往往是：平实之中见散淡、流转、错落，不浮艳，不淫腻，托情寄物，小中见大，闲云野鹤却思绪遥远、深厚。多处翻阅并查找书籍、资料，包括唐圭璋主编的《词话丛编》、陆国斌、钟振振主编的《历代小令词精华》(长沙：岳麓书社，1993年版)，终究对张炎有了一个基本的印象：

---

① 唐圭璋：《词话丛编》（第一册），北京：中华书局，1986年版，第255页。
② 广东、广西、湖南、河南词源修订组，商务印书馆编辑部编：《辞源》（修订本·下册），北京：商务印书馆，2006年版，第3303页。
③ 广东、广西、湖南、河南词源修订组，商务印书馆编辑部编：《辞源》，北京：商务印书馆，2006年版，第1662页。
④ 唐圭璋：《词话丛编》（第一册），北京：中华书局，1986年版，第259页。
⑤ 广东、广西、湖南、河南词源修订组，商务印书馆编辑部编：《辞源》（修订本·下册），北京：商务印书馆，2006年版，第1813—1814页。
⑥ 广东、广西、湖南、河南词源修订组，商务印书馆编辑部编：《辞源》（修订本·下册），北京：商务印书馆，2006年版，第2321—2322页。
⑦ 广东、广西、湖南、河南词源修订组，商务印书馆编辑部编：《辞源》（修订本·上册），北京：商务印书馆，2006年版，第737页。
⑧ 广东、广西、湖南、河南词源修订组，商务印书馆编辑部编：《辞源》（修订本·下册），北京：商务印书馆，2006年版，第1864页。

第一,他是了不起的词学理论家。著有《词源》,对词的本质、形态以及艺术审美进行了全面、系统而具体、翔实的论述。他的《词源》分为上、下两卷,上卷为音律论,以"五音相生"切入,呈现词作的音律特征、音律规约。下卷则为音律论的推展,即从细微之处,剖析词作的技巧与方法,以达到词作应有的艺术境界。

第二,他的《词源》具有两大贡献:其一,为词的创作提供全方位的实用指南;其二,为词作提供历史性的重要理论依据。

第三,他一生多有坎坷。五十三岁(1300年)飘落苏州吴江,在学生陆辅之的家中栖身。宋亡之后,重返故乡杭州。

张炎了得,他既有理论素养,又有音乐素养,更有文学素养。反复诵读张炎,这才体会到陈匪石先生以近推远的道妙。十二家读下来,还是最喜欢张炎。

在张炎之后,陈匪石介绍南宋又一家:王沂孙。沂孙字圣与,号碧山,又号中仙,会稽人。介绍王沂孙的生平,并选录历代文人对他词作的评价,如:[①]

张炎曰:碧山工词,琢语峭拔,有白石意度。

戈载曰:中仙之词运意高远,吐韵研和。其气清,故无沾滞之音。其笔超,故有宕往之致。是真白石之入室弟子。

陈廷焯曰:碧山词性情和厚,学力精深,怨慕幽思,本诸忠厚,而运以顿挫之姿、沉郁之笔,论其词已臻绝顶,即于一字一句间求之,亦无不工雅。

陈匪石先生提供四首王沂孙的词作:《眉妩·新月》(一百零三字)、《齐天乐·蝉》(一百零二字)、《无闷·雪意》(九十九字)、《高阳台》(一百字)。

王沂孙的词读起来与张炎的词作完全不同,即便同是《高阳台》,似乎是音调深沉,节拍急促,颇为蓄势。倒是读来颇觉阳刚。例如:[②]

[①] 陈匪石编著:《宋词举》,南京:金陵书画社,1983年版,第10页。
[②] 陈匪石编著:《宋词举》,南京:金陵书画社,1983年版,第10—18页。

眉妩·新月

……最堪爱、一曲银钩小,宝帘挂秋冷。 千古盈亏休问。……

齐天乐·蝉

……病翼惊秋,枯形阅世,消得斜阳几度!余音更苦。甚独抱清高,顿成凄楚?谩想熏风,柳丝千万缕。

无闷·雪意

冻云一片,藏花护玉,未教轻坠。 清致。悄无似。有照水一枝,已挽春意。误几度凭阑,莫愁凝睇。应是梨花梦好,未肯放、东风来人世。待翠管、吹破苍茫,看取玉壶天地。

高阳台

一枝芳信应难寄,向山边水际,独抱想思。江雁孤回,天涯人自归迟。归来依旧秦淮碧,问此愁、还有谁知?对东风,空似垂杨,零乱千丝。

介绍吴文英的篇幅似乎更多一些(第19—20页):

文英字君特,号梦窗,晚号觉翁,四明人。隐居不仕,从吴潜诸人游,尝为荣王邸上客。其论作词之法:音律欲其协,否则成长短之诗。下字欲其雅,否则近缠令之体。用字不可太露,露则直突而无深长之味。发意不可太高,高则狂怪而失柔婉之意。所著有《梦窗甲乙丙丁稿》,汲古阁始刻之,杜文澜、王鹏运皆有校刊本……

这般的作词法对于文学创作具有普遍的指导意义,我应该谨记。

陈匪石先生提供五首吴文英的词作:《风入松》(七十六字)、《花犯》(一百零二字)、《惜黄花慢》(一百零八字)、《霜叶飞》(一百一十字)、《莺啼序》(二百四十字)。

风入松

听风听雨过清明,愁草《瘗花铭》。楼前绿暗分携路,一丝柳、一寸柔情。料峭春寒中酒,交加晓梦啼莺。　西园日日扫林亭,依旧赏新晴。黄蜂频扑秋千索,有当时、纤手香凝。惆怅双鸳不到,幽阶一夜苔生。

吴文英的词就这般,无论长短,一气呵成,缜密而不失灵气,流丽而不失清真,峻洁而不失温暖,令我仰慕之至。向往这份才气!

姜夔,字尧章,鄱阳人。自号白石道人。从各位评家的话语判断,他是一位在词界拥有崇高地位的人。陈匪石先生提供如下评说:[①]

  范成大曰:白石词有裁云缝月之妙手,敲金戛玉之奇声。

  黄昇曰:白石词极精妙,不减清真乐府,其间高处,有美成所不能及。

  陈郁曰:白石襟期洒落,如晋、宋间人。意到语工,不期于高远而自高远。

  张炎曰:格调不侔,句法挺异,特立清新之意,删削靡曼之辞。又曰:如野云孤飞,去留无痕。不惟清空,又且骚雅。读之使人神观飞越。

  沈义父曰:白石清劲知音,亦未免有生硬处。

  赵孟坚曰:白石,词家之申、韩也。

  杨慎曰:句法奇丽,腔皆自度。

  《四库提要》曰:白石词精深华妙,尤善自度新腔,故音节文采并冠一时。

陈匪石先生提供姜夔的八首词:《扬州慢》(九十八字)、《暗香》(九十七字)、《疏

[①] 陈匪石编著:《宋词举》,南京:金陵书画社,1983年版,第31—32页。

影》(一百一十字)、《翠楼吟》(一百字)、《淡黄柳》(六十五字)、《琵琶仙》(一百字)、《杏花天影》(五十八字)、《点绛唇》(四十一字)。

暗香

旧时月色,算几番照我,梅边吹笛?唤起玉人,不管清寒与攀摘。何逊而今渐老,都忘却、春风词笔。但怪得、竹外疏花,香冷入瑶席。　江国,正寂寂。叹寄与路遥,夜雪初积。翠尊易泣。红萼无言耿相忆。长记曾携手处,千树压、西湖寒碧。又片片、吹尽也,几时见得?

疏影

苔枝缀玉。有翠禽小小,枝上同宿。客里相逢,篱角黄昏,无言自倚修竹。昭君不惯胡沙远,但暗忆、江南江北。想佩环、月夜归来,化作此花幽独。　犹记深宫旧事,那人正睡里,飞近蛾绿。莫似春风,不管盈盈,早与安排金屋。还教一片随波去,又却怨、玉龙哀曲。等恁时、重觅幽香,已入小窗横幅。

词界对《暗香》和《疏影》给予了最高的评价:[1]

【论词】张炎曰:"词之赋梅,惟白石《暗香》《疏影》二曲,前无古人,后无来者,自立新意,真为绝唱。"宋翔凤曰:"《暗香》《疏影》,恨偏安也。"陈廷焯曰:"《暗香》《疏影》二章,发二帝之幽愤,伤在位之无人也。"张惠言曰:"石湖盖有隐遁之志,故作此二词以沮之。"

绝好的作品自然引起人们的共鸣。姜夔的词,无论是淡淡地说景,还是忠厚地写实,总有言外之意浓重弥漫,或是寥落之感,或是绵邈之情,欲罢而又不能,营造出一片迷离惝恍的境界。正如陈氏所言:"感慨全在虚处,无迹可寻","以有寄托入、无寄托出"。[2]

---

[1] 陈匪石编著:《宋词举》,南京:金陵书画社,1983年版,第35页。
[2] 陈匪石编著:《宋词举》,南京:金陵书画社,1983年版,第36页。

35.《宋词举》/ 陈匪石 编著　433

一时间,想起前些年读过董桥先生的《旧时月色》,非常喜欢。他处处清新闲婉,绵密幽深。在《宝寐阁》,他有这么一段:

好在白媚的歌清亮宁神,袅娜的身影是宋词中一阕《眼儿媚》,款步过来,撩人最是那淡淡的娥眉和幽幽的柔情。①

现在想来,倘若没有对宋词的沉醉,董桥先生的笔墨便流不出那般的神韵。当然,因为他积蓄着博古通今的底蕴,这本书里必定满是清真,闲散之中见其意境高远。

史达祖,字邦卿,号梅溪,汴人。《四库提要》对他词作的评价是:清辞丽句,在宋季颇属铮铮。② 陈匪石提供了他的三首词:《双双燕·咏燕》(九十八字)、《秋霁》(一百零五字)、《湘江静》(一百零三字)。

辛弃疾,字幼安,号稼轩,历城人。著有十二卷《稼轩长短句》。
多位大家都有对辛弃疾的评说:③

范开曰:公一世之豪,以气节自负、功业自许,果何意于歌词?故其词之为体,如张乐洞庭之野,无首无尾,不主故常;又如春云浮空,卷舒起灭,随所变态,无非可观。无他,意不在于作词,而其气之所充、蓄之所发,词自不能不尔也。

《四库提要》曰:弃疾慷慨纵横,有不可一世之概,于倚声家为变调,而异军特起,能于剪翠裁红之外,屹然别立一宗。

周济曰:稼轩敛雄心,抗高调,变温婉,成悲凉。又曰:稼轩不平之鸣随处辄发,有英雄语,无学问语,故往往锋颖太露。然才情富艳,思力果锐,实无其匹。

---

① 董桥:《旧时月色》,南京:江苏文艺出版社,2003年版,第67—70页。
② 陈匪石编著:《宋词举》,南京:金陵书画社,1983年版,第47页。
③ 陈匪石编著:《宋词举》,南京:金陵书画社,1983年版,第54—55页。

陈匪石先生提供了他的四首词:《祝英台近》(七十七字)、《贺新郎》(一百一十六字)、《摸鱼儿》(一百一十六字)、《菩萨蛮》(四十四字)。

卷下是"北宋六家":周邦彦、秦观、苏轼、贺铸、柳永、晏几道。反复诵读,还就是比较喜欢苏轼,尤其是他的《水龙吟·次韵章质夫杨花词》。①

苏轼,字子瞻,号东坡居士,眉山人。著有二卷本《东坡居士词》。

水龙吟·次韵章质夫杨花词

似花还似非花,也无人惜从教坠。抛家傍路,思量却是,无情有思。萦损柔肠,困酣娇眼,欲开还闭。梦随风万里,寻郎去处,又还被、莺呼起。

不恨此花开尽,恨西园、落红难缀。晓来雨过,遗踪何在?一池萍碎。春色三分,二分尘土,一分流水。细看来不是、杨花点点,是离人泪。

陈匪石先生认为:

【论词】东坡词如天马行空,其用意、用笔及取神遗貌,最不可及。②

又在别处找到苏轼词作。他的词,总好像是随手拈来,即兴而作,却是自然生成,不事雕琢,倒是总能烘托出一种别样的情致,含蓄蕴藉,直逼生命的样态。我找不到更为合适的词语来形容他的词作,只好退而选择:"才气"二字。他通篇都表现出无匹的才气。我总在琢磨:是什么在支撑着他的词作?超绝的文字功力?极端而言,文字表达终究只具有形式功能,它的结构、音韵从根本上来说受制于音乐模式,包括音调、节奏、旋律等等。辩证而言,形式功能通常是本质外化的结果,是通过负载、表征本质而得以实现的。借用黑格尔的著名话语:"内容非他,即形式之转化为内容;形式非他,即内容转化为形式。"③我想,苏轼的词作恐怕还应该归结到他独有的思想价值观念与他独有的言说方式。没有这份精巧的结合,便没有他异样

---

① 陈匪石编著:《宋词举》,南京:金陵书画社,1983年版,第93页。
② 陈匪石编著:《宋词举》,南京:金陵书画社,1983年版,第94页。
③ 黑格尔:《小逻辑》,贺麟译,北京:商务印书馆,1980年版,第278页。

出彩的词作。

　　在报刊上读到不少关于德国学者沃尔夫冈·顾彬的评论。他对中国当代小说予以否定,而他否定的依据与核心恰恰是语言。他认为:中国当代小说家的"中文不好"。对此,中国学者及作家发表的各样评说,大有这样一种姿态:我们中国人用的是自己的语言,且由不得外国人说三道四。对于这样的立场与观点,我都能理解。从他们各自的角度和视野,他们的评说也都有一定的合理性。只是,就语言这个问题本身而言,我更愿意相信"旁观者清"。

　　在中国的文学范围内,看作家的中文好不好,可以借助比较的方法,一是对当代西方文学作品与当代中国文学作品的语言进行对比;二是对当代西方文学原著语言与汉译的语言进行对比。

　　当下的文学作品,我更多地是阅读国外的原著,而国内的作品我却读得越来越少。应当说明的是,这不是我主动选择拒绝,而是每每打开,看不了几页,还没有进入故事情节,便因为作品语言本身所制造的障碍,无论如何都已经坚持不下去了。总是怀抱鲁迅、周作人、胡适、沈从文、汪曾祺,他们的作品,炼字炼句,用笔深邃,就是让我着迷。倒也是,有经典国画、油画赏玩,谁还在意广告招贴画呢!有经典的民歌、交响乐赏玩,谁还会在意街头的声嘶力竭呢!

　　就我个人的阅读经历,我更愿意阅读国外文学作品的原著而基本不读当下的译著。坦率地说,现在,一部分的译著,与其说是翻译,不如说是糟蹋,完全没有与原著相匹配的语言,包括审美取向、情感表现、独有的锋芒、奇特的想象力。曾经仔细阅读过一部当下著名的译著,耐着性子,就是想要看看原著到底给这位译者糟蹋到了什么程度:隐忍、克制的语言被翻译为脱口秀式的打情骂俏,原著中巧夺天工的语言节奏、韵律在汉译本中没有留下一丝一毫的痕迹。原著中运用反美学的语言表达对惯常庸俗审美所进行的颠覆,在汉译本中却是一堆别别扭扭而不着边际的文字。原著中有一个篇章是作者独具匠心的表达:刻意呈现词与词之间统一而复杂的关系,这是作者在小说中的妖娆之笔,追求"似花还似非花"的一种意致,不做任何表达情感效果的诉求。而在汉译本中,这一段竟然就悄无声息地被抹去了。这部译著读得我胆战心惊!

　　我以为,作家的创作是需要不断地从古今中外的文学之中汲取养分的。而当我们的作家们向往国外文学作品的时候,当下的一些翻译版本却实实在在地败坏了他们的胃口,败坏了他们的品味能力。我们的作家原本满心期待西方文学甜美、高雅、精致的贵妇形象,却与翻译版本呈上的已经被蹂躏得体无完肤、奄奄一息的苍白少女不期而遇。这是当下大多数不能阅读原著的作家们至深的不幸！

事实上，翻译国外的文学作品是需要深厚的汉语学养做支撑的。这是常识。不由我不怀念傅雷！

杨闳炜先生发给我一份国外访学日志，是他的朋友写的，让我帮着审阅。看了之后，我写了份回件：

杨闳炜先生并作者先生：

谢谢您的信任！也谢谢您给我这么一个学习的机会！
读完日志，已是凌晨，窗外正大雨飘泼。
初步形成如下意见，仅供您参考。

1. 非常丰富的经历，非常合适的结构，非常流畅的语言。

2. 大部分英文包括专有名词、人名、地名、校名等都附加了脚注，是否可以考虑行文中直接使用汉语呢，以方便读者阅读？诸如"国王学院""三一学院""剑桥""牛津"等等，未必非得加注英文。

3. 同样的名词，有些用英文，有些却用中文，有些则中英文并用，此乃行文大忌。建议全文统一。

4. 有些英文短语及段落文字似乎不够准确（竟然有中文式的英文），请仔细核实原文。如果英文是作者的弱项，就尽可能避免而更多地显示作者的强项。请切记。

5. 我用蓝色标出的部分请斟酌。多处出现前后文相互矛盾的表述，多处出现前后文重复的表述。请务必仔细校对并予以修改。

6. 如果出版，那么，对有些所见所闻发表议论，恐怕需要谨慎，有些现象需要给予文化的理解或者阐释之后，我们才能够审慎做出评论。换句话来说，当我们储蓄了足够的英伦民族、历史、文化等相关知识，我们才可以获得对英伦行为、现象可能的话语权。这是常识。

7. 如果出版，是否可以考虑突出对于读者更有意义或者读者可能更感兴趣的部分？或者，从读者的角度提问：我为什么要读这本书？它给予我新的信息？它展现新的人物？它具有别样的视角？它具有别样的想象空间？它给予我思辨的快乐？它的文字本身就可以给予我阅读的享受？或者，从作者本身的角度提问,读者的"剑桥"情结在何处?又如何让读者的这份情结得到适度的满足?我要传递给读者怎样生动的形象、怎样有趣的故事、怎样坚实的历史?

8. 即便是一个过场的人物、一个简单的场景或者简单的事件,也可以写出一份意趣。例如,儿子、哥哥、白姐、教授都可以避免流于概念。如果能够多加斟酌,不仅可以避免语言寡淡,还能够让整本书动态而统一地彰显作者特有的审美价值。

9. 我以为,日志、游记或者散记应该是一种生命形式的表达,没有完整的系统,没有周密的规划,散淡而自由,奔放而无拘,却必定拥有一份"行到水穷处,坐看云起时"的自在与野趣。

10. 我以为,记"流水账",更见文字功力、人文底蕴、学养德行。也就是说,日志、游记或者散记之类似乎很容易,似乎人人可为,但是要写得好,写得漂亮,真的是很不容易,它需要恒久的积淀而后自然流泻的姿态。

11. 我以为,有三本书值得一读再读:林达的《带一本书去巴黎》、李霁野的《意大利访问记》和董桥的《旧时月色》。

希望您能理解我的真实并宽容我的坦率!

顺颂

夏安!

裴文
2010 年 7 月 10 日凌晨

倒是因此而不断地琢磨:语言、语言表达、语言风格、语言与言说者的关系。当人们遭遇同样的一个场景,同样的一个建筑物,为什么会有完全不同的语言表达?也就是说,当同一现实出现时,人们呈现这份现实的语言却有着如此巨大的差异:有些是贫瘠寡淡而又没有生命力的语言,有些却是情趣盎然而又富有张力的语言。如果将语言当作思想表达的工具,为什么有些人可以让这个工具粗糙而笨拙?而有些人却可以让这个工具精巧而灵便呢?

对于语言本身而言,语言自在。它是自然之物,是独立、自足的系统。语言是语言本身,它处于被动境地,惟其如此,它才能在获得不断充实的同时而发挥工具性和主体性的效能。事实上,当它贫弱而丧失表达效能的时候,我们很容易发现它具有破坏性，也因此更能够明晰地看到它的客观与自在。它不是附庸之物。当它丰富而彰显表达效能的时候，我们则发现它将言说者或写作者抛开，或者超越他们而独立进入了一个自成自足的世界：它描述现实或现象，表达思想或情感，解释成因或结果，各样的形象、理念、观点通过语言而映现出来，由此进入言听者或阅读者的视野。语言就是这样把言说者与言听者、写作者与阅读者联系起来，语言因此而框定了一个语言社会。

那么，语言本身具有品质与功能价值，是一个敞开的存在，它从被动的选择而进入主动的构建，因而获得自己的独立形象。正因为如此，我们才可以说：我们读到的是富有文学性的话语。或者，我们读到的是有政治毒素的话语。

可是，所有以上的思考，都仅仅停留在表面。我们当下的一些小说为什么被否定？就是因为"中文不好"吗？

我以为，事实上，小说写得好不好，语言、技巧都很重要，但绝不是关键所在。当下的一些小说被否定，究其根源：中国作家群中的一部分人还没有真正获得显在的独立思考的能力，还没有真正获得显在的独立精神。如果这部分作家的思想是凝固而没有生机的，怎样的语言也只能是行尸走肉，不可能是灵动而鲜活的。对于一部小说而言，更为重要的是语言所呈现的内容和实质。带着奴性的思想，带着去势的姿态，带着衰退的意志，带着拜金的猥琐，又能指望怎样的语言会使其作品达到运意深远、精深华妙、怀抱空狂、清明高健呢？

六月下旬的南京总是多雨的，空气潮湿，一切似乎都是黏黏软软的，倒是小院里的白兰花应时开放，摘了六枝，放在打湿的碎花丝帕上，下面托着只碎花小蝶，放在钢琴上，那馨香散满一屋子，绵绵柔柔的。在这样的语境中，读完十二位词人，似乎大彻大悟：这些词人具有不可取代的历史地位。他们之所以能在自己的身后留下经久不衰的杰作，那是因为他们具有独立而狂放的怀抱，他们拥有软媚之中见豪迈、清真之中见沉挚的语言，结构天成！"杰作"不应该是作者刻意的追求，却是他们才情的自然流淌。

忽又想到自己：这一生大部分的时间是在闲云野鹤，东张西望，反正有用不完的时间，看不尽的日出日落。竟然是这般的无为！倒是，仰望杰作，还真是为自己寻来一份难得的快乐。

《宋词举》由南宋逆溯北宋，选进十二位名家的五十三首词。每首词之后，附有校对异文，校对韵律，再作点评。一九二七年，一经问世，便获得学界推崇。借用徐珂的评价:"考据详明,评骘精当,解释清晰……"

陈匪石先生(1884—1959)是近代词人、词学家,著有《宋词举》(二卷)、《声执》(二卷)、《旧时月色斋诗》(一卷)、《倦鹤近体乐府》(六卷)等。他所选篇目未必符合当下的审美,却让我看到如他一般的先辈是怎样做学问的。

这本书是路过先生推荐我阅读的。

后 记

　　看着自己的读书笔记,感到一种很可眷恋的温煦。
　　说不清是为什么,从前对古汉语一向惶恐,心理上对繁体字、竖排书似乎有一种天然的排斥感。对学习古汉语有十二分的不情愿,尽管我明确地知道,作为普通语言学的研究者,当然不可以让古汉语成为自己研究上的软肋。必须对古汉语有比较深入的学习与认识,更需要通过阅读古汉语文献来吸收中国的文化知识底蕴,且相信,古汉语必将为我的理论研究打开一面新的视窗,这个视窗的外面便是一个无限大的宇宙。
　　从基础入手,阅读王力的《古代汉语》(一套四册)。大体翻了翻,似乎有些乏味,于是,将它们放在书橱的高处。却自言自语道:古汉语确实很重要,我是一定要读的。应该说,汉语汉字已经成为几乎所有汉族人遗传性的生命依托、情感依托!
　　每每想起,便在书房里转悠来转悠去的。然后,踮起脚,伸手把高处的《古代汉语》取下来,翻看一下,总还是觉着无趣,便又放了回去。我跟古汉语着实找不到感觉。古汉语对于我实在是不太好玩儿的。繁体字我基本都不认识,读上一句,要查好几次字典。好些字,也不知怎么查,从哪里查,笔画数目也弄不清,也还未必能够查得到。真是比梵语难多了。都说梵语太难了,可其实,梵语再怎么着,它也只有四十八个字母。那时,我真宁愿再学一种其他民族的语言。
　　有那么一天,刚入初中的儿子说,他得完成老师布置的作业,要用英语讲述诸子百家。听着听着,忽然间便问自己:再不学古汉语,是不是就得落在儿子的后面了呀?
　　犹犹豫豫一年又一年,终究是把《古代汉语》放在了书桌上,一句一句地、一页一页地往下读。从此,便有了对惶恐与不安的免疫力。开始阅读古汉语不久以后,便时常在梦里做着独体文拼合的游戏——那个独体文不能与这个独体文相拼,这两个独体文拼在一起是绝配。醒来之后，常常不能准确地记起有哪些独体文入梦，却有好玩、惊喜、跌宕留在我的感觉里，这种感觉轻悠悠的，和我的眼睛长在了一起，于是，我所看到的旧体汉字都变得快乐、明净起来。

捧着《古代汉语》，大有守先人之手泽的愉悦！

二〇〇七年的最后一个周末，与在读高中的儿子谈起语言和文字、动物的语言和人类的语言、拼音文字和象形文字。他认为，只有像汉字这样的文字才能够获得完整的精神追溯。相较于国画，他更喜欢书法，向往书法的高度抽象。言谈中，发现儿子还真是因为汉字而拥有了那么几分骄傲，对拼音文字表现出足够的宽容，当然，不无清高。上小学三年级的时候，儿子就已经开始阅读由程千帆、钱仲联、吴熊和等名家编选的十本一套的古典文学名篇《文苑丛书》。①说来惭愧，对这套书的完整阅读，我比他晚了十多年。阅读的过程中，不断地与他的铅笔标注相遇，不断地与他的小时候相遇。

现在，我似乎是更喜欢旧体字，喜欢它独有的细腻感、鲜活的精神气息、历史的智性缠绕以及它隐晦的飘摇状态。我这是后知后觉了！之前只会赏玩明、清瓷器。现在，因为古汉语，倒也更多地与古玩界的朋友一起把玩宋画、拓片、青铜器了。

董志翘先生曾是我博士论文答辩委员会成员之一。他当初极为认真地阅读和评价给我留下了非常深刻的印象。答辩之后，他拿着我厚厚的论文，不经意地跟我说了句："你的论文我肯定是要再好好读一读的。"以后，每每有论文要发表，每每有著述要出版，总是会想到他说的这句话，总是能感受到空气中有他的话语长时间地停留。在阅读古汉语的过程中遇到了一些语言问题，便想着要向他请教。他常常是博士生盈门、考生盈门，又负有各样的重任。难为他抽出时间回答我那么一大堆细小、琐碎的问题。对于古汉语字、词的认识，他似乎更强调求本溯源。比方，"老师"原本是指在外驻扎时间太久的部队。有了这么一个基本知识，对它以后所发生的语义变化，我们是否还能简单地将"老"作为前缀呢？由此，他颇有见地、颇有深度地谈起汉语中的词缀问题，又探讨传统的实词和虚词分类，分析现如今的名词、动词、形容词、副词等分类。我们谈及文化与语言，谈起宗教、儒家思想以及汉民族的生存文化。这个话题颇为有趣。有的时候突然会觉得：汉文化还真有点儿寓言诗的纯粹气质。以后遇到问题，又通过电话和短信联络他，他永远是乐呵呵地即时

---

① 《文苑丛书·名家精选古典文学名篇》，南京：江苏古籍出版社，1992年版。

提供完备的解释。当我最终可以轻松面对古汉语的时候,我会安静地想到他对古汉语的热爱、对学术的淡定自若以及对我这个后进者的热心帮助与提携。

因为我出版的非虚构作品《剑桥悠然间》和专业著作《普通语言学》,徐南铁先生从遥远的岭南联系到我。而我兴来走笔,写了三篇小文《我们的汉语能走多远》《当汉语遭遇入侵》和《被文化了的汉语》,又意外地得到徐南铁先生的揄扬。他一向主张学者的研究视野要开阔,要有对一般知识界的关注,不为职称、名声、职位所累。对我就语言而语言的无功利的研究状态,他颇为欣赏。得知我在阅读音韵学史方面的著作并表现出浓厚的研究兴趣,他便给予足够充分的鼓励。不过,他建议我暂时放下音韵学专门著作,大量阅读韵文,尤其是宋词,去感受它们的韵律。之后再阅读先前学者对韵文的解释和赏析,这个时候,就一定能够发现一些问题并找到研究的兴奋点。最后,再结合音韵学理论,形成自己的思考。只是,他不知道,我从小就喜欢宋词。他还将他所有收集的有趣的语言资料无偿地交与我,期待我能够从语言学理论的角度对大众语言中的智慧做出学理上的分析,让知识界更多的人了解汉语言的精妙与诙谐。他认为,针对大众关心的汉语问题,包括纯洁性的问题、简体字与繁体字的问题等等,我应该可以连续写出十五篇,而我的分析应该是更理性、更深入、更可靠的。他期待我写出精品。收到他远方寄来的书籍和刊物,感受到一份沉甸甸的学术期待。我习惯于早睡早起,凌晨四点钟即开始一天的阅读、写作。家人嘲笑我像个老农民。但愿我这个"老农民"在某一个秋天能有一点点像样的、拿得出手的并不落窠臼的收成。

因为我出版的专业著作《梵语通论》,卢盛江先生通过朋友联系到我。我们因此有了一起探讨的机会。其实,应当说,更多的是我向他学习。他厚厚的四部《文镜秘府论汇校汇考》(中华书局,2006年版)令我着实心生佩服。《文镜秘府论》是日本高僧遍照金刚在九世纪编撰的中国诗文。而这些文献在中国已经失传。卢盛江先生两度前往日本,考证原典,注释语辞,匡正疏误,深入《文镜秘府论》所涉及的文学、音韵学、日本悉昙学、汉诗学、歌学、考古学、民俗学等诸多领域。如此扎实的考据之后,他又开始做相关的理论研究,想必因为他的成果,这个领域至少五十年内不再需要也不会再有人做如此彻底的研究。他研究隋唐文论,那么,隋唐时期梵语的侵入便是他不得不面对的问题。他在尝试对梵语的韵律、梵语的音步、德语以及帕尼尼《语言结构规则》中所涉及的梵语音韵规则问题做一个基本的了解。他又因为梵语的问题而要对语言理论的研究及方法论做一个基本的了解。我感动于他对研究过程中所遇到的梵语问题一丝不苟的程度。他每次通过电子邮件发来大篇的问题,我都愿意非常仔细、非常认真并尽可能非常快速地给他回复,不敢让他的问题在我这里遭遇丝毫的怠慢或滞留。对于我而言,他的认真与执着真的是一份难得的激励。以后,我们的交流自然转向语言理论、方法论、古汉语、文化等等诸多领域。对于我困惑不解的古汉语问题,他的回复也总是积极的、严谨的、迅速的。他尤其欣赏我对语言的宏观掌控能力,不断地鼓励我向着两个学术方向努力:一个是文化语言学,一个是音韵学。他认为,我应该先文化语言学,后音韵学。为此,还专门写了一篇分析邮件,告诉我他为什么会提出这样的建议。他对我学术研究的现状和未来有如此透彻的分析和诊断,对我学术能力和学术前景有如此乐观的鼓励和信心,我还没有见过这位学者,便已经享受到他对我这个后进者的宽厚仁慈、从善如流。这是怎样的一份学术温暖!

另一位未曾谋面的学者是申小龙先生。在与朋友、同行探讨语言学的问题时,在普通语言学的课堂上,我都特别愿意谈论他的研究,因为他文字里的睿智、博学,因为他文字里的淡定、沉稳,因为他在中国文化语言学理论研究领域开创了先锋状态。他在爱丁堡孔子学院任院长期间,我多有烦扰,不时地用阅读过程中遇到的文化语言方面的具体问题打搅他。该怎样地看我们的汉字呢?该怎样地看我们的汉文化呢?该怎样地以人文精神切入我们的汉语呢?该怎样地阅读我们的经典呢?每每获得有益的启发,便又生出更多的问题,倾听的愉悦和思辨的愉悦伴随着我与他的交流。他给予我的,不是我这浅浅的文字可以表达的。当我阅读他的诸多论著时,当我思考文化语言学方面的问题时,我是一个被学术所呼唤、所包容、所呵护、所亲近的生命。这让我不由得愿意去寻找一个去处,一个可以让我飞翔并抵达的归宿。我开始越来越希望自己能够顺利进入文化语言学的领域,并就亚洲乃至世界文化与语言的关系做一种独到的比较研究,在足够客观而周至的分析基础之上,进入文化语言学理论研究。我知道,在前往文化语言学的路上,注定会遇见他点燃的篝火,注定会不断地与他重逢又重逢。这么想着,便觉得挺高兴的。我是一个蒙福的人!

明天,儿子就要参加高考了。还记得他满月时在我怀里冲着我笑的样子。当时,我对他说:"你才刚刚满月的,这么漂亮、灵动的大眼睛已经开始会跟妈妈交流了呀?将来长大成人的时候,你得帅成什么样子呢?你得聪明成什么样子呢?"今年五月,南京外国语学校举办成人仪式。那一天,我叹道:"儿子怎么就成人了呢!"

儿子却乐呵呵地说:"我还没到十八岁,离九月的生日还有好几个月呢!"说着便给了我一个满满的拥抱。这个每天都给我带来亲切、幸福的儿子!上学前,有时会玩笑叮嘱我:"妈妈,在家要好好读书、好好表现哈!"放学回家,会关心我在家读了些什么,写了些什么。

今年,南京市第一次高考模拟考试之前,班主任殷老师把我喊到学校,眉头紧锁,不无担忧地说:"我们南外推荐名额不少,推荐你儿子到北外、北广,他都不去。考不上大学怎么办?实话跟你讲,他平时成绩忽高忽低……"不知怎么的,我似乎并没有听进去,也没有转告给儿子。总觉着爱读书的孩子不会差。果然,一模之后,殷老师特别高兴地告诉我:"你儿子放卫星了,数学交了份满分的卷子!这份卷子特别难,比哪一年都难……"殷老师笑呵呵的:"他的学习状态和心理状态突然都变成是最好的了……"是的,他每天早晨起来冲淋的时候都会快乐地放声歌唱。然后,吃早餐。然后,背起书包。然后,骑上自行车,去学校。高高兴兴的!真是愿意在他的成长里不断地停留!

刚才,我们一家三人在书房里说说笑笑的,说起儿子这最后一百天的努力。其实,也就这最后的一百天,他才表现出很乖的学生姿态:背书,大量做题,按时完成作业。平日里,却是一个自由的闲书阅读者。看看他的房间,除了转角书桌上整整齐齐的一排复习资料,书橱里全都是本不属于高中生的书籍,有哲学、文学、艺术、历史等等,厚厚薄薄、大大小小。最是《资治通鉴》,到目前为止,这套书还没有进入我近期的阅读计划之中。他喜欢阅读,却并不打算选择人文或社会科学作为自己的专业。想起了孔子的一个言说:知之者不如好之者,好之者不如乐之者。儿子真就这么快地长大了!我总觉得自己还不知道该怎样地宠爱他,还没有学会该怎样地看顾他,他却已经长成一个高大、开朗、独立且有绅士气度的大男孩了。

明天高考,他一定顺利!

裴文
2008年6月6日
于金陵

阅读不曾间断,而书稿即将出版之际,已经是二〇二〇年了。这才瞬间感受到时光飞逝。转念一想,其实也无所谓时间了。时间不在,而我的阅读与思考都还在的。

这期间,写就并出版了两部长篇小说:《高等学府》(2010年版)、《文人》(2016年版,2018年第2次印刷);发表了短篇小说《改名》(《钟山》,2019年第4期);出版了英文著作 Spacetime Theory of Linguistics (2018年版);出版了译著《政治生态学》(2019年版);现在,书稿《普通语言学方法论实践:"的"的研究》已经签约北京大学出版社;英文论文 What Is Behind Linguistic Gender?已投稿国外文化类刊物;短篇小说《考博》也已经定稿。

二〇二〇年八月一日,建军节。与父亲、母亲聊起他们的军旅生涯。母亲先是就读成都中华女子中学,之后进入重庆树人中学读高中。十五岁那年,正在读高中一年级,便与同学们一起参军入伍,投身革命的洪流。那时,对于她和她的同学们而言,解放军就是正义,就是光明,就是中国的前途。父亲高中毕业之时,和同学们都在忧国忧民。他们告别亲人,告别家乡,踊跃参军救国。可不知道怎么的,一群血气方刚的男生走着走着就分成了两路。一路加入了解放军,一路则加入了中央军。那时,共产党的解放军、国民党的中央军同时都在招募军人。迄今,父亲参加解放军已经整整七十二年。除了二十世纪七十年代的几年,他都不曾离开过军营。听他说起地方上的一些旧识,我便想起了那个批林批孔的年代。一天放学之后,跟同学们四处撒欢。在父亲工作的办公大楼前,突然看见水泥地上一长串的大字,竟然有我父亲的名字,竟然还被打上了一个鲜红鲜红的叉叉。我瞬间扑了上去,而我小小的身体,连一个字都遮挡不全。这便叫上玩伴们,一起用书包擦,用作业本擦,用石块磨,用砖块敲,终究是没有把那个又大又红的叉叉给抹掉。于是,让玩伴们仰面躺在父亲的名字上,一字排开。他们你挤我我挤你,嘻嘻哈哈地乐着,我只眼巴巴地望着天,祈求来一场大雨,是倾盆瓢泼的那种,却看见深蓝色的天空上星星点点……这件事,至今不曾告诉过父亲。对父亲一向敬重,而从那时起,又平添了一份刻骨的疼爱。猛然间想到,自己批阅过无数的作业、试卷、论文。但凡遇到错误之处,从来都只是在旁边画上一个问号,似乎是一种与生俱来的习惯。这才顿然意识到,那个大大的、鲜红鲜红的叉叉,还有那个叉叉下面我父亲的名字,早就已经长在了我的心里,无声无息的。也真就是恰在此时,才得以清晰地意识到:我为什么偏偏那般喜欢暴雨、骤雨,为什么喜欢听雨水的轰鸣。在别人抱怨雨水天气的时候,我却尤为的从容、安静、喜出望外。因为那么一个红红的大大的叉叉,面对大雨,我成了一个恋人,一个感恩的人!

父亲的书橱里大多是哲学、军事、文学经典,我读的不多,儿子倒是读了不少。我母亲笑说:"我们家的书越来越少了,都给你儿子读去了。"那时,儿子在读小学三年级、四年级、五年级。可不是吗,父亲见他那般喜欢读书,便说:"拿去读吧,送给你了。"爷孙俩还时不时地交流、分享阅读的内容,最有说不完的话。也难怪我儿子的修养、气质特别随我父亲。小学毕业之时,儿子已经基本完成了他的阅读原始积累。这着实得益于我的父亲、母亲。现在,九十一岁的父亲仍是思维敏捷、铁齿铜牙、步履稳健。八十八岁的母亲仍是仪容温婉、谈笑风生,在太极、剑术、歌曲之间游走着、欢乐着。他们是我的尊严,是我的欢愉,是我唱不完的歌谣,是我漫天流转的春风!

二〇二〇年十月,正值抗美援朝七十周年,作为战争的幸存者,父亲、母亲分别在十月二十二日、十月二十四日得到了中国人民志愿军抗美援朝出国作战七十周年纪念章。母亲历经了五场大规模战役,父亲则经历了大大小小数十场战役。面对一众记者,面对长长短短的镜头,他们讲述战争的场景,话语甚是平和。我却在远处,眼泪怎么擦都擦不干净。在飞弹流火中冲锋,就着冰雪吞咽干粮,遭遇细菌弹而染上疫病……他们的青春是怎样残酷、血腥、惨烈的时光!和众多幸存的抗美援朝志愿兵一样,他们只问自己能为国家奉献什么,从来不问国家能给予他们什么。

转眼间,儿子已经长大成人了。高大又帅气又儒雅的儿子用了整整十年的时间(2008—2018)完成了他自主的求学目标。二〇一八年六月,获取博士学位之后,儿子便留在美国开始了他的职业生涯。他说,在工作中,每天都能学到新的知识,都有新的思考。闲暇之时,他依然喜爱阅读,依然享受健身,依然心存艺术的自在与向往。以他当下超卓的言说能力、思辨能力以及创新能力,我断断是不得望其项背了!因为二〇二〇年的新冠疫情,他居家工作,倒是学会了自己给自己理发。通过视频,看到他的发型,手艺还真不比先前专业理发师的逊色。现在,他的身边已经有了一位漂亮、聪明、善良且努力精进的女生相伴。她,法学博士,喜欢简单的快乐,与我心灵相通。我们彼此牵挂,且时不时地分享阅读与思辨。我玩笑说,她是我走失的女儿。最是她笑起来的样子,好看!

在学术研究领域,蒙福遇见良师益友。刘志谟先生、王希杰先生、常绍民先生、李静先生、方心清先生、陈学广先生、王晓娜先生、董志翘先生、吴新江先生、卢盛江先生、申小龙先生、岑运强先生、戴庆厦先生、郭力先生、徐南铁先生、陈立中先生、Susumu Kuno 博士、Shigeo Kikuchi 博士、Greg Shailer 博士、Amyn Sajoo 博士、John

Smith 博士、Eivind G. Kahrs 博士。他们给予我的是温暖的学术关怀、有趣的学术交流。

与陈学广教授之间有着广泛的交流与探讨。关于人文、文学，关于语言、语言学理论，我们可以无边际地抽象，在概念之间流连。也可以落到实处，在某一事件或某一问题的内部具体而微。有些时候，他正在言说，听着听着，我却突然望见了我自己。喜欢他的《词学散步》，总以为，只有在扬州那座城，才写得出那般的闲情逸致、精密奇巧。他的摄影作品集《荷之美》，自然而然的，却是另一番风情。戴庆厦教授送了我好些关于少数民族语言研究的著作。在思考"汉藏语系语言构拟"的过程中，他的这些书成为我不可或缺的读本。今年八月，收到申小龙教授寄来的书：《〈普通语言学教程〉精读》《中文的中文性研究》（上、下）。得知他开设了"文化语言学"公众号，颇为钦佩。退休之后，他对文化语言的热爱一如既往。而我却在期待从此往后的时光更多地走入社会，追问人性，更多地写长篇小说、短篇小说还有诗，似乎是想从高屋建瓴的理论语言学逃离开去。姑且当作是对普通语言学热爱的一种具象的延宕吧。在哈佛大学听的最多的课就是 Susumu Kuno 教授开设的结构语言学。配合他一起在哈佛-燕京做语言学专题发言，至今印象深刻。是他让我知道理论研究的高远与深奥。与他的往来绵延至今 20 多年。承蒙他关爱，感恩节之时，邀请我儿子去参加他的家庭聚会。John Smith 博士是我在剑桥大学遇见的梵语教授。他最喜欢引经据典、旁征博引。没有他在梵语理论、梵语流变及梵语语言结构等方面所给予的引领，我应该是写不出《梵语通论》（2007）及《梵语教程》（2010）的。陈立中教授送给我的《甘肃合水太白方言》，我还在阅读过程中。对他踏踏实实做学问的态度，很是认同。我们同在南京大学，倒是不在一个院系。平日里，似乎与他也没有多少的交流。一旦遇到方言问题，我便想着要向他请教。关于方言，关于他书中的叙述以及具体的用字，所有我提出的问题，他都提供了非常细致、周全的解释。这份学者之交，我非常珍惜！

我的学生苏欣博士风趣而热情。我们亦师亦友，成立了"救助会"。在学业、就业、事业等方面为身边的朋友、朋友的朋友、朋友的朋友的朋友提供各样的咨询和帮助。每每成功，我们都神清气爽，好不欢乐！倒也不总是能够"送人玫瑰，手留余香"。偶尔会留得一手的倒刺。此时，我们除了尽力善后，更多的是探讨社会集体心理与个体心理，以此分析人性的结构、取向及其生成语境。这又何尝不是对我们及我们"救助会"的另样成全呢！只一句"难得的一份小说素材！"一切就又都是那般的云淡风轻了。

非常遗憾，这么些年，我先后失去了几位至诚至敬的忘年交：北京大学中文系徐通锵先生、复旦大学中文系胡裕树先生、南京大学文学院裴显生先生和外国语学院刘志谟先生、大连外国语大学的王榕培先生以及饱受病痛折磨而撒手尘寰的路过先生。与他们曾经的邮件往来便是我祭奠的惟一去处。今年年初，江苏社会科学杂志社的金主编晓瑜先生病逝，还不足六十三岁！

当下，周遭的学者朋友很容易在做学问与谋官职之间摇摆，甚或悔不当初。选择做纯粹的学者，往往会失去本该有的资源和机会，在项目申请、论文发表以及评奖申请等方面，似乎是步履维艰。在当下评价体系的宰制之下，一个个落得个灰头土脸。倒是平日里可以自由自在的。而谋得一官半职，便多少有些许拘束，似乎是将自己沦为了必须按棋盘格子移动的棋子，遭遇各样的勾心斗角，陷入污水泥潭，也未可知。他们失去本该有的自在和乐趣，却是机会多，经费多，资源丰厚。走到哪里，似乎都格外地光鲜亮丽。每每听朋友们说起如何地羡慕我轻松自在、闲云野鹤，我便会想起萧伯纳的言说："想结婚的就结婚去吧！想单身的就单身去吧！哈哈，你们最后都会后悔的！"在学术社会中，似乎多半也是这般的命理。套用萧伯纳的言说方式："想做学问的就去做学问吧！想谋官职的就去谋官职吧！哈哈，你们最后都会后悔的！"又想起黑格尔的言说："人走遍天涯，也走不出自己的皮肤。"罢了！罢了！人生只能是单行道，人且只能囚禁式地行走。

回望一路走来的单行道，生在军人家庭，长在军区大院，却与军事军人渐行渐远。作为将军的女儿，不能不说还是有些许遗憾的！只是，对于我而言，已经寻得人生三大幸事：读书、写书、教书！我愿意自己的生命美丽如语言、美丽如文字！真是这样的，民族的文化就这般蛰伏于语言、文字的细节之中！民族的语言、文字就这般陪伴我轻盈地成长！我都不知道自己应该以怎样的不懈阅读、怎样的细致思考、怎样的纯净成果才能够配得上语言赐予我的一天又一天的快乐时光。

《金陵语言学笔记》是一份记忆。它记录的是我在金陵这座城的阅读过程，是我对中国文化精神的游历，是我观察并进入语言研究的方式。希望以此向恩泽学界的学者们表示深深的敬意与感恩。

读书在金陵！

2020 年 11 月 4 日
于金陵

图书在版编目(CIP)数据

金陵语言学笔记 / 裴文著.—南京:南京大学出版社,2021.8
ISBN 978-7-305-24817-7

Ⅰ.①金… Ⅱ.①裴… Ⅲ.①古汉语—文集 Ⅳ.
①H109.2-53

中国版本图书馆 CIP 数据核字(2021)第 146067 号

出 版 者	南京大学出版社	
社 址	南京市汉口路 22 号 邮 编 210093	
网 址	http://www.NjupCo.com	
出 版 人	金鑫荣	

书 名 金陵语言学笔记
著 者 裴 文
责任编辑 胡 豪
照 排 南京紫藤制版印务中心
印 刷 江苏凤凰通达印刷有限公司
开 本 718×1000 1/16 印张 28.5 字数 500 千
版 次 2021 年 8 月第 1 版 2021 年 8 月第 1 次印刷
ISBN 978-7-305-24817-7
定 价 80.00 元

发行热线 025-83594756
电子邮箱 Press@NjupCo.com
　　　　 Sales@NjupCo.com(市场部)

* 版权所有,侵权必究
* 凡购买南大版图书,如有印装质量问题,请与所购
　图书销售部门联系调换